■ 影视传媒实践教材系列丛书·播音主持系列

yǔyīn fāshēng jīchǔ xùnliàn jiàochéng

语音发声基础训练教程

王韦皓 主编

陈志杰 李亚男 宋 皓 唐 萌 王韦皓

徐 伟 姚 萌 臧 蔚 曾丽萍 张 亮 张宇楠 编写

重庆大学 出版社

图书在版编目(CIP)数据

语音发声基础训练教程／王韦皓主编.—重庆：
重庆大学出版社,2014.9(2022.7重印)
(影视传媒实践教材系列丛书·播音主持系列)
ISBN 978-7-5624-8519-3

Ⅰ.①语… Ⅱ.①王… Ⅲ.①普通话—语音—教材
②普通话—发音—教材 Ⅳ.①H116

中国版本图书馆 CIP 数据核字(2014)第 194988 号

影视传媒实践教材系列丛书·播音主持系列
语音发声基础训练教程
主编 王韦皓
策划编辑:贾 曼 雷少波 向文平
责任编辑:李桂英 版式设计:张 晗
责任校对:谢 芳 责任印制:张 策

＊

重庆大学出版社出版发行
出版人:饶帮华
社址:重庆市沙坪坝区大学城西路 21 号
邮编:401331
电话:(023)88617190 88617185(中小学)
传真:(023)88617186 88617166
网址:http://www.cqup.com.cn
邮箱:fxk@cqup.com.cn(营销中心)
全国新华书店经销
POD:重庆新生代彩印技术有限公司

＊

开本:787mm×1092mm 1/16 印张:29 字数:670千 插页:8开2页
2014 年 9 月第 1 版 2022 年 7 月第 3 次印刷
ISBN 978-7-5624-8519-3 定价:69.00 元

编写委员会

总 主 编: 罗共和

总 主 审: 王岩平

总主编助理: 李 丹

编　　委: (以拼音字母为序)

黄元文　李 丹　林 莉　罗共和

罗文筠　骆志伟　王岩平　王 炜

王韦皓　谢建华　赵小蓉　张 亮

▶总　序

摆在我们面前的这套播音主持系列丛书，是在党中央国务院发出要求高等院校更加注重行业对口、校企合作，培养应用型高等专业人才和中宣部、教育部联合推出的卓越新闻人才教育培养计划的重要精神鼓舞下，集中了高校近年来教学与实训中的基础理论、成功案例，结合广播电视行业转型期对播音主持人才的定位与需求，以努力培养一大批德艺双馨、专业能力突出、文化底蕴厚实、专业素质过硬的广播电视后备专业人才为基点，编写出版的一套为热爱播音主持专业的青年学习的专业书籍。

播音主持系列丛书包括《普通语音理论与实践》《播音语言表达艺术教程》《经典艺术作品朗诵》《语音发声基础训练教程》《节目主持人实用技能训练教程》《影视作品分析》《影视写作基础》《非节目主持艺术实践教程》等教材，涵盖了高等院校对培养应用型、技能型、复合型播音主持人才的全方位教育与训练。

基于目前广电行业对播音员主持人专业技能、基础理论、文化底蕴、全面素质发展诸多方面的岗位要求，播音主持系列丛书融合时代的传媒教育理论，吸收了目前国内国外广播电视主持行业的最新成果，遵循科学、合理的知识体系架构，理论知识更易学生学习、吸收；注重实践环节的训练设计，结合广电行业的实际案例，引导学生进行主观能动性、探讨性学习训练，强化专业技能；注重基于行业发展的现状，通过理论与案例的分析，引导学生独立思考，激发学生主动求知的愿望，围绕知识点进行实践训练，强化学生通过学习掌握系统、扎实的专业理论与技能。

播音主持专业是既重理论又重实践的学科。播音主持系列丛书在当今媒体处于大竞争、大变动、大发展的时期，为广大热爱播音主持专业的青年提供了通过学习走向成功的平台。丛书在编写过程中不仅凝练了高校多年来培养广电行业优秀毕业生的教学经验，更是集中了广电行业许多专家的智慧和情感，是热爱播音主持专业的青年们学习本专业的必读书籍。

在此，我们要特别感谢在播音主持丛书编写过程中给予我们热情帮助与指导的中央电视台、凤凰卫视、上海东方卫视、湖南卫视的专家和领导，也热切期盼着我们共同培养广播电视后备青年人才的理想通过我们辛勤的劳动得以实现。

罗共和

2014 年 8 月

▶ 前 言

　　《语音发声基础训练教程》是在总结四川师范大学电影电视学院、四川电影电视学院播音主持系语音发声教学近 20 年经验的基础上，结合其他院校播音主持专业语言基本功训练的有益经验结集成稿的。

　　近两年，在日常教学和训练过程中，我们注重跟进语音发声研究的最新动态，秉持"意识优先、动作调节、状态调整、习惯养成"的教学和训练思路，强调语音发声学习和训练过程中动觉、听觉、视觉；有声语言、无声语言；内部语言、外部语言；表达的"音、声、气、语、态、情"一体化等多方面综合回馈的关照，不仅强调语音发声的生理动作调节，同时注重发音和发声方面物理、生理、心理等方面诸多信息的综合回馈，以及状态的适应调整、能力的加强提高。尤其强调"听""辨"意识的突出与强化，"听""评"能力的建构和提升在语音发声训练过程中的积极作用。所以，我们的综合练习都增加了感受性练习的部分，有些训练方式和材料的安排也作了一定调整，相关方法还处在探索阶段，相应经验的积累也在不断总结的过程中，希望得到更多同学、老师、专家的指点与帮助。

　　本书共十二章，由学院播音主持系、空中乘务系副主任王韦皓负责制订大纲、组织编写，协调统稿，具体各章节分工如下：

　　　第一章　气动声发练呼吸　陈志杰负责编写；

　　　第二章　打开口腔练唇舌　陈志杰负责编写；

　　　第三章　标准规范练语音　王韦皓负责编写；

　　　第四章　清晰准确练声母　王韦皓负责编写；

　　　第五章　响亮圆润练韵母　王韦皓负责编写；

　　　第六章　铿锵起伏练声调　张宇楠负责编写；

　　　第七章　自然流畅练音变　李亚男负责编写；

　　　第八章　字正腔圆推字音　臧蔚负责编写；

　　　第九章　声朗音润找共鸣　曾丽萍负责编写；

　　　第十章　自如通畅松喉部　姚萌、宋皓负责编写；

第十一章　色彩变化出弹性　陈志杰负责编写；

第十二章　神形一体声传情　徐伟负责编写。

另外，汉语普通话声韵配合表、常用多音字组词练习、普通话水平测试模拟试卷、普通话水平测试用朗读作品和话题、普通话水平测试等级标准和评分细则、计算机辅助普通话水平测试流程和常见问题、必背及选背绕口令和古诗词等材料的大量编写、整理、标注、校对等工作由王韦皓、张亮、唐萌负责完成。

本书能最终付梓，要感谢重庆大学出版社社文分社贾曼副社长、向文平等老师给予的大力支持和辛苦付出，要感谢四川电影电视学院罗共和、黄元文、李康生、钟晓明、罗思院长给予的特别关心和鞭策，编写组全体老师在此表示诚挚的谢意！

另外，在本书编写过程中，四川师范大学电影电视学院播音主持系 2011 级播主 8 班，2012 级播主 6 班、7 班，2013 级播主 2 班、3 班的很多同学都给予了积极地配合，他们不辞辛苦把总结分类的手稿或照录内容逐字逐句输入电脑并认真核对错误。还有四川电影电视学院艺术设计系 2013 级艺术设计 2 班的江春庆同学完成了本书大部分配图的绘制工作。在此，向同学们表示感谢！

在本书的定稿阶段，编写组负责人王韦皓赴京参加了时隔 15 年后复办的"第 28 期中央普通话进修班"，当面聆听刘照雄、王理嘉、傅永和、姚喜双、张世平、李宇明、孔江平、宋欣桥、黄行、沈明、张一清、孙海娜、王晖等大家和名家授课。欣喜庆幸之余，对本书的部分内容作了调整，但还有不少问题限于现有知识储备、认知水平和经验积累的不足，难免有疏漏和缺憾之处，恳请各位专家指正！同时，我们期待以本书为语音发声教学和训练用书的使用者给我们提出更多意见反馈，使本书在语音发声基础教学和能力提升训练方面更加针对准确、实用有效。

本书编写组

2014 年 5 月

▶目 录

▶ 第一章

气动声发练呼吸

呼吸是发声的动力源。人声的高低、强弱,声音色彩的变化无不与呼出气流的运动状态有关。古代声乐理论中有"气动则声发"的说法。呼吸中的气流是声音发出的动力,只有强有力的呼吸,才能发出理想的声音。

当然,我们对气流还需要进行控制。什么样的气流造成什么样的效果。因此,对气流要进行控制,这也就是平常所说的"气息控制"。气息运用状况如何,决定着声音表现效果如何。一千年前,唐代《乐府杂录》中提到"善歌者必先调其气,氤氲自脐间出,至喉乃噫其词,即分抗坠之音,即得其术,即可致遏云响谷之妙也"。有声语言艺术表达,无论嗓音的使用、内容的连贯完整还是吐字的力度,以及声音色彩的变化等技巧,都渗透着气息的作用。

一、呼吸器官

呼吸器官主要是由气管、支气管、肺、胸腔(胸廓和有关肌肉)、横膈膜(膈肌)几部分组成,它们是一个统一的联合体。(图1.1)

肺分左右两侧,膈在肺的下面,膈以上是胸腔,膈以下是腹腔。

(一)肺

肺是由含有许多弹性纤维的上皮组织所组成的。期间都是中空的肺泡,外观类似于海绵,具有良好的弹性和伸缩性。肺的上端为气管,与口鼻相通。气管在入肺时分成两根大的分支,再分成若干小支,最后分出去多微气管支,如树状分布,遍布肺体,通联肺泡。

肺体虽然本身具备可变性,但其自身没有力量改变

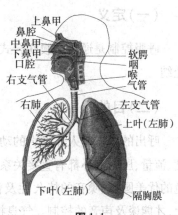

图1.1

容积与压力。肺容积是随着胸腔容积的改变而改变的。因为肺在胸腔中,肺表面附着在胸廓内部。当胸廓扩张时,肺体也随之扩张,气体被吸入;当胸廓回缩时,肺也随之回缩,气被呼出。而胸腔容积的改变取决于胸腔壁上肌肉的伸缩变化。

(二)胸腔

胸腔是一个上窄下宽的腔体,是一个圆筒式的结构。胸腔的外面是胸廓,下面是膈肌。胸廓像一个笼子。后面中间是脊柱,前面中间立着较短的胸骨。从脊柱两侧伸出十二对弓状的肋骨,弯至胸前,上面的十对通过软骨与胸骨相连,下面的两对不与胸骨相连,称为浮肋。肋间由肌肉相连,称为肋间肌。在吸气时,肋骨向上向外扩张,增大胸腔的前后径和左右径;在呼气时,肋骨回到原位,胸腔缩小。一般称这种呼吸为胸式呼吸。

(三)横膈膜(膈肌)

膈肌位于肺的下面,是一层很有弹性的肌肉膜,它的边缘和肋骨相连,把胸腔和腹腔隔开。吸气时,膈肌收缩下降,胸腔容积上下扩大,这时膈肌压迫腹腔内的器官,使之向下、向外侧移动,于是我们能看到腹壁明显地向外突出;呼气时,膈肌逐渐上升恢复常态,胸腔容积缩小,腹腔内的器官不再受到膈肌挤压也逐步恢复原位,腹壁也随之瘪回去。(图1.2)据生理学上讲,膈肌每下降一厘米,胸腔容积增大250~300毫升,膈肌的高低位置最大相差可达3~4厘米。也就是说,在可控的情况下,胸腔容积可多增加750~1 200毫升。由此可见膈肌的涌动对于呼吸量的增加是多么重要了。一般把这种呼吸称为腹式呼吸。

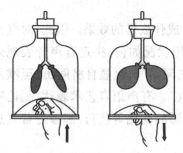

图1.2　模拟膈肌的运动

二、呼吸控制的重要性

(一)定义

呼吸控制是通过胸腹联合式呼吸法获得的,能够很好地控制并服务于播语表达的气息吐纳。

(二)目的

呼出的气流是人体发声的动力,声音的强弱、高低、长短以及共鸣状况,与呼出气流的速度、流量、压力大小都有直接关系。气流的变化关系到声音的响亮程度、声音的清晰程度、音色的优美圆润、嗓音的持久性及情绪的饱满充沛。换句话说,只有在气息得到控制的基础上,才能谈及声音的控制。气息控制是学习发声的根本一环。

在实际的播音过程中,气息的作用不仅限于作为发声的动力,它还是一种极其重要的表达手段。气息是"情动于内"与"声发于外"的中间过渡环节,是情与声之间必经的桥梁。只有在"气随情动"的情况下,声才能随着情而变化。从这个意义上讲,气息控制是由情及声,由内及外的贯穿性技巧。要想使声音能自如的表情达意,就必须要学会气息的控制与运用。

(三)作用

1. 声带富于弹性的来源

"气是音之帅",没有气息,声带就不能颤动发声。但是只是声带发出的声音是不够的,嗓音之所以富于弹性、耐久,是与源源不断的供给声带的气流有关。我们知道,喉头位于咽腔和气管之间,构成了气流通道的一部分,左右两片声带位于其中。说话时,声带是靠拢的,但气流还是不断地补充上来,在声门下面聚集着,到了一定压力时,冲开声门,压力被解除,声带又重新靠拢,声门下压力又产生,如此循环往复,不断发出声音。

为了持续发声,一定要保持气息经常流通不断,气息一间断,声带就会分开,后续气流通过声带边缘会发出杂音。由于气息运用不当和气量不够,还会使声音嘶哑、无力、不圆润。气息过浅,声音单薄发白;气息过深,声音浑浊暗涩。

在实际工作中,我们常常看到一些人声音条件似乎很好,作品短小,声音还可以;但作品稍长,或是连续工作一两天就会感到力不从心。可能会感到高音上不去,低音也下不来,非常吃力,甚至声音变得嘶哑,嗓子疼痛难忍,我们听到这样的声音也会感到不悦耳。有时还会碰到这样的情况,当要表达得连贯、自如、平稳时,不但不能胜任,而且会出现喉头捏紧、脸红脖子粗、气喘吁吁的现象。当作品的内容表达需要他声音力度加强、音量加大时,声带会由于负担加重而使声音失去弹性,原来的音色变得干涩,甚至有时会失声。嗓音使用中之所以出现这种情况,究其原因是多方面的,但气息调理不好,气流没有持续不断地补充进去,是重要的原因之一。

2. 语句连贯的基础

在有声语言表达中,内容清楚完整、语句连贯流畅是起码的要求,句子的"穿串儿抱团儿",没有气息的作用,是难以想象的。

有的人平时说话感觉不到气不够用,而在有声语言表达过程中却上气不接下气,这是因为平时说话是表达自己的思想感情,一句话说完了就自然停下来换气。而在语言艺术的表达中,作品是别人写的,为了使作品内容清楚完整,自己不能随心所欲了。为了表达清楚、准确,使语言完整,听起来流畅自如,就要在分析作品内容、把握思想感情的基础上,在层次、段落、语句和词组的连断上,做到换气服从作品内容的需要。需要在什么地方换气,就在什么地方换气。如果因为换气影响了语意的完整,那么绝不在这个地方换气。

在实际演播中，往往会碰到这种情况：一种是为了自己的需要随意换气，而对内容却不管不顾；另一种就是碰到长句子，索性往下冲，直到气用完为止。这样不但语意不确切，同时字音也不会清楚，有时还会出现"吃字"现象。这两种情况往往由于换气声太大或大口大口地喘气而产生噪声，使听众往往听不清楚。只有气息饱满，找好"气口"，才能解决上述问题。"气口"是中国戏曲界的行话。"气口"就是换气的地方。什么地方应该一口气播下去，什么地方应该停顿都应该事先安排好。有的句子要求一气呵成，那就需要储存足够的气，使其慢慢呼出；有的句子长些，又要让听众、观众感觉不到换气。只有在认真分析、充分理解内容后，才能找到准确的"气口"。气息饱满了，气口又处理得好，那么表达起来就舒畅。一段话说完，气息不断，仍有余气，听众、观众也会听得舒畅。一些语言艺术家的呼吸控制别人是感觉不到的。他们呼吸适中、自然，句子连断自如，"气口"安排恰到好处，这与他们对气息有一定控制能力是分不开的。

3.吐字清晰有力的动力

我们是靠有声语言来表情达意的，这要求字正腔圆，而字正腔圆必须建立在气息的基础上。字正首先必须发音部位准确，其次发音方法必须运用得当，发音方法指的就是怎么运用气息，即怎样控制气流的强弱、断续的变化，如发塞音/p、t、k/时，口腔内必须蓄满较强的气流，不然就会与/b、d、g/混同，其他如擦音和塞擦音也都各有对气流的特殊要求。谈到元音，也需要讲究气息的作用，如普通话复合元音分前响和后响，当我们发后响复合元音/ia、ua/时，需要前弱后强的气流，否则字音就不正确、不自然。在有声语言表达中，除了掌握好字音准确、清晰外，还要注意声调、重音、轻音等韵律特征的正确运用。它们与气流强弱、疾徐也有十分密切的关系。所以我们说，要做到字正腔圆，声腔的各个部分（唇、齿、舌、腭）的活动与气息的正确运用必须结合起来，只有这样，才能获得"大珠小珠落玉盘"的艺术效果。

4.感情色彩变化的依托

作品的内容是千变万化、丰富多彩的。根据作品内容需要，把气息安排得好，掌握技巧是很重要的，成语里有"忍气吞声""有气无力""气急败坏""气息奄奄""气势汹汹""气贯长虹"等与气息有关的形容。这些形容涉及情感的复杂变化，而气息变化是起着重要作用的。生活中，人在激动的时候，呼吸急促，而且很浅，明显地感到气不够用，可以看到胸部起伏明显；痛苦的时候，呼吸感到沉重，气息较深，节奏也慢；愉快的时候，感到气息很舒畅稳、平稳；愤怒的时候，呼吸量大，也明显地感到气息的粗重；精神集中的时候或考虑问题的时候，气息舒缓，有时还会屏住呼吸。这种种感情反映在呼吸上的变化，自己不但会感觉到，别人也可以感觉到。生活中如此，表达作品内容时也同样如此，不过要事先设计、安排、处理罢了。如果不会掌握控制气息的基本方法，或不按作品内容调节气息，那么作品中感情色彩的变化就会失去依托。你的表达就会使听众、观众感到平铺直叙和乏味，削弱了有声语言的表现力。因此，表达必须联系作品的思想内容,处理好欢喜、悲哀、愤怒、痛苦、快乐、惊恐、慌张等不同感情的色彩变化中的气息状态。如果用一种声音、一种气息状态去反映多变的作品内容,那是不行的,气息状态要与感情的色彩变化相一致、相吻合。

三、呼吸训练的状态要求

(一)体态要求

医学和生物力学研究人员、"亚力山大技巧"的教师及其他有关"形体协调平衡训练"领域内的专家学者,都对何为"有效形体"下了定义,并就"如何构成有效形体"取得了相对共识。有效形体大致可这样描述:假设从头顶部挂下一条垂线,那么,从侧面看,这条垂线恰好经过耳、肩峰、盆骨最高点、膝盖骨后方,至脚踝前方止。这样的形体不仅能使身体保持良好的平衡,而且看上去身姿挺拔、步态轻盈、活动自如。

坐着的时候,上身依然保持与站立时相同的姿势。肩向外(而非向后)打开。把肩向后拉,会造成颈部和背部的紧张,同时迫使头向前伸;肩部若向前收拢,则使胸部夹紧,阻碍呼吸。当头向前伸时,为保持头部的位置,肩颈部肌肉必定收缩。其结果是肩颈部肌肉酸痛,并破坏了身体平衡。你可以试着将头伸向前来体会此时肩颈部肌肉的感觉。这些肌肉一定会变得僵硬不灵活。而当你的头恢复正确的位置时,肩颈部肌肉马上放松,摸上去也是柔软的。这时身体恢复平衡,又可以在没有肌肉过度紧张的状态下活动了。

站和坐都应遵循以下原则(图1.3):

(1)确认双脚掌平稳着地。脚掌紧贴地面的感觉十分重要。体会脚底的每个细胞都与地面亲密接触。这样,即便穿着高跟鞋,你也能想象自己的双脚牢牢粘在地面上。然后,慢慢将重心前移,保持脚跟不离地。

(2)找到"悬顶颈"的感觉,即将整个头盖向上提伸。这样能帮助拉伸颈后部,让你找到脊背拉长的感觉。很多人错误地认为抬高下巴可以达到同样的效果。其实,抬高下巴只会让颈部肌肉变短,而你必须眼睛朝下才能看到观众。

始终将重心保持在足弓处。双脚掌稳稳着地,从脚踝处移动身体重心。你还可以踮起脚尖测试自己是否重心平稳。重心平稳的话,可以提起脚跟用脚尖保持身体平衡。但许多人通过撅肚子或伸出头部来带动重心向前。如果你需要使身体前倾才能踮起脚尖,那说明你原来的重心过于偏后。很多人都会讶异于自己站立时的重心位置,有的太过偏后,有的过于靠前。

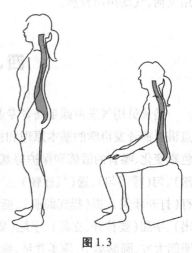

图1.3

+提示

记得保持正常呼吸。人们常常在注意形体时忘了正常呼吸。

纠正形体的过程中,很可能需要改变一些肌肉习惯。由于纠正过的身姿比原先伸展,你可能因此而觉得有些奇怪,甚至觉得僵硬。你可以通过录像或请他人帮你确认形体正确与否,这样便能避免不必要的担心。

(二)生理要求

首先要保证肌体的松弛。气息要运动,就要通畅,要通畅,身体各部分就要松弛。松弛当然不是松懈,而是指在精神状态积极的情况下,身体各部分的肌肉不僵持、有弹性。并非要紧就全紧,要松就全松,要紧就自始至终地紧,要松就从头到尾地松,在语言传播发声中,有紧有松时紧时松才是"松弛"。只有状态松弛,气息才能畅达,才能有强弱、疾徐的自如变化。

其次要保证声道的畅通。通畅,意思是说在丹田与唇舌之间气息的流动没有障碍,没有做作的外力干扰,气息的深浅、多少、快慢,都不过、不欠;丹田过紧会使气息滞而不流,丹田无力会使气息散而无力;两肋过开易导致气息僵持,两肋过闭易导致气息短促;两肩端起气息显得浅;腹部鼓起,气息显得空。要通畅,就要使两肋下端(或后腰两侧)与丹田形成有弹性的倒三角区,并协调运动自如扩张与收缩,尤其要注意的是前胸不憋。同时,口腔、喉腔也要保持放松打开的状态。

(三)心理要求

在用气发声的过程中,需要在身体各部分发声器官肌肉保证积极放松状态下,精神高度集中,兴奋而不紧张,放松而不松懈,根据稿件或主题让思想感情处于运动状态,使得气息调用灵活,气动声出自然。

四、播音发声用声要求

播音员用气发声课是播音专业为学生设置的重要专业基础课之一。在理论教学方面重点讲授播音发声学的基本原理和播音员正确的呼吸控制、口腔控制、共鸣控制、声音弹性与色彩变化、嗓音的锻炼和保护等基础知识。在实践课上,主要是指导学生进行气息深(吸得深)、匀(呼得匀)、通(气通畅)、活(用灵活),稳定、持久、自如的基本功训练;进行口腔控制打(打开牙关)、提(提起颧肌)、挺(挺起软腭)、放(放松下巴)和吐字归音字头(要叼住、弹出)、字腹(要拉开、立起)、字尾(要归音、到位)"枣核型"的基本功训练;进行声音纯正朴实、明朗大方、圆润集中、刚柔并济、纵收自如、色彩丰富、感染力强、优美动听的基本功训练;进行用气发声状态积极、松弛、集中的基本功训练。在这门专业基础课的学习、训练过程当中,要求学生能用各种语言材料锻炼嗓音,使用气发声能持久;能从自身条件出发,扬长避短;能坚持科学练声,并持之以恒、循序渐进;做到勤学苦练"曲不离口"。通过学习和训练,要使自己的用气发声状态达到"气息下沉,喉部放松,不挤不僵,声音贯通;字音轻弹,如珠如流;气随情动,声随情走"的要求。

正确用气发声是播音员应勤于磨炼的一项专业基本功。这项基本功的扎实与否,不仅直接影响播音质量,甚至会影响一个播音员的播音寿命。由于嗓子出现问题而离开播音岗位的人屡见不鲜。由于发声条件不同,每个人的声音都有自己的个性和特色。我们要在自己发声条件的基础上发挥所长、克服所短,扩展发声能力,找到自己最好的声音而不能去模仿(特别是盲目模仿)、追求某种自以为美(不科学)的声音,特别不能模仿广播电视中某个自己崇拜的播音员或演员的声音。刻意模仿某个人的声音,常常是发声方法不良的根源,它不仅束缚了播音员创造力的发挥,严重的甚至能导致发声障碍或喉部病变。

嗓子,是播音员的创作"工具"。如果没有好的嗓音和灵活的口齿,即使对稿件内容理解得很深刻,播讲愿望很强烈,也会"口不从心"。播音员锻炼嗓音和口齿的目的是在于提高播音质量。这种锻炼必须紧密结合播音发生的特点,根据自己的发声条件科学地锻炼声音技巧。这种训练必须将理论和分析解决实际问题的能力结合起来,在正确理论指导下由易到难、由浅入深、扬长避短、循序渐进。逐渐克服"压、挤、捏、噎、憋"的错误用气发声状态,使我们的嗓音和口齿在科学的锻炼下,刚柔并济,纵收自如,成为表达内容和传达感情的有力工具!

播音要求高度的用声技巧。在生活中,有的人吐字清晰些,有的人则含混些;有的人声音优美些,有的人则粗糙些;有的人声音色彩丰富些,有的人则平淡些等,这都无关大局。但对于播音员来说则要求:吐字必须清晰,音质必须优美,声音必须富于活力及感染力。因此,即使是天生一副好嗓子,不经训练,也是很难胜任的!

五、感受呼吸方式

(一)胸式呼吸

胸式呼吸,又称"锁骨呼吸""浅呼吸",也有人戏称为"女士呼吸法",因身体较瘦弱的女性持这种方法者偏多。胸式呼吸主要是靠肋骨呼吸运动实现的。(图1.4)吸气时,腹部无显著波动,横膈膜下降的幅度很小,对扩大胸腔几乎不起作用,只能动员一部分比较软弱的胸腔肌肉,靠提起胸骨来扩大胸腔的容积。由于没有横膈膜的全力支持,肺腔也就不能得到充分的扩张,进气量很小,保证不了最大限度地将气息容入肺泡。呼气时,也只是将肌肉放松恢复到原状,吸气肌肉群在牵制呼气肌内群上几乎等于零。

这种呼吸法的一个最明显的标志是抬肩。发音时不停地使肩部紧张会导致胸腔的闷实和疲倦,使胸部产生"捆绑"的感觉,继而发展到颈部的紧张,加重喉头的负担。用这种呼吸法发出的声音缺乏坚实的根基,窄扁、轻飘,底气不足,持久力差,难以控制。

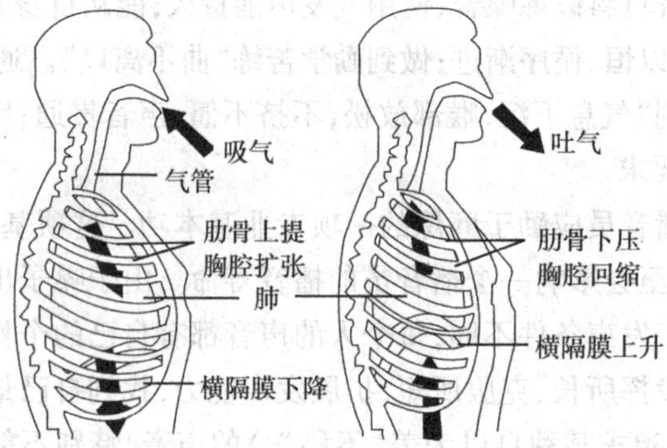

图1.4

实际上,生活里纯粹用胸部呼吸的人是极少见的,只有当膈肌收缩发生障碍时才有可能出现这种情况。我们这里指的仅仅是一种以耸肩端膀、单纯扩张胸腔为特征的浅呼吸倾向。在语言造型上利用胸式呼吸来表现人物个性,另当别论。

(二)腹式呼吸

腹式呼吸,又称"深呼吸"。人在安静时的呼吸多为这种状态。运用这种呼吸法吸气时,胸廓不见有明显的活动,主要依赖于膈肌的收缩与放松,膈肌上下移动时腹壁随之一瘪一突,进出气量不大。呼吸过程中,由于横膈肌的下落,迫使腹部内脏向前向下移动来扩大胸腔的上下径。与胸式呼吸比较,腹式呼吸的吸气量较大、较深沉些。吸气时腹部放松外凸是这种呼吸的显著标志。由于腹腔上部直接连着胸腔,因而当腹腔扩大时,胸腔下部也连带扩张,这完全是一种下意识的动作。一般来说,用腹式呼吸法呼吸时,胸肌没有积极地参与推动胸廓,争取不到胸部呼吸肌肉群的支持与配合,多半由横膈肌在下面单兵作战,形成的声音往往呈现出闷、暗、空的色彩,调节起来也比较困难。因而它也不是最科学、最实用的呼吸方法。

腹式呼吸在人们日常谈话中很占优势,尤其男性采用偏多。男中音、低音演员就常以这种呼吸支撑中低音的发出,用这种方式唱高音就比较吃力了,尽管腹式呼吸比胸式呼吸的气势要强一些。

以上两种呼吸方式都属于自然呼吸法。生活中谈话所用的气量不大,且可以随意切换,任何一种呼吸法基本上都能够满足表达的需要。但进行艺术语言发声时,这两种方法就无法掩饰其各自的弱点和缺失了,必须进行再加工改造,以保证嗓音的持久、高低音运用的自如。

(三)胸腹联合式呼吸

1. 方法

经过加工改良,一种集合了以上两种方法的长处,优化了的呼吸方法——胸腹联合式呼吸法以其科学、卫生、有效而为大多数语言艺术工作者采用。它的优越性也为越来越多的实践所证明,成为一切语言艺术工作者必须掌握的基本呼吸法。

胸腹联合呼吸法,有人又称它为"胸膈呼吸法"。它是靠肋骨和横膈肌的协同动作实现的,可以认为是胸式呼吸和腹式呼吸的联合运用。发音时,胸腔借助吸气肌肉群的力量使肋骨提高、扩展,撑大了胸腔的前后径和左右径;横膈肌的收缩和下降又增大了胸容积的上下径,这就使得胸廓得以全方位地立体扩展,肺的容积也随之全面开张,气息的呼吸量最大、最强。

胸腹联合呼吸建立了胸、膈、腹三者之间的关系,三点成一面,增强了呼吸的稳健感,便于调控;同时也容易形成坚实、明亮的音色。因此是一种最为理想的呼吸方法。人在呼吸过程中有两组肌肉群在起作用,一组叫吸气肌肉群,另一组叫呼气肌肉群。呼吸控制其实质就是这两组肌肉群相互拮抗、相互制约的结果,其外部表现为两肋与小腹的抗衡。

日常谈话时的呼吸,吸气肌肉群与呼气肌肉群各司自己吸与呼的职能,彼此联系不多;而有控制的呼吸则要求这两组肌肉群协同动作。吸气肌肉群不仅在吸气过程中起作用,在呼气过程中仍然要继续保持一定的紧张度,与呼气肌肉群形成对抗的力量,以控制呼出气流的疾徐强弱。

2. 要领

(1)吸气要领:"气息沉,两肋开,膈肌降,小腹收。"

吸气时,随着吸气肌肉群的收缩和横膈肌的下降,胸腔容积。立体扩张(前后、左右上下全面扩张)后,胸腔内部的气压打破了静止时的平衡,变得比体外的气压小了,口、鼻同时张开,沿着口鼻——咽——喉头——气管——支气管——肺泡的轴线,感觉到把气深深地贮存在肺的底部,即约在上衣最下面一个纽扣的位置。

所谓"气息沉"就是导引气息沉至肺的底部贮存起来。

"两肋开"说的是吸气时肩胸部在放松的状态下从容不迫地将肋骨(主要是下肋)打开。一般的感觉是左右打开的幅度明显前后,后腰大于腹部,腰部发胀,腰带渐紧,胯下沉滞有力。

"膈肌降"是要求呼吸训练者有意识、有目的地在收腹的同时将膈肌顶下去,幅度越大越好。

"小腹收"是指小肚子的运动。趋向是腹部表层肌肉上下左右均向脐下三指处("丹田")聚结,腹壁保持不凸不凹的"站定"状态,即"气走丹田"。实际上这种"站定"也不是小腹一点都不动,应当允许它略微往里收缩。

过去戏曲艺人在喊嗓练声或上台演戏时都强调"腆胸收腹",这种方法基本上符合生理科学。腆胸,当然不是随便地把胸脯挺起来,而是借助吸气肌肉群的收缩使胸腔得以扩展,达到扩张胸腔和吸入更多、更深气息的目的。收腹,也不是要收连在胸廓下面的大腹,而是仅仅收紧小腹,因为大腹在吸气时的收缩会阻碍横膈肌的下降,把气瘪死。

我国民族声乐、戏曲艺人们强调的"丹田气"就是我们现在所说的胸腹式联合式呼吸的运气方法。丹田(腹直肌与腹斜肌合力焦点),在人的肚脐下三指处,是小腹的中心位置,即气海穴至关元穴的范围。寻找丹田气并不是指望它产生气息或者扩大气息量,而是靠它起

"顶气"的作用,强化丹田这部分肌肉的意识,不让它和大腹一起鼓起。只要能帮助呼气肌肉群造成压力、增强呼气的力量就达到了目的。一些演员练功或演出时在腰部系个"板儿带"就是这个道理。

需要注意的是:上面讲到的吸气的四个要领是一次吸气动作的分解,其实它们在吸气过程中几乎是同步进行的,我们要捕捉的是一种吸气时的综合感觉,这种感觉在吸气的最后一刻随着吸气量的多少而不同程度地表现出某些差异。男性胸肋部向左右扇面状打开的感觉强于女性,女性腰围紧张、躯干发胖的感觉更明显一些。吸气量愈大,这种感觉就愈明显。

做胸腹联合式呼吸练习时,尤其应保持良好的精神状态和胸肩部的松弛,切忌双肩较劲儿。此所谓"兴奋从容两肋开,不觉吸气气自来"。

(2)呼气要领:"小腹站定,两肋回缩,膈肌上升,双向对抗。"

人类的声音绝大多数是在呼气过程中实现的,因此胸腹联合呼吸的精髓也主要体现在对呼气的控制上。呼气时吸气肌肉群一开始不能有所松动,小腹仍保持原来的收缩状态以维持两肋的扩张;同时,呼气肌肉群做回弹式全面收缩。当这种收缩力超过扩张力时,两肋才缓缓回缩,膈肌慢慢上升,气息自肺部透出,小腹逐渐地放松。可见胸腹联合呼吸的呼气动作是在吸气肌肉群与呼气肌肉群相互对抗中完成的。

换句话说就是:体验气息的"双向气流运动"。一种是向上向外的呼气运动,也可称为"明气";另一种是向下向内的吸气运动,可称为"暗气"。前者是人体发声中气息运动的主要走向,后者是一种内在的保持力量,是人为地慢慢下放、徐徐下沉的感觉。两种力量各自向相反的方向伸展,相互联系中求统一,在相互拮抗中求平衡,并贯穿于发声过程的始终。因为向上呼出的动力总要大于向下保持的阻力,而且保持的力量始终处于且战且退的状态,因此这两种力量较量的结果形成了科学的气息运动,即气息向上,向外有控制地均匀放气。

(3)换气要领:换气是满足生理需要所必需进行的规律性运动,同时也是表达过程中区别语意的表现手段之一,是有声语言的标点符号之一,是表情的方法之一。那么,怎样在符合生理需要的前提下,起到推动表达中的起承转合的作用呢?

①句首换气。乍听起来句首换气太容易了,不就是一句话准备开始时换气吗?但是在表达中,由于句与句之间的间隙较小,不好区别,初学者往往总是在每一句话的最后一个音节刚结束,甚至余音还没结束,就连同换气一同表现出来了。这种习惯从听觉上给人一种上气不接下气的感觉,应该在每一句末尾一个音节读完时稍作保持,等到下一句开始时再换气,不论语速多快都应该有这样的意识。只有这样才能让听众不会因为传播者换气而影响收听效果。播音表达中讲的"快而不乱"也与此有关,这需要学习者用心体会与把握。

②换气到位。采用正确的呼吸方法是为保证足够的气量以适应语句的贯穿、语言的连贯和传情达意的需要。初学者在开始练习时,正确的呼吸容易找到,但是一结合发声,尤其是一结合表达,在进行换气时就容易出现换气不到位或不正确的现象,主要原因是无意识换气和不敢大胆换气。所以换气一定要吸到肺底,不能浅吸,否则会因为吸气过少(或不正确)造成下一句气息不够,以至于频繁换气,形成不良循环。即使需要在不割裂语意的时候换气(抢气、偷气等),用气量虽少也应该到位,不能因为吸得少就使用错误的呼吸方法"提肩"。

③随用随换。前面谈过换气要和发声表达结合起来,除非角色需要,一般播音、主持要

把握换气后,呼气要和发声同步,表达中做到以气托声。初学者要调整好"呼气保持吸气的状态"的关系,防止"过犹不及",还要防止"为换气而换气"的现象,即换气时口腔及呼吸通道虽没有打开但保持准备发声(吸气)的状态,气换好后才准备发声,这样瞬间的时间差就造成了表达中的断层,气息也不能很好地保持。不过,为了体会呼气时保持吸气的状态,可以尝试吸好气后腰腹先不要回收,仔细体会在发声时腰腹肌肉(呼气肌肉群)的控制感。

④补气自如。换气通常分两种情况,一种是上面提到的因语意需要和生理需要下的正常换气,这种换气时间较长,而且从容。另一种情况是由于语意的需要导致句子较长,超出了生理的驾驭能力,必须在句子中间的某一处换气,我们叫"补气"或"偷气",即要不露换气痕迹,不能割裂语意无声地进行,也就是音断、气断意不断。在准备补气时保持住发声的气息控制状态,根据前面讲到的气压差原理,两肋迅速向外张,在呼吸肌肉群(腰腹)松紧的刹那间变化(偷气、抢气)后,气息自然流入完成换气。要体会胸廓在瞬间补气时的"橡皮球"感,做到"停而不断",给人一气呵成的感觉。

切记,在发声过程中也应该保持一种吸气的状态,用吸气的感觉发声。补气时喉部、口腔及上下呼吸通道要保持打开的状态,不能出现进气有声的现象。

⑤换气无声。换气无声是播音主持语言的语言特点所决定的,它不像角色化的语言那样,在语言环境的需要下,必须采用出声换气来表现人物情感。播音主持表达换气不应该出声,要注意换气时打开呼吸通道,避免声带、喉部等器官形成阻碍,造成话筒前的噪声,干扰听觉,破坏表达效果。

3.整体感觉

吸气时,随着气流从口鼻进入,经过咽腔、喉腔,通过气管、支气管抵达肺泡,肺泡扩张,肺体扩大,产生横向与纵向两个力。横向的力作用于两肋,于是两肋向外扩张;纵向的力作用于横膈膜,于是横膈膜下移挤压脏器,小腹有充胀感,腰带渐紧。此时要求腹直肌、腹斜肌用力,腹壁站定,避免腹部过分外凸,于是丹田紧张,有"气沉至此"的感觉。

呼气时,保持小腹的收缩感,以牵制膈肌与两肋,使其不能快速回弹;随着气流的缓缓呼出,小腹渐渐放松,但最后仍不失去收住的感觉,而膈肌与两肋在这种控制下逐渐恢复自然状态。

4.重点

(1)吸气重点。

①两肩放松。对于初学者来说,两肩放松在发声用气前尤为重要。胸腹式联合呼吸的控制部位在腰腹部,上胸应该保持相对放松的状态。如果两肩上提或使劲儿,就不利于气息下沉,正确的呼吸必然受到阻碍,进行电视播音主持时也会"有碍观瞻",并且位于肩部附近的喉部也会受到挤压,影响发声。

②两肋打开。在两肩放松的情况下,从容地打开胸腔两侧下肋,使吸气肌肉群处于紧张的工作状态,为肺部扩张提供空间,保证气量的增加。根据高气压会向低气压流动的气压原理,当用气者放松身心,保持呼吸通道畅通,打开两肋,体腔内气压小于体外气压,气息自然

就会从打开的口鼻进入体内,完成吸气。因此说"兴奋从容两肋开,不觉呼吸气自来!"但是要注意,不能为了从触觉上找寻腰腹张开的感觉,憋着气鼓起腰造假吸气。

③控制气量。因为膈肌、吸气肌肉的下降和收缩,使肺这个"驿站"的空间变大,气流这个匆匆"过客"聚集量相对增加。增加肺部进气量不是吸得越满越好,而要在已经吸好气的情况下,还能留有余地。如果吸气过满,气息容易僵硬,不便使用。肺部进气也像给自行车打气一样,过少,"骑起来不出路";过满,轮胎易爆,骑起来太硬、易颠。因此,气息的多少要根据"容纳量"和"活动目的"的需要来调节。在播音主持中情感的变化和"意群"的长短就是进气量的"度量衡"。

④控制膈肌。膈肌是吸气肌,它的活动应该在快吸慢呼的播音发声呼吸法的要求下,做到迅速、灵活。膈肌在活动时与肺部一样看不见、摸不着,只能通过触觉感受腰部的打开幅度来判断膈肌的下降程度。这里的"意识"调整是一个既形象又抽象的控制方法,在两肋横向打开的同时体会气息的下行感,即是膈肌的下降感。膈肌下降越低,进气量才有可能增大,也才有可能保证充分的用气。

⑤腹壁站定。腹肌是呼吸过程中的控制肌。腹壁"站定"是指随气息在吸进的同时,腹部肌肉要有一定的紧张度,保持相对"警惕"的控制状态,不能有明显凸起,以防造成腹式呼吸,但也不能回缩,以免阻碍膈肌下降影响气量,造成气息上提现象。要随时处于一个准备呼气的状态,待到用声呼气时发挥它重要的"牵制"作用,使膈肌保持较慢的速度上升回收。

(2)呼气重点。

①稳、久、活。呼气的过程实际上是一个气息控制的过程,当吸气完成后,进行呼气时,一定要保持吸气状态,也就是在呼气肌肉群收缩工作时,吸气肌肉群不能完全处于放松状态,要保持一定的工作状态,使吸气肌肉群与呼气肌肉群形成一种对抗(以吸调呼)。其实,呼气的稳定状态和持续时间的长短控制,就是靠吸气肌肉群的收缩力与张力的调节来完成的。由于膈肌只承担吸气的任务,而腹肌是随意肌,收缩、张开可任意调节,以此来控制膈肌的过速回弹。所以,在呼的过程中,小腹"拉住"的感受尤为重要。所谓"丹田气",并不是指气真正吸到丹田,而是丹田部位的肌肉形成控制力,以达到控制气流速度的目的。

②气、声结合。呼气的控制目的是为了发声的需要,所以在训练呼气控制时,一定要注意结合用声来进行。刚开始学习用气,为了不顾此失彼,先在无声的状态下集中精力练习用气。一旦掌握了正确的方法,要尽快结合发声来进行,使气、声同步,做到"气脉为本,声音为貌"。

③气、情结合。发声是在情感的基础上进行的,气息运用的最终目的是为了表情达意。在呼气的训练中不能忘记情感的调动与配合。人们常说"气乃情所至""声为情所言",只有做到"情、气为本",才能有"语流成貌"。气息控制的关键是情感的运动,用气发声要使感情运动起来,有感而发,没有情感的变化,气息的控制必然是单调的、僵硬的,姿势势必影响声音色彩的变化,也就表现不出语言的传达目的,谈不上传情达意了。

六、感受呼吸节奏

（一）慢呼慢吸练习

由于要改变原有不科学的呼吸,要有意识强调生理机能的调控,初期的训练只能先采用慢吸的方法,通过训练认识科学呼吸的具体部位与有关肌肉群的运动状态,达到正确的进气目的。

1. 坐姿练习

坐于硬面凳子的前半端,双眼平视前方,收颌、挺胸、立腰;状态积极,放松身心,根据情境,进行吸气、呼气训练。

情境设计:想象鲜花满地、芬芳宜人,但你不能去摘,只能用视觉和味觉来欣赏。此时,口鼻同时打开保持积极、兴奋的状态,用心深吸一口清香的空气,体会扑鼻而来的芬芳。与此同时,肩松、肋开、腰胀、腹紧、气沉、气流呈横向走势,在瞬间保持后慢慢吐出,从心底发出一声"啊",再体会腰腹肌肉随机放松的感觉。

情境设计:想象面前摆了许多你最喜欢的食物,此时你非常想吃……(结合呼吸要领体会此时的用气位置)

情境设计:设想有位好朋友正在给你讲一件让你感兴趣的事,听着听着露出"原来是这样"的神情。(结合呼吸要领体会此时的用气位置)

情境设计:设想有位好朋友在跟你讲一件让你非常不快的事,你听着表现出"真是的"这样的神情。(结合呼吸要领体会此时的用气位置)

情境设计:通过以上几个情境设计,若正确的吸气方法仍没有找到,可以采用搬重物的方法来进行体会与训练。先弯下腰(或假设或真做)搬一个必须用大力气才可以搬动的物体(在教室就抓住凳子或桌子腿),用心体会用力的部位(在腰部),然后再采用坐姿用气,找搬重物用力时吸气的部位。(结合呼吸要领体会此时的用气位置)

2. 站姿练习

双肩自然放松,双肩自然下垂,两眼平视前方,收颌、挺胸、直腰,两脚之间保持一定距离(男士双脚距离与肩同宽;女士双脚呈"V"字形,后脚跟稍稍分开);状态积极,放松身心,根据情境,结合吸气、呼气要领进行训练。

情境设计:想象平行于嘴的前面有一张很多天没有清理的桌子,上面有薄薄一层灰尘,你想清理,但没有合适的工具,只能用嘴吹,而桌子旁边的物品又不能因清理桌面而弄脏,此时口鼻同时打开,双唇力度集中在唇的中央,深吸一口气,松肩、开肋、胀腰、紧腹、沉气,轻、匀、稳地慢慢吹去桌面上的灰尘。注意控制气息不能忽有忽无,想象桌上的灰尘吹得干干净

净,用心体会呼气(吹灰)时保持吸气感觉肌肉的紧张状态。(结合呼吸要领体会此时的用气位置)

情境设计:假设误吃了一口自己非常不喜欢吃的食物,或者喝了一碗中药,口腔打开发"a"的气声,努力想把嘴里的苦味全吐出来。(结合呼吸要领体会此时的用气位置)

情境设计:模仿一自然现象,发"si"或"xu"的气声。经过情境设计后,在发此音时应保持相对较长的时间,虽然发声时声带没有颤动,不是乐音,但是从听觉上能分辨出"si"和"xu"音的音强、音量、音长是否均匀,以判断呼气的稳劲、持久的能力。(结合呼吸要领体会此时的用气位置)

si……si……si……si……si……si……

xu……xu……xu……xu……xu……xu……

情境设计:心情很愉快地走在美丽、安静的绿茵道上,两手各提一个暖水壶或者重物,这样可以牵制住肩膀不得上提,来体会气息向下的横向运动的感觉。找到正确的气息后再丢开水壶或重物训练。(结合呼吸要领体会此时的用气位置)

> **提示**
>
> (1)训练初期先采用手扶腰的办法(左手扶腰右侧,反之。为避免双手交叉导致双肩紧张,气息上提)体会气流的流动方向是纵向还是横向,感觉吸气时气息运动是否能把手撑开。整个吸气过程就像缓缓打开的一本书向两边展开,气息在腰腹的感觉是腰的两侧大于前后,后腰又大于前腹。另外,可以两个人互相扶腰进行体会。
>
> (2)对照镜子观察在吸气时两肩是否上提,上胸是否起伏。如果有起伏,说明气息还没有下沉,应尽快调整。
>
> (3)体会采用坐姿用气时与座位形成的作用与反作用力。
>
> (4)要注意防止假吸气现象,即腰腹鼓起来了但气息并没有吸进去。
>
> (5)开始找不到呼气肌肉群的控制力度,可先吸好气后不要呼气,以此体会腰腹的控制感。

(二)快吸慢呼练习

人在不说话时呼和吸时间是差不多相等的,但一旦开口说话呼的时间就比吸的时间长了,加之播音发生是艺术语言的训练,为了语义的连贯、完整,换气的时间就更要缩短,应迅速完成才行。所以,快吸慢呼的发声训练是气息控制的终极目标,也是适应表达的最基本要求。通过训练做到声高不劈、气不竭,声低不压、气不懈。

1."无声"练习

情境设计:设想好久没见的亲人或好友突然出现在面前,让你十分惊讶。(结合呼吸要

领体会此时的吸气速度及位置)

情境设计：突然接到一封盼望已久的信，兴奋与激动溢于言表，快速打开信件，随着阅信气息慢慢吐出……（体会一刹那的迅速进气的感觉）

情境设计：在听别人讲一件事时，急于插话，但欲言又止。（体会此时气息的快吸感觉）

2."发音"练习

情境设计：发"a"音。选择自己语言表达的最佳声区进行训练，发声前平视前方某一物体，设想他（或它）就是你的交流对象，并且是很好的朋友、同学或老师等。要把发"a"音的过程设想成是和他们交流的语言，既积极主动又平和委婉；气息饱满均匀，结实有力；声音洪亮、音色甜美。如果声音发颤、发抖，就证明气息支撑不够，应做反复训练。

"a"音训练应伴随专业学习的始终。因为"a"是汉语普通话里一个开口度最大的元音，乐音成分最丰富，发好它是学习播音发声的关键，所以应结合"a"音，反复训练提高气息的控制能力。

情境设计：用六个单元音进行不同组合（开始先发一个单元音换一次气，以后可连续发六个单元音换一次气）、不同语境、不同声调、不同声音层次的训练。体会不同情境、不同声区、不同气息的变化与控制。

a……o……e……i……u……ü……

a……o……e……i……u……ü……

情境设计：设想面前放着最喜欢的七件物品百看不厌，爱不释手，数来数去不忍离去……在数的过程中发完每一位数字后都回味一下，以欣赏物品的色、形、质等来体会气息控制（1秒钟）腰腹的感觉，之后再发下一个数，到7后换一口气再倒数到1，或一口气从正数1到倒数1，并根据气息长短控制2个数之间的时长。过快，起不到控制气息的作用，过慢又发不完，因此要适时把握。

1,2,3,4,5,6,7,7,6,5,4,3,2,1……

1,2,3,4,5,6,7,7,6,5,4,3,2,1……

情境设计：设想走到一个农家小院儿，定眼一望，院子中央有一个凉棚。噢！原来是个葫芦架子，上面挂满了大小不一的葫芦儿。试试，一口气能数多少个。

一口气数不了二十四个葫芦四十八块瓢，一个葫芦两块瓢，两个葫芦四块瓢，三个葫芦六块瓢，四个葫芦八块瓢，五个葫芦十块瓢，六个葫芦十二块瓢，七个葫芦十四块瓢，八个葫芦十六块瓢，九个葫芦十八块瓢，十个葫芦二十块瓢，十一个葫芦二十二块瓢，十二个葫芦二十四块瓢，十三个葫芦二十六块瓢，十四个葫芦二十八块瓢，十五个葫芦三十块瓢，十六个葫芦三十二块瓢，十七个葫芦三十四块瓢，十八个葫芦三十六块瓢，十九个葫芦三十八块瓢，二十个葫芦四十块瓢，二十一个葫芦四十二块瓢，二十二个葫芦四十四块瓢，二十三个葫芦四十六块瓢，二十四个葫芦四十八块瓢。

➕提示

(1) 要注意在户外练习不要迎风进行,最好对着墙,或者某一点进行。

(2) 设想要通过发"α"音把平时前方的某一点打穿,一次调动气息的控制力,练习声音的穿透力。

(3) 注意吸好气后发声的前三四秒不要用气,腰腹要稍做控制后再慢慢收回。

(4) "数葫芦"没有换气口儿,开始只能读到十七八个,随着练习量的增加逐渐提高葫芦儿数。不要求快忽略了吐字,要注意合口呼的归音,即双唇力度、数词调值的把握。

(5) 在训练时,要注意和语音结合起来,注意轻声、儿化音的运用,不要把可爱的葫芦读成难听的"呼噜"了。

(6) 初学者一般在开始吸气还比较容易掌握,但当准备呼气时受旧习惯的影响,瞬间气息上提,所以一定要注意吸好气后,腰腹稍微做控制后,呼气肌肉群在慢慢回缩,要加强控制的意识,要注意站姿训练时在没有座位的反作用力对抗下,气息的下沉意识。重复以上训练,最终呼气时间最好达到30秒。

(三)换气练习

一般在两个大的意群之间的正常换气要做到无声、迅速的同时,为达到区别语意、语气的目的,相对有较明显的"气口儿"。补气一般是在一个句子没结束但气息不够的情况下采取的换气方法。为了不割裂语意、不露"声色",从听觉上感受语意的前后连贯上有一气呵成之感,在补气前后音节与音节之间要有机衔接。要找长句子中能划分语节的地方,处于并列关系的某一个顿号或逗号处,或处于偏正关系的一个语节处进行补气(或者偷气)训练。通过训练提高两肋肌和腹肌的弹发能力,把握句与句之间、长句中间换气时的音断、气断意不断的控制能力。

1. "一般换气"练习

情境设计:想象自己拿一竹竿儿去收枣儿。阳光灿烂,空气清新,枣儿垂挂在书上,在绿叶的映衬下丰润饱满、色泽鲜美、清脆可口、垂涎欲滴……

出东门,过大桥,大桥前面一树枣,

拿着竿子去打枣,青的多,红的少,

一个枣,两个枣,三个枣,四个枣,

五个枣,六个枣,七个枣,八个枣,

九个枣,十个枣;十个枣,九个枣,

八个枣,七个枣,六个枣,五个枣,

四个枣,三个枣,两个枣,一个枣。

这是一段绕口令,一口气说完才算好。

情境设计：设想自己在乡下，四周风景宜人，眼前池塘里有静立的荷花，荷叶上有飞舞的蜻蜓，水面上有跳动的青蛙……

一只蛤蟆一张嘴，两只眼睛四条腿，扑通扑通跳下水。两只蛤蟆两张嘴，四只眼睛八条腿，扑通扑通跳下水。三只蛤蟆三张嘴，六只眼睛十二条腿，扑通扑通跳下水。四只蛤蟆四张嘴，八只眼睛十六条腿，扑通扑通跳下水。五只蛤蟆五张嘴，十眼睛二十条腿，扑通扑通跳下水。六只蛤蟆六张嘴，十二只眼睛二十四条腿，扑通扑通跳下水。七只蛤蟆七张嘴，十四只眼睛二十八条腿，扑通扑通跳下水。八只蛤蟆八张嘴，十六只眼睛三十二条腿，扑通扑通跳下水。九只蛤蟆九张嘴，十八眼睛三十六条腿，扑通扑通跳下水……

2."补气"练习

情境设计：采用较长的新闻句子进行气息的"补气"控制训练。本节以气息控制为目的，结合吐字归音，不要急于寻求新闻语言的表达状态，避免囫囵吞枣。

渝湘高速公路是国家包（头）茂（名）高速公路的一段，由巴南界起，经南川、武隆、彭水、黔江、酉阳，至秀山洪安出境，全长413公里。其中主城到武隆段此前已相继通车。此次通车的是武隆至黔江的118公里，沿线设有黄草、彭水西、彭水东、保家、黔江西、黔江南6座互通。从主城至黔江西，年票车收费为150元。

中央气象台5日上午10点钟发布暴雨预报：受热带低压和冷空气的共同影响，预计，今天中午到明天中午，广东中南部、广西大部、海南西部和北部、湖南中西部、湖北东部、河南南部和东部、安徽北部、江苏北部等地将有大到暴雨，其中广东西南部、湖南南部、广西南部和东部、安徽北部和江苏北部等地局部地区有大暴雨。

中央科学评价中心发布了一系列世界大学排行榜，位居本次《世界大学科研竞争力排行榜》前十二名的大学分别是：哈佛大学（美国）、得克萨斯大学（美国）、华盛顿大学（美国西雅图）、斯坦福大学（美国）、约翰·霍普金斯大学（美国）、加州大学伯克利分校（美国）、加州大学洛杉矶分校（美国）、东京大学（日本）、密歇根大学（美国）、麻省理工学院（美国）、多伦多大学（加拿大）、威斯康星大学（美国）。

中共中央政治局常委、中央书记处书记、中央党校校长习近平出席中央党校开学典礼并讲话。他指出，书籍是人类知识的载体，是人类智慧的结晶，是人类进步的阶梯。各级领导干部要深刻认识现代领导活动与读书学习的密切关系，深刻认识领导干部的读书学习水平在很大程度上决定着工作水平和领导水平，真正把读书学习当成一种生活态度、一种工作责任、一种精神追求，自觉做到爱读书，读好书，善读书，积极推动学习型政党、学习型社会建设。

情境设计：结合"八荣八耻"的内容，针对老师《思想道德修养》课上的举例，联系社会现象，调动情绪进行气息控制训练。

以热爱祖国为荣，以危害祖国为耻；以服务人民为荣，以背离人民为耻；

以崇尚科学为荣，以愚昧无知为耻；以辛勤劳动为荣，以好逸恶劳为耻；

以团结互助为荣，以损人利己为耻；以诚实守信为荣，以见利忘义为耻；

以遵纪守法为荣，以违法乱纪为耻；以艰苦奋斗为荣，以骄奢淫逸为耻。

情境设计:结合中央电视台播放的一则"国际漫游"广告,想象相应的情景,练习气息控制。

奶奶,我是小强,我已经到了巴黎了。奶奶,您身体还好吧?电话费很贵,我不多说了,奶奶再见!

情境设计:结合我国曲折的申奥经历,联想张艺谋执导的申奥宣传片,熟记奥运会比赛项目,训练气息。

田径、赛艇、羽毛球、垒球、篮球、足球、拳击、皮划艇、自行车、击剑、体操、举重、手球、曲棍球、柔道、摔跤、水上项目、现代五项、棒球、马术、跆拳道、网球、乒乓球、射击、射箭、铁人三项、帆船、帆板、排球。

➕提示

通过句子中不同声调的练习,体会气息的控制力度对调值、语流的变化所引起的作用。

(1)不要把香甜的枣儿读成冰冷冷硬邦邦的"凿子"。开始练习换气口先放在正数前和倒数后,随着练习量的增多,只在正数一的前面换一口气即可。

(2)注意"扑通"一次的唇部控制,不要漏气、喷话筒。

(3)一般经过初步训练后吸第一口气都比较容易把握,但要注意句与句之间的换气,状态要从容,防止提肩。

(4)句与句之间不换气时,要注意连接流畅,"气口儿"与"气口儿"之间无论有几个标点符号,都当成一个句子对待,不能断开,体会气息的控制力度。

(5)运用播报人名的方式进行换气控制训练,体会读一个人名换一次气的腰腹控制感,注意人名之间的间隔,两音节人名与三音节人名及多音节人名的节奏的把握,人名与族名、性别的区别。人名一般都读中中重格式,有些人容易把人名读成中轻重格式,要注意纠正。

(6)新闻长句子练习气息控制要注意气流"被动进入"的感觉,在"意不断"的前提下,腰腹快速进行"一松一紧"的刹那间"补气"运动。如上几条消息,并列关系的短句较多,一口气读不下了,就需要在中间补一下气。

(7)"八荣八耻"的内容最好"一荣一耻"后换一次气。

(8)要求做到灵活运用气息,必须结合前面语音训练内容和最后一章训练材料里的"快口"、散文段子、消息等长句进行。训练初期可以一句一换气,熟练后要求两句一换气或根据语意换气。句与句之间不换气时要注意连接流畅,四句以内的绕口令要求中速,达到一口气背诵。

七、部分补气技巧

调气与及时补气密切相关。有气息不断运行,才谈得上气息的调节。补气分为偷气、抢气、就气等几种情况。在气息控制阶段,一般讲换气要到位,就是说要不脱离气息的控制状态。但进入气息调节阶段,单纯强调"补气到位",很容易造成气息状态的僵化。所以,要根据表达需要灵活补气,需多多补,需少少补。

(一)偷气

偷气,是指短时无声吸气。偷气在句中或句尾顿挫、连接的空隙,进气速度很快、进气较浅且进气量很少,不留痕迹。

(二)抢气

抢气,是指句中或句子间急促地进气,不顾及是否有声音出现。有时候为表现某种紧急情况或者强烈的情绪,特意让吸气带声。

(三)就气

就气,是指虽有停顿,并不进气,而是调动肺内余气进行补充,顿挫后一气呵成,丹田处坚持强控制,不觉气息不足。就气通常是为了保证语气的连贯,常在表达赞颂等激动色彩时使用。

句中补气有一个选择气口的问题。句中找气口,主要应该考虑语意的连贯清楚,语气的贴切生动,一句话中补气次数多少不作限制。气口多少,跟语速有一定关系。语速快,气口就可少一些;语速慢,气口就可以多一些。

无论是哪种补气方式,都不能够影响到语意的表达。以情调气是调气训练的最终目标,也是气息运用的较高境界。情之所至,气之所依。补气并不是简单机械的气息补充,它要和心理状态的转换相一致。无论哪种换气方式都要与心理状态紧密相随。在气息调节的锻炼中,也应该注意从调动情感入手,以情带气,使气随情变。

>> **胸腹联合式呼吸综合练习**

练习提示:在用气发声的感受和练习过程中,重视胸腹联合式呼吸的要领把握,感知呼吸过程中各呼吸器官的动觉变化,明确并强化气沉丹田时二力对抗的具体感受。注意分辨体认各种不同的用气方式带来的视觉及听觉回馈差异。逐步熟练换气、补气的技巧,从而提升气息调控能力,辅助自如发声。

地理图（节选）

去天津城隍庙哇？在丰台下车，奔长辛店、良乡县、窦店、琉璃河，奔涿州。你奔松林店、高碑店、定兴、徐水、保定府、石家庄、太原府、过黄河到陕西，过甘肃、新疆，有八百里瀚海，自带干粮自带水。不带干粮不带水？渴也把你渴死，饿也把你饿死。过了瀚海有个火焰山，过了火焰山你上飞机，一直往西北，走四十七个星期，下飞机您就瞧见了，那儿有一个小庙儿，匾上写着仨字儿：城隍庙。

报菜名（节选）

全国大菜南北全席我准备请你吃上四干四鲜四蜜饯，四冷荤三个甜碗儿四点心。四干就是黑瓜子白瓜子核桃蘸子杏仁儿。四鲜是北山苹果琛州蜜桃广东荔枝桂林马蹄儿。四蜜饯是青梅橘并圆肉瓜条。四冷荤是全羊肝儿溜蟹腿儿白斩鸡炸排骨。仨个甜碗儿是莲子粥杏仁儿茶糖蒸八宝饭。四点心就是芙蓉糕喇嘛糕油炸丸子炸元宵。

夸住宅（节选）

就在东城干面胡同。路北楼，广梁的大门，上有门灯，下有懒凳，有回事房，管事处，进了大门有二门，二门四扇屏风，绿油漆洒金星，四个红斗方，写的是"斋庄中正"，背面是"严肃整齐"。进二门方砖墁地，海墁的院子，夏景天儿高搭凉棚三丈六；四个红堵头是"吉星高照"。院子里有对花盆儿，石榴树，茶叶末色的养鱼缸，三叉九顶的夹竹桃，北房五间为上，前出廊后出厦，东西厢房，东西配房，东西耳房，倒座儿五间为待客厅，明支夜阖的窗户，可扇儿的大玻璃，夏景天虾米须的帘子，冬景天儿子口的风门儿，进屋您一看，泄露天机，别有洞天，迎面摆丈八条案，上摆尊窑瓶，郎窑罐，碧玺酒陶，珊瑚的盆景，风磨铜金钟儿，翡翠的玉磬，当中摆二尺多高广座钟，案前摆着一张紫檀的八仙桌，镶石心，挂螺钿，一对花梨太师椅，桌上放文房四宝，端砚，湖笔，宣纸，徽墨，通鉴，天文地理，颜、柳、欧、赵名人字帖，墙上挂着许多名人字画，有唐伯虎的美人儿，米元章的山水，刘石庵的扇面儿，铁宝的对子，郑板桥的竹子，郎士宁的洋狗，道光皇帝钦赐镇宅宝剑，袁大总统亲赐的寿字儿。屋子里头的座钟，挂钟，自鸣钟，子儿表，对儿表，寒暑表……嚄，你家这表可多呀。

杂说四·马说（唐　韩愈）

世有伯乐，然后有千里马。千里马常有，而伯乐不常有。故虽有名马，只辱于奴隶人之手，骈死于槽枥之间，不以千里称也。

马之千里者，一食或尽粟一石，食马者不如其能千里而食也。是马也，虽有千里这能，食不饱，力不足，才美不外见。且欲与常马等不可得，安求其能千里也？策之不能其道，食之不能尽其材，鸣之而不能通其意，执策而临之曰："天下无马。"呜呼！其真无马邪？其真不知马也！

陋室铭(唐 刘禹锡)

山不在高,有仙则名;水不在深,有龙则灵。斯是陋室,唯吾德馨。苔痕上阶绿,草色入帘青,谈笑有鸿儒,往来无白丁。可以调素琴,阅金经。无丝之乱耳,无案牍之劳形,南阳诸葛庐,西蜀子云亭。孔子云:"何陋之有?"

我喜欢出发

凡是到达了的地方,都属于昨天。哪怕那山再青,那水再秀,那风再温柔。太深的流连便成了一种羁绊,绊住的不仅有双脚,还有未来。

怎么能不喜欢出发呢?没见过大山的巍峨,真是遗憾;见了大山的巍峨没见过大海的浩瀚仍然遗憾;见了大海的浩瀚没见过大漠的广袤,依旧遗憾;见了大漠的广袤没见过森林的神秘,还是遗憾。世界上有不绝的风景,我有不老的心情。

我自然知道,大山有坎坷,大海有浪涛,大漠有风沙,森林有猛兽。即便这样,我依然喜欢。

打破生活的平静便是另一番景致,一种属于年轻的景致。真庆幸,我还没有老。即便真老了又怎么样,不是有个词叫老当益壮吗?

于是,我还想从大山那里学习深刻,我还想从大海那里学习勇敢,我还想从大漠那里学习沉着,我还想从森林那里学习机敏。我想学着品味一种缤纷的人生。

人能走多远?这话不是要问两脚而是要问志向;人能攀多高?这事不是要问双手而是要问意志。于是,我想用青春的热血给自己树起一个高远的目标。不仅是为了争取一种光荣,更是为了追求一种境界。目标实现了,便是光荣;目标实现不了,人生也会因这一路风雨跋涉变得丰富而充实;在我看来,这就是不虚此生。

是的,我喜欢出发,愿你也喜欢。

祖国啊,我亲爱的祖国(舒婷)

我是你河边上破旧的老水车,
数百年来纺着疲惫的歌;
我是你额上熏黑的矿灯,
照你在历史的隧洞里蜗行摸索;
我是干瘪的稻穗;
是失修的路基;
是淤滩上的驳船把纤绳深深勒进你的肩膊;
祖国啊!
我是贫困,我是悲哀。
我是你祖祖辈辈痛苦的希望啊,
是"飞天"袖间千百年来未落在地面的花朵;
祖国啊!

我是你簇新的理想,刚从神话的蛛网里挣脱;

我是你雪被下古莲胚芽;

我是你挂着眼泪的笑窝;

我是新刷出的雪白的起跑线;

是绯红的黎明正在喷薄;

祖国啊!

我是你的十亿分之一,是你九百六十万平方的总和;

你以伤痕累累的乳房喂养了迷惘的我、深思的我、沸腾的我;

那就从我的血肉之躯上去取得你的富饶、你的荣光、你的自由;

祖国啊!我亲爱的祖国!

第二章

打开口腔练唇舌

四川方言对一个人不说话有一个形象的表述："不开腔。"这从一个侧面反映出"开腔"和语言表达之间的紧密联系。这里的"腔"当然就是指我们的口腔。想要声音圆润响亮、悦耳动人，有一个很重要的条件就是要"打开口腔"。同时，更为重要的是唇、舌在打开的口腔内运动变化对声音进行调控节制进而产生出有意义的字音。通过适当的训练，加强我们对于唇、舌、腭的控制力，就能让我们的字音更加准确清晰，发音更加灵活流畅，用声更加圆润集中。

一、咬字器官

从发声学的角度来看，呼吸控制的最终目的是为了发声。气流通过喉部，振动声带从而产生声音。声音抵达口腔后，受到唇、舌、腭等器官的节制产生变化，形成字音。从视觉上，人们看到的是唇形的圆展与口腔的开合变化，类似于咀嚼的动作，故而把这个成音的过程形象地称为"咬字"，而将参与字音形成的各个部位称为"咬字器官"。（图2.1）

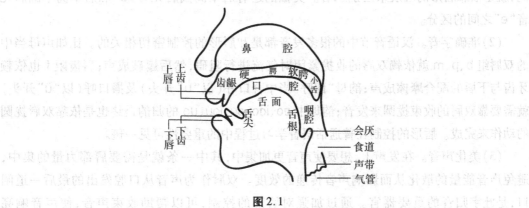

图 2.1

二、唇舌控制的重要性及训练方法

通过对咬字器官图的分析和实践我们会感受到：在实际的发音过程中，我们能够灵活控制的咬字器官只有唇、舌、腭这三部分。而在实际的发音过程中，也正是这三个咬字器官在口腔中的积极变化、相互配合从而完成了成音过程。所以，我们加强对这三个器官的控制训练，提升肌肉力量、增强肌肉爆发力、提高肌体灵活度对于我们字音的准确乃至发声的通透都将起到很好的辅助作用。我们先探讨一下唇、舌的控制。

（一）唇部控制的重要性

1.目的

唇部作为声音的主要出口，对于发音质量的影响是非常明显的。唇部的松懒外翻使得播音员主持人的上镜画面不美观，失去本应有的庄重大方。更重要的是会影响到字音的准确程度和声音的集中、明晰。汉语音节的特点对唇的控制力提出了很高的要求。例如，汉语音节韵母中"开、齐、合、撮"的分类就是根据韵母起始元音发音唇形的不同来进行区分的。而在发音时唇部的收缩控制力不够会使得声音松散无力，过分的外翻突出又会使在正常发音的音色中增加"u"的色彩，使声音含混闷暗。

中国传统戏曲说唱艺术当中的很多精髓被播音发声界认可和沿用。明代的魏良辅曾说："曲有三绝，字清为一绝。"想要将字音明朗送出口外，就必须加强对唇部的控制。

2.作用

（1）区别意义。唇形的圆展之分起到语音辨义的重要作用，如单元音韵母"i"和"ü"在口腔内都同属于"前、高"的位置，发音时都要用到舌面，舌体造型和口腔开合程度都基本相同，就是依靠唇形的圆展来区别二者。类似的还有后半高圆唇元音"o"和后半高不圆唇元音"e"之间的区分。

（2）准确字音。汉语音节中的很多发音都是和唇形的控制密切相关的。比如声母当中的双唇组 b、p、m 就依赖双唇的收拢紧闭对气流进行阻碍，然后爆破成声；唇齿阻 f 也依赖牙齿与下唇的配合摩擦成声；韵母"四呼"当中合口呼（以"u"开头）及撮口呼（以"ü"开头）就需要靠双唇的收束拢圆来发音；韵母中 ao、iao、ou、iou、uo 的归韵最终也是依靠双唇拢圆的动作来完成。唇形的控制在普通话语音学习过程中的重要性可见一斑。

（3）美化声音。在发声上，想要使声音更加集中，其中一条就是需要唇部力量的集中，避免声音能量的散化从而影响声音传递的效度。双唇作为声音从口腔发出的最后一道闸口，是吐字归音的重要器官。通过加强对唇部的控制，可以帮助收束声音，使声音响亮结实。

3.调控要求

力量往唇中三分之一和唇内缘三分之一处集中。圆展得当。在发音时唇部不过分向外凸出。

4.唇部控制的训练

(1)噘咧。先将双唇紧闭不留缝隙,尽量朝中央收束拢圆而不过分外凸,然后唇角用力向两边咧开伸展绷紧,反复进行。

(2)绕唇。先将双唇紧闭不留缝隙,尽量朝中央收束拢圆而不过分外凸,然后保持此状态让唇部交替做顺时针或逆时针转圈运动。

(3)撮口喷。双唇紧闭收束,力量集中于唇中三分之一处,不可满唇用力。唇角稍向两边拉伸,但不得抿唇、裹唇,可找噘咧唇噘唇时的感觉。于唇后蓄气,后突然发力冲破双唇阻碍,发出[p]—[p]—的声音。

(二)舌体控制的重要性

1.目的

舌体是在口腔内部运动最为灵活的一个咬字器官,它对于字音的形成起到关键性作用。通过舌体的收束与展宽以及在口腔中前、后、高、低的变化,改变着共鸣腔的造型与容积,同时在不同的位置对气流形成阻碍从而形成字音。几乎所有字音的形成都有赖于舌体的运动变化。舌体的肌肉力量和我们对舌体控制的灵活程度直接影响到字音的准确程度和清晰程度。

通过研究发现,汉语普通话的语音形成主要集中于舌体的中部和前部。我们通过相关训练来增加舌体的灵活性和弹动力,同时增强舌体前部和中部的收缩、上挺、展宽能力,保证字音的准确、语言的连贯流畅。通过寻找力量往舌体中纵线方向移动的感觉,来保证声音的响亮集中。

2.作用

(1)准确字音。舌体的运动状态会直接影响字音的准确程度。在辅音的发音过程中,就是依靠舌的有关部分与口腔上部构成阻碍形成准确的成阻部位。例如,舌尖后阻 zh、ch、sh、r 就需要舌体与硬腭最前端配合成音,如果舌体控制不好,舌位过分前移或后移都会直接影响音准。通过分析我们会发现:声母当中按照发音部位来分共可分为七类,而其中五类都与舌体相关。

元音的发音也是依靠舌位找到恰当的前后高低位置。而在音节中,我们想要字音准确也必须让舌体找到符合规律的活动状态。39 个韵母的发音都需要依靠舌体的运动变化来完成。舌体控制对字音准确度的影响可见一斑。

(2)清晰字音。舌体的力量越大,弹动能力越强,发音就会越清晰。反之,如果舌体绵软无力,声音就会比较模糊。如舌尖中阻 d、t、n、l 就需要舌体收紧并与上齿龈配合成音,如果舌体的收束力度不够和在发音时爆发力不够,会直接影响发音质量。绝大多数鼻音边化和边音鼻化的人在发音时舌尖是松散的。

舌体的控制力高,善用巧力,就能在保证字音准确的同时清晰声音。否则就容易出现闷、暗、混的音色,杂音也会比较重。如舌尖前阻 z、c、s 就是舌尖与上齿背(或下齿龈)配合成音,如果在发音时不注意控制舌尖取收势,在发音的时候就很容易出现尖细的杂音。

元音发音时,舌体的高点将口腔分为前后两个腔体,舌体高点位置越鲜明,则元音音色也就越清晰。

(3)圆润声音。舌位的运动幅度越大,运动过程越鲜明,字音的圆润饱满程度就越高。这一点在复韵母和鼻韵母的发音过程中体会尤为明显。

(4)影响状态。舌体是无骨肌肉组织,在口腔当中占有较大的空间,而舌体本身又与下巴相连,所以它的运动控制状态对于整个口腔状态都会有影响。舌体的过分回收往往会引起喉部肌肉的紧张使声音捏挤、闷暗。舌根部分的回收与上抬也使口腔后部空间变小,亦会压缩口咽部声腔,影响声音的正常发出。同时,舌体在自然放松态时绵软无力,会吸收大量声波,影响声音的响亮程度。反之,将舌体收束坚韧,则吸音效果就会适当减弱,声音亦会响亮很多。

3.调控要求

力量往舌体的中纵线方向移动。收、展得当,调控自如。在发音过程中舌体取收势,成点不成面。

4.唇部控制的训练

(1)伸舌。口腔自然张开,舌体悬空尽量不与唇齿接触并探出口外,舌体向中纵线方向收紧并奋力外探,舌尖努力上钩找舔鼻尖的感觉。保持一段时间,然后放松。反复进行。

(2)顶舌。舌体收紧,用舌尖奋力顶住左脸颊,保持一段时间后在保证舌尖力度的同时让舌尖顶住脸颊上下移动。然后用同样的方法顶右脸颊。左右交替,反复进行。在此过程中双唇保持紧闭状态不得留缝。

(3)绕舌。双唇紧闭,将舌尖置于齿前唇后,舌体收紧并奋力外顶。按照顺时针或逆时针方向画圈。交替进行。

(4)弹舌。舌尖收紧上钩,奋力顶住上齿龈,保持力度,然后突然弹开,得到一个类似于"de"的闷暗响声。反复训练,在保证力度的同时可适当加快速度。

(5)刮舌。舌尖抵下齿龈,舌面用力展宽,边缘上翘和上槽牙接触,舌体沿中纵线方向轻微下凹。随着口腔的逐步打开,舌面逐步外隆上顶,使得上门齿沿中纵线方向逐步刮过舌尖、舌叶、舌面。如此反复。

(6)舌根打响。舌根用力回收上抬,与软硬腭交界处成阻。找发 ga(嘎)时的感觉发出 [k]、[k'] 的声音。反复进行。

三、打开口腔的重要性及训练方法

喉部产生声音,至口腔方形成字音。播音发声过程中的成音吐字状态比日常生活中更加积极,口腔的开度也更大些,这样可以获得更加丰富的泛音共鸣,使得声音更加圆润饱满,在听感上有"立起来"的感觉。口腔的开合程度也会影响到舌体在口腔当中的运动效度,从而影响字音的准确清晰程度。但是需要注意的是,播音发声中的打开口腔并不是简单的指嘴巴张大,开前口。这样让上下颌自然打开的结果就是前口腔开得越大的时候后口腔越窄,形成类似于喇叭状的声腔,声音干瘪散乱,不符合发声要求。

1. 打开口腔的定义

通过提起颧肌,打开牙关,挺起软腭,松开下巴四个动作使得唇角微咧让唇齿相依,同时获得一种"闭嘴如口含苹果,张嘴如半打哈欠"的口腔放松打开的积极发音状态。

2. 打开口腔的目的

播音发声的要求是要通过提颧肌、挺软腭、打开牙关、松下巴几个步骤来实现前后口腔的均衡打开,声腔贯通,使声音顺畅圆润。我们通过有意识地对几个动作展开训练,增强对口腔状态的把控能力,形成一种意识,变成一种习惯,来贯穿于发声始终。在实际的发声过程中,口腔的开度并不是一成不变的。它需根据具体的音素、文稿表意对用声的具体需求而进行相应的调整。

3. 打开口腔的作用

(1)积极状态。口腔的打开可以协助各咬字器官找到兴奋积极的发音前准备状态,能够缩短各咬字器官的运动反应时间,提高发音效能。

(2)清晰字音。在实际的发音过程中,口腔中的各个咬字器官的活动是要协调一致的。口腔开度的适当扩大有利于扩大舌体的位移过程,使字音更加清晰、饱满。

(3)美化声音。牙关的放松打开和软腭的积极抬升、颧肌的主动上移和下巴的持续放松在口腔中共同创造出一个良好的发音环境。可以使字音得到较为充分的泛音共鸣从而达到美化声音的效果。

4. 打开口腔的训练

(1)提起颧肌。颧肌是面部辐射状肌的一种,上部位于眼轮匝肌与咬肌上方之间,下部与笑肌和口轮匝肌相接。(图2.2)可随着人的意志进行收缩,受到其收缩方向影响,在其收缩时,会向人面部的后上方移动,从而形成"提"的视觉感受。我们可以从人体解剖学中对"颧肌"一词的解释中发现,"提颧肌"时面部会显出喜、怒、哀、乐等表情变化,它让面部表情处于一种积极主动的状态,辅助情绪的传递,并配合其他器官的运动使口腔打开,使我们的发音明晰润朗。

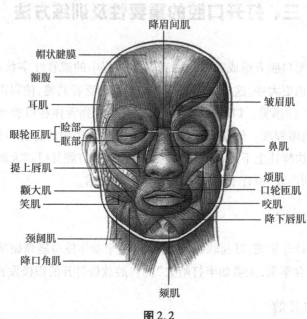

图2.2

提颧肌时下巴微向后收,牙关放松,软腭微挺,颧肌自然上提。提颧肌时口腔上前部有拓宽感,鼻翼亦会随之有少许张大,上唇微展,使上唇与上齿相贴合。要注意的是,提颧肌并不等同于微笑,而且在提颧肌的过程中切不可唇角紧绷横向发力,效果会适得其反。

(2)打开牙关。牙关指的是人的下颌骨与头盖骨的关节连接处。当我们把嘴张大时,能够在双耳耳下摸到两个凹陷,这个位置就是播音发声中所提到的"牙关"。在生活中的用声人们往往对牙关缺少控制,下颌骨向下运动过于积极,很容易使舌根回收下压造成压喉的现象,同时还容易让牙关紧咬,声音扁挤,失去圆润、集中的美感。打开牙关就是在意识支配下的可控运动,开牙关时讲究适度、放松打开。万不可下颌周围肌肉绷紧,造成口腔肌肉过于紧绷,影响发音。

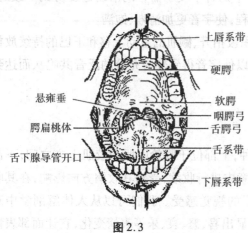

图2.3

(3)挺起软腭。软腭位于口腔中上口盖后部,前接硬腭,后连悬雍垂(小舌)。(图2.3)发声时软腭的积极上挺和放松下靠直接影响到鼻腔通路开闭。声母中鼻边音的区分、韵母中前后鼻韵的发音都与软腭的举降有着密切的联系。在发音时软腭的向上抬升,可以关闭鼻腔通路,可以减少鼻音捏挤色彩,同时增大了口腔容积,这样可以获得更加丰富的泛音共鸣,美化声音。口腔容积的扩张也增大了舌体在口腔中的运动空间,使得舌位动程更加鲜明,可从侧面增强字音的清晰度。

训练时,可以使用"半打哈欠"的方式来体会感知。要注意的是,不能采用压舌根的方式来挺软腭。可张嘴,用镜子观察悬雍垂(小舌)的升降来判断软腭的挺立程度。

(4)松开下巴。下巴在发音中也是一个非常重要的部位。舌体与下巴直接相连,而下巴又和头盖骨相连接。所以,下巴的自如控制会影响到牙关的开合以及舌体的运动。人们在未经过专业训练的时候往往容易依靠下巴用力来制造较强声压,甚至会连带着使脖子经脉紧绷突出,下巴外送形成"地包天"的造型。画面上不美观,声音上也多捏挤生硬。我们可在颧肌提起、软腭微挺、牙关放松打开的情况下让下巴放松,使前口微张,来体会松下巴的感觉。同时可以通过用手轻轻叩击下巴使上下牙相碰来检验放松效度。松下巴可以有效地避免舌根和咽部肌肉紧张,使发音轻松自如、干净明亮。

》》打开口腔唇舌用力综合练习

练习提示:在感受和练习过程中,注意由于咬字器官咬字力度的不同、唇形圆展的不同及口腔开合程度不同所带来的动觉、听觉和视觉上的变化,并明晰其间的各种联系。加强控制意识,注意咬字力度,明确唇形、舌体的基本控制要求。通过正误对比,强化感受。

一、词语部分

1. 唇部控制练习

b	标兵	奔波	辨别	包办	颁布
p	拼盘	乒乓	爬坡	琵琶	偏旁
m	弥漫	美妙	明媚	茂密	命脉
f	非凡	丰富	芬芳	方法	分发
u	突出	束缚	图书	互助	匍匐
uei	翠微	水位	归队	追随	威风
uen	春笋	混沌	温顺	昆仑	稳定
ua	挂花	耍滑	挂画	花袜	女娲
uai	摔坏	外快	怀揣	踹拽	外边
uan	贯穿	软缎	婉转	乱窜	弯曲
uang	状况	双簧	狂妄	黄光	网络
ong	葱茏	隆重	共同	洪钟	弄堂
ao	报告	抛锚	跑道	号召	波涛
iao	苗条	巧妙	逍遥	小鸟	药品
ou	收购	抖擞	欧洲	喉头	海鸥
iou	绣球	牛油	悠久	舅舅	足球

o	薄膜	磨破	婆婆	伯伯	波动
uo	啰唆	错落	骆驼	懦弱	洛阳
i	笔记	地理	机器	激励	奇迹
ü	区域	豫剧	序曲	旅居	雨具
ün	军训	均匀	熏晕	吞云	蕴藏
üe	雀跃	约略	缺血	学业	约定
üan	源泉	圆圈	全权	渊源	自愿
iong	汹涌	熊熊	炯炯	蛩熊	中庸

2. 舌体控制练习

d	单调	等待	到达	当代	跌倒
t	贪图	跳台	团体	梯田	探听
n	泥泞	能耐	恼怒	南宁	牛奶
l	流利	罗列	嘹亮	冷落	玲珑
z	宗族	总则	藏族	自尊	走卒
c	粗糙	措辞	层次	仓促	猜测
s	松散	色素	搜索	琐碎	四散
zh	主张	庄重	蜘蛛	战争	转折
ch	长城	超产	传唱	车床	穿插
sh	双手	闪烁	山水	舒适	神圣
r	柔韧	容忍	柔软	仍然	扰攘
j	境界	加紧	简介	交集	季节
q	亲切	恰巧	情趣	欠缺	轻巧
x	虚心	细心	相信	新鲜	喜讯
g	高贵	光顾	改革	灌溉	公共
k	开垦	宽阔	刻苦	可靠	空旷
h	欢呼	缓和	荷花	航海	浑厚
-i（后）	芝麻	支持	直接	知音	直径
-i（前）	孜孜	四次	私自	刺字	资本
ing	宁静	倾听	精英	明星	情感
er	儿子	耳朵	二胡	而且	普洱
ei	配备	肥美	蓓蕾	黑煤	新贵
en	深沉	认真	根本	愤恨	恩师
e	客车	合格	特色	色泽	鳄鱼
eng	风筝	猛增	更生	逞能	能力

3.口腔开度练习

a	发达	打靶	喇叭	砝码	扒开
ia	假牙	加价	夏家	恰恰	高雅
ai	白菜	爱戴	彩排	买卖	本来
an	展览	汗衫	谈判	灿烂	安定
ang	长江	厂房	沧桑	帮忙	昂扬
iang	想象	两样	向阳	将相	讲述
in	亲近	拼音	信心	濒临	阴天
ie	斜街	借鞋	结业	贴切	耶稣
ian	电线	鲜艳	变迁	简练	严格
ueng	水翁	渔翁	嗡嗡	老翁	小翁儿

遥相呼应	咬牙切齿	耀武扬威	逍遥法外	阳关大道	高朋满座
扬长而去	庞然大物	娇生惯养	高风亮节	高瞻远瞩	矫枉过正
抛砖引玉	早出晚归	造谣惑众	乔装打扮	慷慨激昂	豪情壮志
好大喜功	冒名顶替	相安无事	张冠李戴	招摇过市	相辅相成
满脑肠肥	浩浩荡荡	江河日下	鸟语花香	响彻云霄	高文典册
广开言路	光明磊落	浪子回头	牢不可破	两袖清风	量力而行
刀山火海	道貌岸然	放虎归山	防范未然	超群绝伦	包罗万象
雷厉风行	冷嘲热讽	老马识途	狼狈不堪	调兵遣将	泛滥成灾
燎原烈火	龙腾虎跃	老生常谈	老当益壮	来日方长	来龙去脉

二、绕口令部分

1.唇部控制练习

b　扁担长,板凳宽,扁担没有板凳宽,板凳没有扁担长。扁担绑在板凳上,板凳不让扁担绑在板凳上。

p　张婆婆,李婆婆,张婆婆从坡上过,李婆婆从坡下过。

m　磨房磨墨,墨碎磨房一磨墨;梅香添煤,煤爆梅香两眉灰。

f　粉红墙上画凤凰,红凤凰,粉凤凰,粉红凤凰,花凤凰。

u　胡苏夫和吴夫苏　胡庄有个胡苏夫,吴庄有个吴夫苏。胡庄的胡苏夫爱读诗书,吴庄的吴夫苏爱读古书。胡苏夫的书屋里摆满了诗书,吴夫苏的书屋里放满了古书。

ua　花娃娃穿花袜去画画,穿上花袜不打滑。花娃娃画花被人夸,墙挂小画笑哈哈。

uai　请看大门外,长着一棵槐,诗人站在此,仰头抒情怀。

uan 苏州玄妙观,东西两判官,东判官姓潘,西判官姓管,管判官要管潘判官,潘判官要管管判官,闹得谁也不服管。

uang 那边划来一艘船,这边漂去一张床,船床河中互相撞,不知船撞床,还是床撞船。

ong 桐木桶,桶有洞,补洞用桐不用铜。用铜补洞补不住,用桐补桶桶无洞。

uei 唯唯喜欢种玫瑰,天天浇水又施肥,付出辛劳和汗水,换得玫瑰红又美。

uen 磙下压棍棍撑磙,棍上压磙磙碾棍,磙压棍滚,棍滚磙滚。

uo 霍霍拿锣敲敲打打卖香馍,洛洛买馍叫叫嚷嚷真快活。老婆婆路过落座吃菠萝,其乐融融过生活。

ao 爸爸抱宝宝,包袱找毛袍。毛袍保管好,宝宝先洗澡。

iao 一把好雕刀,雕出好洞箫。好箫出好调,箫靠好刀雕。

ou 桥西走来一条狗,桥东跑来一只猴。走到桥心两碰头,狗望望猴,猴瞧瞧狗。狗踩踩脚向桥西跑,猴挠挠耳向桥东走。谁也不过桥,不知是狗怕猴,还是猴怕狗。

iou 春雨贵如油,农民伯伯齐盼求。可惜天公不作美,党员群众俱担忧。大家决心挖水渠,清水哗哗田里流,一年到头不用愁。

o 张伯伯、李伯伯,饽饽铺里买饽饽,张伯伯买了个饽饽大,李伯伯买了个大饽饽,拿回家里给婆婆,婆婆又去比饽饽,也不知张伯伯买的饽饽大,还是李伯伯买的大饽饽。

i 小吉卖皮衣,售价七十七。小季买皮衣,讲价五十一。小吉和小季,为此起争议。

ü 今天天上下大雨,小玉出门走得急,出门忘记带雨具,多亏小宇跑得快,及时送来了雨具,小玉免成落汤鸡。

ün 蓝天上是片片白云,草原上银色的羊群。近处看,这是羊群,那是白云;远处看,分不清哪是白云,哪是羊群。

üe 南面来了个瘸子,腰里别着个橛子,北边来了个矬子,肩上挑着担茄子。别橛子的瘸子要用橛子换挑茄子的矬子的茄子,挑茄子的矬子不给别橛子的瘸子茄子。别橛子的瘸子抽出腰里的橛子打了挑茄子的矬子一橛子,挑茄子的矬子拿起茄子打了别橛子的瘸子一茄子。

üan 山前有个阎圆眼,山后有个阎眼圆,二人山前来比眼,不知是阎圆眼的眼圆,还是阎眼圆的眼圆。

iong 小涌勇敢学游泳,克服困难重重,不怕千难万险,勇于挑战是英雄。

2. 舌体控制练习

d 你会炖炖冻豆腐,你来炖我的炖冻豆腐;你不会炖炖冻豆腐,别胡炖乱炖炖坏了我的炖冻豆腐。

t 老唐端蛋汤,踏凳登宝塔,只因凳太滑,汤撒汤烫塔。

n 楠楠拧牛,牛昂头。牛顶楠楠,头对头。楠楠被顶翻跟头。怒拦水牛敲牛头。

l 刘莉留刘梨赏琉璃,刘梨刘莉英语交流很流利。李丽看见刘莉刘梨赏琉璃,拉着黎丽也来英语交流赏琉璃。

z　　早招租,晚招租,总找周邹郑曾朱。

c　　小曹小晁是同窗,他们共采一个矿。工作同在一工厂,改革路子一起闯。共同为厂制政策,齐心协力来贯彻。大胆改革攻难关,餐风饮露不畏难。初出茅庐主力军,同为四化献青春。

s　　字纸里裹着细银丝,细银丝上趴着四千四百四十四个似死似不死的小死虱子皮。

zh　　知道就是知道,不知道就是不知道。不要知道说不知道,也不要不知道说知道。老老实实,实事求是,一定做到不折不扣的真知道。

ch　　锄长草,草长长,长草丛中出长草,锄尽长草做草料。

sh　　山羊上山,山碰山羊角。水牛下水,水淹水牛鼻。

r　　明日复明日,明日何其多。日复一日等明日,不如把握今日免蹉跎。

j　　尖塔尖,尖杆尖,杆尖尖似塔尖尖,塔尖尖似杆尖尖。有人说杆尖比塔尖尖,有人说塔尖比杆尖尖。不知到底是杆尖比塔尖尖,还是塔尖比杆尖尖。

q　　七加一,再减一,加完减完等于几? 七加一,再减一,加完减完还是七。

x　　小习积极洗机器,小茜故意戏小习。小茜小习溪间戏,欢乐劳动笑嘻嘻。

g　　大哥有大锅,二哥有小锅,大哥要换二哥的小锅,二哥不换大哥的大锅。

k　　看客看快船,快船河中穿,河宽比船宽,看官船头站。

h　　小郭画了朵红花,小葛画了朵黄花,小郭想拿他的红花换小葛的黄花,小葛把他的黄花换了小郭的红花。

er　　二儿子的二爸在喀布尔,喀布尔的二爸想二儿。喀布尔飞机晚了点儿,无奈转道尼泊尔。二爸在机场等二儿,无聊看书自己玩儿。　

ei　　贝贝背水杯,水杯贝贝背。贝贝背水杯背背水杯。水杯贝贝背,贝贝背水杯。

en　　小陈去卖针,小沈去卖盆。俩人挑着担,一起出了门。小陈喊卖针,小沈喊卖盆。也不知是谁卖针,也不知是谁卖盆。

e　　北坡伯伯乐呵呵,家里养着大白鹅,门口种着大白果,树上住着小八哥。八哥在白果树上吃白果,白鹅气得直叫:我饿! 我饿! 我真饿! 乐的伯伯乐呵呵。

eng　　丝瓜藤,绕丝绳,丝绳绕上丝瓜藤。藤长绳长绳藤绕,绳长藤伸绳绕藤。

-i(前)　　许老三登山三月三,三月三,登山的人是许老三。登了三次山,跑了三里三;出了一身汗,湿了三件衫。许老三,站在山上大声喊:离天只有三尺三!

-i(后)　　知崇礼即卑,至使悔方至。知耻不为迟,求知终不止。

ing　　蜻蜓青,青浮萍,青萍上面停蜻蜓,蜻蜓青萍分不清。别把蜻蜓当青萍,别把青萍当蜻蜓。

3.口腔开度练习

a　　瓜棚挂瓜,瓜挂瓜棚。风刮瓜,瓜碰棚。风刮棚,棚碰瓜。

ia　　嘉嘉夹花架送贾佳,贾佳送嘉嘉折纸鸭。贾佳嘉嘉感情佳,养虾、赶鸭笑哈哈。

ai　　大柴和小柴,帮助爷爷晒白菜。大柴晒的是大白菜,小柴晒的是小白菜。大柴晒了四十四斤四两大白菜,小柴晒了三十三斤三两小白菜。大柴和小柴,一共晒了七十七斤七两大大小小的白菜。

an 小凡带了一袋盐,小潘带了一袋棉,小山带了一袋面,小凡用盐换了小潘的棉,小潘用盐换了小山的面,小山用面换了小凡的棉。

ian 扁娃拔扁豆扁扁娃背个扁口背篓,上扁扁山拔扁豆,拔了一扁背篓扁豆,扁扁娃背不起一扁背篓扁豆,背了半扁背篓扁豆。

ang 辛厂长,申厂长,同乡不同行。辛厂长声声讲生产,申厂长常常闹思想。辛厂长一心只想革新厂,申厂长满口只讲加薪饷。

iang 杨家养了一只羊,蒋家修了一道墙。杨家的羊撞倒了蒋家的墙,蒋家的墙压死了杨家的羊。杨家要蒋家赔杨家的羊,蒋家要杨家赔蒋家的墙。

ie 杰杰和姐姐,花园里面捉蝴蝶。杰杰去捉花中蝶,姐姐去捉叶上蝶。

ueng 老翁上街去买酒,买酒回来遇马蜂。马蜂飞舞嗡嗡响,吓得老翁心里响"怦怦"。

in 隔墙听见人分银,不知道多少人分多少银。只听见人说,人人分半斤银余银四两,人人分四两银余银半斤。

三、古诗词部分

不第后赋菊(黄巢)

待到秋来九月八,我花开时百花杀。
冲天香阵透长安,满城尽带黄金甲。

出塞(王昌龄)

秦时明月汉时关,万里长征人未还。
但使龙城飞将在,不教胡马度阴山。

从军行(王昌龄)

青海长云暗雪山,孤城遥望玉门关。
黄沙百战穿金甲,不破楼兰终不还!

书愤(陆游)

早岁那知世事艰,中原北望气如山。
楼船夜雪瓜洲渡,铁马秋风大散关。
塞上长城空自许,镜中衰鬓已先斑。
出师一表真名世,千载谁堪伯仲间。

使至塞上(王维)

单车欲问边,属国过居延。

征蓬出汉塞,归雁入胡天。

大漠孤烟直,长河落日圆。

萧关逢侯骑,都护在燕然。

望岳(杜甫)

岱宗夫如何? 齐鲁青未了。

造化钟神秀,阴阳割昏晓。

荡胸生层云,决眦入归鸟。

会当凌绝顶,一览众山小。

少年行(王维)

出身仕汉羽林郎,初随骠骑战渔阳。

孰知不向边庭苦,纵死犹闻侠骨香。

凉州词(王翰)

葡桃美酒夜光杯,欲饮琵琶马上催。

醉卧沙场君莫笑,古来征战几人回。

从军行(杨炯)

烽火照西京,心中自不平。

牙璋辞凤阙,铁骑绕龙城。

雪暗凋旗画,风多杂鼓声。

宁为百夫长,胜作一书生。

唐多令(邓剡)

雨过水明霞,潮回岸带沙。叶声寒、飞透窗纱。

懊恨西风催世换,更随我,落天涯。

寂寞古豪华,乌衣日又斜。说兴亡、燕入谁家?

只有南来无数雁,和明月,宿芦花。

江城子(苏轼)

老夫聊发少年狂。左牵黄,右擎苍。

锦帽貂裘,千骑卷平冈。

为报倾城随太守,亲射虎,看孙郎。

酒酣胸胆尚开张。鬓微霜,又何妨!

持节云中,何日遣冯唐?

会挽雕弓如满月,西北望,射天狼。

酹江月·驿中言别友人(文天祥)

水天空阔,恨东风、不借世间英物。

蜀鸟吴花残照里,忍见荒城颓壁。

铜雀春情,金人秋泪,此恨凭谁雪!

堂堂剑气,斗牛空认奇杰。

那信江海余生,南行万里,属扁舟齐发。

正为鸥盟留醉眼,细看涛生云灭。

睨柱吞嬴,回旗走懿,千古冲冠发。

伴人无寐,秦淮应是孤月。

临江仙(晏几道)

梦后楼台高锁,酒醒帘幕低垂。

去年春恨却来时。落花人独立,微雨燕双飞。

记得小蘋初见,两重心字罗衣。

琵琶弦上说相思。当时明月在,曾照彩云归。

破阵子(辛弃疾)

醉里挑灯看剑,梦回吹角连营。

八百里分麾下炙,五十弦翻塞外声,沙场秋点兵。

作的卢飞快,弓如霹雳弦惊。

了却君王天下事,赢得生前身后名,可怜白发生!

永遇乐·京口北固亭怀古(辛弃疾)

千古江山,英雄无觅、孙仲谋处。舞榭歌台,风流总被、雨打风吹去。

斜阳草树,寻常巷陌,人道寄奴曾住。想当年、金戈铁马,气吞万里如虎。

元嘉草草,封狼居胥,赢得仓皇北顾。四十三年,望中犹记、烽火扬州路。

可堪回首,佛狸祠下,一片神鸦社鼓。凭谁问、廉颇老矣,尚能饭否?

满江红（戴复古）

赤壁矶头,一番过、一番怀古。

想当时、周郎年少,气吞区宇。

万骑临江貔虎噪,千艘列炬鱼龙怒。

卷长波、一鼓困曹瞒,今如许?

江上渡,江边路。形胜地,兴亡处。

览遗踪,胜读史书言语。

几度东风吹世换,千年往事随潮去。

问道傍杨柳为谁春,摇金缕。

▶第三章
标准规范练语音

一、语言的性质和汉语的地位

（一）语言的性质

人们借助语言在人际和代际间保存和传递本民族的文明成果，并在世界范围内进行传播。语言是民族的重要特征之一，一般来说，每个民族都有自己的民族语言。语言的性质可以从不同的角度进行审视：

$$\text{语言}\begin{cases}\text{本质特征：一种特殊的社会文化现象}\\\text{功能特征：思维、交际、认知等工具}\\\text{结构特征：语音语义结合的符号系统}\end{cases}$$

（二）汉语的地位

据联合国教科文组织统计（《联合国 2008 年国际语言年暨第九届国际母语日论文集》），目前世界上已查明的语言有 7 000 余种，占全世界 97% 的人口所说的语言仅占世界语言种类的 4%，只有不到 25% 的语言在学校和互联网上使用。其中，汉语是世界上使用人口最多的语言，英语是世界上使用最广泛的语言。

根据不同语言的语音系统、基本词汇和语法相同或相似的程度，可以确定各种语言间的"亲属"关系。汉语属于汉藏语系，境内的藏语、壮语、傣语、侗语、黎语、彝语、苗语、瑶语等语言是汉语的亲属语言。

汉语是世界上最悠久、最发达的语言之一，在世界上具有非常深远的影响。汉语在东方文化史上处于极其重要的地位，对东亚、东南亚邻邦的语言和文化产生过巨大的影响。汉语和汉字曾随着古代中国高度发达的科学文化一起传播到日本、朝鲜、越南等国家。一直到现在，汉语词汇在这些国家的语言里还占有十分重要的地位，甚至构成了这些语言基本词汇里非常重要的一部分。

新中国成立以后,尤其是改革开放以来,随着中国国力的不断增强,中国国际地位日益提高,汉语在世界上的地位和影响力也日渐提高。1973年,联合国大会把汉语列为联合国的6种法定工作语言之一(其他5种分别是英语、法语、俄语、西班牙语和阿拉伯语)。

进入21世纪以来,中国在世界范围内的影响力不断扩大,与世界各国的政治、经济、文化交流不断深入,汉语的国际影响也越来越大,受到世界各国的广泛重视,要求学习汉语的人也越来越多,国际范围内形成了学习汉语的热潮,并且迅速升温。目前,国外学习汉语的人数超过1亿,400多所孔子学院在120多个国家和地区安家落户,"汉语热"已成为全球语言交际系统中的一种普遍现象,彰显了汉语这个古老语言及其承载的博大文化永世不竭的青春活力。

二、语言系统三要素

1.语音

语音是语言的物质外壳。任何语言都是物质形式和意义内容的统一体。

人类的自然语言都是有声语言。语音是语言意义的载体,内容只有借助语音的载负才能获得物质的外在表现形式。

2.词汇

词是语言中可以自由运用的基本单位,是语音和语义的结合体。

词汇是一个语言系统中所有词和语的集合,是载负语句内容的基本材料。学习和掌握一种语言,就要掌握足够量的词汇。

3.语法

语法是语言单位的结构规则和运用规律。

任何语言都有自己的一套语法系统。语言的学习和运用、交流和理解都要建立在正确的语法规则之上。

三、方言与民族共同语

(一)汉语的方言

古往今来,任何语言除了使用地区很小,使用人口很少的以外,各种语言都有方言的地域差异。中国人口众多,地域辽阔,悠久的历史中虽经历过无数次的征战、分合、流徙、移垦,但未曾真正分裂为不同的国家,在这个漫长的历史过程中不同民族相互融合,民族之间还形成了一种统一的书面共通语。然而汉语口语中却存在着品种繁多、差别巨大的方言。"十里异音,一地多语"的现象,随处可见。

汉语方言到底该分为几大区,学术界的意见和分歧一直较大,其中"七区说"和"十区说"影响较大。20 世纪 80 年代,中国社会科学院、澳大利亚人文科学院联合进行了科研调查,最后绘制出版了《中国语言地图集》,将汉语方言作了比较细致地划分,分为"十区"。

1. 汉语十大方言分区

(1)北方方言区:北方方言区也称官话区,以北京话为代表。北方方言是民族共同语——普通话的基础方言。北方方言分布在我国长江以北,包括云南、贵州、四川三省及重庆市的广大地域。北方方言内部一致性强,各地方言可以通行。

(2)晋语区:晋语分布在我国山西省境内(不含运城和临汾大部,运城话和临汾话属于中原官话系统)及相邻的内蒙古、河北、河南、陕西的部分地区。晋语区虽然地处我国北方,但还保留着带喉塞音韵尾的入声,比北京话的语言特点古老很多,与周边的北方方言也有明显区别,《中国语言地图集》将其从官话方言区中独立出来,与北方话、吴语、粤语等方言并列。

(3)吴语区:吴语分布在江苏省东南、上海市,以及浙江省及相邻的江西、福建、安徽的小部分地区。老的吴语区以苏州话为代表,后来以上海话为代表方言。

(4)徽语区:即徽州话,徽州话是古代吴越语的一个分支,是《中国语言地图集》中新划分出的一种汉语方言。它分布于新安江流域的旧徽州府全境、旧严州府大部、江西北部的旧饶州府部分地区的语言。旧时徽州话以歙县县城话为代表音,现在由于行政中心的变迁,屯溪话成为徽州话代表音。徽州话保留了很多的古音因素,和北方官话差别较大。

(5)赣语区:赣语分布在江西省中部和北部,湖南省东部和西南部,湖北省东南部,以及安徽省南部、福建省西北部的部分地区。赣语以南昌话为代表。

(6)湘语区:湘语分布在湖南省中部湘江、资水、沅江流域,以及湘江上游广西的东北角等地区。湘语以长沙话为代表。

(7)闽语区:闽语分布在福建、台湾、海南三省的大部分地域,以及广东省东部潮汕地区和雷州半岛一带地域。另外,海外华侨也有许多人使用闽语,尤其是东南亚华侨更为集中。闽方言内部一致性较差,分歧严重,一般分为闽南、闽东、闽北、闽中、莆仙 5 个次方言。闽南话以厦门话为代表,闽东话以福州话为代表。

(8)粤语区:粤语分布在广东、广西的珠江三角洲一带,以及广东中部、西南部、北部部分地区,广西的桂东南,香港、澳门特别行政区,还是海外华人社区的主要交际语言之一。以广州话为代表。

(9)平话区:主要分布在广西壮族自治区南、北各地和湖南省与广西毗连的道县、宁远、蓝山和通道侗族自治县等十多个县的集镇和部分农村中。此外,在云南省文山壮族苗族自治州的富宁县等地也有一部分人使用平话。广西平话大体可以分为桂南平话和桂北平话两片。

（10）客家话区：客家话分布在广东、广西、福建、江西、四川、湖南、台湾、海南等地域，比较集中的是广东省东部、中部，福建省西部和江西省南部。客家话内部一致性较强，以广东梅县话为代表。

以上十大方言中，以北方方言分布最广，其分布地域大约占全国面积的70%；使用的人口也最多，占汉语人口的73%左右，其余九大方言的使用人口总和大约只占汉语人口的27%。

汉语各大方言使用人数表

方言区	官话	晋语	吴语	赣语	湘语	闽语	粤语	客家话	平话	徽语
人口/万人	66 224	4 570	6 975	3 127	3 085	5 507	4 021	3 500	200	312
名次	1	4	2	7	8	3	5	6	10	9

2. 北方方言区的八种官话

（1）东北官话：分布在黑龙江、吉林、辽宁三省以及内蒙古东北边缘地区（沈阳、长春、哈尔滨、延吉、佳木斯等）。

（2）北京官话：分布在北京市以及郊县和周边的河北、内蒙古，辽宁的部分地区（北京、密云、承德、赤峰等）。

（3）冀鲁官话：分布在天津市、河北南部、山东西部等地区（天津、保定、济南、沧州等）。

（4）胶辽官话：分布在胶东半岛和辽东半岛部分地区（青岛、烟台、大连等）。

（5）中原官话：分布在河南、陕西、安徽、江苏、山东、河北、山西、甘肃、宁夏、青海、新疆等地区（郑州、济宁、徐州、西安、铜川、宝鸡、汉中、天水、吐鲁番等）。

（6）兰银官话：分布在甘肃、宁夏部分地区（兰州、银川、张掖等）。

（7）西南官话：分布在云南、贵州、四川、重庆及湖北、湖南、广西、陕西、甘肃的部分地区（昆明、贵阳、成都、恩施、宜昌、荆州、武汉、常德、桂林等）。

（8）江淮官话：主要分布在湖北、安徽、江苏三省长江以北沿江地域和江苏、江西的长江南岸部分地区（黄冈、孝感、合肥、扬州、南京、镇江、九江等）。

官话大区各区使用人数表

方言区	东北	北京	冀鲁	胶辽	中原	兰银	西南	江淮
人口/万人	8 200	1 802	8 363	2 883	16 941	1 175	20 000	6 275
名　次	4	7	3	6	2	8	1	5

（二）方言与民族共同语的关系

民族共同语是一个民族全体成员通用的语言。方言是民族语言的地方分支、地域变体，是局部地区的人们使用的语言。在有方言分歧的社会里，人们往往会选择一种方言作为"通用语、共同语"，用作不同方言之间共同交际的工具。方言在共同语形成之前，可以是形成共同语的基础；在共同语形成之后，在很长时间里，仍可以与共同语并存。民族共同语在形成和发展过程中，不排斥其他方言的有用成分，它还吸收其他方言中的有用成分来丰富完善自己。

民族共同语是在一种方言的基础上形成的。作为民族共同语的基础的方言称为基础方言。民族共同语的形成与经济、政治、文化等因素关系密切。哪一种方言能成为民族共同语的基础方言，取决于这种方言在社会中所处的地位，以及这个方言区的政治、经济、文化以至人口条件等。

（三）现代汉民族共同语——普通话的确立

1902 年，学者吴汝纶去日本考察，日本人曾向他建议中国应该推行国语教育来统一语言。在谈话中就曾提到"普通话"这一名称。1904 年，近代女革命家秋瑾留学日本时，曾与留日学生组织了一个"演说联系会"，拟定了一份简章，在这份简章中就出现了"普通话"的名称。

近代的"普通话"一词，是朱文熊首次提出的。1906 年，研究切音字的学者朱文熊在《江苏新字母》一书中把汉语分为"国文"（文言文）、"普通话"和"俗语"（方言），他不仅提出了"普通话"的名称，而且明确地给"普通话"下了定义："各省通行之话。"20 世纪 30 年代瞿秋白在《鬼门关以外的战争》一文中提出："文学革命的任务，绝不止于创造出一些新式的诗歌小说和戏剧，它应当替中国建立现代的普通话的文腔。""现代普通话的新中国文，应当是习惯上中国各地方共同使用的，现代'人话'的，多音节的，有结尾的……"后来还与茅盾就普通话的实际所指展开争论。

就这样，经"五四"以来的白话文运动、大众语运动和国语运动，北京语音的优势地位得到确立并巩固下来。那么，现代的"普通话"标准是怎样确定的呢？

新中国成立后，1955 年举行了"全国文字改革会议"，爱国民主人士张奚若在大会主题报告中说："为了突出我们是一个多民族的大家庭，为了突出我们各民族语言文字的平等，所以经过深入研究，我们决定不采用国语这个叫法。如果叫国语的话，担心会被误解为把汉语凌驾于国内其他民族之上。"

大会主题报告中还申明，汉民族共同语早已存在，"这种事实上已经逐渐形成的汉民族共同语是什么呢？这就是以北方话为基础方言，以北京语音为标准音的普通话"。"为简便起见，这种民族共同语也可以就叫普通话。"

在这次会议上，与会者就普通话的方言基础产生了激烈争论，最后，大会决定采用投票办法，从覆盖汉语区的 15 种主要方言中，选出一个作为普通话的基础方言。

当时的投票结果是：北京官话（以北京官话为基础方言，以北京语音为标准音）以 52 票位居榜首；西南官话（以西南官话为基础方言，以成都语音为标准音）获 51 票，以一票之差名落孙山；第三名是吴语（以吴语为基础方言，以苏州或上海语音为标准音），获 46 票；粤语（以粤语为基础方言，以广州语音为标准音）获 25 票，名列第四。

1955 年 10 月 26 日,《人民日报》发表题为《为促进汉字改革、推广普通话、实现汉语规范化而努力》的社论,文中提到:"汉民族共同语,就是以北方话为基础方言,以北京语音为标准音的普通话。"1956 年 2 月 6 日,国务院发布的《关于推广普通话的指示》中,对普通话的含义作了增补和完善,为普通话下了一个科学的定义:**普通话是以北京语音为标准音,以北方话为基础方言,以典范的现代白话文著作为语法规范的现代汉民族共同语**。这个定义从语音、词汇、语法(语言三要素)三个方面明确规定了普通话的标准,使得普通话的定义更为严谨,更为周密。至此,现代意义上的"普通话"才正式形成并以明确的标准在全国范围内开始推广。

普通话是现代汉民族共同语的通俗叫法,是现代汉民族用来交际的通用语言。在中国台湾普通话又被称为"国语",在新加坡和马来西亚则被称为"华语",在中国大陆地区称为普通话。时下,随着"汉语热"在国际范围内的兴起,越来越多的国家接受并使用"普通话"这个概念。普通话中"普通"二字的含义是"普遍"和"共通"。

(四)普通话定义的三层含义

1.语音标准

普通话语音规范的标准是"以北京语音为标准音"。这里说的北京语音主要是北京语音的音位系统,即音节的声、韵、调系统和声韵调的搭配关系。例如,不分尖团,没有入声,有四呼,区分 n 和 l,前后鼻音-n、-ng,有四个声调等。

选择北京语音为标准,主要有三方面的原因。一是因为北京是我国的首都,自元朝建都以来,数百年来北京一直是我国的政治、经济、文化中心;二是因为使用人数多,在全国流布范围广、影响大;三是因为北京语音系统结构简明,规律严整,音节悦耳动听。

普通话以北京音为标准音,并不是说北京话里任何一个语音成分都是标准音,都是普通话成分。在北京语音里,由于各种原因也仍然存在着一些分歧,如土话成分、异读等。作为语音规范标准的北京语音要排除一些特殊的土音成分。再如有些字在北京人口里读音并不一致,如"波浪(bōlàng,pōlàng),跳跃(tiàoyuè,tiàoyào),教室(jiàoshì,jiàoshǐ),亚洲(yàzhōu,yǎzhōu)"等。对于这类异常读词,普通话审音委员会曾加以审订,规定了前一种读法。

在北京语音里,轻声和儿化特别多,普通话没必要把它们全部吸收进来,应该吸收哪些,也要进行调查和研究,作出选择。

2.词汇基础

普通话"以北方话为基础方言",指出的就是普通话的词汇基础、取词范围。

北方方言是我国最大的方言,使用人数最多,词汇最丰富。这一点其他任何方言均无法与之相比。

将北方方言确定为现代汉语的基础方言,主要有以下原因:一是北方广大地区历来是我国政治、经济、文化的发达地区。北方民族多为强势民族,历代都城多分布在黄河流域和中原地区,如陕西、河南、河北等地。北方地区的语言随"政府行为"的力量得以扩大和传播。二是历代文献和文学作品,几乎都是使用北方方言词汇写成的,如孔孟之学、儒家经典以及诸子百家。北方话与"官方语言"在词汇系统上形成水乳交融的关系。三是因为北方方言使用的地域最广,如黄河流域及其以北的广大地区;长江流域的重庆、南京;云南、贵州、广西等地,都使用北方方言。

普通话词汇以北方方言为基础,但不是说北方话中所有的词都可以进入普通话,北方方言中某些过于土俗的词语,地方色彩太浓,只在狭小的地区使用,在普通话里有完全同义的词语可以代替,它们不应吸收到普通话中,应加以舍弃。例如,山西、陕西一带的"地板"(地)、"婆姨"(老婆);四川的"抄手"(馄饨)、"锅魁"(烧饼);北京话中的"老爷儿"(太阳)、"丫子"(脚)等。同一事物,在北方方言中各地区说法不一致的,应当采取比较通行的词作标准,如"玉米、棒子、苞米、珍珠米、老玉米"应选用通用的"玉米","土豆、洋芋、马铃薯、山药蛋"应选用"土豆"或"马铃薯"。

为了丰富词汇,普通话也要从方言、古代汉语、外来语中吸收一些所需要的词,如垃圾、诞辰、克隆等。如何正确吸收这些词,而排除一些分歧现象,也是词汇规范化所要注意的。

普通话和部分方言词汇差异对比

	北京	济南	西安	成都	昆明	武汉	扬州
晚上	夜里	夜里	黑咧	晚黑	晚晨	夜里	夜头
老头儿	老头儿	老头儿	老汉	老汉儿	老官	老爹	老头子
小孩儿	小孩儿	小孩	小娃	细娃儿	小娃子	小伢	小霞子
额头	脑门子	也拉盖	额颅	额颅	脑门	额壳	头脑子
红薯	白薯	地瓜	红芋	红苕	红薯	苕	山芋

3.语法规范

语法是语言的三要素之一。普通话的语法规范主要是"以典范的现代白话文著作作为语法规范"。正确理解这句话的意思,要从三个方面入手。

(1)白话文。白话就是口头说的语言。古代白话是指古代在口语基础上创造的文学作品,如唐代的传奇、宋代的市井文学、清代的笔记小说等。白话文指用白话写成的文章和文学作品。

(2)著作。著作就是文章和文学作品。著作多是经过字斟句酌、反复修改的作品。其作者一般都具有较好的语言功底和表达能力。

(3)典范。典范的含义指经典和规范。

"现代白话文著作"数不胜数,可作为语法规范的作品应是经典性的著作。即使是"名人名作",如果不是经典或规范的,也不在此列。这就排除了"以人划线"和简单化的倾向,即使像鲁迅、郭沫若这样的语言大师,他们的作品也并不一定都是典范的。

另一方面,"典范"的著作必然经得住推敲、脍炙人口,广为流传。凡是经过多人反复推敲,社会权威机构发布的文章文件,都具有语法规范的价值。例如,政府公文、教材、报刊重要文章、影视传媒中的严肃作品等。

某些欧化的说法,进入当代作品的某些方言都是不规范的,不能吸收到普通话中。语法上、逻辑上有问题的某些流行说法也要从普通话中消除,或予以改正,使之合乎规范。

当然方言语法、外民族语法中有用的东西可适当吸收,如吴语中的"穿穿看""唱唱看"的"看"具有特殊的表达功能,已经收到普通话中了。再如,"过去是,现在是,将来仍然是我们的学习榜样"等外语格式都已被吸收过来,使普通话表达更为精密、准确,更富于表现力。

普通话和部分方言语法差异对比

普通话	方　言	
规范说法	方言片区	方言片区的相应说法
这个比那个好些。	河北青龙	这个比那个得。
他就坐着不帮忙。	河南洛阳	他坐坐儿坐着,连一点也不帮。
这块肉炒着吃还是炖着吃?	四川方言	这块肉炒起吃还是炖起吃?
他把我吓了一跳。	苏州方言	俚拿倪吓仔一跳。
大家一说,他脸都红了。	湖南双峰	大家一讲,他面得红解哩。
给我一本书。	江西南昌	拿一本书到我。
买了这么多东西。	客家方言	买得多东西倒。
今天比昨天暖和。	粤方言	今日暖过琴日。
你有没有念书?	福建厦门	汝有读册阿无?
我跟你都是中国人。	福建福州	我共汝齐齐中国人。

四、推广普通话

(一)推广普通话的重要意义

语言是信息和民族文化的载体,是国家主权和尊严的象征,是民族身份和情感的认同,是社会凝聚和安定的纽带,是打开沟通理解之门的钥匙。世界上所有统一、文明的国家都非常重视语言的规范化工作。语言在社会应用的规范化程度是衡量一个国家物质文明和精神文明发展水平的重要标志之一。

推广规范的、全国通用的民族共同语是任何一个工业化国家必须完成的社会历史任务。共同语的标准化、规范化是社会发展的必然需求。纵观世界历史,真正实现工业化的国家都把普及共同语和普及教育作为建国的大事。西方发达国家的文化水平和国民素质比较高,其中有一个很重要的原因就是进入工业化早,普及义务教育早,推广民族共同语早。西方国家推广和普及共同语比我们至少早200年,日本在明治维新以后只用了20年的时间就普及了国语,比我们早 100 多年。

我国面积辽阔、人口众多,而且多民族、多语言、多方言,经济基础和文化教育基础同发达国家相比还有相当大的差距。在建设有中国特色社会主义现代化的进程中,必须使用全国通用的规范化的语言,才能在保证交际顺利,信息、政令畅通的基础上,促进经济、政治、文化等各项事业的发展。1982 年修订的《中华人民共和国宪法》就规定了"国家推广全国通用的普通话",使用国家通用的语言文字,是每个公民应当履行的权利。

改革开放以来,我国对外交往不断扩大。普通话、规范汉字和汉语拼音是外国人学习中文和了解中国经济、政治、历史、文化的必要工具,中文在国际上的使用范围和影响越来越大。

2000 年 10 月 31 日第九届全国人民代表大会常务委员会第十八次会议通过的《国家通用语言文字法》首次将普通话和规范汉字明确规定为国家通用语言文字,并且规定《汉语拼音方案》是拼写国家通用语言文字的工具和中国人名、地名和中文文献罗马字母拼写法的统一规范,从而确立了普通话、规范汉字和《汉语拼音方案》的法律地位和使用范围。这标志着我国语言文字规范化标准化的工作开始走上法治轨道,进入一个新的发展时期,对于普及文化教育,发展科学技术,提高经济、社会的信息化水平,加强社会主义物质文明和精神文明建设,增进各地区各民族间的交流与沟通,增强中华民族凝聚力,均具有重要意义。

2014 年 6 月 5 日至 6 日由中国政府与联合国教科文组织联合举办的世界语言大会在苏州举行。来自世界 100 多个国家和地区的 400 多名代表围绕"语言能力与人类文明和社会

进步"这一主题展开充分讨论并达成了共识。语言能力包括母语能力、国家通用语言能力、区域以及国际交流语言能力等。在世界影响力日益增长的中国,讲好普通话,掌握好规范汉字,提高语文应用能力和水平,正是全面提高公民语言能力的核心构成,也是提高国民素质,实施科教兴国战略的重要组成部分。新时期,我们需要以"拓宽视野看作用,融入发展促发展"的视角,更为深广地看待推广普通话的重要意义,为实现"国家语言实力增强、公民语言能力提升、社会语言生活和谐"的理想目标多作贡献。

(二)推广普通话的要求、方针及目标

1956 年 2 月国务院发布的《国务院关于推广普通话的指示》中明确要求:推广普通话要"以大中城市为中心,以学校为基础,以党政机关为龙头,以广播电视等新闻媒体为榜样,以公共服务行业为窗口,带动全社会推广普及普通话"。

20 世纪 50 年代根据《国务院关于推广普通话的指示》的要求,确定了推广普通话的工作方针是"大力提倡,重点推行,逐步普及"。推广工作展开之后取得了可喜的成绩。80 年代进入社会主义建设新时期,形势有了很大的变化。国家对推广普通话工作的重点和实施的步骤都作了相应的调整,"大力推行,积极普及,逐步提高"成为今后一段时期推广普通话的指导方针。

改革开放以来,我国的社会主义市场经济得到迅速发展,人口流动、商品流动、信息流通的范围、规模和频度都远远超过了历史上的任何时期,现代化工业、交通业、农业、金融业、商业、服务业以及国防事业对于语言文字规范化标准化的要求越来越高,越来越多的人在实践

中越来越深刻地认识到推广普及普通话和做好语言文字规范化工作的重要性和紧迫性。

如今,社会已进入信息化时代,而我们普及共同语的任务远未完成。我国推广普通话工作要继续完成工业化社会赋予的历史使命,同时又面临着信息化社会的严峻挑战,只有以信息化带动工业化,实现跨越式发展,才是出路所在。信息化必然要求语言文字规范化、标准化。所以我们在向新的宏伟目标迈进的时候,必须做好普及国家通用语言、加强语言文字社会应用管理这项关乎经济和社会发展的基础性工作。为此,1997 年 12 月北京召开的全国语言文字工作会议,确定了跨世纪语言文字工作的奋斗目标:2010 年以前,制定并完善与《中华人民共和国语言文字法》相配套的一系列法规;普通话在全国范围内初步普及,交际中的方言隔阂基本消除。在 21 世纪中叶以前,语言文字标准和各项管理制度更加完善;普通话在全国范围内普及,交际中没有方言隔阂;语言文字规范化、标准化水平显著提高;中文信息技术产品在语言文字规范标准方面实现较高水平的优化统一。

党的十八大召开后不久,教育部联合其他国家部委印发《国家中长期语言文字事业改革和发展规划纲要(2012—2020 年)》,这是 21 世纪我国第一个中长期语言文字事业改革和发展规划,是今后一个时期指导全国语言文字工作改革和发展的纲领性文件。纲要中把语言文字事业的重要性提升到一个前所未有的高度,认为语言文字事业具有基础性、全局性、社会性和全民性的特点,是国家文化建设和社会发展的重要组成部分,事关历史文化传承和经济社会发展,事关国家统一和民族团结,事关国民素质提高和人的全面发展,在国家发展战略中具有重要地位和作用。全面建成小康社会,构建中华民族共有精神家园,提高国家文化软实力,加快推进教育现代化,都对语言文字事业提出了新的要求。必须树立和增强高度的文化自觉和文化自信,努力推进语言文字事业全面发展,为全面建成小康社会、实现中华民族伟大复兴贡献力量。

我们坚信,经过不懈努力,我国国民语文素质、国民语言能力将大幅度提高,语言文字的社会应用更加适应社会主义经济、政治、文化建设的需要,国家语言实力、文化软实力显著增强,形成与中等发达国家水平相适应的良好的语言文字环境。

(三)播音员、主持人是推广普通话的生力军

普通话是以汉语传送的各级广播电台、电视台的规范语言;是汉语电影、电视剧、话剧必须使用的规范语言;是以汉语文授课的各级各类学校的教学语言;是我国党政机关、团体、企事业单位干部,在公务活动中必须使用的工作语言;是不同的方言区以及国内不同民族之间人们的通用语言。

推广普通话 50 多年来,普通话标准只有一个,就是"以北京语音为标准音,以北方话为基础方言,以典范的现代白话文著作为语法规范"。但是,考虑到不同地区、不同部门、不同行业、不同职业、不同学校、不同年龄等情况,国家对人们掌握和使用普通话的规范程度,提出了相应的具体要求。国务院〔1992〕63 号文件要求:广播、电视、电影、话剧和学校使用普通话应该规范、标准或比较规范、标准;要求公务员和"窗口"行业职工首先是坚持在工作中使用普通话,以方便公众,保证工作质量,提高工作效率,并且在坚持使用普通话的过程中逐步提高规范程度。

为了更加有效地推动推广普通话工作,加快普及过程,不断提高全社会的普通话水平,1994 年广播电影电视部、国家语言文字工作委员会、国家教育委员会联合颁布了《关于开展普通话水平测试工作的决定》(〔1994〕43 号文件),对一定范围内岗位人员进行普通话水平测试,并从 1995 年起,逐步实行按水平测试结果颁发普通话等级证书的制度。测试的对象包括县以上广播员、节目主持人、普通话教师、影视演员和有关院校的毕业生,以及中小学教师、师范学校教师和毕业生。

播音员、主持人是广播电视行业的从业人员,作为出镜出声最为直接的新闻传媒工作者,其受众人群多,辐射范围广,影响效力明显,示范作用突出。播音员、主持人普通话运用的高水平体现着民族共同语推广和普及的大成效,播音员、主持人使用并传播标准和规范的普通话是其肩负的重大历史责任,也是其必须具备的基本职业技能。因此,《中华人民共和国广播电视管理条例》第 36 条规定:广播电台,电视台应当使用规范的语言文字。广播电台,电视台应当推广全国通用的普通话。

有声语言是广播、电视播音员、节目主持人在节目中传递信息、流露情感、进行创作的最重要甚至唯一的手段,而规范的普通话作为播音员、主持人业务学习的基本功从来都被加以特殊的强调。为始终坚持正确的舆论导向,进一步提高广播电视的节目播出质量,充分做好推广普通话的示范和表率作用,在《关于开展普通话水平测试工作的决定》颁布不久,国家语委又编制了《普通话水平测试大纲》,规定了普通话水平测试的方法和范围,上面还明确规定:县级以上(含县级)广播电台和电视台的播音员、节目主持人,普通话应达到一级水平。测试对象经测试达到规定等级要求时,颁发普通话等级证书。对播音员、节目主持人从 1995 年起逐步实行持普通话等级证书上岗制度。要求省级广播电台、电视台、有线电视台的播音员、节目主持人,普通话必须达到一级甲等水平,持有一级甲等普通话水平等级证书,地级(包括县级)广播电台、电视台、有线电视台的播音员、节目主持人,普通话水平等级不得低于一级乙等水平。

1997 年,国家语委又颁发了《关于普通话水平测试管理工作的若干规定(试行)》,正式颁布了《普通话水平测试等级标准(试行)》,使普通话水平测试工作从政策上、理论上、管理上进一步得以完善。同年 6 月,当时的广播电影电视部颁发了《播音员主持人上岗暂行规定》,要求各级台的播音员、主持人逐步达到持证上岗的要求。其中,省级及其以上台自1998 年 1 月 1 日起实行持证上岗,省以下台及少数民族地区在三至五年内逐步实施。1998年国务院决定自当年起每年 9 月份的第 3 周为全国推广普通话宣传周,此后每年的推普宣传周都会选出一些代表人物作为推广普通话的形象大使,这其中多数都是中央和地方电台、电视台优秀的节目主持人。现行的《播音员主持人持证上岗规定》是经国家广播电影电视总局 2001 年 12 月 11 日局务会议审议通过的,自 2002 年 2 月 1 日起正式开始施行。其中明确要求各级台播音员、主持人普通话水平必须达到国家《普通话水平测试实施办法》规定的标准。

五、语音的性质

（一）定义

语言是以人的大脑机制、生理机能为基础，人们赖以认识世界且积淀为一定文化形态，具有思维、交际等功能，承载民族文化，浸润民族情感，认同民族身份的一套符号系统。

语言的所指是意义，能指是声音。语音的概念就是指语言的能指。再说得通俗点，**语音就是语言的物质外壳（物质材料、物质形式），是人的发音器官发出来的代表一定意义的声音。**

声音和意义的关系好比纸的正面和反面，是密不可分的。没有声音的意义如点头和摇头，不是我们所说的语言。所谓"体态语言"中的"语言"，含义是引申了的。没有意义的声音，如打喷嚏，当然也不是语言。

能够用声音表达意义，进行信息交流的不仅仅是人类。有些动物也能以声音传达信息，如蟋蟀、海豚、猿猴以及一些鸟类。但是人类的语言与动物的"语言"有本质的差别。

我们需要注意：首先，语音是一种声音，同自然界的其他声音一样，因此它具有物理性质。其次，语音不是一般的声音，有别于钟声、风声、机器声等，它是人的发音器官发出的声音，因此它还具有生理性质。最后，语音不仅是人的发音器官发出的声音，还应是有一定意义的声音，这个"一定意义"是使用该语言的全体社会成员约定俗成的，因此语音还具有社会性质。语音的社会属性是使语音从根本上与一般声音区别开来的本质属性。

（二）性质

1.语音的物理性质

物体由于某种外力的作用发生振动，并引起周围空气或其他媒介物质的振动，产生了振动波——声波，声波作用于耳鼓膜，使之产生同样的振动，刺激听觉神经，人就感觉到了声音。语音也是这样产生、传递与接收的。物理声学认为声波具有音高、音强、音长、音色四种要素，语音是声音的一种，当然也不例外，同样是这四种要素的统一体。

（1）音高。音高指声音的高低，决定于发音体振动的快慢。快慢体现在物体振动的频率上。物体每秒钟振动的次数称频率（国际单位制中，频率的单位是赫兹 Hertz，简称赫，符号为 Hz），声学把频率作为测定物体振动快慢与声音高低的标准，说声音的频率高就是说发音体在单位时间里振动的次数多，它振动得快，发出的声音高，而频率低也就表示声音低。

人耳能够听到的频率范围从 20 Hz 到 20 000 Hz，频率高于 20 000 Hz 的声音称为超声波，低于 20 Hz 的声音称为次声波。超声波能量大，沿直线传播，多用于探病（B 超）、清洁，蝙蝠、海豚可以感知；次声波不易衰减、传播远、穿透力强，多用于预测灾害、军事侦察，大象语言就属于次声波。

振动会发出声音,为什么我们听不到蝴蝶翅膀振动发出的声音,却能听到讨厌的蚊子声? 这是因为蝴蝶的翅膀一秒钟振动不超过 10 次,蚊子的翅膀一秒钟振动 500~600 次。

频率的高低是由物体自身的质量、松紧度、长短等项因素决定的,大而沉、粗而厚、长而松的物体振动慢,音低,小而轻、细而薄、短而紧的物体振动快,音高。语音的高低则与声带的长短、厚薄、松紧有关。通常,儿童和一般妇女的声带比成年男子的声带短而薄,所以声音高;而声音低的人声带相对长而厚,如成年男子,女中、低音声乐演员,老人等。同一个人发出的声音有高低变化,是靠控制声带的松紧来调节的。音高是汉语形成声调的基础。

(2)音强。音强指声音的强弱,决定于发音体振动幅度的大小,而振动幅度的大小又取决于发音时用力的大小。用力大,振幅大,声音就强;用力小,振幅小,声音就弱。音强是汉语形成轻声的基础。

(3)音长。音长指声音的长短,决定于发音体振动时间的久暂。振动时间持续久,声音就长,振动时间持续短,声音就短。音长是形成英语中长音、短音的基础,如 eat(吃)就读作[i:t],it(它)就读作[it],前者为长音,后者为短音。

(4)音色。音色指声音的特色,也可以说是声音的本质,所以又叫音质,也称音品。

世界上的声音很少是只有一种单纯频率的纯音(这种纯音可以用音叉制造出来),绝大多数声音都是由许多个频率和振幅不同的音波组成的复合音。复合音的各成分波之间频率和振幅相互影响,形成了特定的波形,产生出特定的音质。

从波形上看,音质可分为两类——噪音与乐音。(图 3.1)

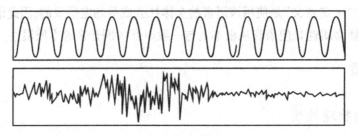

图 3.1　噪音与乐音波形对比图

噪音是由许多无规则的音波合成的,它们的音高和强度随时在变化,相互之间没有一定的关系,合成的波形杂乱而无规律。这种声音听起来刺耳、嘈杂,如刹车声、电锯锯木声、马路上车驰笛鸣的喧闹声等。语音中也有不少噪音成分,如辅声中的塞音、擦音、塞擦音等。例如,观察辅音[S]声波中的一小段,表现的就是波形紊乱,无规律。

乐音则由若干规则的纯音组成,形成的复合音波有周期性,很有规律,这样的声音听起来和谐、悦耳、饱满,歌声、乐声和语音中的元音,都是这样的声音。

从音波的产生上看,造成不同音质的发音条件有三种:

①发音体不同。发音体质料的不同会带来音色的不同。如钢琴的音色不同于口琴,是因为前者的发音体是钢丝弦,而后者的发音体为小簧片。不同的人发同一个音音色有别,那是因为声带等发音体不同。

②发音方法不同。同样的发音体,若发音方法不同,也会产生不同的音色。如小提琴,用手指弹奏的音色同用弓弦拉奏的音色就有区别。普通话辅音声母中 b 和 p,d 和 t,g 和 k,j 和 q 等的不同,均是因发音方法略有差异所致,b、d、g、j 类发音时不送气,而 p、t、k、q 类发音时送气。

③发音时共鸣器形状不同。同样的发音体,同样的发音方法,若共鸣器形状不同,也会造成音色的不同。如小提琴、二胡同是弦乐器,同是用弓演奏,但由于共鸣器形状不同,两者的音色不同。

共鸣器有自己的振动频率,它会同跟自己频率相同或相近的音波产生共振,把它加强,其他频率的音波就会被抑制或消耗。不同形状的共鸣器频率不一样,即使是对同一束复合音波,产生的共振结果也不一样。对于语音来说,口鼻腔就是共鸣器,一个人不断改变口形就会发出不同的音。普通话舌面元音 a、o、e、ê、i、u、ü 的音色不同,主要是因发音时口腔这个共鸣器形状的变化而造成的,同发音方法无关。

共鸣器形状对语音音质的区分还有另一方面的意义。倘若男女老少四人发同一个 a 音,他们的声带长短厚薄及韧性等各有差异,产生的音波肯定是不同形式的,但我们除了听出是四个人的声音外,还能听到同一个韵母的音质。这是因为共鸣器的形状。不同的人发同一个音时,口鼻腔形状虽然不会绝对相同,但其形状的基本特点是一致的,比如发 a 时都要把舌面压低,口腔开大,舌根后部的咽腔相对窄小,整个形状特点像个大口细身的瓶子。现在就是四束复合波与同一个形状的共鸣器发生共振了,每人被共振加强的音波在绝对频率上虽不见得一样,但共振频率分布的位置却有共性,这使我们听出了同样的元音。在元音的识别中,音质并不决定于声波的振动形式,而决定于共鸣器形状对共振频率的选择。

在语音传递过程中,准确的发音动作非常重要,共鸣器形状正是靠发音动作来调节的。

2.语音的生理性质

在这个部分,主要要弄清人类发音器官的基本构造和发音机理,为后面普通话声母、韵母的学习和练习以及科学发声的认知打下扎实的基础。

人类的发音器官根据位置和功能可以分为以下三个部分:

(1)声门下系统——动力系统。声门下系统主要由肺和气管构成。这是一个动力系统,肺上面有许多肺泡,肺泡的张合产生发音所需的气流,这些气流通过气管送到声门系统。

肺泡是由单层上皮细胞构成的半球状囊泡。肺中的支气管经多次反复分支成无数细支气管,它们的末端膨大成囊,囊的四周有很多突出的小囊泡,即为肺泡。肺泡的大小形状不一,平均直径 0.2 毫米。成人有 3 亿 ~4 亿个肺泡,总面积近 100 平方米,比人的皮肤的表面积还要大好几倍。

(2)声门系统——声源系统。声门系统主要由喉头和声带构成。这是一个调控兼声源系统。调控,说的是由气管输送上来的气流在这里得到调节控制,从而形成人类成音所需的语音基本支持的脉动气流;声源,说的是借助从肺部上来的气流对声带的冲击使声带振动发出"喉原音"。

（3）声门上系统——成音系统。声门上系统主要由咽腔、口腔、鼻腔三腔构成。其中咽腔犹如二居室的客厅，从声门上来的气流在这里分流，一部分将去大房间——口腔，一部分将去小房间——鼻腔。这是一个深加工的成音系统，人类语音（包括汉语语音）中所需的各种音色均在这里加工形成，"声音"得以转化为"语音"，其中"舌头"的贡献最大，由它深加工而形成的音，无论在哪种语言中均是最多的，所以我们平时说某人有辩才，善于辞令，就称为"三寸舌"，言语争辩也叫"舌战"。

3.语音的社会性质

语音的社会性质是语言的本质属性，主要表现为以下两个方面：

语音的产生虽有赖于人的生理器官，但声音同意义怎么结合，完全取决于该语言使用者全体的认同。语言中的原生词，语音形式同意义之间没有必然的联系，用什么声音形式表示什么意义，是由全体社会成员在长期使用中逐步确定下来的。语言中的派生、衍生词，是由旧词衍生出新词，新词的语音形式与旧词有历史渊源关系，可以追溯。但最后追溯到原生词，语音形式和意义仍是社会约定的。语音和意义之间这种约定俗成的关系说明，语音的建立是一种最广泛的社会行为。

语音的社会性还特别表现在不同语言具有不同的语音系统这点上。不同语言（包括方言）的基本语音单位、单位之间的搭配规则等，都有很大差别。比如，语音四要素在不同语言中被运用的情况很不一样。英语在利用音质差别的同时，还利用音长的差异来区别意义，有着成系列的长短音：[iː]-[i]、[uː]-[u]等；汉语则运用音高变化形成的声调来区别意义。不同音系都有自己的特征，普通话中，辅音[ŋ]（ng）只做韵尾，从不出现在音节开头，而在上海、福州、汉口等方言中，都有个声母[ŋ]。又如现代汉语的清塞音和清塞擦音可分为送气的和不送气的两组，因为这送气和不送气有别义作用：b 和 p 有别，d 同 t 不同；而英语清辅音的这种"送气"和"不送气"却无区别意义的作用。彝语里有清化鼻音 hm、hn、浊鼻音"nb、nd、mg、nz、nr、nj"两类辅音，汉语里没有。汉语里有"an、en、ao、ang、eng、ong、uo"等复合元音，彝语里却没有。印欧语言都有几个辅音连在一起的音节，汉语普通话却没有。总之，每个音系的全貌是什么样，是该语言使用者全体成员经过长期使用自然而然共同择定的，这些都是语音社会性质的表现。

六、普通话语音基础概念

（一）音素

音素是从音色角度划分出来的最小的语音单位。音素的不同取决于音色的不同，b 和 p，i 和 ü 音色不同，所以分别是两个音素。如果把发音动作放得很慢来读"mā"（妈）这个音节,就能从音节始末听出两个不同的音 m-ɑ,这就是两个音素,一个音素就关联着一个独立的有特色的发音动作。

(二)音节

音节是语音中最自然的结构单位,是人听觉上感知到的最小的语音片段。

人在说话时,发音器官的肌肉总是一松一紧运动,松紧交替一次,就在人们的听觉上形成一个语音段落,这就是音节。因此,人们凭听觉就能自然而然地从语段中分辨出音节来。说话时,人们也总是按音节来发音,肌肉紧张一次,就发出一个音节。一般来说,一个汉字就是一个音节,如学、学生、花、花儿(非儿化韵)。

从说汉语的人对语音的自然感觉上说,音节是最小单位。事实上,音节是由比它更小的语音单位组成的,音节是有结构的。要想找到更小的语音单位,弄清音节的结构规律,就要对音节进行科学的分析。如何分析音节,国外的语音学同我国的音韵学各自形成了不同的方法。

我国传统音韵学的办法,是对汉语的一个音节作层层二分:先把声调从音节中分开,再把音节分成声母、韵母两部分,继而分韵母为韵头、韵身,韵身再分作韵腹、韵尾。(图3.2)

这种方法注重结构分析,显示组合关系,并说明了每个成分在音节中的作用,适合汉语音节的特点,但它的缺陷是不能很直接地反映出音节各成分的具体音值。国外语音学的分析方法恰好在这里显出长处。它们注重细致的音色区分,总是根据音质的差别,一下子把音节分成若干个最小单位,在此基础上,再去描写音节结构。这两种方法相互结合,会使我们对汉语音节的认识更加科学、准确。以下两组概念就是用语音学分析方法得出的细致区分。

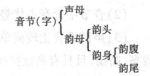

图 3.2　汉语音节结构分析图

(三)元音和辅音

元音,又叫母音,指气流通过声门振动声带后,在口腔里不受阻碍,只受调节而形成的响亮的音,如普通话的 ɑ、o、e、ê、i、u、ü 等。

辅音,又叫子音,指发音时声带或振动或不振动,气流通过咽头和口腔时一定受到某个部位阻碍的音,如普通话的 b、p、m、f 等。

元音和辅音的主要区别在于以下三个方面:

1. 气流受阻与否

发元音时,气流在咽头、口腔畅行无阻,基本不受任何阻碍;发辅音时,气流在咽头或口腔受到明显阻碍,只有冲破这种阻碍才能发出音来。这是元音同辅音最主要的本质区别。

2. 气流强弱与否

发元音时,气流振动声带发音,已有所消耗,所以气流较弱;发辅音时,必须冲破阻碍,所以气流较强。

3. 发音器官紧张度均衡与否

发元音时,发音器官各部分保持均衡紧张;发辅音时,只有形成阻碍的那一部分器官紧张,如发 ba(八)中 b 的时候,只有上、下唇特别紧张。

元音和辅音是就音素的性质来区分的,声母和韵母主要是音素在音节结构中的位置来区分的。一般来说,一个音节可以分成前后两部分:前一部分是声母(起音部分),后一部分是韵母(收音部分)。声调指音节中具有区别意义作用的音高变化,即音节的实际读法,它贯穿音节始终。

(四)普通话语音的特点

每一种语言的语音都有自己的特点,汉语普通话是以北京语音为标准音,它的特点是简单、清楚、表达力强。

(1)北京语音音系比较简单,音节结构形式较少。

(2)音节中元音占优势,清声母多,听觉感觉清脆、响亮。

(3)声调系统比较简单,但变化鲜明。四个声调的调值高音成分多,低音成分少,使语音清亮、高扬,且具有高低抑扬的音乐色彩。

(4)音节之间区分明显,使语音具有节奏感。

(5)语汇的双音节化、词的轻重格式的区分以及轻声、儿化的使用使语言表达作用更加准确、丰富。

(五)记音符号

学习语音、研究语音需有一套科学的标音方法,研究汉语语音、方言与普通话比较,少数民族语言描写记录,有时用汉语拼音方案等不能全部行通,故需用国际音标。

1. 汉字注音(传统给汉字注音的方法)

(1)直音法:用一个同音汉字给另一个汉字注音,如"苟,音狗""芮同锐""茇,读若急"。

(2)反切法:用两个汉字给一个汉字注音,取前字的声母,后字的韵母、声调(反切上字取其声,反切下字取其韵及声调),如同(tóng),徒红切(反),孝(xiào),呼教切。

(3)优劣比较。

直音法:比不注音要好,但使用这种办法,首先要认识相当数量的汉字,认起来比较困难,且有的字没有同音字,用近音字不准,有的字有同音字,却比不认识的字还陌生,如"一"音"揖"。而且,汉字的音是发展变化的,不同方言区还有读音的区别,汉字给汉字注音起不到统一语音的作用。

反切法：比直音法好一点，反切说明汉语音节可分为声、韵两部分，且有声调，可谓汉语拼音的萌芽。反切法也比较麻烦，另外时、地不同，汉字字音也不同，后来人们就另行研究别的方法。

2. 注音字母

注音字母（符号）（声母 24 个，韵母 16 个），是汉字笔画式的符号（创制于五四运动前夕，1930 年改为注音符号）。

这套字母 1911 年制定，1918 年北洋政府教育部公布。它对给汉字注音和推广"国语"起过很好的作用。（建国前——建国初，小学教学及"扫盲"运动都用这种办法）比前述两种汉字注音法易用、准确，但这套字母不全是音素化的字母，有的是两个音素甚至是一个音节，标音不太科学。

3. 拼音字母（主要有汉语拼音方案和国际音标）

（1）汉语拼音方案。《汉语拼音方案》是给汉字记音的一套注音符号，也是推广普通话的有力工具。1958 年 2 月 11 日，由第一届全国人民代表大会第五次会议批准作为正式方案推行。这是以拼音字母和拼写方式为内容的一套中华人民共和国法定的拼音方案，同时，它也是世界各民族学习汉语的工具和拼写中国专用名词及词语的国际标准。（邢福义先生认为：《汉语拼音方案》是用拉丁字母拼写现代汉语普通话语音的方案；黄伯荣先生认为：《汉语拼音方案》是按照普通话语音系统制定的一套汉语拼音字母及拼写规则）

①优越性（特点）：

a. 从字母形式上说是拉丁化（国际化）具有国际性，便于国际交流。

b. 从语音系统上看，标准化，按北京语音为标准音具有语音规范性，利于语音统一。

c. 从音节拼写上看，音素化，具有科学性，能以较少字母方便灵活地拼读、拼写普通话的全部音节。

d. 这一方案经全国人大批准，具有深厚的历史和群众基础，有决定性和群众性，便于推行。

20 世纪 80 年代有关部门制定了一套拼写规则，并不断完善。

②用途：

a. 给汉字注音（作为注音工具）。

b. 作为推广普通话的工具。

c. 民族、国际交流的工具。

③方案内容（具体内容参见《汉语拼音方案》）。

a. 字母表，规定了 26 个字母及每个字母的学名。

b. 声母表：提供了普通话 21 个声母的读音和实例。

c. 韵母表：提供了普通话 36 个韵母的写法、实例及一些用法。

d. 声调符号:提供了普通话4个调类的名称、所用符号及标调方法。

e. 隔音符号:提供了隔音符号的形式及其方法。

（2）国际音标。研究语言,要用符号表示,标记语音的符号叫音标,国际上最通行的一种记音符号是国际音标。国际音标是国际语音学会制定的一套记音符号,是用来记录各民族语言的语音的。原来主要用来标注欧洲语音,后推广到全世界。最初发表于1888年,现使用的是1979年修订的。我们在研究少数民族语言或方言时采用它。其特点如下:

①国际音标的符号主要来自拉丁字母。拉丁字母易书写,形体简明。

②国际音标一音一符、一符一音,还有附加符号,标音精细。

③国际音标标音灵活,可宽可严,又可显示音位变体,这样既有利于正音,又有利于正字。

④国际音标数目多,适应性强,应用范围广,世界各民族语言都可用它来标音。

附录1 汉语拼音方案

（1957年11月1日国务院全体会议第60次会议通过）

（1958年2月11日第一届全国人民代表大会第五次会议批准）

一、字母表

字母:Aa Bb Cc Dd Ee Ff Gg
名称:ㄚ ㄅㄝ ㄘㄝ ㄉㄝ ㄜ ㄝㄈ ㄍㄝ

Hh Ii Jj Kk Ll Mm Nn
ㄏㄚ ㄧ ㄐㄧㄝ ㄎㄝ ㄝㄌ ㄝㄇ ㄋㄝ

Oo Pp Qq Rr Ss Tt
ㄛ ㄆㄝ ㄑㄧㄡ ㄚㄦ ㄝㄙ ㄊㄝ

Uu Vv Ww Xx Yy Zz
ㄨ ㄞㄝ ㄨㄚ ㄒㄧ ㄧㄚ ㄗㄝ

V只用来拼写外来语、少数民族语言和方言。

字母的手写体依照拉丁字母的一般书写习惯。

二、声母表

b	p	m	f		d	t	n	l
ㄅ玻	ㄆ坡	ㄇ摸	ㄈ佛		ㄉ得	ㄊ特	ㄋ讷	ㄌ勒

g	k	h		j	q	x
ㄍ哥	ㄎ科	ㄏ喝		ㄐ基	ㄑ欺	ㄒ希

zh	ch	shi	r		z	c	s
ㄓ知	ㄔ蚩	ㄕ诗	ㄖ日		ㄗ资	ㄘ雌	ㄙ思

在给汉字注音的时候,为了使拼式简短,zh ch sh 可以省作 ẑ ĉ ŝ。

三、韵母表

	i ㄧ衣	u ㄨ乌	ü ㄩ迂
a ㄚ啊	ia ㄧㄚ呀	ua ㄨㄚ蛙	
o ㄛ喔		uo ㄨㄛ窝	
e ㄜ鹅	ie ㄧㄝ耶		üe ㄩㄝ约
ai ㄞ哀		uai ㄨㄞ歪	
ei ㄟ欸		uei ㄨㄟ威	
ao ㄠ熬	iao ㄧㄠ腰		
ou ㄡ欧	iou ㄧㄡ忧		
an ㄢ安	ian ㄧㄢ烟	uan ㄨㄢ弯	üan ㄩㄢ冤
en ㄣ恩	in ㄧㄣ因	uen ㄨㄣ温	ün ㄩㄣ晕
ang ㄤ昂	iang ㄧㄤ央	uang ㄨㄤ汪	

续表

eng ㄥ亨的韵母	ing ㄧㄥ英	ueng ㄨㄥ翁	
ong （ㄨㄥ）轰的韵母	iong ㄩㄥ雍		

（1）"知、蚩、诗、日、资、雌、思"七个音节的韵母用 i，即：知、蚩、诗、日、资、雌、思等字拼作 zhi，chi，shi，ri，zi，ci，si。

（2）韵母儿写成 er，用作韵尾的时候写成 r。例如，"儿童"拼作 ertong，"花儿"拼作 huar。

（3）韵母ㄝ单用的时候写成 ê。

（4）i 行的韵母，前面没有声母的时候，写成 yi（衣），ya（呀），ye（耶），yao（腰），you（忧），yan（烟），yin（因），yang（央），ying（英），yong（雍）。

u 行的韵母，前面没有声母的时候，写成 wu（乌），wa（蛙），wo（窝），wai（歪），wei（威），wan（弯），wen（温），wang（汪），weng（翁）。

ü 行的韵母，前面没有声母的时候，写成 yu（迂），yue（约），yuan（冤），yun（晕）；ü 上两点省略。

ü 行的韵母跟声母 j，q，x 拼的时候，写成 ju（居），qu（区），xu（虚），ü 上两点也省略；但是跟声母 n，l 拼的时候，仍然写成 nü（女），lü（吕）。

（5）iou，uei，uen 前面加声母的时候，写成 iu，ui，un。例如，niu（牛），gui（归），lun（论）。

（6）在给汉字注音的时候，为了使拼写简短，ng 可以省作 ǧ。

四、声调符号

阴平　阳平　上声　去声
　ˉ　　ˊ　　ˇ　　ˋ

声调符号标在音节的主要母音上，轻声不标。例如：

妈 mā　　麻 má　　马 mǎ　　骂 mà　　吗 ma
（阴平）　（阳平）　（上声）　（去声）　（轻声）

五、隔音符号

a，o，e 开头的音节连接在其他音节后面的时候，如果音节的界限发生混淆，用隔音符号（'）隔开，如：pi'ao（皮袄）。

附录2 国际音标简表

一、元音部分

舌位／类别			舌尖元音					舌面元音						
			前		央	后		前		央			后	
舌位	口腔	唇形	不圆	圆	自然	不圆	圆	不圆	圆	不圆	自然	圆	不圆	圆
高	最高	闭	ɿ	ʮ		ʅ	ʯ	i	y	ɨ		ʉ	ɯ	u
	次高					ʅ	ʯ	ɪ	ʏ					ʊ
中	高中	半闭						e	ø	ɘ		ɵ	ɤ	o
	正中					ɚ			E		ə			
	低中	半开						ɛ	œ	ɜ		ɞ	ʌ	ɔ
低	次低							æ		ɐ				
	最低	开						a	ɶ		A		ɑ	ɒ

二、辅音部分

发音方法＼发音部位			双唇（上唇下唇）	唇齿（上齿下唇）	齿间	舌尖前（舌尖齿背）	舌尖中（舌尖上齿龈）	舌尖后（舌尖硬腭前）	舌叶	舌面前（舌面前硬腭前）	舌面中（舌面中硬腭）	舌面后（舌面后软腭）	小舌	喉壁	喉
辅音	塞音 清	不送气	p				t	ʈ		ȶ	c	k	q		ʔ
		送气	p'				t'	ʈ'		ȶ'	c'	k'	q'		ʔ'
	塞音 浊	不送气	b				d	ɖ		ȡ	ɟ	g	ɢ		
		送气	b'				d'	ɖ'		ȡ'	ɟ'	g'	ɢ'		

059

续表

发音方法			双唇(上唇下唇)	唇齿(上齿下唇)	齿间	舌尖前(舌尖齿背)	舌尖中(舌尖上齿龈)	舌尖后(舌尖硬腭前)	舌叶	舌面前(舌面前硬腭前)	舌面中(舌面中硬腭)	舌面后(舌面后软腭)	小舌	喉壁	喉
塞擦音	清	不送气		pf	tθ	ts		tʂ	tʃ	tɕ					
	清	送气		pf'	tθ'	ts'		tʂ'	tʃ'	tɕ'					
	浊	不送气		bv	dð	dz		dʐ	dʒ	dʑ					
	浊	送气		bv'	dð'	dz'		dʐ'	dʒ'	dʑ'					
鼻音	浊		m	ɱ			n	ɳ		ȵ	ɲ	ŋ	N		
滚音	浊						r						R		
闪音	浊						ɾ	ɽ					R		
边音	浊						l	ɭ			ʎ				
边擦音	清						ɬ								
	浊						lʒ								
擦音	清		Φ	f	θ	s		ʂ	ʃ	ɕ	ç	x		ħ	h
	浊		β	v	ð	z		ʐ	ʒ	ʑ	j	ɣ	ʁ		ɦ
无擦通音及半元音	浊		wɥ	ʋ			ɹ	ɻ			j(ɥ)	ɰ(w)			

(辅音)

附录3　汉语拼音与国际音标对照表

声调:一声阴平(55)、二声阳平(35)、三声上声(214)、四声去声(51)

声母:

拼音字母	国际音标	拼音字母	国际音标	拼音字母	国际音标
b	[p]	g	[k]	s	[s]
p	[p']	k	[k']	zh	[tʂ]

续表

拼音字母	国际音标	拼音字母	国际音标	拼音字母	国际音标
m	[m]	h	[x]	ch	[tʂ']
f	[f]	j	[tɕ]	sh	[ʂ]
d	[t]	q	[tɕ']	r	[ʐ]
t	[t']	x	[ɕ]	y	[j]
n	[n]	z	[ts]	w	[w]
l	[l]	c	[ts']	(v)	([v])

单韵母:(以下韵母为单用或只跟在辅音后)

拼音字母	国际音标	拼音字母	国际音标	拼音字母	国际音标
a	[A]	i	[i]	-i 前	[ɿ]
o	[o]	u	[u]	-i 后	[ʅ]
e	[ɤ]	ü	[y]		
ê	[ɛ]	er	[ɚ]		

复韵母和鼻韵母:

拼音字母	国际音标	拼音字母	国际音标	拼音字母	国际音标
ai	[ai]	ei	[ei]	in	[in]
uai	[uai]	ui(uei)	[uei]	ing	[iŋ]
an	[an]	en	[ən]	ong	[uŋ]
uan	[uan]	un(uen)	[uən]	ün	[yn]
ia	[iA]	ou	[əu]	iong	[yŋ]
ua	[uA]	iu(iou)	[iəu]		
ian	[iæn]	eng	[əŋ]	(-ng)	([ŋ])
üan	[yæn]	ueng	[uəŋ]		
ao	[au]	ie	[iɛ]		
iao	[iau]	üe	[yɛ]		
ang	[aŋ]	uo	[uo]		
iang	[iaŋ]				
uang	[uaŋ]				

▶第四章
清晰准确练声母

一、声母训练的重要性

（一）定义

声母：一个汉语音节起头的辅音。

根据汉语音韵学的传统分析方法,把一个汉语音节分成声、韵两大部分,同时还要加上一个贯穿整个音节的声调。"声"是一个汉语音节开头的部分,是带出字音响亮部分的起始的发音(起音部分、发声部分),用来表示"声"的字母称为"声母"。

从现代语音学的角度来看,代表汉语音节起音部分的"声母"与辅音关系密切,都具有辅音性质,所以一般由通用记音的辅音音素来充当声母。

（二）目的

声母一般由辅音充当,即首辅音,所以一般谈到声母往往指的就是辅音声母。辅音声母的主要特点是发音时气流在口腔中要受到不同程度的阻碍,因此可以说,辅音声母发音的过程也就是气流受到阻碍和克服阻碍的过程。

声母由辅音充当,而辅音的特点是发音时程短(除擦音外)、音势弱,很容易受到干扰,也很容易产生"吃字"现象,从而影响语音的清晰性和辨识度。因此播音员主持人等艺术语言表达者必须认真练习声母——辅音音素的发音,努力做到"咬得准,发得清",使整个音节完整、清晰。

（三）作用

1.区别和分化词义

声母的主要作用是区分词意，如"南宁"和"兰陵"，"难拧"和"蓝领"，"近似"和"近视"，"资源"和"支援"等。在这四组词中两音节的韵母与声调相同，只是由于声母不同而意思全然不一样。不同方言区的人如果普通话声母发音不准确，经常会造成词的混淆或误解，从而影响口语交际。

2.增强音节清晰度

声母发音时成阻部位彼此接近，且除阻阶段发音短促，干脆利落，很容易产生不清晰、不到位的现象。对于处在汉语音节开头的声母，必须加强训练，才能使语流中的音节界限区别明显，字字清晰可辨。

3.增强音节吐字力度

声母发音时成阻部位肌肉紧张，持阻阶段蓄气充足，除阻之时弹射有力，且与韵头迅速结合。强化声母训练，能使整个音节的吐字力度和亮度增强。

二、声母的内容和发音条件

（一）构成内容

1.辅音声母

汉语普通话语音共有 **21 个辅音声母**，分别是：b、p、m、f、z、c、s、d、t、n、l、zh、ch、sh、r、j、q、x、g、k、h。

2.零声母

在汉语音节中，有的音节的开头没有辅音声母，我们把它的声母部分看成是零，习惯上把它称作"零声母"，如挨（ai）、义（yi）、屋（wu）、遇（yu）等。

有的汉语音节开头没有辅音音素，直接以元音开始。但是实际发音中，想发出纯粹的元音，是不可能的，也是不自然的。因为有声音的发出，必然有发音体振动，有振动必然有力的作用，有力的作用必然经历从零能量到有能量的运动过程，而这个过程，语音学中称之为"起始阶段"，这是发音的必经阶段。

零声母音节看上去没有辅音开头，没有声母，但在发音时仔细辨认，可以发现它们的开头部分，往往带有一点轻微的摩擦成分，不会一开始就是纯粹的元音音色，它们比元音紧一些,是发元音的"前奏"清擦音,再紧一些就是"浊擦音",语音学中统称为"半元音",归入辅音一类。摩擦的明显与否往往因人而异,但是怎样摩擦也没有区别词义的作用。

所以,在实际发音中没有一出口就是元音的现象,在某种程度上,我们可以把这种元音前带有辅音的现象看成是凡是有元音开头的语言发音的默认规则,产生了零声母概念。这种虚位占有,语音学中用"ø"表示。

《汉语拼音方案》对零声母音节的拼写都有规定,凡是 i、u、ü 和 i、u、ü 开头的音节书写时要用 y 或 w,它们起到隔音符号的作用,如移(yí)、五(wǔ)、玉(yù)。其他韵母独立成音节如与前一个音节连写时要用隔音符号分隔,如西安(xī'ān)、皮袄(pí'ǎo)、超额(chāo'é)、海鸥(hǎi'ōu)。

综上,普通话的声母总数是22,其中有21个辅音声母和1类"零声母"。

(二)发音条件

辅音音素的发音条件包括发音部位和发音方法两个方面,这也就决定了不同辅音声母的发音条件。

1.发音部位

发辅音声母时,口腔对呼出气流构成阻碍的部位(即在哪成阻),见图4.1。

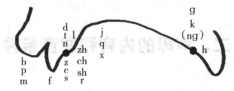

图4.1 普通话辅音声母发音部位示意图

2.发音方法

发辅音声母时,呼出气流破除发音部位构成阻碍的方法(即怎样除阻)。

三、声母的分类

(一)按照发音部位

普通话21个辅音声母按照气流受到阻碍的部位的不同,可以分为七类。

(1)双唇音:上下唇接触成阻,如 b、p、m。

(2)唇齿音:上齿与下唇内缘轻轻靠近成阻,如 f。

(3)舌尖前音:俗称"平舌音",舌尖前伸与上齿背接触成阻(有不少人是舌尖向下接触下齿背,隆舌后高点与上齿龈成阻发音),如 z、c、s。

(4)舌尖中音:舌尖上抬与上齿龈接触成阻,如 d、t、n、l。

（5）舌尖后音：俗称"翘舌音"，舌体微微后收，舌尖上翘与上齿龈和硬腭交接处接触成阻，如 zh、ch、sh、r。

（6）舌面音：也叫"舌面前音"，舌面前部与硬腭前部接触成阻（有不少人是舌尖向下，前伸抵靠下齿龈，隆舌后高点与硬腭前部成阻发音），如 j、q、x。

（7）舌根音：也叫"舌面后音"，舌根后收隆高与软腭、硬腭交接处接触成阻，如 g、k、h。

（二）按照发音方法

1.看阻碍方式

按成阻和除阻方式的不同，分为五类。

（1）塞音：阻碍气流的部位完全堵死后彻底冲开，迸裂而出，爆发成音，故称为"塞音"或"闭塞音"，也称爆破音（爆发音、破裂音），如 b、p、d、t、g、k。

（2）擦音：阻碍气流的部位分离留有窄隙，透气摩擦成音，故称为"擦音"或"摩擦音"，如 f、h、x、sh、r、s。

（3）塞擦音：阻碍气流的部位先堵死，再分离后透气摩擦成音，先"塞"后"擦"相结合，故称为"塞擦音"，其中闭塞部分和摩擦部分结合得很紧，一般把它看成是一个发音过程，如 j、q、z、c、zh、ch。

（4）鼻音：口腔闭合软腭下降，气流在口腔受阻，从鼻腔透出成音，故称为"鼻音"，如 m、n。

（5）边音：软腭抬升，鼻腔关闭，舌尖与上齿龈成阻，气流从舌面两侧或一边透出成音，故称为"边音"如"l"。

2.看声带是否颤动

按声带颤动与否，分为清音和浊音两类。

（1）清音：发音时不颤动声带，声音不响亮，带有噪音成分的音称清音。

普通话里的清音有：b、p、f、d、t、g、k、h、j、q、x、zh、ch、sh、z、c、s。

（2）浊音：发音时声带颤动，声音较响亮的音称浊音。

普通话里的浊音有：m、n、l、r、ng 5 个。其中只有 m、n、l、r 这 4 个作声母用，ng 只当韵尾用。

3.看气流的强弱

按照出气量大小对比，分为送气音和不送气音两类：

（1）送气音：发音时气流较强，较显著。如果拿一张薄纸放在唇前发 b、p 两个音进行比较，发 p 时气流对纸的冲击明显比 b 强（但播音员发送气音时，气息就要有所控制，不要用强气流冲击话筒造成噪声）。普通话送气音有 6 个：p、t、k、q、ch、c。

（2）不送气音：发音时气流较弱，相对送气音较缓和。普通话不送气音有 6 个：b、d、g、j、zh、z。

四、声母发音部位训练提示和总结

(一)训练提示

1. 双唇音

双唇音 b 和 p 的区别在于送气与不送气。而 b、p、m 的区别则是前两个辅音发音时软腭提起,气流从口腔出来,而后一个要发成鼻音,注意除阻时的爆发力。

2. 唇齿音

发音时注意,上齿与下唇形成阻碍时要自然接触,不要上齿咬住下唇发音,否则成阻部位面积大,力量分散,有发成塞音趋势,显得笨拙,或发成了方言体系内的塞擦音。接触面积不要太大,否则易产生杂音,要调理好气息,除阻后紧接元音,这样字音就清楚了。

3. 舌尖前音

发这组音时发音部位要注意,音色要清晰。舌尖前伸与上齿背接触成阻(但不少人是舌尖抵靠下齿背,舌面前部隆起的高点与上齿龈成阻)。尤其注意不是舌前部整个贴在上齿背上,否则舌中部无力。另外,尤其要注意避免舌尖伸到两齿中间,发音变成齿间音。

4. 舌尖中音

练习时注意部位要准确,舌尖要有力度。调整好气息,使受腹部控制的气流,不断地冲击成阻部位,让舌尖灵活有力地弹击上齿龈。

5. 舌尖后音

这组音又叫翘舌音,它发音时易和舌尖前音相混。从发音部位上说,一种情况是这组声母发得比较靠后,把翘舌音发成了卷舌音,要着重练习翘起这个动作。另一种情况是发音部位偏前,舌尖较平,接近上齿背的位置。矫枉不妨过正,舌尖要尽量前顶,抵住硬腭前部,再发舌尖后音,听起来就不那么偏前了。

6. 舌面音

部分人的发音部位比较靠前,这可能是受方言影响,所以发音时要找准发音部位。"前音后发""舌体取收势""刮舌隆高"。

7. 舌根音

要注意发音部位有意识地前移,也就是我们通常所说的"后音前发"。

（二）训练总结

部位	成阻部位	发音过程	代表声母	注意事项
双唇音	上下唇	下唇向上运动,双唇闭拢成阻	b、p、m	内唇的力度,外唇的形状
唇齿音	上齿与下唇内缘	上唇稍抬,微露上齿,下唇向上轻轻靠近	f	节制气流,齿不咬唇
舌尖前音	舌尖顶峰与上齿背或上齿龈	舌尖平伸接触或接近上齿背成阻;抑或舌尖抵靠下齿背,隆高顶点与上齿龈接触或接近成阻	z、c、s	两齿不能过紧,避免齿间音
舌尖中音	舌尖和上齿龈	舌尖向前上方抬起,与上齿龈成阻	d、t、n、l	气流的走向,软腭的上升和下降
舌尖后音	舌尖与硬腭前端	舌体稍向后缩,舌尖向上方翘起,与硬腭前部接触或接近成阻	zh、ch、sh、r	舌不能卷,也不能过平,要微微翘起成阻不要偏移
舌面音	舌面前部顶峰和硬腭前端	舌尖向下,前伸抵住下齿龈,舌面前部隆高与硬腭前部接触或接近成阻	j、q、x	两齿不能过紧,舌尖不能放在两齿中间,避免尖音不能过前过后,舌尖不翘起
舌根音	舌根与软腭和硬腭的交接处	舌体后缩,舌根隆起,与硬腭和软腭的交接处接触或接近成阻	g、k、h	不能太靠后,亦不能太靠前,舌根成阻高点要用力

五、声母发音方法训练提示和总结

（一）训练提示

主要看成阻和除阻方式的不同,分为五类。

1. 塞音

持阻阶段阻碍完全闭塞,使气流无法通过,声音短暂间歇,维持到除阻阶段,阻碍突然放开,气流骤然冲出,形成极为短暂的瞬音。由于发音时阻碍必须完全闭塞,因此称为"塞音"或"闭塞音"。例如,b、p、d、t、g、k 发音时构成阻碍的上下部位靠紧,然后气流突然冲破阻碍,爆破成音。

2. 擦音

持阻阶段阻碍并不完全闭塞,让气流挤出去形成湍流,产生紊音。由于气流挤过阻碍时必然发生摩擦,因此称为"擦音"或"摩擦音"。语言中常见的 11 种发音部位都能产生擦音。

例如,f、h、x、sh、r、s 发音时,构成阻碍的上下部位靠近,留下窄缝,气流从窄缝中挤出,摩擦成声。擦音通过阻碍时,由于持阻阶段没有完全闭塞,气流要比塞音弱一些,擦音的持阻阶段时间可以任意延长,只要气流不断,就一直有声音。到除阻阶段,阻碍解除,声音自然消失,和塞音一发即逝、无法延长的性质很不相同。

3. 塞擦音

成阻阶段阻碍完全闭塞,气流无法通过;进入持阻阶段后阻碍略微放松,让气流挤出去产生摩擦,形成一种先塞后擦的音,称为"塞擦音"。塞擦音中闭塞部分和摩擦部分结合得很紧,一般把它看成是一个发音过程。如果把塞擦音延长,就变成了擦音。塞擦音的发音部位一般都在中舌面之前,舌面之后的塞擦是比较少见的。例如,j、q、z、c、zh、ch 发音时,构成阻碍的上下部位开始靠紧,然后气流冲开一条窄缝,接着从窄缝中挤出,摩擦成声。塞擦音是塞音和擦音紧密结合形成一个语音单位。

4. 鼻音

成阻阶段口腔里形成的阻碍完全闭塞,但软腭下降,打开气流通往鼻腔的通路,在持阻阶段气流能顺利从鼻腔出去,形成鼻音。鼻音是可以任意延长的。一般鼻音都是浊音性的,发音时声带颤动产生周期性声波,因此有它的特殊共振峰模式。例如,m、n 发音时口腔发音器官构成阻碍的上下部位靠紧,软腭下降,打开鼻腔通路,气流从鼻腔通过发出声音,同时阻碍解除。

5. 边音

舌尖形成阻碍不让气流通过,但舌头两边或一边留出空隙,让气流从舌边流出,这样发出的声音称为"边音"。和鼻音一样,一般边音都是浊音,有它的特殊共振峰模式,边音是"l"。舌尖形成阻碍的部位在齿龈。

(二)训练总结

方　法	成　阻	持　阻	除　阻	代表声母
塞音	发音部位两点紧闭	保持阻碍,呼出气流蓄在成阻部位之后,引而待发	成阻部位突然打开,气流爆破成声,所以又叫爆破音	b、p、d、t、g、k
擦音	发音部位两点接近,但不接触,中间留有狭窄的缝隙	呼出气流在两点间的缝隙摩擦成声	除阻时摩擦声已结束	f、h、x、sh、r、s
塞擦音	塞音与擦音的结合,成阻至持阻的前段,状态与塞音相同	持阻的后段变为擦音的成阻,发音部位两点间留有缝隙,气流摩擦成声	除阻时摩擦声已结束	j、q、z、c、zh、ch

续表

方 法	成 阻	持 阻	除 阻	代表声母
鼻音	发音部位两点紧闭，关闭口腔通路	声带颤动，软腭下垂，鼻腔通路打开，呼出气流经口腔转入鼻腔，产生双重共鸣，气流由鼻透出	口腔通路打开，发音结束	n、m
边音	舌尖抬起，与上齿龈后部接触，舌体收缩，舌尖两边留有缝隙	声带颤动，气流在舌两边通过后，由口腔透出	发音部位两点分开，发音结束	l
清浊区分	声带颤动的为浊辅音声母：m、n、l、r			
送气与否	送气与否是出气量大小和强弱的不同，只在塞音和塞擦音中进行区分： 送气音有：p、t、k、q、c、ch 不送气音有：b、d、g、j、z、zh 有区别词义作用：肚子饱了、兔子跑了			

六、声母发音过程及要求

（一）本音和呼读音

由于声母在音节中所处位置和发音性质带来的特殊性，声母发音短促，容易不够清晰，绝大多数是清音不响亮，所以声母教学从小学开始一般都采取的是"呼读"方式，即在声母这个辅音音素除阻结束时紧接一个响亮的元音音素，一并发出，便于听辨和教学交流。这个音就是声母的"呼读音"，所加元音，是在声母除阻后口形、舌位、开度等方面向自然状态回归时最适宜拼合的元音。

声母的"本音"也叫"纯粹音"，是辅音声母本身不与任何元音拼合，不受干扰最为纯粹的发音。在声母训练学习的后段可带入"本音"练习与"呼读音"等字词对比练习，使训练者更加注意声母发音部位的标准、到位，感受声母发音方法的准确、清楚，实践声母发音过程的有力、快速，以及发音控制的精准稳定。

（二）声母发音过程及要求

辅音声母发音过程包含三个阶段：构成阻碍，保持阻碍，解除阻碍，我们简称为：成阻、持阻、除阻。

1.成阻阶段

发辅音过程的开始阶段,发音当中开始形成阻碍作用,发音器官从静止或其他状态转到发一个辅音时的阻碍状态。

对成阻的要求是:准——准确

2.持阻阶段

发辅音过程的中间阶段,就是发音当中阻碍作用的一种持续,即发音器从开始发音的成阻阶段到最后除阻阶段的中间过程。

对持阻的要求是:强——有力

3.除阻阶段

指发辅音过程的最后阶段,发音当中,阻碍消除了,发音器官从发辅音时的阻碍状态转到开始的静止状态或其他状态。

对除阻的要求是:快——迅速

七、声母发音常见错误和缺陷

(一)常见错误

声母成阻部位偏离,除阻方法失当。例如,唇齿音与舌根音相混(如 f—h 相混);舌尖前音与舌尖后音相混(如 z、c、s—zh、ch、sh 相混);舌尖前音或舌尖后音内部相混(如 z—c 相混、zh—ch 相混);舌面音尖音(如信心(x)、箭(j)头);舌面音与舌尖前或舌根音相混(如鞋(x)子—孩(h)子);舌尖后音与舌面音相混(如知(zh)道—积(j)到);鼻音与边音相混(如 n—l 相混);送气音与不送气音相混(如 b、d、g、j、zh、z—p、t、k、q、ch、c 相混);舌尖后浊擦音 r 的误读(如热(r—z)闹、人(r—ø));零声母前加鼻辅音(n、ng)声母,等等。

(二)常见缺陷

声母成阻部位偏移,除阻方法失准。例如,舌尖前音齿间化;舌面前音舌尖化;舌尖后音平舌化;舌尖后音偏移化;鼻音边化;边音鼻化;u、uo 的零声母音节齿唇浊擦音化;齐齿呼韵母前面的声母 d、t 腭化(如颠、天);舌尖前音和舌面音杂音化;舌尖后音过于后卷,大舌头化;唇舌用力松懒带来的发音含混化,等等。

(三)既非错误又非缺陷

零声母带软腭通音或舌面后通音;零声母带轻微的喉塞音;合口呼零声母(除 u、uo 的零声母外)带齿唇通音[ʋ];把非重读音节(主要指轻声音节)不送气的清塞音、塞擦音读作浊塞音、浊塞擦音(如**爸爸**、好**的**);把轻声音节送气的清塞音、清塞擦音读作不送气的清塞音、清塞擦音(如糊**涂**、馄**饨**)等语音现象既不作为错误也不作为缺陷来判定。

八、声母发音要领表

能在普通话音节中充当声母的辅音音素是 **21** 个,其中不含充当辅音韵尾的"ng",故将其标写在括号内"(-ng)"加标"-"以示区别。

声母发音部位发音方法简表1

发音方法 发音部位	塞音		塞擦音		擦音	鼻音	边音
	不送气	送气	不送气	送气			
双唇音	b	p				m	
唇齿音					f		
舌尖前音			z	c	s		
舌尖中音	d	t				n	l
舌尖后音			zh	ch	sh	r	
舌面音			j	q	x		
舌根音	g	k			h	(-ng)	
清音					浊音		

声母发音部位发音方法简表2

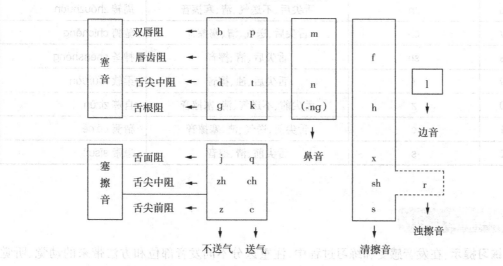

九、声母命名

辅音声母命名规则：发音部位＋送气与否＋清浊区分＋发音方法

排序	声母汉语拼音示例	声母学术命名	词语示例
1	ø	零声母	阿雅舞月 āyǎwǔyuè
2	b	双唇、不送气、清、塞音	辨别 biànbié
3	p	双唇、送气、清、塞音	品评 pǐnpíng
4	m	双唇、浊、鼻音	美妙 měimiào
5	f	唇齿、清、擦音	非凡 fēifán
6	d	舌尖中、不送气、清、塞音	到达 dàodá
7	t	舌尖中、送气、清、塞音	探讨 tàntǎo
8	n	舌尖中、浊、鼻音	泥泞 nínìng
9	l	舌尖中、浊、边音	玲珑 línglóng
10	g	舌根、不送气、清、塞音	广告 guǎnggào
11	k	舌根、送气、清、塞音	宽阔 kuānkuò
12	h	舌根、清、擦音	辉煌 huīhuáng
13	j	舌面、不送气、清、塞擦音	加剧 jiājù
14	q	舌面、送气、清、塞擦音	亲切 qīnqiè
15	x	舌面、清、擦音	现象 xiànxiàng
16	zh	舌尖后、不送气、清、塞擦音	周转 zhōuzhuǎn
17	ch	舌尖后、送气、清、塞擦音	驰骋 chíchěng
18	sh	舌尖后、清、擦音	神圣 shénshèng
19	r	舌尖后、浊、擦音	柔软 róuruǎn
20	z	舌尖前、不送气、清、塞擦音	自尊 zìzūn
21	c	舌尖前、送气、清、塞擦音	猜测 cāicè
22	s	舌尖前、清、擦音	思索 sīsuǒ

➤➤ 声母综合练习

练习提示：在发音感受和练习过程中，注重区分不同发音部位和方法带来的动觉、听觉回馈差异。同时，重视区分不同发音视觉回馈的差别，稳定正确明晰、标准规范的语音印象，不断增强听辨意识，提升听评水平，强化发音能力。

一、感受本音呼读音对比练习

b、p、m、f、d、t、n、l
bo、po、mo、fo、de、te、ne、le

z、c、s、zh、ch、sh、r
zi、ci、si、zhi、chi、shi、ri

j、q、x、g、k、h
ji、qi、xi、ge、ke、he

二、感受成阻部位练习

bo、po、mo	ba、pa、ma
fo	fa
de、te、ne、le	da、ta、na、la
zi、ci、si	za、ca、sa
zhi、chi、shi、ri	zha、cha、sha、re
ji、qi、xi	jia、qia、xia
ge、ke、he	ga、ka、ha

三、感受除阻方法练习

b—p—d—t—g—k
j—q—zh—ch—z—c
f—h—x—sh—s—r
m—n
l

四、感受送气对比练习

b—p	d—t	g—k
j—q	zh—ch	z—c

b—d—g—j—zh—z
p—t—k—q—ch—c

五、塞音对比字词练习

1. 双唇塞音对比字词练习

b：芭 播 掰 杯 包 班 奔 帮 崩 逼 憋 标 编 宾 兵 遒
P：趴 坡 拍 胚 抛 潘 喷 乒 砒 坯 瞥 飘 偏 拼 乓 扑

b：标兵 本部 白布 辨别 褒贬 蚌埠 背包 摆谱 播报 卑鄙
P：拼盘 品牌 批评 匹配 评判 澎湃 偏旁 攀爬 瓢泼 乒乓

b 和 p 对比练习

被俘——佩服	饱了——跑了	步子——铺子	鼻子——皮子	毕竟——僻静
捕食——朴实	罢休——怕羞	白炽——排斥	白头——排头	半途——叛徒
背脊——配给	备件——配件	黑白——黑牌	成败——程派	火爆——火炮
分贝——分配	不比——布匹	文笔——文痞	七遍——欺骗	被套——配套

b 和 p 混合练习

白皮 般配 半票 爆破 包赔 背叛 奔跑 逼迫 编排 变频
鞭炮 扁平 表盘 饼坯 并排 补品 不怕 布匹 保镖 比拼
拍板 排比 牌匾 派别 盘剥 判别 叛变 旁白 磅礴 漂泊
跑步 炮兵 赔本 配备 喷薄 蓬勃 碰壁 批驳 皮包 疲惫

2. 舌尖中塞音对比字词练习

d：搭 德 呆 得 刀 兜 单 当 登 东 低 刁 跌 颠 嘟 堆 端 敦
t：他 特 胎 忒 涛 偷 贪 汤 腾 通 梯 挑 贴 天 突 推 湍 吞

d：等待 单调 淡定 顶端 打盹 打点 到底 地道 单独 担当
t：探讨 厅堂 团体 通透 逃脱 忐忑 饕餮 图腾 梯田 甜头

d 和 t 对比练习

大兵——踏冰	颠覆——天赋	调动——跳动	河道——河套	怠慢——太慢
担心——贪心	瓶胆——平坦	淡忘——探望	氮肥——碳肥	旦夕——叹息
刀枪——掏枪	底细——体系	敌视——提示	敌意——提议	抵制——体制
地带——替代	吊车——跳车	顶撞——挺壮	鼎立——挺立	东风——通风

d 和 t 混合练习

调头 倒贴 地图 独特 电台 当天 地铁 冬天 打听 电梯

点头 代替 低碳 单挑 倒塌 答题 得体 殿堂 灯塔 歹徒
推动 态度 土地 通道 甜点 特点 推动 团队 头顶 同等
妥当 泰斗 坦荡 天敌 推断 停顿 铁钉 逃遁 铜鼎 挑逗

3.舌根塞音对比字词练习

g:嘎 哥 该 给 高 勾 甘 跟 刚 羹 宫 姑 瓜 托 乖 归 关 滚 光
k:咖 科 开 尅 考 抠 刊 肯 康 坑 空 哭 夸 阔 快 亏 宽 坤 筐

g:巩固 归根 尴尬 观光 公告 规格 公共 改革 高贵 挂钩
k:可靠 苛刻 慷慨 口渴 旷课 开垦 亏空 刻苦 扣款 困苦

g和k对比练习

天公——天空 个人——客人 骨干——苦干 关心——宽心 调光——条筐
挂上——跨上 感伤——砍伤 钢锭——康定 各自——刻字 公有——空有
攻歼——空间 攻占——空战 鼓励——苦力 代管——贷款 烛光——竹筐
龟甲——盔甲 表格——表壳 歌谱——科普 个体——客体 更生——吭声

g和k混合练习

高亢 挂科 公开 广阔 港口 过客 高空 孤苦 公款 国库
顾客 干渴 高考 改口 赶考 攻克 刮开 概括 感慨 贵客
开工 客观 考古 矿工 口感 宽广 看管 恐高 亏光 裤管
苦瓜 控股 跨国 控告 苦工 开关 考纲 空格 口供 胯骨

六、塞擦音对比字词练习

1.舌面塞擦音对比字词练习

j:机 家 交 街 揪 歼 今 江 京 窘 居 决 捐 军
q:七 掐 敲 切 秋 千 亲 枪 清 穷 区 缺 圈 群

j:近景 经济 进军 解决 剪辑 讲解 纠结 拒绝 积极 境界
q:全球 亲情 确切 气球 强权 轻巧 崎岖 亲戚 乔迁 驱遣

j和q对比练习

激励——凄厉 手脚——手巧 阶段——切断 精华——清华 迹象——气象
基础——凄楚 积压——欺压 集市——歧视 辣手——棋手 集权——齐全
集中——其中 季节——气节 技工——气功 监制——牵制 角度——巧渡

界河——切合　金属——亲属　旌旗——轻骑　井架——请假　纠纷——秋分

j和q混合练习

机器　剧情　金钱　假期　敬请　坚强　技巧　价钱　崛起　郊区
健全　交情　精巧　诀窍　惊奇　俊俏　锦旗　奖券　九泉　旌旗
气节　取景　前进　奇迹　请假　全局　情境　起居　劝解　旗舰
切忌　清洁　迁就　曲解　劝诫　囚禁　敲击　迄今　亲家　勤俭

2.舌尖后塞擦音对比字词练习

zh:渣　遮　只　斋　招　周　沾　针　张　争　中　猪　抓　桌　拽　追　专　谆　装
ch:叉　车　吃　拆　超　抽　掺　琛　昌　撑　充　出　欻　戳　揣　吹　穿　春　窗

zh:真正　征兆　正直　郑重　战争　症状　蜘蛛　住宅　转账　种植
ch:抽成　传承　踟蹰　惆怅　车程　充斥　城池　朝臣　撑船　撤除

zh和ch对比练习

扎针——插针　忠实——充实　农庄——脓疮　扎手——插手　斋戒——拆借
宅门——柴门　展出——产出　张狂——猖狂　朝露——抄录　真怪——嗔怪
征尘——称臣　阵势——趁势　支柱——吃住　织锦——吃紧　知情——痴情
只有——持有　治水——赤水　至诚——赤诚　置身——赤身　乡镇——相称

zh和ch混合练习

主持　争吵　正常　蛀虫　忠诚　侦察　战场　摘抄　住持　追查
展出　支持　职称　章程　战船　专长　征程　找茬　主厨　直尺
成长　处置　城镇　超重　车站　纯正　吃斋　插针　查证　诚挚
查找　禅杖　厂址　充值　撤职　穿着　重置　常驻　惩治　出诊

3.舌尖前塞擦音对比字词练习

z:咂　则　资　灾　遭　邹　簪　怎　脏　增　宗　租　昨　嘴　钻　尊
c:擦　测　辞　猜　糙　凑　餐　岑　仓　层　聪　粗　搓　催　蹿　村

z:自造　粽子　总则　祖宗　曾祖　贼赃　自在　自足　造作　罪责
c:参差　苍翠　草丛　猜测　层次　催促　粗糙　仓促　措辞　残存

z和c对比练习

子弟——此地　大字——大刺　座位——错位　实在——拾菜　子时——此时
清早——青草　自序——次序　在场——菜场　亲自——钦赐　村口——尊口

遵守——皱手　再版——菜板　质子——至此　造字——造次　醉柳——翠柳
焦作——交错　承载——盛菜　水藻——水草　插座——差错　总是——从事

z和c混合练习

总裁　字词　自从　杂草　造词　紫菜　自惭　早餐　造材　走错
暂存　赞词　宗祠　祖祠　作词　座舱　钻采　遵从　做菜　座次
擦澡　册子　辞藻　词作　菜籽　操作　操纵　嘈杂　参赞　藏踪
错字　搓澡　锉子　错杂　脆枣　镩子　村子　存在　村组　槽子

七、擦音对比字词练习

1.唇齿、舌根擦音对比字词练习

f：发　非　否　翻　分　方　风　府
h：哈　黑　猴　憨　很　夯　哼　乎

f：仿佛　方法　吩咐　丰富　反复　夫妇　非法　发放　防范　风范
h：荷花　很好　欢呼　航海　浩瀚　行会　海涵　含混　和缓　画画

f和h对比练习

开方——开荒　干饭——干旱　开发——开花　黑发——黑话　公费——工会
汾酒——很久　反话——喊话　符合——糊盒　绯红——黑红　粉肠——很长
幅度——弧度　肩负——监护　繁复——函复　繁育——韩愈　反省——喊醒
防话——行话　防空——航空　扉页——黑夜　飞溅——黑键　飞天——黑天

f和h混合练习

发黑　发昏　番号　繁华　反悔　返回　返航　饭盒　防护　凤凰
防洪　妨害　防火　飞蝗　绯红　废话　分红　愤恨　风寒　烽火
海防　豪放　合法　何妨　伙房　和服　鹤发　横幅　洪峰　回复
后方　护法　化肥　花费　划分　画舫　焕发　荒废　黄蜂　婚房

2.舌尖前、后擦音对比字词练习

s：撒　色　丝　塞　骚　搜　三　森　桑　僧　苏　缩　虽　酸　孙
sh：沙　奢　诗　筛　烧　收　山　身　商　生　叔　说　水　栓　吮

s：思索　搜索　诉讼　色素　三岁　洒扫　琐碎　瑟缩　撕碎　缫丝
sh：少数　事实　受伤　收拾　射手　师生　时尚　舒适　书生　盛世

s 和 sh 对比练习

三色——山色　私人——诗人　桑树——商数　司长——师长　食宿——识数
桑叶——商业　僧人——生人　近似——近视　搜集——收集　死记——史记
散光——闪光　丧生——上升　随礼——水里　撒网——纱网　四尺——市尺
森林——身临　思索——失所　丝绵——失眠　四季——世纪　三哥——山歌

s 和 sh 混合练习

飒爽　丧事　扫射　私塾　死尸　死伤　松鼠　搜身　宿舍　俗事
唆使　诉说　素食　琐事　速胜　算数　损失　岁数　撒手　随时
上诉　时速　上司　哨所　深思　申诉　神色　神速　失色　生死
绳索　石笋　世俗　誓死　收缩　疏散　疏松　输送　殊死　栓塞

3.舌面擦音字词练习

x:西　瞎　些　萧　修　鲜　新　乡　兴　虚　薛　宣　熏　兄
x:学校　相信　学习　想象　细心　休息　显现　形象　唏嘘　消息

x 的混合练习

宣布　斜坡　虚名　刑法　行动　熏陶　西南　响亮　西瓜　想哭
喜欢　陷阱　嫌弃　小篆　薪酬　现实　虚弱　西藏　相册　限速
包厢　剖析　模型　分享　兑现　特写　女婿　领衔　感性　口型
寒暄　机械　缺陷　转型　辍学　率先　日薪　自选　次序　散心

4.舌尖后浊擦音字词练习

r:惹　日　饶　柔　然　人　嚷　扔　如　按　若　蕊　软　润　茸
r:让人　融入　人肉　柔软　仍然　容忍　软弱　饶人　如若　忍辱

r 的混合练习

绒布　任凭　饶命　染坊　蠕动　绒毯　热闹　热烈　若干　认可
润滑　任教　日期　人选　日志　日出　入座　如此　润色　软腭
包容　譬如　敏锐　富饶　电容　通融　懦弱　卤肉　瓜瓤　宽容
恍然　浸染　屈辱　信任　招惹　耻辱　自然　残忍　虽然　讹人

八、鼻、边音对比字词练习

1.舌尖中浊鼻、边音对比字词练习

n:拿 呢 乃 馁 孬 男 囊 能 昵 捏 鸟 妞 拈 您 娘 宁 奴 挪 暖 浓 女 虐

l:拉 了 来 雷 捞 兰 朗 棱 哩 咧 撩 溜 连 林 梁 灵 撸 啰 鸾 龙 驴 略

n:男女 能耐 恼怒 牛奶 泥泞 难能 奶娘 奶牛 农奴 拿捏

l:流利 罗列 理论 劳力 留恋 流连 绿柳 沦落 牢笼 凌乱

n和l对比练习

女客——旅客　难住——拦住　恼怒——老路　留念——留恋　大娘——大梁

水牛——水流　烂泥——烂梨　三年——三联　脑子——老子　男女——褴褛

泥巴——篱笆　泥浆——漓江　逆行——厉行　年节——廉洁　年谱——脸谱

牛黄——硫磺　无奈——无赖　千年——牵连　猪年——株连　晚年——挽联

n和l混合练习

哪里 纳凉 奶酪 脑力 内乱 嫩绿 能量 能力 尼龙 你俩

逆流 年历 年龄 凝练 农林 努力 奴隶 女郎 暖流 男篮

来年 烂泥 老农 老牛 老娘 累年 冷暖 理念 林农 连年

轮碾 列宁 羚牛 留念 流脑 落难 恋念 辽宁 岭南 凌虐

2.双唇浊鼻音字词练习

m:妈 摸 么 霾 没 猫 眸 蛮 冈 忙 蒙 咪 咩 喵 谬 眠 民 明 亩

m:密码 秘密 冒昧 迷茫 买卖 麻木 盲目 面貌 磨灭 埋没

m的混合练习

膜拜 名片 麻烦 门第 摩托 猫腻 明亮 玫瑰 门口 迷糊

模具 牟取 模型 明智 名称 美食 默认 母子 名次 目送

避免 泡沫 驸马 灯谜 题目 农民 浪漫 规模 开明 号码

节目 全面 虚名 证明 谄媚 沙漠 饶命 字幕 采买 宿命

九、其他音对比字词练习

1. sh 和 r 对比字词练习

单字对比

蛇——热　师——日　稍——饶　收——揉　山——然　申——仁　商——嚷
声——扔　熟——儒　硕——弱　水——蕊　涮——阮　顺——润

词语对比

射程——热诚　世纪——日记　神志——人质　熟食——如实
著名——乳名　美事——每日　漱口——入口　视差——日差
肥瘦——肥肉　闪失——染湿　硕士——弱势　树木——入目
涉水——热水　舍弃——惹气　上尉——让位　慎重——任重

杀人　商人　砂仁　上任　深入　胜任　生日　湿润　诗人
潸然　禅让　时日　神人　身染　参草　升入　双刃　率然
燃烧　饶舌　饶恕　惹事　人参　忍受　妊娠　日食　容身
柔顺　肉食　儒生　若是　认输　榕树　仍是　入睡　日晒

2. 平翘舌对比字词练习

(1) zh 和 z 对比字词练习

单字对比

渣——咂　遮——喷　只——资　斋——灾　招——遭　周——邹　沾——簪
诊——怎　张——脏　争——增　中——宗　猪——租　桌——喝　坠——最
专——钻　诤——尊

词语对比

智利——自立　大致——大字　中和——综合　摘花——栽花　战时——暂时
嘱咐——祖父　支援——资源　照旧——造就　主旨——阻止　征收——增收
转台——钻台　制剂——字迹　致富——自负　秩序——自序　制止——字纸
治学——自学　扎草——杂草　找到——早稻　芝士——姿势　珠玉——足浴

杂志　栽种　在职　增长　资助　宗旨　自重　自传　载重　总账
总之　组织　阻止　罪状　遵照　坐镇　作战　作者　做主　赞助

毡子　追踪　准则　赈灾　正宗　知足　职责　沼泽　装载　渣滓
治罪　指责　种族　猪鬃　制作　著作　主宰　铸造　转赠　壮族

(2) ch 和 c 对比字词练习

单字对比

叉——擦　撤——测　尺——此　拆——猜　超——糙　臭——凑　掺——参
陈——岑　昌——仓　成——层　充——聪　出——粗　戳——搓　吹——催
穿——窜　春——村

词语对比

初步——粗布　臭钱——凑钱　推迟——推辞　春装——村庄　出息——粗细
木柴——木材　重来——从来　出操——粗糙　撤身——侧身　鱼翅——鱼刺
照抄——早操　蝉联——残联　成精——曾经　处室——促使　议程——一层
充斥——冲刺　新春——新村　长生——苍生　禅杖——残障　幢幢——苍苍

财产　采茶　残喘　操场　操持　草创　磁场　促成　残春　彩绸
彩车　餐车　辞呈　粗茶　仓储　蚕虫　催产　存查　存车　擦车
差错　长辞　场次　车次　陈醋　成材　冲刺　出操　除草　储藏
穿刺　纯粹　船舱　尺寸　揣测　蠢材　春蚕　初次　炒菜　唱词

3. 零声母对比字词练习

(1) 开口呼零声母+各呼零声母

恩爱　偶尔　阿姨　安逸　熬夜　恶意　扼要　而已　欧阳　安稳
安慰　额外　讹误　耳闻　哀怨　按语　阿谀　厄运　恩怨　喔喔

(2) 齐齿呼零声母+各呼零声母

牙龈　哑语　压抑　营业　业务　沿岸　阴暗　银耳　幼儿　因而
友爱　婴儿　诱饵　演义　艳阳　洋溢　扬言　谣言　耀眼　野营
医药　意义　阴影　友谊　眼窝　厌恶　延误　药物　夜晚　仰望
遗忘　疑问　贻误　以外　以为　义务　译文　异物　因为　引文
鹦鹉　游园　游玩　演员　谚语　养育　应用　忧郁　依依　泱泱

(3) 合口呼零声母+各呼零声母

玩偶　晚安　万恶　巍峨　问安　外延　外因　蜿蜒　喂养　丸药
万一　汪洋　威严　伟业　文言　文艺　乌鸦　呜咽　无疑　武艺
午夜　外围　外文　外屋　玩味　万物　忘我　威望　威武　文物
无畏　外语　委员　谓语　无援　蛙泳　妄为　委婉　慰问　娃娃

(4)撮口呼零声母+各呼零声母

余额　鱼饵　悦耳　庸医　拥有　用意　鱼鹰　渔业　语言　语音
雨衣　寓言　寓意　预约　鸳鸯　园艺　原野　原因　原样　怨言
月牙　乐音　云游　运营　愿望　欲望　鱼网　冤枉　原文　援外
云雾　韵味　永远　踊跃　用语　愉悦　御用　运用　孕育　愿意

十、声母字词综合练习

1.朗读下面单音节字词并录音听评(重点听辨音节声母部分)

搭　票　赌　吃　门　贰　伐　冀　逮　呵
名　怪　笨　讯　老　溶　涮　司　率　揣
话　留　镖　字　搞　泉　郑　秦　场　橘
囧　催　虐　某　黑　艇　笙　诈　藏　相
捐　次　鳃　困　如　柄　浊　妾　珏　石
偏　女　掀　酒　闭　归　痣　习　落　拽
贼　惹　宽　铁　尚　啃　翔　励　蹲　岁
婶　僵　黄　丢　润　掐　涩　钻　俩　苔
楠　贫　光　绕　瓮　惨　俏　菌　否　那
天　浒　兄　跨　总　颅　索　创　抹　番

2.朗读下面双音节词语并录音听评(重点听辨音节声母部分)

小觑　专家　纽襻　血渍　地下　同胞　播主　顺便
状况　群居　购进　不止　战略　平民　叫嚣　美满
世俗　沉默　钝化　刺猬　房型　群书　浪费　奶水
课程　刨根　节日　青蛙　封建　夸奖　猎犬　承诺
熊舍　重叠　插条　存在　店家　软骨　隧道　穷人
爹娘　亲临　损坏　曾经　起来　坐姿　离散　装饰

十一、声母诗词综合练习

1.早梅(明·兰茂)

东　风　破　早　梅，　向　暖　一　枝　开；冰　雪　无　人　见，　春　从　天　上　来。
d　f　p　z　m　　x　n　ø　zh　k　　b　x　ø　r　j　ch　c　t　sh　l
ong eng o ao ei　iang uan i -i后 ai　ing üe u en ian　un ong ian ang ai

2.太平歌(王力)

子夜久难明,喜报东方晓。此日笙歌颂太平,众口齐欢唱。

3.采桑(周有光)

春日起每早,采桑惊啼鸟。风过扑鼻香,花开落,知多少。

十二、利用"普通话声韵配合表"进行声母练习

详见"汉语普通话声韵配合表"。

十三、声母绕口令综合练习

1.塞音声母对比绕口令练习

b p   **爸爸抱宝宝**

爸爸抱宝宝,跑到布铺买布做长袍,宝宝穿了长袍不会跑,跑了八步就拉破了布长袍,布长袍破了还要用布补,再跑到布铺买布补长袍。

d t   **短单刀**

断头台倒吊短单刀,盗徒登台偷单刀。台塌盗徒都跌倒,对对短刀叮当掉。

g k   **哥挎瓜筐**

哥挎瓜筐过宽沟,过沟筐漏瓜滚沟。隔沟够瓜瓜筐扣,瓜滚筐空哥怪沟。

2.塞擦音声母对比绕口令练习

j q   **田建贤回家**

田建贤前天从前线回到家乡田家店,只见家乡变化万千,繁荣景象呈现在眼前,连绵不断的青山,一望无际的棉田,新房连成一片,高压电线通向天边。

zh ch   **朱家一川竹**

朱家一川竹,竹枝处处出。晨风吹竹疏,竹笋初长出。朱叔处处找,找出笋来锄,锄出笋一车,逐个秤来煮。

z c   **早起**

曹赞早晨早早起,早起匆匆做早餐。未及坐定享自在,怎奈尊客频次催。

3.擦音声母对比绕口令练习

f　h　　　　　　　　　　　**买混纺**

冯凤房芳上街逛,浣花溪旁买混纺。红混纺,粉混纺,黄混纺,灰混纺,红粉粉黄花混纺,冯凤房芳眼犯花。

s　sh　　　　　　　　　　**三山四水**

三山撑四水,四水绕三山。三山四水春常在,四水三山四时春。

x　r　　　　　　　　　　　**新针纫新线**

新针纫新线,新线纫新针,针心纫线,线纫针心,新针新线热人心。

4.鼻边音声母对比绕口令练习

n　l　　　　　　　　　　　**倒掉鸟**

梁上两对倒吊鸟,泥里两对鸟倒吊,可怜梁上两对倒吊鸟,惦记泥里两对鸟倒吊,可怜泥里两对鸟倒吊,也惦记梁上两对倒吊鸟。

m　　　　　　　　　　　　**描庙**

东描西描,左描右描,慢思慢想描的庙。前描后描,这描那描,闷声闷气描得妙。

附录1　难点音声母偏旁类推辨音字表——f、h 部分

备注:表中的数字代表声调,①阴平,②阳平,③上声,④去声。

	f	h
a	①发②伐阀筏罚乏③法④发	①哈
ai		①咳嗨②还③海④害
an	①帆翻番②烦繁樊凡矾③反返④饭贩泛范犯	①憨酣②寒含函涵③喊罕④汗旱捍焊憾
ang	①方芳②防妨房肪③仿访纺④放	②行航
ao		②豪毫壕③好④耗号好浩
e		①呵喝②核禾和合河何盒荷④贺鹤赫褐
ei	①非菲啡扉飞②肥③斐翡诽匪④沸费废痱肺	①嘿黑
en	①分芬吩纷②坟焚③粉④分份忿粪奋愤	②痕③狠很④恨
eng	①丰封风枫疯峰烽锋蜂②缝③讽④缝奉凤	②横衡④横

续表

	f	h
ong		①哄（～动）烘轰②红虹鸿洪宏③哄（～骗）④哄（起～）
ou	③否	②喉③吼④厚候后
u	①夫肤麸敷孵②芙扶符弗拂佛伏茯袱孚俘浮幅福辐蝠服抚③斧釜府俯腑腐甫辅④父付附傅缚复腹馥覆副富赋负妇咐	①呼忽惚②胡湖葫糊蝴弧狐壶③虎唬④户沪护戽
ua		①花哗②划滑华哗铧④化华话画划
uan		①欢②还环寰③缓④患幻涣换唤焕痪
uang		①荒慌②皇凰惶徨蝗黄璜簧③谎晃恍幌④晃（～动）
uai		②槐徊怀准④坏
ui		①灰恢诙挥辉徽②回茴蛔③毁悔④会绘烩海晦惠蕙汇贿讳慧荟
un		①昏阍婚荤②浑混馄魂④混
uo		①豁②活③火伙④获祸或惑货霍

附录2　难点音声母偏旁类推辨音字表——n、l、r 部分

	n	l	r
a	①那②拿③哪④那纳呐捺钠	①拉啦垃邋③喇④辣剌瘌蜡腊落	
ai	③乃奶④奈耐	②来④赖癞	
an	②难男南楠④难	②兰栏篮蓝婪阑谰③懒览揽榄缆④烂滥	②然燃③染
ang	②囊	①啷②狼郎廊榔螂琅③朗④浪	③嚷④让
ao	②挠蛲铙③脑恼④闹	①捞②劳痨牢③老姥④涝烙酪	②饶③扰④绕
e	呢	①勒④乐了	③惹④热
ei	③馁④内那	①勒②雷擂镭③累（～进）垒儡蕾④累类泪肋	
en	④嫩		②人仁③忍④认任纫
eng	②能	②棱③冷④愣	①扔②仍

续表

	n	l	r
i	②尼泥呢霓③你拟④腻匿溺逆	②离篱璃厘狸黎犁梨蜊③礼里理鲤李④粒例立力历沥荔丽	④日
ia		③俩	
ian	①蔫拈黏②年粘鲇③撵捻碾④念	②怜连莲联帘廉镰③脸④炼链练恋敛殓	
iang	②娘④酿	②良凉梁粮量③两④亮晾谅辆量	
iao	③鸟袅④尿	①撩②辽疗僚潦燎嘹聊寥③了④料廖了	
ie	①捏④聂蹑镊镍孽啮	③咧④列烈裂劣猎洌冽	
in	②您	②邻鳞麟林淋琳临磷③凛檩④吝蔺赁	
ing	②宁拧咛凝③拧④宁泞佞拧	②零灵龄伶蛉铃玲羚聆凌陵菱③岭领④令另	
iu	①妞②牛③扭忸纽拗	①溜②刘流琉硫留榴瘤③柳绺④六镏陆	
ong	②农浓脓④弄	②龙咙聋笼窿③垄拢陇④弄(~堂)	②容溶熔绒戎融
ou		①搂②楼喽耧③搂篓④陋漏露	②柔揉蹂④肉
u	②奴③努④怒	②卢庐炉芦轳颅③卤虏鲁橹④碌陆路赂鹭露(~水)录鹿辘绿(~林)	②如蠕儒③乳辱④入褥
uan	③暖	②滦孪③卵④乱	③软
ui			④锐瑞
un		①抡②仑伦沦轮④论	④闰润
uo	②挪④懦诺糯	①罗(~嗦)挼②罗萝逻箩锣螺骡③裸④落洛络骆	④若偌弱
ü	③女	②驴③吕侣铝旅屡履缕④虑滤律率(效~)氯绿	
üe	④虐	④略掠	

附录3 难点音声母偏旁类推辨音字表——zh、z 部分

	zh	z
a	①扎(驻~)渣②闸铡扎(挣~)札(信~)③眨④乍诈炸榨蚱栅	①扎(包~)匝②杂砸
e	①遮②折哲辙③者④蔗浙这	②泽择责则
u	①朱珠株蛛诸猪②竹烛逐③主煮嘱④住驻注柱蛀贮祝铸筑著箸	①租②族足卒③组阻祖
-i	①之芝支枝肢知蜘汁只织脂②直值植殖侄执职③止址趾旨指纸只④至致室志治质帜挚掷秩置滞制智稚痔	①兹滋孳姿咨资孜龇缁辎②子仔籽梓滓紫④字自恣渍
ai	①摘斋②宅③窄④寨债	①灾哉栽③宰载④再在载(~重)
ei		②贼
ao	①昭招朝②着③找爪沼④召照赵兆罩	①遭糟②凿③早枣澡④造皂灶躁燥
ou	①州洲舟周粥②轴③帚肘④宙昼咒骤皱	①邹③走④奏揍
ua	①抓	
uo	①桌捉拙②卓着酌灼浊镯啄琢	①作(~坊)②昨③左④坐座作柞祚做
ui	①追锥④缀赘坠	③嘴④最罪醉
an	①沾毡粘③盏展斩④占战站栈绽蘸	①簪②咱③攒④赞暂
en	①贞侦帧祯桢真③诊疹枕缜④振震阵镇	③怎
ang	①张章彰樟③长涨掌④丈仗杖帐涨障瘴	①赃脏(肮~)④葬藏脏
eng	①正(~月)征争挣睁筝③整拯④正证政症郑	①曾憎增缯④赠
ong	①中钟盅忠衷终②肿种(~子)④中(打~)仲种(~植)重众	①宗综棕踪鬃③总④纵粽
uan	①专砖③转④传转(~动)撰篆赚	①钻③纂④钻(~石)
un	③准	①尊遵
uang	①庄桩装妆④壮状撞	

附录4　难点音声母偏旁类推辨音字表——ch、c部分

	ch	c
a	①叉杈插差(～别)②茶搽查察③杈④岔诧差(～劲)	①擦嚓
e	①车③扯④彻撤掣	④册策厕侧测恻
u	①出初②除厨橱锄蹰刍雏③楚础杵储处(～分)④畜触蠢处	①粗④卒(仓～)猝促醋簇
-i	①吃痴嗤②池弛迟持匙③尺齿耻侈豉④斥炽翅赤叱	①疵差(参～)②雌辞词祠瓷慈磁③此④次伺刺赐
ai	①差拆钗②柴豺	①猜②才财材裁③采彩踩④菜蔡
ao	①抄钞超②朝潮嘲巢③吵炒	①操糙②曹漕嘈槽③草
ou	①抽②仇畴筹踌绸稠酬愁③瞅丑④臭	④凑
uo	①踔戳④绰(～号)惙啜辍	①搓蹉撮④措错挫锉
uai	③揣④踹	
ui	①吹炊②垂捶锤槌	①崔催摧④萃悴淬瘁翠粹脆
an	①搀掺②禅蝉逡馋潺缠蟾③产铲阐④忏颤	①餐参②蚕残惭③惨④灿
en	①琛嗔②辰宸晨沉忱陈臣③趁衬称(相～)	①参(～差)②岑
ang	①昌猖娼伥②常嫦尝偿场肠长③厂场敞氅④倡唱畅怅	①仓苍沧舱②藏
eng	①称撑②成诚城盛(～水)呈程承乘澄橙惩③逞骋④秤	②曾层④蹭
ong	①充冲舂②重虫崇③宠	①匆葱囱聪②从丛淙
uan	①川穿②船传椽③喘④串钏	①蹿④窜篡
un	①春椿②唇纯淳醇③蠢	①村②存③忖④寸
uang	①窗疮创(～伤)②床③闯④(创～)造	

附录5　难点音声母偏旁类推辨音字表——sh、s部分

	sh	s
a	①沙纱砂痧杀杉③傻④煞厦(大～)	①撒③洒撒(～种)④卅萨飒
e	①奢赊②舌蛇③舍④社舍射麝设摄涉赦	④色瑟啬涩塞

续表

	sh	s
u	①书梳疏蔬殊叔淑输抒纾舒枢②孰塾赎③暑署薯曙鼠数属黍④树竖术述束漱恕数	①苏酥②俗④素塑诉肃粟宿速
-i	①尸师狮失施诗湿虱②十什拾石时识实食蚀③史使驶始屎矢④世势誓逝市示事是视室适饰士仕氏恃式试拭轼弑	①司私思斯丝鸶③死④四肆似寺
ai	①筛④晒	①腮鳃塞塞(要~)④赛
ao	①捎稍艄烧②勺芍杓韶③少④少哨绍邵	①臊骚搔③扫嫂④扫臊(害~)
ou	①收②熟③手首守④受授寿售兽瘦	①溲馊嗖搜飕艘③曳擞④嗽
ua	①刷③耍	
uo	①说④硕烁朔	①缩娑蓑梭唆③所锁琐索
uai	①衰③甩④帅率蟀	
ui	②谁③水④税睡	①虽尿②绥隋随③髓④岁碎穗遂隧燧
an	①山舢衫删姗珊栅跚③闪陕④扇善缮膳擅赡	①三叁③伞散(~文)④散
en	①申伸呻身深参(人~)②神③沈审婶④慎肾甚渗	①森
ang	①商墒伤③垧晌赏上(~声)④上尚	①桑丧(~事)③嗓④丧
eng	①生牲笙甥升声②绳③省④圣胜盛剩	①僧
ong		①松③悚④送宋颂诵
uan	①拴栓④涮	①酸④算蒜
un	④顺	①孙③笋损
uang	①双霜③爽	

附录6 尖团音辨音字表

(一)zi 和 ji 的尖团字对照	
zi	挤济荠剂跻鲚霁疾嫉蒺即唧鲫际祭稷积绩熨稷辑楫缉葴脊嵴瘠踏迹寂齑集赍系
ji	几讥叽机肌饥玑矶虮麂及级极汲岌笈芨奇剞骑徛掎犄畸寄已记纪忌踦技伎芰妓季悸吉佶诘暨计—既暨击亟殛冀—期冀骥洎垍稽嵇基激急鸡羁剞革笄继戟偈姬棘蓟给屐乩羁偈赍觊
zian	尖剪湔箭煎鞯谫戋饯浅贱溅笺践戬荐渐歼僭鞯櫼

续表

jian	见觇舰笕柬谏拣(拣)建健腱楗键犍犍踺键减缄瑊碱剑俭捡检睑碱间简锏裥涧监坚槛鲣鉴蹇謇瀽兼兼搛缣鹣鳒奸肩艰趼华茧菅囝件
ziang	将奖蒋浆桨酱匠虹
jiang	江豇茳僵疆缰礓讲耩强犟绛降洚姜豭
ziao	焦蕉椒礁僬醮鹪噍湫嚼爝醮剿
jiao	交佼郊狡峧恔饺姣茭校胶铰铰皎蛟跤鹪鲛乔侨峤娇矫矫骄轿敫徼缴侥浇觉搅教漖醮窖—斠叫脚角尥莒
zie	节疖倢捷婕睫借喈藉姐接截嗟褯
jie	拮诘洁劼结桔狤秸祎颉鲒介价阶芥玠疥界蚧骱戒诫皆喈楷偕揭竭碣羯讦孑劫解檞犗届街杰桀馺家—
zien	尽浕荩烬赆进班晋搢缙浸祲津
jien	斤近斳今妗衿矜堇仅(仅)谨瑾馑槿觐殣禁噤襟巾金锦筋紧祲劲
zieng	婧菁靖睛腈靓精静井阱肼净晶
jieng	京惊猄景鲸憬璟竟境獍镜到劲泾茎经径胫痉颈敬儆警竞兢旌荆粳
ziou	酒就僦揪啾鹫蹴鬏
jiou	九究鸠久玖灸枢疚纠赳臼舅柏韭旧厩阄咎救
zü	聚且狙沮坥咀苴疽雎趄龃娵
jü	巨讵苣岠拒炬矩距柜炬钜居剧倨据裾椐琚锯踞具惧俱惧飓溇句佝拘枸驹蒟菊掬鞠局锔举榉濂遽醵婆屦桔橘车莒—踽鞠仇
züan	朘镌隽
jüan	捐娟狷涓鹃绢罥卷倦圈锩券眷桊鄄蠲
züe	绝嚼爵爝嗟
jüe	决诀刔玦駃觖鸩角桷厥劂蕨噘橛镢蹶倔崛掘矍攫钁谲蠼傕脚噱珏孓脚觉属
züen	俊峻浚竣骏畯馂焌隽
jüen	君捃郡莙珺均钧筠军鞠麇菌龟

(二)ci 和 qi 的尖团字对照

ci	七妻漆戚齐砌泣凄脐缉沏荠萋蛴茸喊槭碛栖恓
qi	其其淇期棋欺旗祺骐琪蚔綦麒奇—崎骑绮锜乞讫迄汔气汽屺杞起芑岂桤岐歧跂耆鲯醑祈圻顾旗蕲芪祇溪蹊啟(启)棨槑碨器弃泣祁企契哇稽蕲憩亟俟綦亓弃祁企
cian	千仟芊迁扦阡钎玵浅钱佥签前茜倩寻潜
qian	欠芡欮牵繾(纤)谦歉慊遣缱钳嵌箝岍汧骞搴褰铃黔堑椠乾铅悭虔掮愆鹐牮
ciang	抢呛枪炝玱跄戗墙蔷嫱樯戕斨锖锵
qiang	强襁镪羌蜣羟腔
ciao	俏悄诮峭鞘劁憔谯樵愀瞧锹缲雀

续表

qiao	乔侨荞桥峤硚轿巧窍硗跷撬橇翘壳敲蔽
cie	切窃砌且趄妾
qie	怯惬茄伽挈锲箧慊
cien	侵寝锓骎秦溱蟓嗪沁吣亲
qien	钦嵚禽擒檎芩衾矜琴勤芹覃廑
cieng	青请清情晴氰圊箐蜻鲭鹢亲
qieng	轻氢顷倾顾擎檠磬磐綮謦剠黥苘庆卿
ciou	秋楸鳅湫萩秋鹙囚泅酋蝤遒
qiou	丘邱蚯求球俅裘逑赇慁仇龟糗虬犰璆
cü	取娶趣黢焌蛆觑(觑)趋
qü	区岖驱躯去祛袪胠屈诎瞿戵癯渠蕖磲劬胸鸲鸲璩蘧篴曲蛐阒麴龋苣
cüan	全痊醛铨筌诠辁辁荃辁泉鳈悛
qüan	犬畎蜷圈绻鬈惓拳券权劝颧
cüe	雀鹊
qüe	缺炔确埆榷搉却瘸阙阕悫
cüen	逡
qüen	群裙麇困

（三）si 和 xi 的尖团字对照

si	昔惜腊息熄熜玺洗铣袭细席析淅薪蜥晰晳夕汐矽歹西栖牺硒牺牺氰犀榭锡裼蒽悉蟋窸膝莛习熠鳎徙屣舄潟寓枲
xi	希俙烯浠悕郗悕欷豨喜嘻嬉禧僖熹嬉奚傒溪傒蹊灂黖羲曦爔牺(牺)兮昐郤绤翕噏—歙郤吸醯熙橄楔阋伣隙戏觖觖系屃觋隙咥
sian	先冼洗铣筅跣酰仙氙籼鲜薛纤铣铦线腺—线羡暹霰涎羡猃狝
xian	闲娴痫鹇弦舷见苋岘现蚬陷馅险狝莶忺掀锨限咸贤宪橌县献衔嫌显袄
siang	象像橡蟓相想箱湘厢缃翔祥详庠襄镶镶骧鲞相
xiang	乡芗飨鱟向响饷香巷享降庠项
siao	小笑肖消削销宵硝霄逍绡魈蛸箫萧潇啸蟏筱簘
xiao	孝哮洨校效晓晓崤淆枵鸮枭教猇虓嚣
sie	写泻斜谢榭契楔揳燮躞泄绁亵邪卸些屑卨
xie	蝎歇偕谐协胁解懈邂瀣獬廨蟹颉撷缬薤鲑鞋血叶携㧟挟械渫勰
sien	新薪心芯辛莘锌寻囟信
xien	忻昕欣烆馨歆鑫镡衅
sieng	性姓星惺猩惺醒省擤箵饧骍

续表

xieng	刑形邢型硎铏行荇幸悻荥兴陉铏杏
siou	秀琇锈绣修潃羞馐岫袖宿
xiou	休咻庥鸺貅鸺臭嗅漠朽
sü	须婴需缌胥醑婿稰湑諝叙徐潊续绪序絮恤稰戌
xü	虚墟嘘畜蓄许浒诩栩圩盱洫旭酗顼煦蓄勖欻魖
süan	选旋漩璇镟宣渲瑄揎癣
xüan	玄泫炫眩铉痃喧暄萱楦昍烜儇褝翾悬轩谖绚
süe	雪鳕削薛
xüe	学峃鸴穴茓靴趐噱血谑
süen	寻浔噚荨鲟旬询郇洵峋徇恂荀栒珣殉迅讯汛巺嘦循浚蕈巡逊驯
xüen	熏薰曛獯醺勋荤埙训纁窨
补充说明	1.尖、团字的依据:表中尖团字的依据是1990年版的《新华字典》j、q、x三音节的字头,尖、团音的区分依据是《康熙字典》的切音。 2.尖、团字的数量:1990年版的《新华字典》的j、q、x三个音节里,共有尖音字518个,团音字895个,短杠"—"表示电脑字库中没有的字,( )内的字是有争议的简化字。

第五章
响亮圆润练韵母

一、韵母训练的重要性

(一)定义

韵母：一个汉语音节中声母之后的元音或以元音为主的音素组合。

按照汉语音韵学传统分析方法,韵母是一个汉语音节声母(起音部分)后面的部分,即音节的收音部分。

从现代语音学的角度来看,代表汉语音节收音部分的"韵母"与元音关系密切,可以由一个元音音素充当,也可以由两个或三个元音音素组合充当,还可以是元音(或元音音素组合)加被"元音化"了的辅音韵尾(-n、-ng;有准元音次元音之说)来构成,可以说其主体是元音性质的。

韵母的结构可分为韵头、韵腹、韵尾三部分。(图5.1)韵头由 i、u、ü 充当,发音轻短,只表示韵母发音的起点,一发音就滑向韵腹,也叫"介音"(介于声母和韵腹之间,故得名),如韵母 iao,其中的 i 叫韵头,a 叫韵腹,o 叫韵尾。韵腹是韵母中的主要成分,发音时开口度较大,发音持续时间长且响亮。

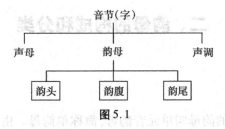

图5.1

但并非每个韵母都是韵头、韵腹、韵尾三部分齐备的。有的只有韵头和韵腹,如韵母 ia、uo、üe,其中的 i、u、ü 是韵头,a、o、ê 是韵腹;有的只有韵腹和韵尾,如韵母 ai、ei、ün、ing,其

中的 ɑ、e、ü、i 是韵腹,韵腹后面的为韵尾;而单韵母只有韵腹,没有韵头和韵尾。但无论如何,韵腹都是音节中不可或缺的重要成员,由 ɑ、o、e、ê、i、u、ü 等主要元音充当。

在普通话韵母中,韵头(介音)只有 i、u、ü 3 个;韵尾只有 4 个,包括元音韵尾 i、u(包括 ɑo、iɑo 中的 o)2 个和辅音韵尾 n、ng 2 个。

(二)目的

韵母有 39 个,由元音或元音音素的组合(包括与准元音-n、-ng 的组合)充当。元音的主要特点是发音时气流在口腔中不受阻碍,声带振动,都是乐音。

韵母主要由元音充当,而元音的特点是发音时程可延长、音势强、声音亮,不容易受到干扰。因此播音员主持人等艺术语言表达者必须认真练习韵母——元音音素及其组合的发音,努力做到"打得开,发得亮",使整个音节饱满、响亮。

(三)作用

1.区别和分化词义

韵母的主要作用是区分词意,如"小姨"和"小鱼","大哥"和"大锅","睡了"和"帅了","随信"和"随性"等。在这四组词中两音节的声母与声调相同,只是由于韵母不同而意思全然不一样。不同方言区的人如果普通话韵母发音不准确,经常会造成词的混淆或误解从而影响口语交际。

2.增强音节响亮度

韵母发音时口腔需要有一定开度,且发音时声带振动,腔圆壁坚的作用下共鸣充分,声音圆润悦耳。对于处在汉语音节中后部的韵母,必须加强训练,才能使语流中的音节响亮。

3.增强音节饱满度

韵母发音时韵腹主要元音开口度大,音色响亮,发音持续时间长,整个音节中部"猪肚"部分明显拉开,最后与韵尾弱收结合,归音到位,音节结构饱满,类似"枣核形"。强化韵母训练,能使整个音节吐字圆润饱满度增强。

二、韵母的构成和分类

1.按结构构成分

由一个元音音素构成的韵母叫单元音韵母,简称单韵母。由两个或三个元音音素结合构成的韵母叫复元音韵母,简称复韵母。由元音和鼻辅音韵尾结合构成的韵母叫复合鼻尾音韵母,简称鼻韵母。

单元音韵母	舌面元音			ɑ、o、e、ê、i、u、ü
	特殊元音	舌尖元音		-i[ɿ]前、-i[ʅ]后
		卷舌元音		er
复合音韵母	复合元音韵母（复韵母）	二合	前响（韵腹+韵尾）	ɑi、ei、ɑo、ou
			后响（韵头+韵腹）	iɑ、ie、uɑ、uo、üe
		三合	中响（韵头+韵腹+韵尾）	uɑi、uei、iɑo、iou
	复合鼻尾音韵母（鼻韵母）	带鼻尾音-n		ɑn、iɑn、uɑn、üɑn、en、uen、in、ün
		带鼻尾音-ng		ɑng、iɑng、uɑng、eng、ueng、ong、ing、iong

2. 按音韵学传统分

传统音韵学按韵母开头元音的唇形特点，即介音（韵母中主要元音前的元音）口形，分为"四呼"，即开口呼、齐齿呼、合口呼、撮口呼。（图5.2）

开口呼（ɑ）　　　　齐齿呼（i）　　　　合口呼（u）　　　　撮口呼（ü）

图5.2 "四呼"唇形变化对比图

名　称	定　义	内　容
开口呼	韵母开头音素不是i、u、ü	ɑ、o、e、ê、er、-i前、-i后 ɑi、ei、ɑo、ou、ɑn、en、ɑng、eng
齐齿呼	韵母开头音素为i	i、iɑ、ie、iɑo、iou、iɑn、iɑng、in、ing
合口呼	韵母开头音素为u	u、uɑ、uo、uɑi、uei、uɑn、uen、uɑng、ueng、ong
撮口呼	韵母开头音素为ü	ü、üe、üɑn、ün、iong

ong[uŋ]放在合口呼，iong[yŋ]放在撮口呼，是按照它们的实际发音排列的。《汉语拼音方案》没有采用"ung、üng"的写法，是为了使拼音字形清晰醒目，避免手写体u和n相混等情况。

3.韵母分类综合表

唇形结构	开口呼	齐口呼	合口呼	撮口呼	口形韵尾
单韵母	-i	i	u	ü	无韵尾
	a	ia	ua		
	o		uo		
	e				
	ê	ie		üe	
	er				
复韵母	ai		uai		元音韵尾
	ei		uei		
	ao	iao			
	ou	iou			
鼻韵母	an	ian	uan	üan	辅音韵尾
	en	in	uen	ün	
	ang	iang	uang		
	eng	ing	ueng		
			ong	iong	

三、元音的分类

元音在汉语音节中起着非常重要的作用,它是汉语音节中"韵母"不可或缺且十分重要的组成部分。

为了说明不同音色的各个元音之间的差别,需要根据一定的标准对元音加以分类。但是无论用什么标准分类,事实上都不可能在各类元音之间划出一条清晰明显的界限。这正像无法在不同颜色之间划出明显的界限一样,如光谱、彩虹中的颜色划分。粗分"红黄蓝白黑",稍微细致点"赤橙黄绿青蓝紫",再细分可以从十几到几十种甚至几百种。元音的分类也可粗可细,这要根据不同的目的和不同民族语言、方言的使用情况来看。

语音的生理、物理、听觉三方面都可以作为元音分类的标准。听觉带有很强的主观印象,感知到的只是粗细、长短、强弱、钝响的感受区分,很难据此对元音科学细致地分类。从元音声学特性入手分类自然非常精确,但过于细致并不利于描述和调查记音。所以,语音学中一般采用生理分类法,也就是根据舌头的高点位置和嘴唇的形状对元音进行分类和描述,这种分类法不但简单可靠,而且还可以和发音动作直接联系在一起。

元音和辅音的区别性特征在于气流受阻与否,而元音内部各个不同音色的元音的区别主要由舌头和嘴唇的活动决定。我们说过造成不同音色的条件中一个很重要的要素是共鸣腔形状大小的不同,语音的共鸣腔中最重要的是口腔。一般元音的区别正是不同的口腔形状决定的,而口腔要想改变形状又无外乎三个办法:①嘴张得大些或小些;②嘴唇撮起或平展;③舌头或高或低的前伸或后缩。这样一来,给元音分类,最简便的方法就是以舌头变化的位置和嘴唇的形状作为标准。

(一)舌位概念

发元音时舌面隆起的最高点即最接近上腭的一点,也称"近腭点"。

(二)发音条件

(1)舌位的高低——高元音、低元音、中元音;舌位高低关联口腔的开闭,舌位越高口腔开度越小,舌位越低口腔开度越大。

(2)舌位的前后——前元音、后元音、央元音。

(3)唇形的圆展——圆唇元音(嘴唇拢圆)、不圆唇元音(嘴唇向两边展开或呈自然状态)。

以上三个因素决定着每个元音的音色,任何一个元音都可以从这三个方面来描写,也是元音分类的三项标准。例如,发 i 时,舌头隆起的最高点相当高,也相当靠前,同时嘴唇是平展的。所以 i 就是一个舌位高而前的不圆唇元音。三个特点相加就是 i 这个元音的音色特点。

当然,软腭的举降(抬升下降)也能影响元音的音色,出现鼻化元音和元音鼻化现象,在这里不再细究。

(三)舌面元音舌位图

确定元音音色的三项标准中,嘴唇的活动只有圆展之分,而且很容易直观看到,比较容易描写。而舌头的活动非常灵活,从外部又没有办法直接看到,要说明它在口腔中的位置就比较困难。

丹尼尔·琼斯(Daniel Jones,1881—1967),英国杰出的语音学家,伦敦大学教授,国际语音学会主席,爱尔兰皇家科学院名誉院士。他最早以自己为模特儿,绘制了舌面元音舌位图。描写舌面元音的发音条件用示意图的形式表现,这种示意方式是世界通用的。

1. 国际音标标注舌面元音舌位图（英文版）（图5.3）

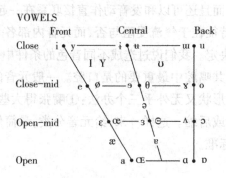

Where symbols appear in pairs, the one
to the right represents a rounded vowel.

图5.3

2. 汉语拼音标注舌面元音舌位图（图5.4）

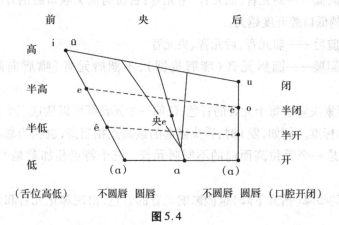

（舌位高低）　不圆唇 圆唇　　　不圆唇 圆唇 （口腔开闭）

图5.4

3. 舌面元音唇形变化情况（图5.5）

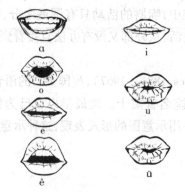

图5.5

4.元音命名及其在普通话中运用情况

命名原则:舌位前后+舌位高低+唇形圆展

舌面元音命名:

a(央a[A]):舌面、央、低、不圆唇元音(独立运用,也在ia、ua中用)。

a(前a[a]):舌面、前、低、不圆唇元音(不独立运用,在ai、an中用)。

a(后a[ɑ]):舌面、后、低、不圆唇元音(不独立运用,在ao、ang中用)。

o([o]):舌面、后、半高、圆唇元音(独立运用,或只与声母b、p、m、f相拼)。

e(后e[ɤ]):舌面、后、半高、不圆唇元音(独立运用,也与声母相拼)。

e(央e[ə]):舌面、央、中、不圆唇元音(不独立运用,在儿化中用,或调整舌位后在部分复韵母、鼻韵母中用)。

ê([ɛ]):舌面、前、半低、不圆唇元音(一般不独立运用,在ie、üe中用;一般可记作舌面、前、半低、不圆唇元音[ɛ])。

i([i]):舌面、前、高、不圆唇元音(独立运用,也与声母相拼)。

u([u]):舌面、后、高、圆唇元音(独立运用,也与声母相拼)。

ü([y]):舌面、前、高、圆唇元音(独立运用,也与声母相拼)。

特殊元音命名:

er([ɚ]):卷舌、央、中、不圆唇元音(独立运用,或附着韵母)。

-i(前[ɿ]):舌尖、前、高、不圆唇元音(不独立运用,与舌尖前声母相拼)。

-i(后[ʅ]):舌尖、后、高、不圆唇元音(不独立运用,与舌尖后声母相拼)。

四、单元音韵母(单韵母10个)

(一)单韵母的构成

内容 种类	单韵母(单元音韵母)
舌面元音(7个)	a、o、e、ê、i、u、ü
舌尖元音(2个)	-i前、-i后
卷舌元音(1个)	er

(二)发音原则

宽音窄发,窄音宽发;前音后发,后音前发;圆唇展发,展唇圆发。

（三）发音特点

发音条件始终不变,以确保其音色不变(发单元音时,舌位、唇形、口腔开度自始至终状态如一,以确保音色纯正)。

（四）单韵母的发音

1.ɑ:舌面央低不圆唇元音

口腔打开,舌位央低,舌自然平放,舌尖轻触下齿背,舌面中部偏后微微隆起,双唇自然展开。发音时,声带颤动,打开后声腔,软腭上升抬起,关闭鼻腔通路。

字:八　嘎　喀　哈　搭　撒

词:打靶　哪怕　打杂　腊八　发达　麻辣

2.o:舌面后半高圆唇元音

口腔半闭,舌位后半高,舌后缩,舌面后部隆起,舌面两边微卷,舌面中部稍凹。发音时,声带颤动,上下唇自然隆圆,软腭上抬,关闭鼻腔通路。

字:播　坡　摸　佛　抹　魄

词:剥落　破锣　摸索　佛陀　薄弱　菠萝

3.e:舌面后半高不圆唇元音

口腔半闭,舌位后半高,舌后缩,舌面后部隆起,舌面两边微卷,舌面中部稍凹。发音时,声带颤动,嘴角向两边展开,软腭上抬,关闭鼻腔通路。

字:歌　车　喝　得　讷　乐

词:割舍　瑟瑟　舍得　车辙　热河　可乐

4.i:舌面前高不圆唇元音

口腔开度小,舌位前高,双唇呈扁平型,嘴角向两边展开,舌尖轻触下齿背,舌面前部隆起。发音时,声带颤动,软腭上抬,关闭鼻腔通路。

字:眯　期　妮　西　批　滴

词:激励　披靡　臂力　霹雳　立即　集体

5.u:舌面后高圆唇元音

口腔开度小,舌位后高,双唇收缩拢圆,稍向前凸,中间留一小孔,上唇人中处贴合上齿稍用力向下,舌后缩,舌面后部高度隆起。发音时,声带颤动,软腭上抬,关闭鼻腔通路。

字:猪　突　夫　苏　孤　扑

词:不古　腐竹　督促　露珠　粗鲁　父母

6. ü：舌面前高圆唇元音

口腔开度小,舌位前高,双唇噘圆,略向前凸,中部留一扁圆小孔,下唇中部收缩稍向上提,舌尖抵下齿背,舌面前部隆起。发音时,声带颤动,软腭上抬,关闭鼻腔通路。

字:淤 居 区 虚 驴 女
词:区域 栩栩 屡屡 屈居 吕剧 须臾

7. ê：舌面前中不圆唇元音(发音练习一般可记作"舌面前半低不圆唇元音")

口腔半开,舌位前中或半低,舌尖轻触下齿背(不能离远后收),舌面前部隆起,嘴角向两边展开。发音时,声带颤动,软腭上抬,关闭鼻腔通路。

＋提示

普通话里此音单独使用的机会很少,只有作叹词时方能用到,用汉字写出来就是"欸、诶"。

8. er：卷舌央中元音

口腔自然打开,舌位不前不后,不高不低,舌前部上抬,舌尖向后卷,卷向硬腭但不接触。发音时,声带颤动,软腭上抬,关闭鼻腔通路。(注意:主要元音是从央e起,不要从后e起;r只代表卷舌动作)

字:而 尔 贰 儿 迩 洱
词:而且 饵料 二期 耳光 儿化 贰拾

9. -i前：舌尖前高不圆唇元音

-i前只与"z、c、s"结合。口微开,嘴角向两边展开,舌尖接触下齿背,与上齿背齿龈保持适当距离。发音时,声带颤动,软腭上抬,关闭鼻腔通路。

字:资 疵 丝 紫 词 寺
词:子嗣 私自 刺死 自私 次子 字词

10. -i后：舌尖后高不圆唇元音

-i后只与"zh、ch、sh、r"结合。口微开,嘴角向两边展开,舌尖前部抬起,和硬腭前部保持适当距离。发音时,声带颤动,软腭上抬,关闭鼻腔通路。

字:之 吃 师 日 止 时
词:日食 指使 失职 知识 实质 咫尺

101

> **+提示**
>
> 单元音发音时,舌位、唇形、开度等发音条件是不能变化的,否则发音不准确不能称其为单元音,但单元音中的 e、ü、er 不能算是纯粹的单元音,因为它们不是严格的静态元音,发音时仔细分辨或用语图分析后会发现它们有复合元音特点,只是动程极短。考虑到韵母结构系统和发音练习感受,我们仍将它们视为单元音,属于"非典型性"单元音,就像辅音音素中非典型成员"半元音"的归属一样。实际发音训练,不做过于细致的分辨。

五、复合元音韵母（复韵母 13 个）

复元音韵母由两个或三个元音音素加合构成,但绝非简单地拼加,是一串元音音素的复合,音素间相互影响而发生变化,复合后的声音是一种全新的声音,每个音衔接紧密,最终形成一个整体。

在普通话里这两个或三个元音音素的加合已经形成固定的音组,有固定的数目。在发音者口中和听辨者耳里感觉就近似于一个单元音,几乎可以把它们当成一个语音单位。

（一）复韵母构成

种类 ＼ 内容		复韵母（复合元音韵母）
二合 复韵母	前响（4 个）	ai、ei、ao、ou
	后响（5 个）	ia、ie、ua、uo、üe
三合 复韵母	中响（4 个）	uai、uei、iao、iou

（二）舌位动程

在复韵母的发音过程中,舌位的前后、高低和唇形的圆展都要由一个元音到另一个元音发生连续的移动变化。这种舌位移动变化的过程称为"舌位动程"。

（三）发音特点

（1）各元音发音连贯。普通话复韵母的发音是从一个元音到另一个元音连续偏移变化逐渐过渡的,而不是跳跃的,中间有许多过渡音。其间,没有哪一个元音可以单独明确地表现自己。例如,发 ai 时,先发前低不圆唇的 a,然后舌位逐渐升高,上移,口腔逐渐关闭,最后发出近似 i 的音。

(2)各元音响度不等。普通话复韵母发音过程中,总有一段元音成分口腔开度最大,声音响度最高,而且发音持续时间最长,我们称其为"韵腹",根据韵腹在韵母中所处位置不同,分出了前响复韵母、后响复韵母、中响复韵母(一定是三合复韵母)。

(3)各元音假性复合。复韵母发音时,只有一个元音发音突出清晰,但两个或三个元音在一个音节里滑动凝合,发音时共有一个渐升或渐降的紧张。

(四)发音状态

状态\种类	紧张度	声音	开口度	舌位	清晰度	气息
前响复韵母 ai、ei、ao、ou (渐降二合)	大→小	大→小	开→闭	低→高	强→弱	强→弱
后响复韵母 ia、ie、ua、uo、üe (渐升二合)	小→大	小→大	闭→开	高→低	弱→强	弱→强
中响复韵 uai、uei、iao、iou (升降三合)	小→大→小	小→大→小	闭→开→闭	低→高→低	弱→强→弱	弱→强→弱

(五)韵头、韵腹、韵尾发音比较

特点\种类	发音特点比较
韵头	只代表韵母声音开始的起点,"轻"且"短",快速接后
韵腹	是韵母音色的主要承担者,"声音响亮""开口度大""持续时间长"
韵尾	只代表韵母声音结束的趋向,"弱"且"收",含混不清

(六)复韵母的发音

普通话前响复合元音韵母共有 4 个:ai、ei、ao、ou。发音的共同点是元音舌位都是由低向高滑动,开头的元音音素响亮、清晰,收尾的元音音素轻短、模糊,因此,收尾的字母只表示舌位移动的方向。

1. ai

前元音音素的复合,动程宽。起点元音比舌面央低不圆唇的 a 舌位靠前,由舌面前低不

103

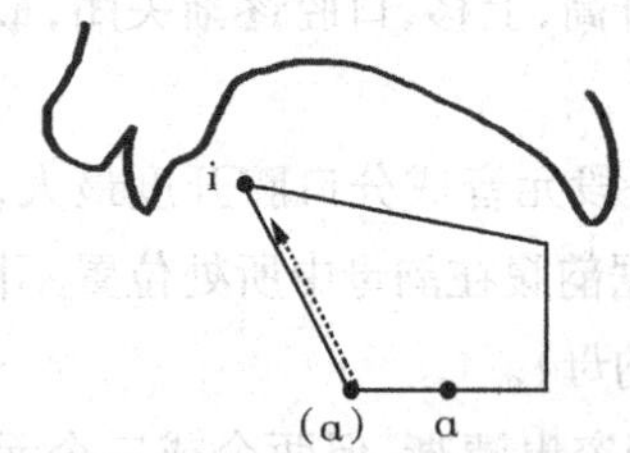

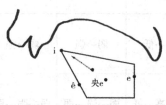

图5.6　前响复韵母 ai 舌位动程图

圆唇起,可以简称它为"前 a"。发音时,舌尖抵住下齿背,使舌面前部稍隆起与硬腭相对。从"前 a"开始,舌位向 i 的方向滑动升高,在靠近而又未达到处停。与 ei 形成宽窄对比。(图5.6)

国际音标严式记音记作[aɪ],主要元音[a]下标"⊥"符号,以示发音"偏高";收尾元音[ɪ]下标"⊤"符号,以示发音"偏低"。从发音练习角度,我们不做过细分辨。

字:采　胎　猜　塞　拍　拆

词:买卖　摆开　还在　开采　爱戴　再来

2. ei

动程较窄。起点元音接近前半高不圆唇元音,实际发音舌位要靠后靠下,更接近央元音 e[ə]。发音过程中,舌尖靠近下齿背,使舌面前部(略后)隆起对着硬腭中部。舌位从前半高开始升高,向 i 的方向往前高滑动,在靠近而又未达到处停。起音舌位、口腔开度不到位,发音易有缺陷。与 ai 形成窄宽对比。(图5.7)

国际音标严式记音记作[e̞ɪ],主要元音[e]下标"⊤",以示发音"偏低",指示韵腹是从舌面前半高不圆唇音[e]偏低舌位起。从发音练习角度,我们更倾向于将韵腹主要元音理解为从央 e[ə]调整来的音。

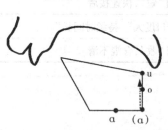

图5.7　前响复韵母 ei 舌位动程图

字:胚　非　杯　黑　给　贼

词:黑妹　蓓蕾　飞贼　配备　违背　霉味

3. ao

后元音音素的复合,动程较宽。起点元音比舌面央低不圆唇的 a 舌位靠后,由舌面后低不圆唇起,可以简称它为"后 a"。发音时,舌头后缩,使舌面后部隆起。从"后 a"开始,舌位向 u(拼写作 o,实际发音接近 u)的方向滑动升高,在靠近而又未达到处停。收尾的-u(-o)音舌位状态接近单元音 u,但舌位略低,国际音标严式记音记作[au]。与 ou 形成宽窄对比。(图5.8)

字:骚　操　抛　包　抄　刀

词:讨好　早稻　爆炒　懊恼　吵闹　抛锚

图5.8　前响复韵母 ao 舌位动程图

4. ou

复韵母中动程最窄。起点元音比舌面后半高的 o 的舌位略高、略前,接近靠后靠上调整了的央元音 e[ə],唇形略圆。发音时,从靠后靠上略带圆唇的 e[ə]开始,舌位向 u 的方向滑动,在靠近而又未达到处停。收尾音的-u 比单元音 u 的舌位略低。起音舌位、口腔开度不

到位,发音易有缺陷。与 ao 形成窄宽对比。(图5.9)

国际音标严式记音记作[ɤʊ],主要元音[ə]下标"ɔ"符号,以示发音"更圆"。从发音练习角度,我们不做过细分辨。

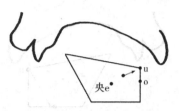

图5.9 前响复韵母 ou 舌位动程图

字:收　抽　邹　搜　兜　剖

词:口授　兜售　丑陋　扣肉　抖擞　猴头

普通话后响复合元音韵母有 5 个:ia、ie、ua、uo、üe。它们发音的共同点是舌位由高向低滑动,收尾的元音音素响亮清晰,在韵母中处在韵腹地位,因此舌位移动的终点是确定的。而开头的元音音素都是高元音 i、u、ü,由于它处于韵母的韵头位置,发音不太响亮比较短促。这些韵头在音节里特别是零声母音节里常伴有轻微摩擦。

5. ia

起点元音是舌面前高不圆唇元音 i,由它开始,舌位滑向舌面央低不圆唇元音 a("央a")止。i 的发音轻而短,a 的发音响而长。止点元音 a 位置确定。(图5.10)

国际音标严式记音记作[iA]。实际发音时,央 a[A]受韵头 i 音影响,会略微偏前一点,从发音练习角度,可以不做过细分辨。

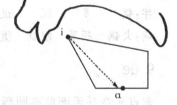

图5.10 后响复韵母 ia 舌位动程图

字:招　家　瞎　呀　夹　嗲

词:加压　恰恰　假牙　下家　加价　下压

6. ie

起点元音是舌面前高不圆唇元音 i,由它开始,舌位滑向舌面前中或半低不圆唇元音 ê 止。i 的发音轻而短,ê 的发音响而长。止点元音 ê 位置相对确定。止音舌位、口腔开度不到位,发音易有缺陷。(图5.11)

国际音标记音有宽式和严式两种,宽式记为[iɛ],严式记为[iE],主要元音[E]下标"ɪ"符号,以示发音"偏低"。[E]是舌面前中元音,发音舌位再偏低后,与舌面前半低元音[ɛ]已经非常接近,从发音练习角度,我们更倾向于宽式记音的发音。

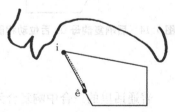

图5.11 后响复韵母 ie 舌位动程图

字:些　跌　捏　憋　接　瞥

词:贴切　结业　乜斜　铁鞋　姐姐　谢谢

7. ua

起点元音是舌面后高圆唇元音 u,由它开始,舌位滑向舌面央低不圆唇元音 a("央a")止。u 的发音轻而短,a 的发音响而长。止点元音 a 位置确定。(图5.12)

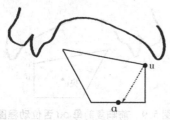

图5.12 后响复韵母 uɑ 舌位动程图

国际音标严式记音记作[uA]。实际发音时,央 ɑ[A]受韵头 u 音影响,会略微偏后一点,从发音练习角度,可以不做过细分辨。

字:花 挖 瓜 夸 抓 刷

词:挂花 画画 耍滑 花袜 画卦 哇哇

8. uo

由圆唇后元音复合而成。起点元音是舌面后高圆唇元音 u,由它开始,舌位向下滑到舌面后半高元音 o 止(实际舌位要比 o 偏低且靠前些,唇形也比 o 要稍稍展开些)。u 的发音轻而短,o 的发音响而长。发音过程中,唇形要保持圆唇,开头最圆,结尾圆唇度略减。舌位动程较窄,止音舌位、口腔开度、圆唇度不到位,发音易有缺陷。(图5.13)

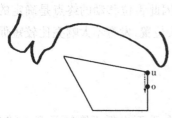

图5.13 后响复韵母 uo 舌位动程图

国际音标严式记音记作[uǫ],主要元音[o]下标"ɔ"符号,以示发音"略展"。

字:锅 多 脱 说 窝 桌

词:火锅 硕果 蛞蝓 堕落 蹉跎 啰唆

9. üe

起点元音是舌面前高圆唇元音 ü,由它开始,舌位滑向舌面前中或半低不圆唇元音 ê 止。ü 的发音轻而短,ê 的发音响而长。止点元音 ê 位置相对确定。起音圆唇度及止音舌位、口腔开度不到位,发音易有缺陷。(图5.14)

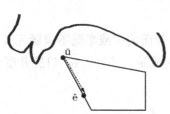

图5.14 后响复韵母 üe 舌位动程图

国际音标记音有宽式和严式两种,宽式记为[yɛ],严式记为[yᴇ̞],主要元音[E]下标"ᴛ"符号,以示发音"偏低"。[E]是舌面前中元音,发音舌位再偏低后,与舌面前半低元音[ɛ]已经非常接近,从发音练习角度,我们更倾向于宽式记音的发音。

字:薛 撅 缺 略 虐 雪

词:约略 绝学 雪月 崔跃 跃跃 月缺

普通话里的三合中响复合元音韵母共4个:iɑo、iou、uɑi、uei。这些韵母发音的共同点是舌位由高向低滑动,再从低向高滑动。开头的元音音素不响亮较短促,在音节里特别是在零声母音节里常伴有轻微的摩擦。中间的元音音素响亮清晰。收尾的元音音素轻短模糊。

10. iɑo

即在 ɑo 韵母的基础上增加 i 舌位开始的发音动程。发音过程中,舌位先降后升,由前到后,曲折幅度大,但曲折角度不大,动程不受影响,是普通话复韵母中舌位动程最大的复合韵母之一。唇形从中间的元音 ɑ 开始由不圆唇变为圆唇。与 iou 形成宽窄对比。(图5.15)

字:瞄　敲　交　消　飘　撩

词:逍遥　脚镣　疗效　窈窕　巧妙　教条

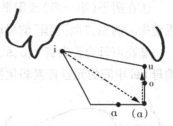

图5.15　中响复韵母 iɑo 舌位动程图

11. iou

即在 ou 韵母的基础上增加 i 舌位开始的发音动程。发音过程中,舌位先降后升,由前到后,曲折幅度不大,曲折角度大,动程容易受到影响。唇形从中间的 o(央 e 偏上略后)开始由不圆唇变为圆唇。与 iɑo 形成窄宽对比。(图5.16)

国际音标严式记音记作[iᵊu],主要元音[ə]下标比复韵母 ou 还多出个"+"符号,以示发音还要"偏前"。从发音练习角度,我们不做过细分辨。

复合元音 iou 在阴平(第一声)和阳平(第二声)的音节里,中间的元音(韵腹)弱化,甚至接近消失,原来曲折的舌位动程扯平,主要表现为前后的滑动,如优、由、究、求的实际发音。这是汉语拼音省写为"iu"的依据。这种音变是随着声调自然变化的,在语音训练中不必过于强调。

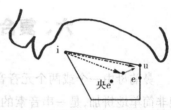

图5.16　中响复韵母 iou 舌位动程图

字:丢　优　妞　秋　修　究

词:优秀　旧友　琉球　牛油　有救　舅舅

12. uɑi

即在 ɑi 韵母的基础上增加 u 舌位开始的发音动程。舌位动程先降后升,由后到前,曲折幅度大,但曲折角度不大,动程不受影响,是普通话复韵母中舌位动程最大的复合韵母之一。唇形从中间的元音 ɑ 开始由圆唇变为展唇。与 uei 形成宽窄对比。(图5.17)

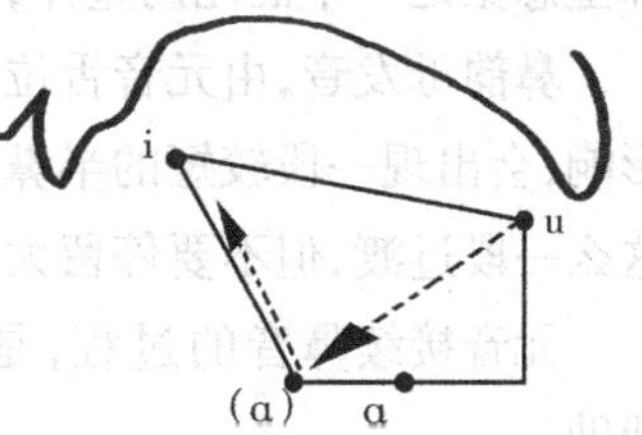

图5.17　中响复韵母 uɑi 舌位动程图

字:摔　揣　乖　衰　快　拽

词:乖乖　外快　摔坏　拽坏　怀揣　外踝

13. uei

即在 ei 韵母的基础上增加 u 舌位开始的发音动程。舌位动程先降后升,由后到前,曲折幅度不大,但曲折角度大,动程容易受到影响。唇形从中间的元音 e(央 e 偏上略前)开始由圆唇变为展唇。与 uɑi 形成窄宽对比。(图5.18)

国际音标严式记音记作[ueɪ],从发音练习角度,我们更倾向于将韵腹主要元音理解为从央 e [ə]调整来的音。

在音节中,韵母 uei 受声母和声调的影响,中间的元音弱化。大致有四种情况:

107

①在阴平(第一声)或阳平(第二声)的零声母音节里,韵母 uei 中间的元音音素弱化接近消失。例如,"微""围"韵母弱化的实际发音。

②在声母为舌尖音 z、c、s、d、t、zh、ch、sh 的阴平(第一声)和阳平(第二声)的音节里,韵母 uei 中间的元音音素弱化接近消失。例如,"催""推""垂"韵母弱化的实际发音。

③在舌尖音声母的上声(第三声)或去声(第四声)的音节里,韵母 uei 中间的元音音素只是弱化,但不会消失。例如,"嘴""腿""最""退"韵母弱化的实际发音。

④在舌面后音(舌根)声母 g、k、h 的阴平(第一声)或阳平(第二声)音节里,韵母 uei 中间的元音 e 也只是弱化而不消失。例如,"归""葵""回"韵母弱化的实际发音。

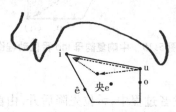

图5.18　中响复韵母 uei 舌位动程图

字:推　追　吹　亏　崔　灰
词:水位　追回　回嘴　垂危　摧毁　归队

六、复合鼻尾音韵母(鼻韵母 16 个)

鼻韵母由一个或两个元音音素与鼻辅音韵尾-n 或-ng 加合构成,和复韵母一样,它们也绝非简单地拼加,是一串音素的复合,同时,由元音音素的发音过渡变化到辅音音素的发音,且将二者结合,复合为一种全新的声音,元音与辅音的衔接较为紧密,最终形成一个整体。在普通话里这种加合形式也已经形成固定的音组,有固定的数目。在发音者口中和听辨者耳里感觉是一个混沌的整体,几乎可以把它们当成一个语音单位。

鼻韵母发音,由元音舌位向辅音部位移动时,元音音素发音的后半段由于受到鼻辅音的影响,会出现一段较短的半鼻化的元音音色,这是一个过渡阶段,元音和辅音拼合必然会有这么一段过渡,但不要停留太长时间,还需马上发到归音位置。

元音接续鼻音的过程,是由舌面前部或舌根后抬完成的,不是用下颌的主动运动去帮助。

(一)鼻韵母构成

名称　　　　种类	鼻韵母(复合鼻尾音韵母)
带鼻辅音韵尾-n 韵母(前鼻韵8个)	an、ian、uan、en、uen、in、ün、üan
带鼻辅音韵尾-ng 韵母(后鼻韵8个)	ang、iang、uang、eng、ueng、ong、ing、iong

（二）发音特点

（1）在鼻韵母的发音过程中，元音和鼻尾音之间并不是简单的相加，也有连续变化的发音动程，且结合得很紧密。

（2）元音向鼻尾音过渡的后半部分，会出现较短的半鼻化现象。

（3）鼻辅音韵尾-n 或-ng 不是一般的辅音，它在发音时声带颤动、成阻但不破阻，是次元音。由于是辅音韵尾，并非真正的辅音，发音时肌肉放松，气流相对较弱，声音渐弱。

（三）发音区别

普通话韵母有两个辅音韵尾-n、-ng，都是鼻音。

韵尾-n 的发音同声母 n 基本相同，只是-n 的部位比 n 靠后且接触面积较大，一般是舌面前部向硬腭前部接触，教学上仍把它看成是舌尖中鼻音。细究起来，n 做声母，后加元音，有相对明显的拼合的感觉，n 成阻、持阻、除阻三阶段连贯、有力、快速；n 做韵尾，前加元音，拼合的感觉不太明显，二者结合很紧密，n 只成阻，且肌肉相对松弛，发音渐弱而终。

由-n、-ng 构成的两组韵母的区分在普通话韵母的学习和训练中占有非常重要的地位。前、后鼻尾音韵母的区分主要有：

（1）韵腹元音舌位的前后不同是两者区分的主要标志，练习时要仔细体会。例如，an 与 ang 的区分主要表现在 an 中的元音是前低元音，而 ang 中的元音是后低元音。

（2）-n、-ng 是韵尾，只有与韵腹构成一个整体时才参与前、后鼻韵母对比区分。为了确切体会鼻尾音的发音和听感性质，练习时必须要求尽量发音完整。只有在快速语言进程的自然语流中它们属从属地位，常常脱落，表现为元音的鼻化。

（3）-n、-ng 都是唯闭音。-n 组在主要元音发完后，舌尖抵靠在上齿龈上；-ng 组在主要元音发完后，舌根抵靠在软腭前，但发音结束，口腔都会闭合。

（4）从口形和口腔状态方面看，-n 组发音结束后，口形较闭，上下齿接近；-ng 组发音结束后，口形较开，上下齿分离。

（5）-n、-ng 两组它们之间的对比关系是：an—ang、en—eng、in—ing 、ian—iang、uan—uang、uen—ueng（ong）、ün—iong（传统语音学认为 ong、ueng 是一个韵母，注音字母不加区别都记做"ㄨㄥ"。汉语拼音方案按照实际发音设计为两个韵母。）基本上是一对一的对比关系，不是一对多或多对一的关系。

（四）鼻韵母的发音

1. an

起点元音是舌面前低不圆唇元音 a，舌尖抵住下齿背，舌位降到最低，软腭上升，关闭鼻腔通路。从"前 a"开始，舌面升高，舌面前部抵住硬腭前部，当两者将要接触时，软腭下降，打开鼻腔通路，紧接着舌面前部与硬腭前部闭合使在口腔受到阻碍的气流，从鼻腔里透出。口形先开后合，口腔由开到闭，舌位移动较大，发音动程较宽。与 ang 形成前后对比，与 en

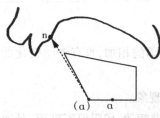

图5.19 前鼻韵 an 发音动程图

形成宽窄对比。(图5.19)

国际音标严式记音记作[aͭn]，主要元音[a]下标"⊥"符号，以示发音"偏高"，从发音练习角度，我们不做过细分辨。

字：翻　甘　删　占　三　单

词：汗衫　肝胆　暗淡　斑斓　参赞　勘探

2. ian

简单来看是在 an 韵母的基础上增加 i 舌位开始的发音动程，但实际发音有所区别。发音时，从舌面前高不圆唇元音 i 开始，舌位向舌面前低不圆唇元音 a("前 a")的方向滑降。舌位只降到舌面前半低不圆唇的 ê 音(实际也可是舌面前次低不圆唇元音[æ])的位置就开始折返升高，直到舌面前部抵住硬腭前部形成鼻音 n。口形先合后开再合，口腔由闭到开再到闭，舌位移动稍大有折返，发音动程稍宽。与 iang 形成前后对比。(图5.20)

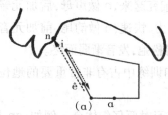

图5.20 前鼻韵 ian 发音动程图

国际音标记音有宽式[ian]、严式[iɛn]、[iæn]三种，从发音练习角度，我们更倾向于最后[iæn]的发音。

字：仙　天　千　尖　编　偏

词：惦念　天堑　片面　绵延　癫痫　变迁

3. uan

即在 an 韵母的基础上增加 u 舌位开始的发音动程。发音时，由舌面后高圆唇元音 u 开始，口形迅速由合口变开口状，舌位向前迅速滑降到舌面前低不圆唇元音 a("前 a")，然后舌位升高，接续鼻音 n。口形先合后开再合，口腔由闭到开再到闭，舌位移动较大，发音动程较宽。与 uang 形成前后对比，与 uen 形成宽窄对比。(图5.21)

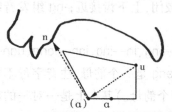

图5.21 前鼻韵 uan 发音动程图

国际音标严式记音记作[uaͭn]，主要元音[a]下标"⊥"符号，以示发音"偏高"，从发音练习角度，我们不做过细分辨。

字：宽　川　欢　钻　关　闩

词：转弯　乱窜　婉转　酸软　贯穿　换算

4. üan

简单来看是在 an 韵母的基础上增加 ü 舌位开始的发音动程，但实际发音有所区别。发音时，由舌面前高圆唇元音 ü 开始，向舌面前低不圆唇元音 a 的方向滑降。舌位只降到舌面前半低不圆唇的 ê 音靠后偏下的位置(也可理解为只降到舌面央低不圆唇的 a("央 a")音靠前偏上位置)就开始折返升高，直到舌面前部抵住硬腭前部形成鼻音 n。口形先圆且合后开再合，口腔由闭到开再到闭，舌位移动稍大有折返，发音动程较宽。(图5.22)

国际音标严式记音记作[yʷæn],是指ü[y]音后有短暂u音过渡音的嵌入,从发音练习角度,一般不做过细分辨。但实际发音时,有宽发和窄发的区别,宽发时过渡音比较明显。

字:宣　涓　圈　轩　劝　卷

词:轩辕　渊源　圆圈　全权　涓涓　全院

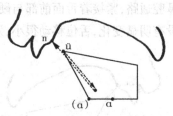

图5.22　前鼻韵 üɑn 发音动程图

5. en

起点元音是舌面央中不圆唇元音 e [ə]("央e"),舌位居中(不高不低不前不后),舌尖靠近下齿背,舌面隆起部位受韵尾-n影响略靠前。从央元音 e 开始,舌面升高,舌面前部抵住硬腭前部,当两者将要接触时,软腭下降,打开鼻腔通路,紧接着舌面前部与硬腭前部闭合,使在口腔受到阻碍的气流从鼻腔里透出。口形由开到闭,舌位移动较小,发音动程较窄。与 eng 形成前后对比。(图5.23)

国际音标严式记音记作[ə̝n̟],主要元音[ə]下标"⊥"符号,以示发音"偏高";收尾辅音[n]下标"+"符号,以示发音"偏前",从发音练习角度,我们不做过细分辨。

字:根　琛　针　奔　分　森

词:分身　深沉　沉闷　岑参　认真　根本

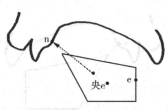

图5.23　前鼻韵 en 发音动程图

6. uen

即在 en 韵母的基础上增加 u 舌位开始的发音动程。发音时,由舌面后高圆唇元音 u 开始,向舌面央中不圆唇元音央 e [ə]滑降,然后舌位升高,接续鼻音 n。唇形由圆唇在向中间折点元音靠近的过程中逐渐变为展唇。口形先合后开再合,口腔由闭到开再到闭,舌位移动较大,发音动程较宽,幅度不大角度较大,动程容易缺省。鼻韵母 uen 受声母和声调的影响,中间的元音(韵腹)产生弱化,拼音简写为 un。它的音变条件与 uei 相同。与 ueng(ong)形成前后对比。(图5.24)

国际音标严式记音记作[uə̝n],主要元音[ə]下标"⊥"符号,以示发音"偏高",从发音练习角度,我们不做过细分辨。

字:孙　春　吞　村　坤　尊

词:春笋　论文　滚滚　困顿　混沌　馄饨

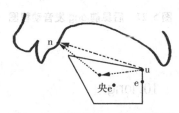

图5.24　前鼻韵 uen 发音动程图

7. in

起点元音是舌面前高不圆唇元音 i,舌尖抵住下齿背,软腭上升,关闭鼻腔通路。从舌位最高的前元音 i 开始,舌面升高,舌面前部抵住硬腭前部,当两者将要接触时,软腭下降,打开

111

鼻腔通路,紧接着舌面前部与硬腭前部闭合使在口腔受到阻碍的气流,从鼻腔透出。开口度没有明显变化,舌位移动很小,发音动程很短。与 ing 形成前后对比。(图 5.25)

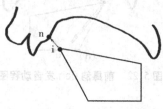

图 5.25 前鼻韵 in 发音动程图

国际音标严式记音记作[iᵊn],主要是指发上声和去声时,i 音后有较明显的短暂央 e [ə]过渡音的嵌入。实际发音时,阴平、阳平建议窄发,注意不要有较明显过渡音的嵌入。

字:新 今 亲 宾 拎 闽
词:亲近 林荫 信心 殷勤 金银 亲信

8. ün

与 in 的区别在于起音舌位是舌面前高圆唇元音 ü。与 iong 形成前后对比。(图 5.26)

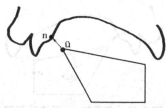

图 5.26 前鼻韵 ün 发音动程图

国际音标严式记音记作[yᵊn],主要是指发上声和去声时,ü[y]音后有较明显的短暂央 e [ə]过渡音的嵌入。实际发音时,阴平、阳平建议窄发,注意不要有较明显过渡音的嵌入。

字:勋 逡 均 俊 裙 寻
词:均匀 逡巡 芸芸 军训 菌群 醺醺

9. ang

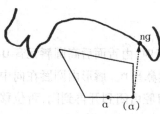

图 5.27 后鼻韵 ang 发音动程图

起点元音是舌面后低不圆唇元音 a("后 a"),口大开,舌尖离开下齿背,舌头后缩。从"后 a"开始,舌面后部抬起,当贴近软腭时,软腭下降,打开鼻腔通路,紧接着舌根与软腭接触,封闭了口腔通路,气流从鼻腔里透出。口形先开后合,口腔由开到闭,舌位移动较大,发音动程较宽。国际音标严式记音记作[aŋ]。(图 5.27)

字:方 当 昌 伤 刚 桑
词:厂商 螳螂 上方 肮脏 上当 港商

10. iang

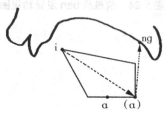

图 5.28 后鼻韵 iang 发音动程图

即在 ang 韵母的基础上增加 i 舌位开始的发音动程。发音时,由舌面前高不圆唇元音 i 开始,舌位向后滑降到舌面后低不圆唇元音 a("后 a"),然后舌位升高,接续鼻音 ng。口形先合再开最后合,口腔由闭到开再到闭,舌位移动幅度较大,发音动程较宽。(图 5.28)

字:江 香 枪 庠 跄 痒
词:湘江 响亮 粮饷 踉跄 像样 泱泱

11. uang

即在 ang 韵母的基础上增加 u 舌位开始的发音动程。发音时，由舌面后高圆唇元音 u 开始，舌位向下滑降到舌面后低不圆唇元音 a（"后 a"），然后舌位升高，接续鼻音 ng。唇形从圆唇在向折点元音的滑动过程中逐渐变为展唇。口形先合再开最合，口腔由闭到开再到闭，舌位移动在口腔后部有折返，发音动程较宽。（图 5.29）

字：庄　窗　双　筐　光　荒
词：双簧　网状　装潢　窗框　矿床　幢幢

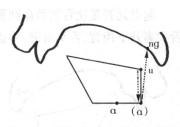

图 5.29　后鼻韵 uang 发音动程图

12. eng

起点元音比舌面央中不圆唇元音 e [ə]（"央 e"）靠后偏上（或理解为舌面后半高不圆唇元音 e（"后 e"）偏前），口半闭，展唇，舌尖离开下齿背，舌体后缩，舌面后部隆起，隆起部位受韵尾 -ng 影响略靠后，比发舌面央中不圆唇 e [ə]（"央 e"）的舌位略高，软腭上升，关闭鼻腔通路。发 e 之后，软腭下降，打开鼻腔通路，紧接着舌面后部与软腭闭合，使在口腔受到阻碍的气流从鼻腔里透出。口形由不开不合到合，口腔由不开不闭到闭，舌位移动较小，发音动程较窄。（图 5.30）

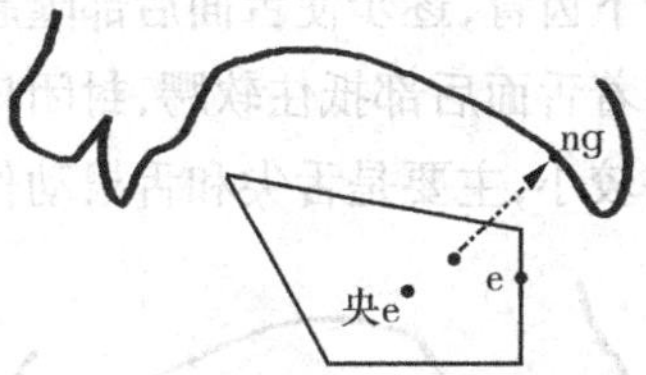

国际音标严式记音记作 [əŋ]（也有记作 [ʌŋ] 的），主要元音是从比央 e 靠后偏上的舌位起音，所以 [ə] 音下标 "-" 符号，以示 "偏后"。

字：争　风　坑　烹　扔　生
词：生成　蒸腾　丰盛　省城　逞能　风筝

图 5.30　后鼻韵 eng 发音动程图

113

13. ueng

即在 eng 韵母的基础上增加 u 舌位开始的发音动程。发音时，由舌面后高圆唇元音 u 开始，舌位滑降到舌面央中不圆唇元音 e [ə]（"央 e"）（稍稍靠后略高）的位置，然后舌位升高，接续鼻音 ng。唇形从圆唇在向中部折点元音滑动过程中渐变为展唇。口形由合到居中再到合，口腔由闭到居中再到闭，舌位移动有折返，发音动程较窄。在普通话里，韵母 ueng 只有一种零声母的音节形式 weng。（图 5.31）

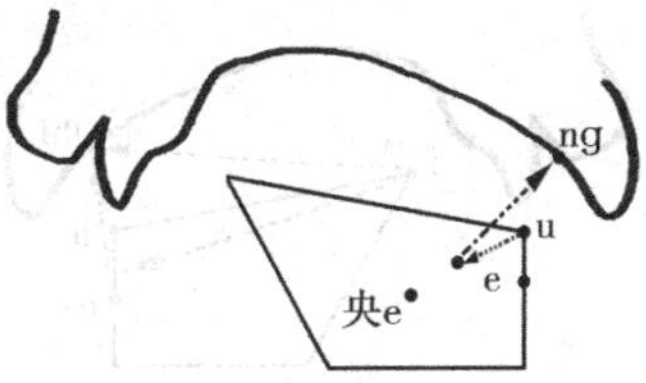

国际音标严式记音记作 [uəŋ]（也有记作 [uʌŋ] 的），主要元音是从比央 e 靠后偏上的舌位起音，所以 [ə] 音下标 "-" 符号，以示 "偏后"。

字：翁　蓊　瓮　嗡

图 5.31　后鼻韵 ueng 发音动程图

词:老翁　蓊郁　水瓮　嗡嗡

14. ong

起点元音是比舌面后高圆唇元音 u 舌位略低且口形稍松的舌面后次高元音"松 u"起,舌尖离开下齿背,舌头后缩,舌面后部隆起,软腭上升,关闭鼻腔通路。从"松 u"开始,舌面后部贴向软腭。当两者将要接触时,软腭下降,打开鼻腔通路,紧接着舌面后部抵住软腭,封闭了口腔通路,气流从鼻腔透出。唇形始终圆拢,口腔保持中通向内收缩,舌位移动较小,发音动程较窄。传统汉语语音学把 ong 归入合口呼。国际音标严式记音记作[ʊŋ]。(图5.32)

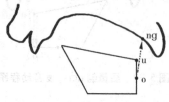

图5.32　后鼻韵 ong 发音动程图

字:松　通　中　轰　宗　匆
词:总统　充公　恐龙　公众　从容　红松

15. ing

起点元音是舌面前高不圆唇元音 i,舌尖接触下齿背,舌面前部隆起。从开始后舌尖离开下齿背,逐步使舌面后部隆起,贴向软腭,当两者将要接触时,软腭下降,打开鼻腔通路,紧接着舌面后部抵住软腭,封闭口腔通路,气流从鼻腔透出。唇形口形没有明显变化,口腔通路较小,主要是舌尖和舌根动作的变化,发音动程稍窄。

国际音标严式记音记作[iᵊŋ](也有记作[i^ŋ]的),主要是指发上声和去声时,在 i 音后有短暂央 e[ə]过渡音的嵌入。实际发音时,阴平、阳平建议窄发,注意不要有较明显的[ə]过渡音的嵌入。(图5.33)

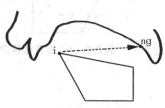

图5.33　后鼻韵 ing 发音动程图

字:丁　听　经　星　青　宁
词:冰凌　英明　平静　倾听　叮咛　命令

16. iong

即在 ong 韵母的基础上增加 i 舌位开始的发音动程。发音时,由舌面前高不圆唇元音 i 开始,舌位向后略向下滑动到舌面后次高圆唇元音"松 u"的位置,然后舌位升高,接续鼻音 ng。由于受后面圆唇元音的影响,开始的舌面前高不圆唇元音 i 也带上了圆唇动作,有的地方描写为[yu]或为[y],也可理解为发音是从舌面前高圆唇元音 ü 起,滑动接续鼻音 ng。故传统汉语音韵学把 iong 归入撮口呼。(图5.34)

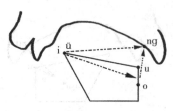

图5.34　后鼻韵 iong 发音动程图

国际音标严式记音记作[yʊŋ],[y]音下标"ɔ"符号,以示发音"略展";也有记作[iʊŋ]的,[i]音下标"ɔ"符号,以示发音"更圆"。从发音练习角度,一般不做过细分辨。

字：琼　凶　炯　窘　穷　勇
词：汹涌　雍容　中庸　公用　怂恿　动用

七、韵母发音常见错误和缺陷

1.常见错误

单韵母发音过程中发音条件有变甚至出现发音动程；复韵母发音过程中把二合复韵母发成单韵母（尤其是前响复韵母，如：ai—[ɛ/æ]、ei—[ɪ/e]、ao—[ɔ]、ou—[ʊ]），把三合复韵母发为二合复韵母；宽窄复韵母相混（如 ai—ei、uai—uei、ao—ou、iao—iou）；前后鼻韵母相混（如 an—ang、en—eng、in—ing）；宽窄鼻韵母相混（如 an—en、ang—eng、ian—in、üan—ün）；圆唇和展唇音相混（如 ü—i、o—e）；韵母发音主要元音被更换；韵母发音丢失或添加韵头；卷舌韵母无卷舌色彩；鼻韵母没有鼻辅音（包括半鼻化音）收尾，变成开尾韵；鼻韵母只读作鼻化元音；与唇音声母相拼的舌面前高不圆唇元音读作舌尖前元音等。

2.常见缺陷

单韵母发音过程中开口度不够，圆唇音圆唇度不够；复韵母或鼻韵母发音过程中开口度或发音动程不够；复韵母或鼻韵母发音过程中归音不到位；复韵母或鼻韵母发音过程中介音发音过短或过长，圆唇介音圆唇度不够，元音韵尾过于强调或突出，主要元音发音舌位移位（如不同 a 音或 e 音舌位相混）；鼻韵母 in、ing 中 i 和鼻韵尾之间（特别是在读阴平、阳平时）明显嵌入央元音 e；韵母 iou、uei、uen 在声调是上声、去声时，或 uei、uen 同舌面后（舌根）声母相拼时，韵腹弱化或消失；单韵母（高元音）i、u、ü 带有明显摩擦，实际已经成为或接近半元音；卷舌韵母虽有卷舌色彩，但相当不自然；舌尖前韵母-i 有明显摩擦或拢唇动作等。

3.既非错误又非缺陷

鼻韵母韵腹（主要元音）没能鼻化，韵尾-n、-ng 以半鼻化音收尾；鼻韵母发音尤其发上声和去声时，有极短过渡元音嵌入现象（如 in、ing、ün、üan）；轻声音节或一部分明显读作轻音音节中，二合的前响复合元音变为单元音（如"起来"）；轻声音节或一部分明显读作轻音音节中，三合的复合元音变为二合的复合元音的语音现象不作为韵母错误或缺陷的判定（如"凉快"）。

115

八、普通话声韵配合情况对照

声韵配合情况 / 韵母类别 声母类别		开口呼	齐齿呼	合口呼	撮口呼
双唇音	b p m	有	有	有(只限u)	无
唇齿音	f	有	无	有(只限u)	无
舌尖前音	z c s	有	无	有	无
舌尖中音	d t	有	有	有	无
	n l	有	有	有	有
舌尖后音	zh ch sh r	有	无	有	无
舌面音	j q x	无	有	无	有
舌根音	g k h	有	无	有	无
零声母	ø	有	有	有	有

九、十三辙与十八韵

(一)押韵和合辙

押韵,又称"压韵",是指在一首诗词中,把韵母相同或相近(韵身相同或相近:主要元音和韵尾相同或相近)的字,放在句子的相同位置上有规律地重复出现。由于汉语一般都放在句子的最后一个字上,故又称为"韵脚"。押韵是中国诗歌、戏曲、曲艺唱词的一个特点,也是汉语音乐性特征在文学艺术创作过程中的具体体现。

合辙与押韵的意思相近,"辙"的本义是车轮在运行中碾压出的轨迹,用"顺辙行车"作比喻,"辙"就是"韵"的通俗称谓,这里"合辙"就是"押韵"。

将同韵的字归并在一起,就形成一个一个的韵,宋代的《广韵》分为206韵,明清以来的白话说唱文学则用"十三辙"。十三辙是依据近、现代北京语音音系归纳建立起来的,与元代的《中原音韵》一脉相承,都属于北音曲韵。它不仅是明清以来北方说唱文学用以押韵的广泛流行的韵部,而且基本上能反映普通话的语音情况。

现代人使用的十八韵则是根据黎锦熙等编著的《中华新韵》,现在做诗押韵一般根据现代语音,按十三辙或十八韵押韵,而作旧体诗则要根据古代的韵书来押韵。

老舍先生曾煞费苦心地将"十三辙"编成"十三个字、一句话",即:**俏**(摇条)**佳**(发花)**人**(人辰)**扭**(油求)**捏**(乜斜)**出**(姑苏)**房**(江阳)**来**(怀来),**东**(中东)**西**(一七)**南**(言前)**北**(灰堆)**坐**(梭波)。也有其他人编写过类似的短句,如:"**风催暑去荷花谢,秋爽云高雁自来**""**月落花浮水面,楼台倒影印池塘**",又如:"**相逢待友一壶茶,笑谈昨夜尽醉**"。这些都是"十三辙"的记忆口诀,用这些代表字组成的口诀连贯练习,也可以感觉到不同韵部韵母发音的特点。

另外,北方戏曲中儿化韵母也可合辙押韵,其韵辙可分为两类,一般称为两道"小辙儿":

(1)小言前儿:包括 a、ua、ia、ai、uai、an、uan、üan、ian(也就是发花、怀来、言前三道大辙)的儿化音。

(2)小人辰儿:包括 o、e、i、u、ü、ie、üe、ei、uei(ui)、en、in、uen(un)、ün、uo、er 等韵母的儿化音。

如果从人的语音发声响度大小和音色明暗的不同考虑,那么有辙口的字在听感上是有着明显的差异和特点。结合前面讲过的"舌面元音舌位图""普通话韵母表"和后面列出的"十三辙和十八韵对照表",可以感知到人的语音的发声响度和口腔的开度、有无鼻腔共鸣以及舌位的高、低、前、后不同而形成的不同共鸣作用相关。所以我们在平时实践练习中,如能将这一因素考虑在内,将语音与播讲的内容、人物性格、思想感情结合起来,会有助于发挥作品的表现力和感染力,达到较好表达效果。

(二)十三辙和十八韵对照表

十三辙	十八韵	合辙的韵母	合辙部分	收音部分	例字
1. 发花	1. 麻	a	a		巴、拔、把、霸
		ia			家、夹、甲、驾
		ua			蛙、娃、瓦、袜
2. 梭波	2. 波	o	o e		坡、婆、笸、破
		uo			郭、国、果、过
	3. 歌	e			歌、革、葛、各
3. 乜斜	4. 皆	ê	ê		欸
		ie			阶、节、姐、借
		üe			靴、学、雪、血
4. 姑苏	10. 模	u	u		夫、扶、府、付
5. 一七 (衣期)	7. 齐	i	i ü er		逼、鼻、笔、币
	11. 鱼	ü			居、局、举、具
	5. 支	-i 前[ɿ]			疵、词、此、刺
		-i 后[ʅ]			诗、十、史、事
	6. 儿	er			儿、耳、二

续表

十三辙	十八韵	合辙的韵母	合辙部分	收音部分	例字
6.怀来	9.开	ai	ai	i	哀、挨、矮、爱
		uai			掰、腮、揣、踹
7.灰堆	8.微	ei	ei		飞、肥、匪、费
		uei(ui)			威、围、尾、未
8.遥条	13.豪	ao	ao	u (o)	滔、桃、讨、套
		iao			消、淆、晓、笑
9.油求	12.侯	ou	ou	u	抽、绸、丑、臭
		iou(iu)			优、游、友、幼
10.言前	14.寒	an	an	n	滩、谈、坦、探
		ian			千、前、浅、欠
		uan			欢、环、缓、换
		üan			冤、元、远、院
11.人辰	15.痕	en	(e)n		分、焚、粉、奋
		in			拼、贫、品、聘
		uen(un)			村、存、忖、寸
		ün			晕、云、允、运
12.江阳	16.唐	ang	ang	ng	方、房、访、放
		iang			枪、强、抢、呛
		uang			荒、黄、谎、晃
13.中东	17.庚	eng	ing eng ong		风、逢、讽、奉
		ing			星、形、醒、性
		ueng			翁、蓊、瓮
	18.东	ong			通、同、统、痛
		iong			庸、颙、永、用

韵母综合练习

练习提示:在发音感受和练习过程中,注重区分不同发音动作和状态带来的语音的动觉、听觉回馈差异。同时,重视区分不同发音视觉回馈的差别,稳定正确明晰、开合连动、响亮朗润的语音印象,不断增强听辨意识,提升听评水平,强化发音能力。

一、感受舌位变化练习

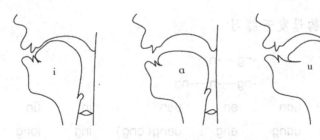

图 5.35 a-i-u 三元音发音舌位对比图

a：央 a—前 a   央 a—后 a
    前 a—央 a   后 a—央 a
    前 a—后 a   后 a—前 a
    前 a—央 a—后 a   后 a—央 a—前 a

a：央 a,ba pa ma da ta na la za ca sa zha cha sha
    前 a,bai pai mai dai tai nai lai zai cai sai zhai chai shai
    后 a,bao pao mao dao tao nao lao zao cao sao zhao chao shao

i：bi pi mi di ti ni li ji qi xi yi

u：bu pu mu du tu nu lu zu cu su

a-i-u：ba bi bu   pa pi pu
         da di du   ta ti tu
         na ni nu   la li lu

e：后 e—央 e   央 e—后 e
    后 e—央 e—后 e   央 e—后 e—央 e
    ge—e—er   ke—e—er   he—e—er
    zhe—e—er   che—e—er   she—e—er
    ze—e—er   ce—e—er   se—e—er
    de—e—er   te—e—er   le—e—er

二、感受唇形变化练习

i-ü：ji—ju qi—qu xi—xu ni—nü li—lü yi—yu

o-e：bo po mo fo
      de te ne le

三、感受归音唯闭练习

1. 鼻韵尾及鼻韵母发音练习

-n—-ng   -ng—-n

-n—-ng—-n   -ng—-n—-ng

an   ian   uan   en   uen   in   ün   üan

ang   iang   uang   eng   ueng(ong)   ing   iong

2. 鼻韵尾及鼻韵母+a 除阻发音练习

-na—-nga   -nga—-na

-na—-nga—-na   -nga—-na—-nga

ana   iana   uana   ena   uena   ina   üna   üana

anga   ianga   uanga   enga   uenga(onga) inga   ionga

3. 后音引衬发音练习

ànnà   yāndài   wāndāo   ēndé   wēnnuǎn

yīntiān   yúnduān   yuántóu   yuánliú   fēnliú

bānggōng jiānghuà   shuāngguī   téngkōng   wēnghóng

dòngkū   xīngkōng   yònggōng   qióngkùn   xiónghún

四、感受宽窄对比练习

ai—ei   ao—ou

uai—uei   iao—iou

ia—ie   ua—uo

an—en   ang—eng

ian—in   iang—ing

uan—uen   uang—ueng(ong)

üan—ün

五、感受开口 a 音为核心的基础练习

原型	变体	出现条件	韵母示例(14个)
a	前低 a[a]	在 i 和 n 之前充当韵腹	ai、uai、an、uan
	前次低 a[æ]	在 i、ü 和 n 之间充当韵腹	ian、üan
	央低 a[A]	独立运用或后面无韵尾	a(ba、zha)、ia、ua
	后低 a[ɑ]	在 u 和 ng 之前充当韵腹	ao、iao、ang、iang、uang

六、感受开口 e 音为核心的提升练习

原型	变体	出现条件	韵母示例(15个)
e	前中 e(ê[ɛ])	i、ü 后面或偶尔独立运用	ie、üe、ê
	央中 e[ə]	舌位偏前靠上充当韵腹	ei、uei、en、uen
		舌位居中独立运用	er
		舌位偏后靠上充当韵腹	ou、iou、eng、ueng
	后半高 e[ɤ]	独立使用或充当韵腹	e(e、de、ne、ge、zhe、ze)
	圆 e(o[o])	独立使用的后 e 圆唇充当韵腹或偶尔独立运用	o、uo(o、bo、po、mo、fo、zuo)

七、感受闭口高元音为核心的扩展练习

原型	变体	出现条件	韵母示例(10个)
i	舌尖前-i[ɿ]	在 z、c、s 后面	-i 前(zi、ci、si)
	舌尖后-i[ʅ]	在 zh、ch、sh 后面	-i 后(zhi、chi、shi、ri)
	前次高 i[ɪ]	在 a 和 e 后充当韵尾	-i(ai、ei、uai、uei)
	前高 i[i]	独立运用或充当韵头、韵腹	i、in、ing(i、pi、lin、jing)
	圆 i(ü[y])	独立运用的 i 音圆唇独立运用或充当韵头、韵腹	ü、ün、iong
u	后高 u[u]	独立运用或充当韵头、韵腹	u(u、bu、zu、ua、uan、ueng)
	后次高 u[ʊ]	充当韵尾	-u(ou、iou、ao、iao)
	后松 u[ʊ]	松"u"独立充当韵腹	ong(o→u)

八、以开口 a 音为核心的基础字词练习

央 a——a

阿 巴 趴 妈 发 达 沓 拿 拉　尕 卡 哈 炸 差 煞
匝 擦 撒

吧嗒 爸爸 妈妈 打靶 发达 砝码　嘎巴 蛤蟆 咔嚓 喇叭
腊八 马扎 打杂 沙茶 哪怕 眨巴　邋遢 麻辣 沙发 大咖

央 a——ia

鸭 哆 俩 加 掐 瞎 甲 恰 霞　嫁 洽 吓 牙 雅 亚
加压 压价 假牙 恰恰 下压 加价　下嫁 下牙 家家 下家
下架 家鸭 夏家 压下 崖下 掐架　下辖 亚冠 下载 狭窄

央 a——ua

蛙 瓜 夸 花 抓 欻 刷 娃 瓦　袜 滑 垮 耍 刮 画
娃娃 挖垮 呱呱 挂画 画画 画刷　耍滑 唰唰 花袜 刮花
挂花 抓挂 抓花 夸夸 划花 瓜分　抓紧 夸奖 夸大 刷牙

前 a——ai

哀 白 拍 买 呆 胎 奶 来 该　开 孩 摘 拆 筛 栽
猜 塞
摆拍 百态 奶奶 拆台 掰开 彩带　白菜 拍卖 买卖 海带
采摘 灾害 采买 爱戴 再来 开斋　拆开 还在 择菜 债台

前 a——uai

歪 乖 快 怀 拽 揣 摔 崴 外　拐 块 揣 甩 怪 踹
外快 外拐 外踝 摔坏 拽坏 怀揣　踹拽 乖乖 快快 摔倒
歪斜 乖巧 快乐 揣测 衰败 怪才　快递 淮河 拽开 坏蛋

前 a——an

安 般 潘 瞒 翻 单 摊 难 兰　甘 刊 含 沾 掸 删
然 簪 餐 三
安然 案犯 暗淡 暗滩 暗含 办案　拌饭 斑斓 班禅 攀谈
盘缠 蹒跚 慢板 漫谈 翻盘 反弹　犯难 泛滥 淡蓝 潸然

前 a——uan

弯 端 湍 暖 峦 关 宽 欢 转 川 栓 软 钻 蹲 酸
宛转 万川 万贯 完款 婉转 玩转 转弯 断腕 短短 换算
短管 软缎 宽缓 乱传 乱窜 贯穿 专款 还完 酸软 专断

变体 a[æ]——ian

烟 边 篇 绵 颠 天 年 连 间 千 先 搴 敛 笺 弦
电线 简便 渐变 癫痫 偏见 年限 鲜艳 现眼 闲言 演练
牵连 减免 见面 边线 千年 边沿 面点 腼腆 棉田 缅甸

变体 a[æ]——üan

渊 娟 圈 轩 元 卷 权 悬 远 眷 犬 炫 愿 劝 缘
圆圈 源泉 全员 全院 全权 渊源 泉源 涓涓 全选 轩辕
玄元 卷圆 远远 源源 渲染 捐献 愿望 远望 宣传 选择

后 a——ao

熬 包 抛 猫 刀 涛 孬 捞 高 尻 蒿 招 抄 烧 饶
遭 操 搔
抛锚 报告 高潮 高超 逃跑 高考 早操 号召 懊恼 照抄
祷告 报到 宝岛 宝刀 操劳 牢靠 套牢 跑道 冒号 骚扰

后 a——iao

邀 标 飘 喵 貂 挑 鸟 撩 交 悄 宵 摇 表 瞟 聊
巧妙 苗条 窈窕 逍遥 小鸟 教条 脚镣 娇小 叫嚣 娇笑
吊桥 疗效 萧条 小票 缥缈 秒表 飘摇 渺小 袅袅 药效

后 a——ang

昂 帮 旁 芒 方 当 汤 嚷 啷 刚 康 夯 张 昌 商
嚷 脏 仓 桑
帮忙 肮脏 沧桑 党章 长方 厂房 烫伤 当场 榜上 彷徨
茫茫 放浪 螳螂 苍茫 商场 放榜 当场 方糖 掌上 常常

后 a——iang

央 娘 量 姜 枪 香 杨 酿 两 讲 强 翔 亮 奖 抢
想象 两样 襄阳 向阳 像样 泱泱 亮相 香江 两项 两厢
湘江 降将 强项 枪响 踉跄 粮饷 奖项 酱香 抢粮 洋相

后 a——uang

汪 光 筐 慌 装 窗 霜 亡 广 狂 黄 撞 床 爽 框
状况 双簧 狂妄 往往 网状 双亡 矿床 黄光 装潢 窗框
惶惶 狂欢 皇冠 壮观 装束 闯关 霜状 汪洋 光芒 广场

九、以开口 e 音为核心的提升字词练习

后 e——e

额 德 特 讷 勒 哥 硌 喝 遮 车 奢 惹 泽 策 涩
特赦 特色 折合 客车 色泽 割舍 合格 苛刻 隔阂 瑟瑟
咋舌 菏泽 折射 哥德 鸽舍 各科 车辙 隔热 可乐 苛责

后 e 圆唇——o

喔 播 泼 摸 佛 哦 博 婆 馍 跛 巨 驳 破 抹 墨
泼墨 磨破 婆婆 饽饽 伯伯 默默 陌陌 馍馍 脉脉 磨墨
破膜 菠萝 剥落 萝卜 破获 薄弱 搏斗 巨测 伯仲 拨动

后 e 圆唇——o——uo

窝 多 托 挪 啰 郭 阔 豁 桌 戳 说 若 撮 搓 梭
龌龊 啰唆 脱落 过错 阔绰 做作 蹉跎 霍霍 绰绰 蝈蝈
硕果 堕落 躲过 陀螺 懦弱 骆驼 国货 说错 着落 过活

央 e——er

而 尔 二 儿 耳 贰 迩 饵
儿童 儿戏 而且 耳目 耳语 而后 二胡 而已 而言 耳机
而又 二月 二十 耳钉 耳朵 尔等 儿歌 耳光 耳环 耳鸣

央 e 偏前靠上——ei

欸 背 胚 眉 飞 得 怂 馁 勒 给 尅 黑 贼 内 雷
贝类 北美 蓓蕾 肥美 黑妹 配备 培肥 非得 赔给 没黑
背煤 飞贼 黑霉 北非 狒狒 违背 累累 妹妹 黑贝 匪类

央 e 偏前靠上——uei

威 堆 推 归 亏 灰 追 吹 谁 蕊 嘴 催 虽 韦 卫
吹灰 垂危 摧毁 归队 回嘴 坠毁 会徽 荟萃 醉鬼 魁伟

嘴碎 退回 水位 罪魁 追回 愧对 尾随 畏罪 汇兑 未遂

央 e 偏前靠上——en

恩 奔 喷 冈 分 拖 嫩 跟 肯 痕 真 嗔 申 仁 怎
岑 森
本分 本人 岑参 沉冈 分身 分神 愤恨 根本 门诊 认真
妊娠 身份 深沉 粉尘 深圳 振奋 愤懑 人参 门神 焚身

央 e 偏前靠上——uen

温 蹲 吞 抡 滚 坤 昏 谆 春 吮 润 尊 皴 孙 闻
昆仑 混沌 馄饨 伦敦 春瘟 困顿 温润 温顺 春笋 论文
温存 滚轮 滚滚 春困 稳准 谆谆 润唇 珲春 尊敬 准备

央 e 偏后靠上——ou

欧 剖 哞 否 兜 偷 耧 喽 沟 扣 候 周 抽 收 柔
邹 凑 搜
佝偻 漏斗 扣肉 绸缪 够受 露头 叩首 丑陋 后肘 收购
口授 凑手 口头 守候 兜售 后轴 喉头 豆蔻 抖擞 走狗

央 e 偏后靠上——iou

优 谬 丢 妞 溜 究 秋 修 游 牛 酒 球 杇 酉 佑
就有 酒友 久留 琉球 流油 悠悠 旧友 犹有 九流 旧有
刘秀 牛油 求救 绣球 优秀 悠久 有救 修旧 溜溜 舅舅

央 e 偏后靠上——eng

鞥 绷 烹 蒙 风 登 腾 能 棱 庚 坑 哼 争 称 生
增 层 僧
乘胜 鹏程 逞能 征程 丰盛 萌生 风声 风筝 更正 冷风
升腾 声称 生成 省城 蒸腾 增生 灯绳 承蒙 乘风 奉承

央 e 偏后靠上——ueng

翁 蓊 瓮 嗡
嗡嗡 蓊郁 瓮城 老翁 渔翁 水瓮 瓮中捉鳖 请君入瓮

前 ê——ie

噎 瘪 蹩 乜 爹 贴 捏 咧 接 切 歇 爷 聂 烈 邪
结业 姐姐 乜斜 贴切 谢谢 爷爷 揭帖 节烈 铁鞋 铁屑

爹爹　猎猎　结界　借鞋　接界　斜街　蹀躞　趔趄　烈烈　结节

前 ê——üe

约　虐　掠　撅　缺　靴　粤　疟　略　珏　瘸　穴　岳　诀　榷
雀跃　雪月　约略　绝学　绝决　月缺　跃跃　略略　决绝　缺略
悦耳　约定　约束　跃进　决策　决裂　乐章　绝密　绝对　决定

十、以闭口高元音为核心的扩展字词练习

i——i

衣　逼　批　眯　堤　踢　泥　沥　激　期　西　疑　鼻　皮　弥
彼此　笔记　比例　裨益　刺鼻　磁极　死寂　离奇　地理　机器
起义　秘密　细腻　激励　日期　吸气　洗礼　奇迹　契机　体力

i——in

音　彬　拼　民　您　拎　斤　亲　新　寅　紧　寝　信　沁　劲
殷勤　濒临　音频　拼音　引进　音信　林荫　临近　禁品　金银
紧邻　近邻　近亲　尽心　亲民　亲临　亲近　亲信　新品　辛勤

i——ing

应　兵　乒　铭　盯　汀　凝　灵　精　清　星　赢　请　擤　劲
英明　明镜　叮咛　聆听　荧屏　影厅　英灵　应景　硬性　兵营
酩酊　冰凌　冰晶　病情　秉性　评定　平顶　明星　听清　警醒

ü(i 圆唇)——ü

迂　女　驴　居　区　须　余　鈕　缕　局　渠　徐　禹　聚　趣
渔女　语句　豫剧　渔具　语序　女婿　屡屡　旅居　滤去　局域
龃龉　聚居　区域　屈居　曲剧　区区　序曲　须史　絮语　旅居

ü(i 圆唇)——ün

晕　军　逡　熏　云　俊　群　寻　允　君　旬　裙　韵　郡　汛
均匀　菌群　军训　芸芸　逡巡　匀匀　运动　熏陶　晕眩　晕车
匀速　韵味　韵尾　君临　逊位　寻找　训练　允许　运营　殉情

ü(i 圆唇)——iong

雍　窘　邛　凶　泳　炯　穹　熊　用　炅　琼　茕　迥　茕　雄

汹涌　熊熊　炯炯　茕茕　汹汹　琼浆　穷困　兄长　雄壮　庸医
用意　迥然　踊跃　永久　永远　雄伟　佣人　佣金　涌进　勇进

u——u

屋　补　扑　母　敷　督　突　奴　撸　姑　哭　呼　朱　初　书
儒　租　粗　酥

补录　突出　图书　出路　读书　糊涂　出租　孤独　古都　故都
补助　粗鲁　扶助　辅助　腐竹　葡萄　目录　赌徒　屠戮　哭诉

u——ong

冬　通　农　龙　弓　空　哄　中　充　荣　总　葱　松　懂　冗
动工　隆冬　洪钟　共同　共通　隆重　葱茏　冬虫　动容　咚咚
童工　工种　同种　通容　浓重　脓肿　笼统　龙宫　工农　公众

十一、韵母部分综合对比词语练习

1.部分单韵母、复韵母对比词语练习

i——ü

积聚　汲取　亟需　齐聚　崎岖　期许　唏嘘　利率　逆序　抑郁
基于　棋局　鲫鱼　器具　棋局　起居　喜剧　机遇　提举　例句

ü——i

狙击　居奇　据悉　屈肌　曲奇　续期　虚拟　履历　虚礼　雨衣
拘役　驱离　律己　举义　距离　取义　曲臂　驱力　举例　蓄力

o——e

波折　磨合　模特　叵测　摹刻　墨盒　破格　博得　破折　薄荷
颇得　墨客　破壳　磨课　博客　伯乐　破车　剥壳　泊车　破了

e——o

恶魔　核拨　刻薄　膈膜　磕破　折磨　割破　车模　和佛　胳膊
色波　扯破　车博　侧波　河伯　车膜　射波　摄魄　热播　嘚啵

ie——üe

解决　节约　孑孓　协约　谢绝　借阅　灭绝　撒却　喋血　谐谑

戒绝　　裂绝　　夜月　　劫掠　　解穴　　鞋靴　　切削　　铁血　　别学　　竭蹶

üe——ie

越野　　确切　　血液　　缺页　　决裂　　月夜　　学业　　缺血　　学界　　爵爷
雪鞋　　略写　　雪野　　决裂　　学姐　　月结　　雪夜　　诀别　　绝灭　　学写

uo——o

戳破　　做馍　　落寞　　磋磨　　夺魄　　落泊　　落魄　　国破　　婆婆　　唾沫
坐破　　落墨　　多磨　　拖驳　　坐佛　　所迫　　挪佛　　索寞　　琢磨　　萝卜

o——uo

菠萝　　佛国　　剥夺　　拨错　　摸索　　破落　　破获　　婆娑　　摩挲　　佛陀
剥落　　博硕　　薄弱　　莫说　　默坐　　佛座　　剥啄　　哱罗　　博饦　　簸箩

uo——e

脱壳　　过河　　所得　　错愕　　做客　　弱者　　多个　　获得　　货色　　坐车
撮合　　缩合　　过客　　果核　　国歌　　果壳　　所乐　　国色　　国格　　夺得

e——uo

厕所　　各国　　瑟缩　　侧卧　　合伙　　客座　　热络　　车祸　　勒索　　热锅
蛇果　　俄国　　核果　　乐果　　涉过　　德国　　惹火　　涩果　　惹祸　　泽国

2.宽窄复韵母对比词语练习

ia——ie

虾蟹　　嫁接　　下届　　掐灭　　下列　　假借　　下切　　假鞋　　下跌　　加贴
恰切　　瞎写　　蛱蝶　　下泄　　佳节　　家协　　家姐　　下界　　夏桀　　夹携

ie——ia

卸下　　鳖甲　　跌价　　切下　　结痂　　接洽　　叠加　　撇下　　铁甲　　鞋架
写下　　别家　　泻下　　茄夹　　节假　　卸甲　　接驾　　泄压　　结荚　　截下

ai——ei

白费　　百倍　　带累　　败类　　栽培　　采煤　　暧昧　　海内　　排雷　　代培
败北　　带给　　塞北　　踩雷　　晒被　　踩背　　海贝　　白给　　派给　　海雷

ei——ai

悲哀	黑白	擂台	内海	胚胎	内债	背带	佩戴	杯盖	飞来
黑海	眉黛	飞白	北海	佩带	威海	雷台	危害	配载	菱败

ua——uo

花朵	话说	华佗	跨国	刷锅	挖过	瓜果	抓获	华硕	挂火
抓错	化作	刮锅	划过	滑脱	话多	挂果	抓搓	耍阔	娃多

uo——ua

多寡	国画	说话	火花	拖垮	弱化	窝瓜	拖挂	拓画	落花
活寡	说卦	活话	托话	多话	火化	锅刷	活化	搓花	错抓

uai——uei

怪罪	快慰	快嘴	衰退	衰微	外汇	外围	怪味	率队	外水
甩水	坏水	淮水	衰萎	拐回	衰颓	外税	外兑	快退	快睡

uei——uai

对外	鬼怪	追怀	毁坏	最坏	嘴快	对摔	腿快	垂槐	诡怪
水怪	最帅	吹坏	税外	回踹	腿歪	推踹	推拽	腿崴	微快

ao——ou

保守	报仇	操守	稿酬	矛头	遭受	招收	澳洲	包头	道口
到手	招手	倒头	报酬	抱头	盗寇	韶州	道州	好斗	扫帚

ou——ao

酬劳	口号	柔道	手套	头脑	口罩	抽考	偷到	构造	周道
筹到	口哨	周到	收好	偷盗	豆捞	楼道	蒌蒿	沟壕	构造

iao——iou

交流	漂流	药酒	效尤	角球	票友	娇羞	要求	料酒	调休
校友	药油	调休	交友	荞酒	么舅	郊游	调酒	聊友	飘球

iou——iao

柳条	求教	邮票	幼苗	遛鸟	就要	牛角	袖标	有效	油条
幼小	幼教	幼鸟	丢掉	扭腰	游标	右脚	六角	酒肴	囚鸟

3.宽窄鼻韵母对比词语练习

an——en

暗门	安分	安仁	安稳	男人	干粉	残忍	战神	缠身	满分
半盆	难忍	南门	含恨	寒门	满门	蓝本	看门	满文	俺们

en——an

本班	笨蛋	针毡	分班	震颤	奋战	芬兰	分散	很惨	晨安
很慢	分担	震撼	分半	喷染	啃完	闷暗	神坛	问安	人丹

ang——eng

章程	长征	长城	商城	上声	抗争	康盛	唐僧	抗衡	盲症
抗生	张灯	掌政	掌声	钢镚	长生	放灯	昌盛	上乘	航程

eng——ang

证章	成长	增长	捧场	登场	声张	增胖	猛涨	膨胀	碰伤
整张	称赏	生长	省长	成章	呈上	承当	胜仗	蜂房	碰上

ian——in

烟瘾	棉芯	面筋	闲心	现金	便民	偏心	电信	甜心	天津
偏信	连襟	练琴	面临	变频	面巾	岩心	先秦	联姻	点心

in——ian

阴险	仅限	金典	新编	冀边	新鲜	今年	金钱	民间	岷县
觐见	信件	心弦	引言	心眼	禁烟	品鉴	进贤	琴弦	民谚

iang——ing

酱饼	江陵	良性	响铃	强行	讲评	香凝	凉亭	强硬	响应
靓影	强劲	凉性	僵硬	香型	相应	强顶	枪柄	江宁	阳性

ing——iang

精良	领奖	清亮	靖江	明亮	冰凉	冥想	定量	形象	听讲
萍乡	兵将	名将	凝香	定向	性向	冰箱	名扬	精酿	景象

uan——uen

传闻	短文	撰文	乱棍	婉顺	暖润	乱伦	转存	转瞬	晚婚

原文　完婚　乱问　篆文　顽钝　乱混　暖春　乱炖　酸困　转轮

uen——uan

温婉　文段　温暖　汶川　紊乱　轮换　寸断　混乱　村官　滚窜
春晚　文官　昏乱　魂断　吞酸　论断　春暖　昏官　醇酸　文传

uang——ueng(ong)

矿洞　旷工　双控　黄铜　惶恐　皇宫　广东　晃动　光荣　黄龙
狂攻　光控　幌动　双弓　霜冻　黄蓉　黄种　双孔　狂龙　窗洞

ueng(ong)——uang

红光　冻疮　送爽　空旷　送往　龙王　通往　铜矿　冲床　总装
东窗　虹光　空床　冲撞　控光　红矿　童装　铜网　同窗　冲往

üan——ün

眩晕　劝君　院训　援军　全军　全讯　圆晕　猿群　元勋　玄云
圆云　全晕　全运　元君　炫晕　卷云　卷群　泉韵　倦晕　悬云

ün——üan

晕眩　训犬　军眷　军权　群选　寻缘　军犬　云轩　云卷　晕圈
军援　群员　云悬　裙缘　君权　群院　愠怨　运拳　韵苑　群怨

4.前后鼻韵母对比词语练习

an——ang

担当　班长　繁忙　站岗　南方　反抗　安康　返航　擅长　盼望
坦荡　板荡　蛋汤　单糖　堪当　站长　展商　山上　叛党　绽放

ang——an

伤感　商贩　傍晚　上班　账单　方案　钢板　商谈　长安　畅谈
伤寒　帮办　档函　档案　常伴　长叹　商战　网坛　商办　抗旱

ian——iang

演讲　现象　健将　变相　勉强　联想　咸阳　坚强　鲜亮　牵强
艳阳　厌氧　绵阳　变样　边疆　绵羊　贤良　显扬　限量　念想

iang——ian

镶嵌	想念	香烟	量变	养颜	相片	相见	亮点	香甜	强辩
向前	抢钱	亮眼	详见	乡间	香艳	抢先	抢险	享年	抢眼

uan——uang

观光	宽广	乱闯	晚霜	换装	端庄	管状	软床	万状	关窗
宽网	钻窗	观望	罐装	暖光	短装	换床	晚装	环状	官网

uang——uan

光环	慌乱	狂欢	双关	壮观	网管	装船	王冠	闯关	床栓
矿船	黄砖	皇冠	潢川	狂灌	装罐	光暖	黄冠	狂乱	撞船

en——eng

真诚	本能	深层	奔腾	真正	神圣	文风	纷争	门缝	人称
人生	认证	人证	深耕	忍疼	分层	跟风	尘封	怎能	很萌

eng——en

登门	诚恳	生根	成分	承认	成人	城镇	风疹	风尘	缝纫
胜任	正门	证人	生辰	能人	政审	横亘	憎恨	冷门	坑人

in——ing

心情	金陵	禁令	民警	品行	聘请	进行	新兴	新型	尽兴
心灵	拼命	钦敬	民兵	新颖	隐形	阴影	引擎	民情	品茗

ing——in

听信	灵敏	清音	挺进	平民	凭信	迎新	领巾	清新	惊心
轻信	病因	定亲	明信	行进	清贫	并进	倾心	冰品	评聘

uen——ueng(ong)

存钱——从前	炖肉——冻肉	吞并——通病	轮子——笼子	
唇膏——崇高	春风——冲锋	余温——渔翁	温温——嗡嗡	

稳重	滚动	顺从	昆虫	滚筒	混同	尊重	纯种	蚊虫	轮空	尊崇	春种

ueng(ong)——uen

农村	中文	重孙	公文	通顺	红润	冬笋	仲春	通婚	冬春	重温	从文

ün——iong

运费——用费　晕车——用车　勋章——胸章　寻找——熊爪
音讯——英雄　人群——人穷　菌群——群涌　循循——汹汹

运用　军用　群雄　云涌　骏雄　均用　寻熊　训熊

iong——ün

拥军　凶运　囧讯　熊群　穷运　凶讯　琼云　雄峻

十二、韵母部分字词综合练习

1.朗读下面单音节字词并录音听评(重点听辨音节韵母部分)

贴　吻　抓　略　女　怀　涮　司　还　相
砣　君　岸　存　坡　炕　枕　虐　俩　石
避　夸　停　贵　摸　饼　痣　秦　采　叶
凡　掐　孔　丢　惹　卧　婶　妾　广　沓
恋　笙　矿　除　张　籽　嘣　习　漂　那
锌　润　墙　次　涌　餐　绕　将　恶　嘿
面　播　订　牌　兄　物　索　六　否　冲
群　窗　掉　跟　熔　拒　孙　尽　眯　褪
美　院　吃　贰　险　赴　隋　沤　揣　拗
翁　选　造　海　灌　啪　荫　曾　轴　扎

2.朗读下面双音节词语并录音听评(重点听辨音节韵母部分)

配合　发扬　模型　花蕊　喧闹　车站　主角　森林
拼音　缫丝　两边　依顺　平方　谢谢　称赞　人口
峡谷　志气　乔装　蠢笨　瓜分　短促　刻苦　词尾
耐用　拐弯　沸腾　谎言　从而　试卷　具体　亲爱
手软　熊猫　从何　年久　脆弱　葬送　落后　需求
调整　书架　标尺　快乐　苍穹　忘却　恩情　均匀

十三、韵母诗词综合练习

捕鱼（周有光）

人远江空夜，浪滑一舟轻。儿咏诔唷调，橹和嗳啊声。
网罩波心月，竿穿水面云。鱼虾留瓮内，快活四时春。

人	远	江	空	夜，	浪	滑	一	舟	轻。
en	üan	iang	ong	ie	ang	ua	i	ou	ing
r	ø	j	k	ø	l	h	ø	zh	q

儿	咏	诔	唷	调，	橹	和	嗳	啊	声。
er	iong	ê	io	iao	u	e	ai	a	eng
ø	ø	ø	ø	d	l	h	ø	ø	sh

网	罩	波	心	月，	竿	穿	水	面	云。
uang	ao	o	in	üe	an	uan	uei	ian	ün
ø	zh	b	x	ø	g	ch	sh	m	ø

鱼	虾	留	瓮	内，	快	活	四	时	春。
ü	ia	iou	ueng	ei	uai	uo	-i前	-i后	uen
ø	x	l	ø	n	k	h	s	sh	ch

十四、利用"普通话声韵配合表"进行韵母练习

详见"汉语普通话声韵配合表"。

十五、韵母部分绕口令综合练习

1. 以开口 a 音为核心的基础绕口令练习

a   **胖娃娃**

一个胖娃娃捉了三个大花活蛤蟆，三个胖娃娃捉了一个大花活蛤蟆。捉了一个大花活蛤蟆的三个胖娃娃，真不如捉了三个大花活蛤蟆的一个胖娃娃。

ai   **买白菜**

买白菜，搭海带，不买海带就别买大白菜。买卖改，不搭卖，不买海带也能买到大白菜。

ua

王婆卖瓜

王婆卖瓜又卖花,一边卖来一边夸,又夸花,又夸瓜,夸瓜大,夸花好,瓜大,花好,笑哈哈。

ia、ua、ai

花鸭和彩霞

水中映着彩霞,水面游着花鸭。霞是五彩霞,鸭是麻花鸭。麻花鸭游进五彩霞,五彩霞网住麻花鸭。乐坏了鸭,拍碎了霞,分不清是鸭还是霞。

uai、ai、ia

槐树槐

槐树槐,槐树槐,槐树底下搭戏台,人家的孩子乖乖坐,我家的孩子快快来。说着说着开演了,揣揣手,甩甩袖,歪着脑袋俩俩秀。

an、uan

大帆船

大帆船,小帆船,竖起桅杆撑起船。风吹帆,帆引船,帆船顺风转海湾。

an、ian

出前门

出前门,往正南,有个面铺,面冲南。面铺外,挂着一个蓝布棉门帘。给它摘了那个蓝布棉门帘,面铺还是面冲南。给它挂上那个蓝布棉门帘,面铺还是面冲南。

üan

圆圈圆

圆圈圆,圈圆圆,萱萱娟娟画圆圈。萱萱画圆圈连圈,娟娟画圈圆套圆。萱萱娟娟比圆圈,看看谁的圆圈圆。

ao、iao

俩老道

高高山上有座庙,庙里住着俩老道,一个年纪老,一个年纪少。庙前长着许多草,有时候老老道煎药,小老道采药;有时候小老道煎药,老老道采药。

iao、an

慢表

表慢,慢表,慢表慢半秒。慢半秒,拨半秒,拨过半秒多半秒;多半秒,拨半秒,拨过半秒少半秒。拨来拨去是慢表,慢表表慢慢半秒。

ang、iang

大和尚和小和尚

大和尚和小和尚,两人常常相夸奖。大和尚讲小和尚强,小和尚讲大和尚强。小和尚煎姜汤让大和尚尝,大和尚奖檀香让小和尚放。

iang

杨家和蒋家

杨家养了一只羊,蒋家修了一垛墙。杨家的羊撞倒了蒋家的墙,蒋家的墙压倒了杨家的羊。杨家要蒋家赔杨家的羊,蒋家要杨家赔蒋家的墙。

2. 以开口 e 音为核心的提升绕口令练习

e **团结者和**

安定团结者和也,和者团结团结者和,单手为分联手为和,改革的中国首先得和,中央和省市和地方和地区和,工农和城乡和学校和厂矿和,家庭和邻里和兄弟和姐妹和,你和我和他也和。海峡两岸要和,汉满蒙回藏五十六个民族要和上加和,实现伟大复兴的祖国需要和必须和只能和不能不和。

e、o **颗颗豆子**

颗颗豆子进石磨,磨成豆腐送哥哥。哥哥说我的力单薄,可单薄身魄心肠热。

ei、uei **风吹灰**

风吹灰堆灰乱飞,灰飞花上花堆灰。风吹花灰灰飞去,灰随风吹吹灰飞。

en **陈森打靶**

陈森打靶真是笨,深林射击还很嫩。本是半路出家人,认认真真是本分。

uen **同心者顺**

同心同德者顺哉,顺者同心同心者顺,腾飞的中华百业待顺,政治要理顺经济要理顺,思想要理顺文化要理顺,方方面面都要理顺,工业顺农业顺国防顺科技顺,交通顺道路顺建设顺改革顺,十三亿两千万人民心和气顺!

ou、iou **老六放牛**

柳林镇有个六号楼,里面住了个刘老六。有一天,来了牛老六,牵着六只猴;来了侯老六,拉了六头牛;来了仇老六,担了六篓油;来了尤老六,背了四匹绸。牛老六、侯老六、仇老六、尤老六,住上刘老六住的六号楼。半夜里,牛抵猴,猴斗牛,撞倒了仇老六的油,油坏了尤老六的绸。仇老六拉起牛老六要赔油,尤老六拉着侯老六要赔绸,牛老六怨侯老六的牛,侯老六怨牛老六的猴。

eng

刮着大风放风筝,风吹风筝挣断绳。风筝断绳风筝疯,断绳风筝随风蹦。风不停,筝不停,风停风筝落地横。

ie **姐姐切茄子**

姐姐借刀切茄子,去把儿去叶儿斜切丝,切好茄子烧茄子,炒茄子、蒸茄子,还有一碗焖茄子。

üe **真 绝**

真绝,真绝,真叫绝,皓月当空下大雪,麻雀游泳不飞跃,鹊巢鸠占雀喜悦。

3.以闭口高元音为核心的扩展绕口令练习

i　　　　　　　　　　　**人心齐泰山移**

人心齐,泰山移,男女老少齐出力,要与老天比高低。挖了干渠几十里,饱浇了万亩良田地。

ü　　　　　　　　　　　**女小吕**

这天天下雨,体育运动委员会穿绿雨衣的女小吕,去找计划生育委员会不穿绿雨衣的女老李。体育运动委员会穿绿雨衣的女小吕,没找着计划生育委员会不穿绿雨衣的女老李;计划生育委员会不穿绿雨衣的女老李,也没见着体育运动委员会穿绿雨衣的女小吕。

i、ü　　　　　　　　　**一年没下几场雨**

一年没下几场雨,生活生产水亟需。岂等老天来送雨,建库修渠赶上去。男女老少齐努力,一弯清水引进渠。支渠可以接干渠,毛渠可以接斗渠。清水哗哗到田里,管你下雨不下雨。

-i 后　　　　　　　　　**知道就是知道**

知道就是知道,不知道就是不知道。不要知道说不知道,也不要不知道装知道,老老实实、实事求是,一定要做到不折不扣的真知道。

-i 前、-i 后　　　　　　　**四和十**

四是四,十是十,十四是十四,四十是四十,谁要说不准四十、十四、四十四,谁就来自己亲自试一试。

in　　　　　　　　　　　**你勤我也勤**

你也勤来我也勤,兄弟同心利断金。平民不贫因打拼,心心相印一家亲。

ing　　　　　　　　　　**望月空满天星**

望月空,满天星,光闪闪,亮晶晶,好像那,小银灯。仔细看,看分明,大大小小、密密麻麻、闪闪烁烁,数也数不清。

u　　　　　　　　　　　**胡苏夫**

胡庄有个胡苏夫,吴庄有个吴夫苏。胡庄的胡苏夫爱读诗书,吴庄的吴夫苏爱读古书,胡苏夫的书屋摆满了诗书,吴夫苏的书屋放满了古书。

ong　　　　　　　　　　**不是彩虹不是弓**

我家住在莲花峰,屋顶常年落彩虹,彩虹跨度三十里,越看越像一把弓。轰隆隆,轰隆隆,这不是彩虹不是弓! 而是那渡槽架长空。

附录1 难点音韵母声旁类推辨音字表——an、ang 部分

说明:表中的①②③④分别指阴平、阳平、上声、去声四种声调。

	an	ang
ø	①安桉氨鞍庵鹌谙③俺铵④岸按案胺暗黯	①肮②昂④盎
b	①扳颁班斑般搬③阪坂板版钣舨④办半伴拌绊扮瓣	①邦帮梆浜③绑榜膀④蚌棒傍谤磅镑
p	①番潘攀②爿胖盘磐蟠蹒④判叛畔拚盼襻	①乓滂膀②庞旁膀磅螃③榜④胖
m	②埋蛮谩蔓馒鳗螨③满螨③曼谩蔓幔慢漫	②邙芒忙盲氓茫硭③莽蟒
f	①帆番蕃幡藩翻②凡矾钒烦蕃樊繁③反返④犯范饭贩泛梵	①方坊芳②防坊妨肪房鲂③仿访纺舫④放
d	①丹担单郸殚眈耽③胆疸掸④石旦但担诞淡惮弹蛋氮澹	①当铛裆③挡党谠④当挡档凼砀荡宕
t	①坍贪摊滩瘫②坛昙谈郯痰弹覃谭潭檀③忐坦钽袒毯④叹炭碳探	①汤铴镗②唐塘搪溏瑭糖棠樘螳棠③倘躺傥④烫趟
n	①囡②男南喃楠难③腩蝻④难	①囊嚷②囊馕③攮
l	②兰拦栏岚婪阑澜调蓝褴篮③览揽缆榄懒④烂滥	①啷②郎廊榔螂狼琅锒③朗④浪
g	①干杆肝竿甘泔柑尴③杆秆赶擀敢橄感④干赣	①冈刚纲钢扛肛缸罡③岗港④杠钢戆
k	①刊看堪③坎砍侃槛④看阚瞰	①康慷糠②扛④亢伉抗炕钪
h	①鼾酣憨②邗汗邯含晗函涵韩寒③罕喊④汉汗旱捍悍焊颔翰瀚撼憾	①夯②行吭杭航④巷
zh	①占沾毡粘旃詹谵瞻③斩崭盏展搌辗④占战站栈绽湛颤蘸	①张章彰獐漳樟蟑③长涨掌④丈仗杖账帐涨障瘴
ch	①掺搀②单婵禅蝉谗馋孱潺缠廛澶蟾③产铲谄阐④忏颤	①昌菖猖娼鲳②长苌肠尝偿徜常嫦③厂场昶惝敞④怅畅倡唱
sh	①山舢芟杉钐衫删姗珊栅跚苫扇煽膻③闪陕④讪汕疝钐单掸禅扇骟善缮膳擅赡蟮	①伤殇商墒③上坰晌垧赏④上尚绱
r	②蚺然燃③冉苒染	①嚷②瓤③壤攘嚷④让
z	①糌簪②咱③趱④昝錾赞瓒	①赃脏臧③驵④脏奘葬藏
c	①参骖餐②残蚕惭③惨④灿孱璨	①仓苍沧舱②藏
s	①三叁③伞散馓糁④散	①丧桑②嗓③嗓④丧

附录2 难点音韵母声旁类推辨音字表——en、eng 部分

	en	eng
ø	①恩④摁	
b	①奔③本④笨	①崩②甭③绷④迸蹦泵
p	①喷②盆④喷	①烹②朋棚硼鹏彭澎膨③捧④碰
m	①闷②门们④闷	①蒙②盟萌蒙檬朦③猛蜢锰④梦孟
f	①分芬纷吩②坟焚汾③粉④奋份粪忿愤	①风枫疯蜂峰丰封②逢缝冯③讽④奉凤缝
d		①登灯③等④邓凳瞪
t		②疼腾誊藤藤
n	④嫩	②能
l		②棱③冷④愣
g	①根跟②哏③艮	①耕庚羹更③耿梗④更
k	③肯啃垦恳④裉	①坑
h	②痕③很狠④恨	①亨哼②横衡恒④横
zh	①真贞针侦珍胗斟③诊疹枕④振震镇阵	①争筝睁征正挣蒸③整拯④正政证症郑挣
ch	①嗔抻②晨辰沉忱陈臣尘橙③碜④衬趁称	①称撑②成城诚承呈程惩澄乘盛③逞骋④秤
sh	①申伸呻绅身深③神③沈审婶④甚慎肾渗	①生牲笙甥升声②绳③省④圣胜盛剩
r	②人仁壬③忍④任认刃纫韧	①扔②仍
z	③怎	①曾增憎④赠锃
c	①参②岑	②曾层④蹭
s	①森	①僧

附录3 难点音韵母声旁类推辨音字表——in、ing 部分

	in	ing
ø	①因姻殷音阴②银龈垠吟寅淫③引蚓隐瘾饮尹④印荫	①英应鹰婴樱缨鹦②营莹萤盈迎赢③影④映硬应
b	①宾滨缤彬④殡鬓	①兵冰③丙柄秉饼禀④病并
p	①拼②贫频③品④聘	①乒②平苹萍屏瓶凭

续表

	in	ing
m	②民③敏皿闽悯泯	②名茗铭明鸣冥④命
d		①丁叮钉仃叼③顶鼎④定锭订
t		①听厅汀②亭停廷庭蜓③挺艇
n	②您	②宁狞拧凝③拧④宁佞
l	②林琳淋磷邻鳞麟③凛禀檩④吝赁蔺	②灵伶蛉玲零铃龄菱陵凌绫③岭领④另令
j	①今斤巾金津襟筋③紧锦仅谨馑④尽劲缙觐烬近晋禁浸	①京惊鲸茎经菁精晴晶荆兢粳③景颈井警④敬镜竞净静境竞径劲
q	①亲侵钦②勤琴芹秦禽擒③寝④沁	①氢轻倾青清蜻卿②情晴擎③顷请④庆亲
x	①新薪辛锌欣心馨④信衅	

▶第六章
铿锵起伏练声调

一、声调训练的重要性

（一）定义

声调又叫字调,是汉语音节所固有的可以区别意义的声音的高低和升降,即汉语音节中可以区别意义的音高变化。

（二）目的

重视音高变化的别义作用,体会音节的高低抑扬,稳定通过对声带松紧度等条件的控制、调节,造成的高低升降、曲折长短等声调变化形态,规避方言性字调影响,进一步规范语音。同时充分体现汉语旋律型有声调语言的音乐性、节律美。

汉语普通话中的声调虽然只有四种调型,却是最难掌握的一种语音变化模式,是方言中最难根除的部分。从普通话三级六等的语音标准可以看出,声调是衡量高一级普通话水平的首要特征,声调不准确,会导致方言语调明显,影响普通话的标准程度。因此,练习时应掌握科学的训练方法,克服发音上的错误和缺陷,使自己的普通话不仅"字正"而且"调准"。

（三）作用

1.区别和分化词义

这是汉语声调最基本、最重要的语言功能。汉语每一个音节通常是由声母、韵母和声调三个要素构成的,其中,韵母和声调是必不可少的要素。例如,"鹅"(é)这个词,只有韵母和阳平调;"爱"(ài)这个词,也只有韵母和去声调。这两个词(音节)没有声母,或者说其声母叫零声母。但在多数情况下,词语的音节一般由声母、韵母和声调三者构成。而在声母、韵母相同的条件下,声调的不同,往往是区别词义不同的重要语音手段。例如,"物理""物力""无理""无力""屋里""武力"等词语的音节中声母韵母都相同,他们的区别有赖于声调的不同。

普通话音节总数不计声调,约有400多个音节,算上声调变化可达1 300多个音节,如果每个音节管10个单音节字词,更可多达13 000个单音节字词,汉语声调表义别义的功能可见一斑。

2. 字音抑扬的核心

汉语声调有提高语言表达效果的功能。为了提高语言表达的效果,我们应当重视语言的物质外壳——语音。在汉语语音诸要素中,声调是一个重要的要素。而汉语声调最重要的本质是音高。音高的高低升降起伏变化,有如音乐上音阶的变化。汉语语音具有很强的音乐性。这除了汉语音节中元音占优势是一个重要原因外,声调中音高的变化也是不可忽视的一个因素。

普通话调类系统是从古汉语继承下来的。我国南朝齐梁之间,就有人把古汉语分为四类声调,即平、上、去、入。宋由四声总结为平仄两大类。从那时起,人们就发现了汉语声调音高变化可构成语音音律美这一潜在活力,用平仄声来概括当时汉语声调音高的音律性质,提出包括诗歌创作在内一切韵文作品应注意平仄的调节和配搭,合理安排平仄的交替和对应。在创作的实践中又进一步总结了平仄格律的各种格式和一些忌讳,最大限度地调动汉语声调音高表现出来的音乐美、节奏美,以提高语言的表达效果。

3. 重要的构词手段

汉语的声调具有协调汉语构词的功能。汉语构词的手段和方法多样。但是具体构造词语时,人们又十分注意语素间声调的配搭调节。有人对《现代汉语词典》的双音节词的语素音节里的声调的搭配做了分析与统计,发现双音节词里两个声调相同的音节组合不到10%。这就是说,双音节词里两个音节声调不同的组合占90%以上。又有人对汉语成语中2 740条四字格的成语做了分析统计,结果表明,有91%以上的成语都是注意四声相间平仄相配的。像"贪天之功""呜呼哀哉""含糊其辞""历历在目"这种四个音节声调或平仄都相同的成语是极少的,占成语总数不到10%。

著名作家老舍说得好,比如起个名吧,"'张三李四'好听,'张三王八'就不好听。前者是二平二仄,有起有落;后者是四字皆平,缺乏抑扬。"这说明汉语在构造词语时,词语音节中声调的协调是一个重要的因素。

二、声调及其构成

（一）调值

调值是声调的实值,即声调的实际发音,指声音高低、升降、曲直、长短的具体变化形式。

（二）调类

调类指声调的种类、分类,把调值相同的音节(汉字)归纳到一起所建立的类。普通话里有四种基本的调类,即阴平、阳平、上声、去声,简称为"阴""阳""上""去"四声。

（三）调值和调类的关系

（1）调值决定调类。一个语言(或方言)系统中,有几种区别意义的调值类型,就有几个调类。

（2）调值是声调的"实",调类是声调的"名"。

（3）同一种语言或同一种方言中,两者成简单的对应关系。即调类相同,调值必然相同;反过来调值相同的,调类也肯定相同。

（4）不同语言或不同方言中,二者关系错综复杂,调类相同的,调值不一定相同;调值相同的,而调类又不一定相同,这其中的原因也是复杂的,调类的命名主要是参考古调类来定的,而调值却是对现行语言或方言中的读法的实际描写。

（四）调型

音节的音高随时间而来的变化形式,即声调音高变化的类型。主要包括平调型、降调型、升调型、曲折调型等。根据调值的不同变化,还可有更为细致的划分,如普通话的阴平调(55)可称为高平调型,杭州话的阴平调(33)可称为中平调型,梅县话的阳平调(11)可称为低平调型。

汉语普通话的阴平调又叫高平调(高而平),阳平调是中升调(中升高),上声调是降升调(半低音先降到低音再升到半高音),去声调是全降调(高降低)。

（五）五度标记法

"平声平道莫低昂,上声高呼猛烈强,去声分明哀远道,入声短促急收藏",这是古人对汉语四声的描写,虽然在一定程度上指出了四声的差异,但却无法让人具体辨析四声音高的高低升降与曲折变化的情况。

通过对汉语语音,特别是汉语声调进行了深入的研究后发现,由赵元任先生创造的五度制标调法,是目前描写和记录声调调值最简便而有效的方法。五度制标调法是把声调的音高也就是"调域"分为五度,用一条竖线四等分,确立五个坐标点,自下而上用数字1,2,3,4,

5标记。(图6.1)各点名称依次为低、半低、中、半高、高五等。然后用画线条的办法从左至右把各个声调的具体音高变化画出来,通过线条高低升降或曲折变化的反映来显示各个声调的具体调值。在某一个语言或方言里,音高的变化是相对的,即所谓相对音高,也就是不管音高的绝对频率值是多少,一般都归并到相对的五度值之中。采用五度标调法记录声调,一般只记发音起点和终点的音高。

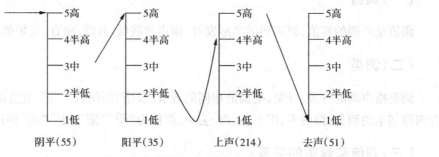

图6.1 普通话四声五度标记图

三、普通话的四声

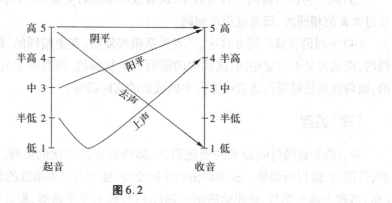

图6.2

(一)发音比较

普通话的四声指阴平、阳平、上声、去声四个声调调类,简称为"阴、阳、上、去"四声,具体分析如下表。

调 类	调 值	调 型	调 号	例 字
阴平(第一声)	55	高平	ˉ	衣
阳平(第二声)	35	中升(高升)	´	姨
上声(第三声)	214	降升(曲折)	ˇ	椅
去声(第四声)	51	全降(高降)	`	义

（二）发音特点

我们可以根据汉语普通话声调调型变化的形态特点将声调的发音特点总结为一句话：一平(高)、二升(扬)、三曲(低)、四降(抑)。

（三）发音缺陷

1. 阴平念不高

阴平有为其他三个声调定高低的作用，如果阴平调值掌握不好，会影响其他声调的发音。有些人阴平读得过低或过高，造成去声降不下来，阳平高不上去的毛病。练习阴平调时，可先用单韵母读出高、中、低三种不同的平调，体会发高音时声带拉紧，发低音时声带放松的不同感觉。这种练习不但可以比较出阴平的高平调值，而且可以训练控制声带松紧的技能，为掌握好复杂的升、降、曲三种声调打下基础。

2. 阳平上不去

多数人读不好这个调值是高音升不上去，主要原因是起点太高，声带已相当紧了，无法再紧，音高也就不能再升。纠正的方法是设法把声带放松，然后再拉紧。可以先读一个去声，把声带放松，紧接着读一个升调，这样可以读出接近阳平的调值。多读去声和阳平相连的词语，有助于练好阳平。

3. 上声难转变

在朗读和谈话中，上声单念时基本调值出现的机会很少，经常出现的是变化之后的调值。但是基本调值是变化的基础，掌握了基本调值才能掌握它的变化，所以，首先应读准上声的本调。读上声时主要的问题是起点高，降不下来，给人的感觉是拐弯不够大；也有的人虽有拐弯，但前面下降的部分太短，后面上升的部分太长。练习上声时，首先应设法把声带放松，使声调的起点降低，并尽量把低音部分拖长。可以先读一个去声，以帮助放松声带和增加前半段的长度，气流不中断，紧接着念个短促的升调，就能读出较正确的上声了。

4. 去声下不来

多数人读去声时不感到困难，少数人降不下去。可用阴平带去声的方法来练习，即先发一个阴平，使声带拉紧，再在阴平的高度上尽量把声带放松，就能读出全降调的去声了。多读阴平和去声相连的词语，有助于读好去声。

（四）发音要领

(1)阴平：声音高而平，由高音到高音，5 度到 5 度，没有明显变化，气息支撑稳定，声带绷紧、拖住。

(2)阳平：声音由中音到高音，3 度到 5 度，直接上升不拐弯，气息渐弱，声带由不松不紧到绷紧。

（3）上声：声音由半低起调，先降到最低，再升到半高，214度曲折，降不压喉，升不拐弯，气息由弱到强再到弱，声带由较松到最松，再到绷紧，四声中音长最长。

（4）去声：声音由高音到低音，5度到1度，迅速直下不拖沓，气流由弱到强，声带由绷紧到放松，四声中音长最短。

（五）发音原则

声调发音时需要注意以下原则：音高要有限度，高而不喊；音低要有力度，低而不散；要声轻，轻而不浮；要音沉，沉而不浊；音量加大时，气足而不浊；音量减小时，气竭而不衰。

（六）声调随气息变化示意图（图6.3）

紧	高	5	阴平:55
半紧	半高	4	阳平:35
不松不紧	中	3	上声:214
半松	半低	2	去声:51
松	低	1	

图6.3

四、结合声调普通话音节结构分析

组成举例	声　母		韵　母				声　调	
	辅音	零声母	韵头	韵腹	韵尾		调类	调值
			（介音）	（主要元音）	元音	辅音		
秀 xiù	x		i	(o)	u		去声	51
该 gāi	g			a	i		阴平	55
学 xué	x		ü	(ê)			阳平	35
创 chuàng	ch		u	a		ng	去声	51
延 yán		ø	(i)	a		n	阳平	35
我 wǒ		ø	(u)	o			上声	214
袄 ǎo		ø		a	o(u)		上声	214
玉 yù		ø		ü			去声	51

五、声调发音时常见错误

1.调类错误

调类错误是指把普通话四个调类的字归类弄错了，把甲类字读成乙类字。如把阴平字“拙”读为阳平，把阳平字“雌”读为阴平，把上声字“癖”读为去声，把去声字“质”读为上声等。造成调类错误的因素有：

(1)声旁相同，形声字读音不同。由于古今语音的演变，大约有四分之三的形声字，声旁和整个字的读音不完全相同了。所以形声字的表音作用受到很大的限制。一部分声母韵母与声旁相同，而声调不同的形声字往往容易读错。如：脂(阴平)、即(阳平)、捻(上声)、昵(四声)。

(2)语境不同。多音字读音不同在多音字中有一类是字形相同，读音声母、韵母也相同。只有声调不同。这时唯一的声调差异往往被忽视，或是混读，或是念成另一个使用频率较高的音。

混读的原因之一是没有弄明白多音字间语法意义上的区别。例如，“晃”读上声时的意思是照耀；很快地闪过。读去声时的意思是晃荡、晃悠、晃动。“载”读上声时的意思是记在书报上；登载、转载、千载难逢。读去声时的意思是用交通工具装，载歌载舞、载体、载运。

另一种情况是由于多音字的使用不平衡，容易将其中一个使用频率较低或组词能力较弱的读为另一个使用频率较高或组词能力较强的音。例如，拘泥(jūnì 不能念成 jūní)、参与(cānyù 不能念成 cānyǔ)。

(3)方言不同，调类、收字不同。现代汉语各方言的调类都是由古代汉语“平、上、去、入”四声演变而来的。北京语音及大部分北方方言只有“阴平、阳平、上声、去声”四个调类，各南方方言的调类都多于普通话，有的甚至有十个调类，调类本身就有分歧。此外，即使调类相同，所收的字也不一定相同，所以声调的分歧很大。其中影响最大的是入声。普通话没有入声调，入声字已归并到四声中去了，“600 个左右常用的古入声字，在普通话中读去声的约占 40%，读阳平的约占 31%，读阴平的约占 21%，读上声的约占 7% ~8%”。一些北方方言虽然也没有入声，但入声字的归类和普通话的并不一致，而各南方方言一般都保留了入声，与普通活的差别更大，常用入声字的普通话读音：

①普通话读阴平的入声字

钵、剥、逼、憋、戳、搭、滴、跌、咄、塌、剔、踢、突、托、脱、湿、失、虱、激、击、缉、积、鞠、磕、瞌、邋、颇、泼、戚、屈、缺、沏、吸、悉、息、昔、膝、夕、薛、搁、郭、忽、屋、微、织、拙、卓、桌、捉、摘

②普通话读阳平的入声字

拔、驳、凳、迭、乏、伏、幅、福、辐、囫、汲、即、嫉、荚、颊、倔、什、蚀、袭、檄、穴、砸、竺、茁

③普通话读上声的入声字

百、柏、笃、骨、脊、甲、眨、窄、辱、癖、撇、匹、索、乞、乙

④普通话读去声的入声字

必、毕、碧、粕、魄、莫、灭、复、腹、覆、较、踏、匿、溺、虐、辣、力、裂、劣、晾、仄、侧、测、厕、策、色、祝、适、迨、恰、怯、壳、阙、吓、嗑、括、扩、或、获、厄、扼、过、轶、煜、室、质

2. 调值错误

调值错误严重影响一个人的语音面貌，构成方言语调。调值错误有两类表现：一类是方言性质的错误。一种情况是调形与普通话相同，但调值高低不同。如普通话的阴平调值是55 值，沈阳、成都、苏州、梅县、福州都是44，比较接近，但是低了一点。长沙更低，是33 值。太原最低、读11 值。它们虽然调值高低不同，但调形是一致的，都是平调。另一种情况是调形和调值高低与普通话都不相同。如兰州、西安、南京的阴平读为中降调31，绍兴、南宁读41。上海、玉林读54。济南差别更大，读成降升调213，几乎与普通话的上声相同。这些方言阴平调的调形和调值高低与普通话都不一样。由此可见，调类相同，调值相差之大。

第二类是发音技巧性质的。发音技巧性质的错误是指已了解普通话的调值，声调发音不是方言调值，而是由于没有掌握发音技巧，导致调值不准。如有人将去声51 发成511，这不是方言调值，而是由于发音拖沓而导致的。

3. 相对音高错误

声调的性质主要表现为音高的变化，虽然普通话声调也有长短之分，但音长并不是普通话声调的本质，音高才是声调的本质。从物理性上来看，音高有相对音高和绝对音高两类，影响普通话声调的不是绝对音高，而是相对音高。因此，在语流中音节与音节之间存在相对高度。由于汉语的声调表现为相对音高的变化，如果单音节字词读错调值但调形相同的话，是很难发现的，但在语流中却很容易感觉到。如果只注意单音节声调的调形调值，不注意音节间相对高度的比值，就会"跑调"。例如，上声214 的发音，最本质的特征不是调的曲折，而是调的低度要下得去，必须在自己的五度声区里降到最低再上扬。

4. 变调错误

在单音节里，普通话四声的调值是55，35，214，51，但在语流中由于音节间互相影响，四声的调值会发生不同程度的变化，即出现变调。在"自然流畅练音变"一章会有详细论述。

六、现代汉语方言普通话声调对照

		平 声		上 声		去 声		入 声			
方言区	地名	清	浊	清	浊	清	浊	清	浊		声调数
			次浊 全浊		次浊 全浊		次浊 全浊		次浊	全浊	
北方	北京	阴平 55	阳平 35	上声 214		去声 51		阴平 阳平 上声 去声	去声	阳平	4
	青岛	平声24		上声213		去声42		上声去声	去声		3
	济南	阴平 55	阳平 42	上声 213		去声 21		阴平	去声	阳平	4
	西安	阴平 55	阳平 24	上声 42		去声 31		阴平		阳平	4
	兰州	阴平 31	阳平 53	上声 442		去声 13				阳平	4
	东干语	平声 24		上声 51		去声 44		平声			3
西南	成都	阴平 45	阳平 21	上声 52		去声 213		阳平			4
	乐山	阴平 55	阳平 21	上声 52		去声 224		入声3			5
江淮	南京	阴平 31	阳平 13	上声 212		去声 44		入声5			5
晋	太原	平声 11		上声 53		去声 45		阴入2	阳入 54		5
吴	苏州	阴平 44	阳平 24	阴上 52	阳上 31	阴去 412	阳去 31	阴入4	阳入23		7
	上海	阴平 52	阳去 113	阴去 334		阳去		阴入5	阳入23		6

续表

主要方言声调对照表

方言区	地名	平 声			上 声			去 声			入 声			声调数
		清	浊		清	浊		清	浊		清	浊		
			次浊	全浊		次浊	全浊		次浊	全浊		次浊	全浊	
湘	长沙	阴平33	阳平13		上声41	阳去		阴去55	阳去21		入声24			6
赣	南昌	阴平42	阴去	阳平24	上声213	阳去		阴去55	阳去21		阴入5	阳入21		7
客家	梅州	阴平44	阳平11		上声31			去声52			阴入21	阳入4		6
闽	福州	阴平44	阳平52		上声31	阳去		阴去213	阳去242		阴入23	阳入4		7
	厦门、台北	阴平55	阳平24		上声51	阳去		阴去21	阳去33		阴入32	阳入5		7
	泉州	阴平33	阳平24		阴上44	阳上22		阴去41	阳去41		阴入5	阳入24		8
	潮州	阴平33	阳平55		阴上53	阳上35		阴去11	阳去31		阴入2	阳入5		8
粤	广州	阴平55或53	阳平21		阴上35	阳上13		阴去33	阳去22		高阴入5 / 低阴入(中入)3	阳入2		9
平话	南宁	阴平41	阳平52		阴上33	阳上24		阴去55	阳去22		高阴入5 / 低阴入(中入)3	高阳入24	低阳入2	10

》》声调综合练习

练习提示:在发音感受和练习过程中,注重区分不同音高和调型变化带来的动觉、听觉回馈差异。同时,重视区分不同发音视觉状态回馈的差别,稳定正确明晰、抑扬起伏的语音印象,注意与方言声调的对比分析,不断增强听辨意识,提升听评水平,强化发音能力。

一、感受五度区间变化调整

1.在自己声域范围内分出合比例的5度音高

中声区的寻找 → 3度

高音区的寻找 → 5度

低音区的寻找 → 1度

3度 → 4度 → 5度

3度 → 2度 → 1度

2.在自己声域范围内稳定相对的5度音高变化

3度 → 4度 → 5度 → 3度 → 2度 → 1度

5度 → 4度 → 3度 → 2度 → 1度

1度 → 2度 → 3度 → 4度 → 5度

1度 → 2度 → 3度 → 4度 → 5度 → 4度 → 3度 → 2度 → 1度

二、感受5度变化和声带松紧调节的对应关系

ā、á、ǎ、à   ī、í、ǐ、ì

ū、ú、ǔ、ù   ē、é、ě、è

ō、ó、ǒ、ò   ǖ、ǘ、ǚ、ǜ

三、感受5度变化和气息调节控制的对应关系

妈、麻、马、骂   巴、拔、把、爸

搭、达、打、大   他、沓、塔、踏

发、乏、法、珐   叉、查、衩、刹

四、感受5度变化和调型调整变化的对应关系

衣、移、椅、义   屋、无、五、物

迂、鱼、雨、遇   鸭、牙、雅、亚

科、咳、渴、课   通、同、桶、痛

五、声调词语强化练习

普通话声调练习,要找到规律,在四声准确的基础上,根据内容有感受地发出每个音节。

反复大量练习单音节、双音节、四音节、诗词、小段子、绕口令等。

1. 同声韵字四声调发音练习

既练习声调,也练习声母、韵母的发音。注意四声要准确,出字要有力,咬住字头,拉开字腹,收住字尾;声音连贯,气息控制自如。

双唇音组

巴—拔—把—罢	掰—白—摆—拜	包—雹—保—报	崩—甭—绷—迸
逼—鼻—比—闭	憋—别—瘪—别	播—博—跛—簸	逋—醭—捕—部
拍—排—迫—派	乓—旁—耪—胖	抛—袍—跑—炮	烹—鹏—捧—碰
批—皮—痞—僻	偏—骈—谝—骗	拼—贫—品—聘	坡—婆—巨—破
扑—仆—普—铺	妈—麻—马—骂	猫—毛—卯—帽	懵—萌—猛—梦
咪—迷—米—密	喵—苗—秒—庙	摸—魔—抹—墨	

唇齿音组

发—罚—法—珐	翻—凡—反—饭	方—房—访—放	非—肥—匪—肺
分—坟—粉—份	风—冯—讽—奉	夫—浮—辅—富	

舌尖中音组

搭—达—打—大	刀—捯—岛—到	滴—敌—邸—第	督—独—堵—肚
多—夺—朵—堕	胎—抬—呔—态	贪—谈—坦—探	汤—堂—躺—烫
涛—逃—讨—套	踢—题—体—替	挑—条—窕—跳	听—停—挺—梃
通—同—统—痛	突—图—吐—兔	推—颓—腿—退	拖—驼—妥—拓
那—拿—哪—纳	囡—男—赧—难	孬—挠—脑—闹	妮—泥—你—逆
拈—年—撵—念	妞—牛—扭—拗	拉—旯—喇—辣	啷—狼—朗—浪
捞—劳—老—涝	勒—雷—磊—累	哩—离—理—力	撩—聊—了—料
拎—林—凛—吝	溜—流—柳—遛	隆—龙—拢—弄	䁖—楼—搂—露
撸—炉—鲁—路	抡—轮—埨—论	捋—罗—裸—落	

舌根音组

歌—膈—葛—个	根—哏—艮—亘	锅—国—果—过	科—咳—可—克
框—狂—夼—况	亏—奎—傀—溃	嗨—孩—海—害	酣—含—喊—汉
蒿—豪—好—号	烘—红—哄—讧	齁—喉—吼—厚	忽—胡—虎—户
欢—还—缓—换	荒—黄—谎—晃	辉—回—毁—会	豁—活—火—或

舌面音组

激—即—挤—继	加—颊—假—嫁	交—嚼—脚—叫	接—节—姐—届

居—局—举—句　　撅—绝—蹶—倔　　期—骑—起—气　　千—前—浅—倩
腔—强—抢—呛　　敲—桥—巧—俏　　切—茄—且—窃　　亲—琴—寝—沁
青—情—请—庆　　区—渠—取—去　　圈—权—犬—劝　　西—习—洗—戏
先—弦—显—现　　香—祥—想—向　　消—淆—小—笑　　歇—斜—写—谢
星—形—醒—幸　　需—徐—许—序　　宣—悬—选—炫　　薛—学—雪—谑

舌尖后音组

渣—闸—眨—炸　　摘—宅—窄—债　　招—着—找—照　　遮—辙—者—这
支—直—指—至　　周—轴—肘—皱　　朱—竹—煮—著　　插—茶—衩—岔
挽—缠—铲—颤　　昌—长—场—唱　　撑—成—逞—秤　　吃—迟—齿—赤
冲—虫—宠—铳　　抽—愁—丑—臭　　出—除—楚—触　　穿—传—喘—钏
窗—床—闯—创　　烧—勺—少—邵　　奢—舌—舍—社　　身—神—沈—甚
声—绳—省—盛　　师—时—始—是　　收—熟—手—受　　书—孰—属—树
嚷—瓤—壤—让

舌尖前音组

糟—咱—攒—赞　　遭—凿—早—造　　作—昨—左—做　　猜—才—采—蔡
餐—残—惨—灿　　疵—词—此—刺　　村—存—忖—寸　　搓—痤—脞—错
虽—随—髓—岁

2. 两字词语声调连贯练习

这个练习要结合气息一块儿练,尤其是夸张的上声练习。对于体会"胸支"和气息运动很有帮助。要求阴平平稳,气势平均不紧张;阳平上扬,用气强起逐渐弱;上声曲折,降时气稳扬时强;去声高降,弱起到强气通畅。

阴——阴

悲观　花生　山东　诗经　批发　军官　危机　江山　灯光　交通
天津　精心　激光　端庄　春分　安家　飞机　播音　拥军　丰收

阴——阳

飞行　新闻　周围　宽容　车轮　星球　鲜明　周年　签名　昆明
出席　风云　金鱼　军团　经营　分歧　灯谜　观察　官员　中国

阴——上

班长　编审　争取　资本　公款　颁奖　供给　登载　冲洗　屋脊
辛苦　斑马　青岛　灯塔　歌曲　封锁　喷洒　观赏　倾吐　金属

阴——去

| 拍卖 | 诬告 | 糟粕 | 歼灭 | 呼啸 | 优越 | 摘要 | 尊敬 | 天籁 | 欢笑 |
| 甘肃 | 生态 | 经费 | 丰硕 | 松懈 | 牵挂 | 倾注 | 刚毅 | 飞跃 | 观众 |

阳——阴

| 财经 | 昙花 | 荣膺 | 来宾 | 国家 | 前锋 | 房间 | 轮班 | 围巾 | 节约 |
| 年轻 | 搏击 | 檀香 | 乾坤 | 时光 | 浮夸 | 寒冬 | 存根 | 农村 | 群居 |

阳——阳

| 丛林 | 凌晨 | 毗邻 | 城楼 | 重阳 | 余额 | 频繁 | 学习 | 临时 | 厨房 |
| 格言 | 翱翔 | 模型 | 题材 | 池塘 | 联合 | 存栏 | 萌芽 | 农田 | 繁荣 |

阳——上

| 难免 | 黄海 | 梅雨 | 合影 | 论语 | 廉耻 | 博览 | 承揽 | 遥远 | 游泳 |
| 拂晓 | 情感 | 平坦 | 迷惘 | 垂柳 | 嘲讽 | 城府 | 怜悯 | 男子 | 灵感 |

阳——去

| 寒假 | 年代 | 函授 | 垂钓 | 成立 | 渠道 | 宁夏 | 福建 | 名贵 | 屏幕 |
| 时令 | 流逝 | 陶醉 | 别墅 | 独奏 | 煤炭 | 结束 | 狂热 | 回忆 | 玩具 |

上——阴

| 婉约 | 已经 | 喘息 | 体操 | 北京 | 处方 | 果汁 | 美观 | 审批 | 耳机 |
| 写生 | 陕西 | 崭新 | 武装 | 萎缩 | 感官 | 导师 | 解说 | 鼓吹 | 景观 |

上——阳

| 海拔 | 冷藏 | 典型 | 久别 | 偶然 | 法人 | 挽回 | 体裁 | 礼节 | 楚辞 |
| 凛然 | 反刍 | 永恒 | 指南 | 忖度 | 楷模 | 晚霞 | 饮食 | 缅怀 | 渴求 |

上——上

| 典雅 | 总理 | 抚养 | 剪彩 | 景点 | 把守 | 宝塔 | 蒙古 | 武打 | 理解 |
| 领土 | 雪耻 | 整理 | 引导 | 辅佐 | 岛屿 | 仿古 | 旅馆 | 审美 | 举止 |

上——去

| 股票 | 紧迫 | 火箭 | 讲座 | 岗位 | 毁灭 | 罕见 | 角落 | 轨道 | 软件 |
| 纽带 | 访问 | 秉性 | 海燕 | 底蕴 | 鸟瞰 | 斧正 | 悔悟 | 粉饰 | 考试 |

去——阴

| 卫生 | 日光 | 目标 | 贵宾 | 废墟 | 杜鹃 | 冠军 | 动机 | 构思 | 细胞 |
| 配方 | 特约 | 竞争 | 绣花 | 复兴 | 健康 | 社交 | 募捐 | 退休 | 梦乡 |

去——阳

| 热情 | 幸福 | 列席 | 著名 | 问答 | 汽油 | 矿石 | 动摇 | 月球 | 纵横 |
| 少年 | 毅然 | 盎然 | 素描 | 信条 | 汗颜 | 上乘 | 告别 | 布局 | 伴随 |

去——上

| 富有 | 喝彩 | 豆豉 | 唤醒 | 淡雅 | 货款 | 笑柄 | 对比 | 旱獭 | 内蒙 |
| 户口 | 气馁 | 报纸 | 翅膀 | 背景 | 宪法 | 汉语 | 伴侣 | 落伍 | 寓所 |

去——去

| 辩证 | 刺绣 | 费劲 | 杜撰 | 恫吓 | 败诉 | 固定 | 议案 | 世界 | 试办 |
| 涉外 | 境况 | 购物 | 泡沫 | 断送 | 概率 | 变质 | 伴奏 | 败落 | 奥秘 |

3. 两字词语声调对比练习

在一组词语中,当其中一个音节声韵调完全相同时,感受另一个音节发音时气息随声韵调的变化,增强声调随气息变化的感受意识。

回家—回程—回访—回路	平均—平衡—平等—平列
边关—边防—边卡—边境	起身—起程—起跑—起步
山冈—山峦—山岭—山脉	演出—演员—演讲—演戏
敢说—敢为—敢想—敢干	礼单—礼服—礼品—礼物
下山—下台—下水—下地	开车—开门—开锁—开业
海疆—海峡—海港—海域	攻关—攻读—攻取—攻陷
地心—地层—地表—地幔	古书—古玩—古典—古迹
伤风—伤寒—伤感—伤害	阴天—阴沉—阴冷—阴暗
产生—产值—产品—产量	水车—水渠—水塔—水库
雨衣—雨鞋—雨伞—雨具	潮汐—潮流—潮水—潮汛
园丁—园林—园圃—园地	教师—教材—教导—教具
画家—画廊—画展—画院	前方—前程—前景—前线
共生—共同—共处—共事	法官—法庭—法网—法律
感激—感情—感慨—感动	观瞻—观察—观赏—观看
花灯—花茶—花朵—花卉	善心—善良—善举—善意
钟表—怀表—秒表—电表	宫灯—龙灯—彩灯—汽灯
书本—文本—版本—副本	切除—革除—铲除—废除

波动—浮动—响动—跳动　　坚守—防守—死守—镇守

边防—国防—海防—换防　　收购—邮购—采购—套购

雕塑—泥塑—彩塑—面塑　　葱绿—油绿—草绿—碧绿

区域—流域—海域—地域　　风灾—虫灾—水灾—旱灾

光谱—食谱—脸谱—乐谱　　帮助—援助—辅助—赞助

军医—神医—法医—兽医　　功绩—成绩—伟绩—政绩

宽阔—辽阔—广阔—壮阔　　温习—实习—演习—练习

推举—抬举—选举—壮举　　出售—零售—奖售—预售

相似—神似—好似—类似　　空话—实话—好话—废话

夸耀—荣耀—显耀—炫耀　　看护—防护—守护—救护

高炉—熔炉—火炉—壁炉　　生人—熟人—友人—巨人

天体—集体—导体—物体　　医学—文学—法学—化学

衰弱—贫弱—软弱—脆弱　　通史—国史—野史—秘史

4.三字词语声调连贯练习

阴—阴—阴

深加工	开发区	中关村	东西方	中餐厅	收音机	青春期	公交车
通知书	中山装	包青天	双胞胎	歼击机	星期三	初中生	经销商

阴—阴—阳

高跟鞋	接班人	天安门	师生情	推销员	工薪族	西班牙	中消协
中秋节	公安局	单身族	擦边球	香椿芽	机帆船	拉家常	贴春联

阴—阴—上

参加者	空欢喜	危机感	交杯酒	工资卡	青稞酒	观沧海	珍珠港
积分榜	私生子	缺心眼	餐巾纸	飞机场	天花板	关工委	出师表

阴—阴—去

基督教	婚纱照	双休日	夫妻档	师兄弟	刀削面	新生代	搬迁户
攻坚战	微机室	中低档	公开信	科威特	中宣部	清真寺	空间站

阴—阳—阴

说明书	高材生	心连心	珊瑚礁	桑拿天	清洁工	新农村	威尼斯
织毛衣	更年期	基围虾	乌蒙山	蜂王浆	消防栓	中国通	三伏天

阴—阳—阳

天鹅湖	安全门	三门峡	中国结	冰淇淋	清明节	居民楼	酥油茶
关节炎	观察员	发言人	开门红	知情人	中情局	飞行员	单元房

阴—阳—上

升级版	风云榜	安全岛	机床厂	发明者	钢琴曲	天文馆	包乘组
充值卡	搜狐网	交强险	遮阳伞	八达岭	催眠曲	中南海	苏打水

阴—阳—去

多元化	真没劲	新闻界	加油站	真人秀	安全带	发祥地	升学率
新华社	说明会	天然气	吸尘器	加时赛	双学历	三明治	单行线

阴—上—阴

三角洲	资本金	推土机	歌舞厅	花果山	吃海鲜	消火栓	伤脑筋
山海经	哈尔滨	装甲车	标准间	钟点工	开小差	阿里山	偏北风

阴—上—阳

发起人	观礼台	穿小鞋	千岛湖	山里红	西雅图	邀请函	参访团
商品粮	西子湖	新感觉	商品房	端午节	单眼皮	污染源	泼水节

阴—上—上

公检法	千里眼	泼冷水	喝喜酒	增长点	深水井	东北虎	七巧板
奢侈品	瓜子脸	交管所	一把手	秋老虎	杀手锏	鸡尾酒	冰米酒

阴—上—去

脱口秀	风景线	出苦力	松紧带	风采录	家属院	居委会	出厂价
吞吐量	邀请赛	丹顶鹤	餐洗净	出版社	黑土地	斑马线	官本位

阴—去—阴

一对一	针线包	高气压	开绿灯	工具书	七色光	三下乡	商务车
操作间	双面胶	搬运工	天目山	公益心	佳木斯	酸辣汤	风向标

阴—去—阳

吃住行	关键词	出境游	专利权	公务员	三巨头	经纪人	新纪元
音乐人	压岁钱	伊甸园	观众群	当事人	冬令营	高架桥	生态园

阴—去—上

剖腹产　失落感　观后感　优惠卡　宽带网　丢饭碗　金字塔　真善美
交易所　招待所　突破口　科技馆　东道主　出现场　新浪网　中纪委

阴—去—去

黑社会　充电器　多动症　身份证　科技大　失业率　听证会　生命力
接力赛　新干线　开幕式　高速路　收费站　播放器　方便面　音乐会

〇轻〇

消息树　魔术师　关系户　护士长　对不起　炊事班　白菜帮　架子鼓
小气鬼　灶王爷　豆腐干　冒失鬼　芥末油　麻烦事　庄稼汉　面子事

〇〇轻

过日子　凑份子　臭豆腐　小聪明　有路子　叫花子　出风头　使性子
穷乐和　老爷子　死对头　犯迷糊　好兆头　做生意　女朋友　讲故事

5. 四字词语声调连贯练习

通过这个练习，可以锻炼灵活运用四声正音的技巧。读的时候，气息要控制好，放开声一口气很通畅地发出来。

阴—阴—阴—阴

居安思危　公交公司　东方之珠　惺惺相惜　科班出身　搬迁新居
装修公司　肌肤之亲　休戚相关　忧心忡忡　攀登珠峰　中央机关

阴—阴—阴—阳

婚姻家庭　精英阶层　新鲜出炉　稀缺资源　高分低能　花边新闻
新春佳节　精心栽培　咄咄逼人　边吃边玩　秋收冬藏　山居秋暝

阴—阴—阴—上

加班加点　溜须拍马　偷鸡摸狗　加工窝点　花花公子　星星之火
开山之祖　东拉西扯　高温多雨　惊弓之鸟　摧枯拉朽　今非昔比

阴—阴—阴—去

虚张声势　清风扑面　新鲜资讯　施加压力　丰收之后　亲身经历
失之交臂　交通工具　中庸之道　春花秋月　昏天黑地　孤军深入

阴—阴—阳—阴

今冬明春	金屋藏娇	增收节支	资金流失	东方时空	生吞活剥
中心城区	周边国家	堆积如山	鹰击长空	东方明珠	师生员工

阴—阴—阳—阳

悲欢离合	清风徐徐	丰衣足食	先声夺人	波光粼粼	曲曲折折
生机勃勃	公私合营	蜂拥而来	三思而行	春分时节	中心环节

阴—阴—阳—上

凶多吉少	舒筋活血	高山滑雪	张灯结彩	心胸狭窄	莘莘学子
舟山群岛	开心辞典	村夫俗子	争分夺秒	归根结底	腰肌劳损

阴—阴—阳—去

天灾人祸	天高云淡	春风得意	金鸡独立	温馨提示	轻松愉快
青春时尚	居高临下	深思熟虑	风光无限	殚精竭虑	生机无限

阴—阴—上—阴

资金短缺	乌苏里江	优中选优	鲜花掌声	空中缆车	空中打击
招生简章	深居简出	微缩景观	招商引资	精心组织	姑息养奸

阴—阴—上—阳

接风洗尘	空中走廊	披荆斩棘	激光扫描	天山雪莲	资金往来
公关礼仪	孤家寡人	深山老林	飞沙走石	专家解读	高接远迎

阴—阴—上—上

熙熙攘攘	风吹雨打	生津止渴	巴山蜀水	欢欣鼓舞	彬彬有礼
烟熏火燎	杀鸡取卵	风生水起	高瞻远瞩	春江水暖	炊烟袅袅

阴—阴—上—去

珠光宝气	抛砖引玉	花天酒地	冰天雪地	中秋赏月	山珍海味
丰功伟绩	颠三倒四	山清水秀	风吹草动	休戚与共	公开响应

阴—阴—去—阴

呼之欲出	风姿绰约	东窗事发	公开曝光	听之任之	发挥欠佳
通关报关	呼声甚高	官方用车	交通运输	失声痛哭	身心健康

阴—阴—去—阳

危机四伏	披金戴银	歌功颂德	因噎废食	登峰造极	高风亮节
生机盎然	推波助澜	高屋建瓴	巅峰对决	开张大吉	先发制人

阴—阴—去—上

脱胎换骨	翻山越岭	欢声笑语	登高望远	呼风唤雨	八仙过海
秋高气爽	惊天逆转	烽烟再起	伤筋动骨	捉襟见肘	钩心斗角

阴—阴—去—去

开天辟地	鞠躬尽瘁	更新换代	低声下气	光阴似箭	光天化日
朝三暮四	欢呼雀跃	天高地厚	说三道四	标新立异	兴风作浪

阴—阳—阴—阴

经常出差	医疗开支	生存空间	心灵之窗	私人空间	推陈出新
金融危机	升值空间	心灵创伤	新年钟声	中直机关	超常发挥

阴—阳—阴—阳

经常失眠	精神家园	监察专员	消防安全	新闻宣传	家庭生活
超凡脱俗	春华秋实	森林公园	春兰秋菊	倾国倾城	欢迎光临

阴—阳—阴—上

心如刀绞	风言风语	风流潇洒	出行参考	安全出口	经营风险
科学发展	宣传推广	惊人之举	东南西北	新闻出版	教学相长

阴—阳—阴—去

天伦之乐	夕阳西下	阴阳交替	生存压力	因材施教	三阳开泰
发扬光大	花容失色	积极参与	高原光照	精神风貌	金蝉脱壳

阴—阳—阳—阴

江河湖泊	衣食无忧	吹毛求疵	新闻联播	八国联军	荆棘丛生
中华腾飞	科学研究	空穴来风	开国元勋	新华文摘	突击袭击

阴—阳—阳—阳

交流平台	真才实学	超群绝伦	精神赔偿	出国留学	积极协调
突如其来	坚持原则	飞黄腾达	中国足协	中华民族	功能齐全

阴—阳—阳—上

风流才子	心驰神往	高潮迭起	优良传统	非同凡响	生龙活虎
新闻媒体	青梅竹马	真情实感	光荣传统	生活成本	西湖龙井

阴—阳—阳—去

真情回报	雍容华贵	新闻人物	知足常乐	生活习惯	公民权利
生存能力	精诚合作	积极回报	飞扬跋扈	身怀绝技	非凡成就

阴—阳—上—阴

资源短缺	英雄史诗	心灵港湾	兼而有之	生活起居	殷勤体贴
推而广之	心怀鬼胎	居民小区	私人保镖	天然氧吧	新闻主播

阴—阳—上—阳

心服口服	交流感情	科学指南	资格审查	声名远扬	公民守则
生活水平	开除党籍	边防检查	多云转晴	思维敏捷	珍奇古玩

阴—阳—上—上

专题演讲	观察小组	非常反感	天涯海角	搜集整理	心急火燎
心慈手软	非同小可	张牙舞爪	天涯咫尺	一无所有	亲朋好友

阴—阳—上—去

优柔寡断	英明果断	妻离子散	雕虫小技	经年累月	山明水秀
新民晚报	安全隐患	颠来倒去	深谋远虑	诸如此类	光明磊落

阴—阳—去—阴

公平竞争	身残志坚	开诚布公	发达地区	天圆地方	惊鸿一瞥
川流不息	安全第一	非同一般	开门见山	生活变迁	相得益彰

阴—阳—去—阳

精疲力竭	珠联璧合	焦头烂额	供不应求	失而复得	积极配合
衣食住行	关门大吉	三从四德	心平气和	鸡毛蒜皮	鞭长莫及

阴—阳—去—上

风情万种	漂洋过海	丢人现眼	亲临现场	轻而易举	周而复始
春节序曲	开国大典	枪林弹雨	风流倜傥	庸人自扰	街头巷尾

阴—阳—去—去

催人泪下	枝繁叶茂	争强好胜	出谋划策	街谈巷议	粗茶淡饭
西行漫记	风平浪静	家徒四壁	偷梁换柱	雕梁画栋	哄堂大笑

阴—上—阴—阴

东倒西歪	休养生息	春暖花开	悲喜交加	生死攸关	天网恢恢
鸡犬升天	公款吃喝	虚拟空间	约法三章	微软公司	杯水车薪

阴—上—阴—阳

多种经营	相辅相成	精品工程	颠倒黑白	中饱私囊	天府之国
恭喜发财	精彩纷呈	天壤之别	灯火通明	轻舞飞扬	东躲西藏

阴—上—阴—上

心理疏导	亲手挑选	知己知彼	根本宗旨	非法吸储	心理关口
生死相许	钢铁生产	思想观点	非法生产	基本方法	清扫积雪

阴—上—阴—去

新老交替	因小失大	非法偷渡	生长发育	经典之作	标本兼治
春捂秋冻	军港之夜	生产基地	奔走相告	坚守一线	肝胆相照

阴—上—阳—阴

心有灵犀	灯火阑珊	脱口而出	山体滑坡	风雨同舟	脱颖而出
高枕无忧	根本原因	非法传销	颠倒乾坤	孤苦伶仃	烽火连天

阴—上—阳—阳

风卷残云	张口结舌	星火燎原	金榜题名	双喜临门	高手如云
沧海横流	发展蓝图	撒手人寰	冠冕堂皇	天理难容	风土人情

阴—上—阳—上

生产成本	千岛群岛	稍有好转	非此即彼	私有财产	优雅得体
卑鄙无耻	基本停止	出口产品	针灸疗法	风雨无阻	风起云涌

阴—上—阳—去

威武雄壮	基本国策	心理调试	先睹为快	出土文物	优雅时尚
风景名胜	姑且不论	滴水不漏	充满悬念	高等学校	窗口形象

阴—上—上—阴

经典老歌	沙场点兵	专场演出	推理小说	修改党章	生猛海鲜
深海捕捞	诸子百家	抓紧抢修	精彩演出	风险抵押	发表演说

阴—上—上—阳

安享晚年	搜索引擎	商品打折	公款旅游	出口总额	卑鄙小人
肢体语言	高考补习	焦点访谈	车水马龙	慷慨解囊	孤寡老人

阴—上—上—上

颁奖典礼	经典版本	交响组曲	高考体检	朝九晚五	深远影响
资产管理	家纺产品	单打选手	精美礼品	出尔反尔	屈指可数

阴—上—上—去

生死与共	桌椅板凳	敷衍了事	深有体会	分组讨论	经典语录
基本理念	生死考验	风水宝地	坚守岗位	深有感触	官场腐败

阴—上—去—阴

生产日期	褒贬不一	身体欠佳	充满信心	风口浪尖	天女散花
纲举目张	精彩瞬间	参考用书	虚假信息	分秒必争	滴酒不沾

阴—上—去—阳

花好月圆	精彩进球	光彩照人	金口玉言	冬暖夏凉	身手不凡
心想事成	风靡一时	充耳不闻	卑鄙下流	君子一言	身体力行

阴—上—去—上

非你莫属	音响效果	尊老敬老	应有尽有	生死未卜	风险代理
批准入伍	公款宴请	依法逮捕	多此一举	高考落榜	非法占有

阴—上—去—去

先斩后奏	轻举妄动	新手上路	精打细算	英勇善战	监守自盗
艰苦奋斗	虚拟世界	基本就绪	心理档案	非法占地	牵强附会

阴—去—阴—阴

肌肉拉伤	科技攻关	私密空间	天籁之音	消化吸收	七窍生烟
出色发挥	激烈交锋	花样翻新	私订终身	知遇之恩	春夏秋冬

阴—去—阴—阳

初次相识　音乐喷泉　初具规模　优化升级　亲切交谈　经济搭台
金碧辉煌　泾渭分明　周末出游　希望工程　消费需求　兴旺发达

阴—去—阴—上

收费标准　英俊潇洒　恭贺新禧　丰富多彩　收费标准　失物招领
接续香火　批量生产　当众出丑　皆大欢喜　恢复生产　冰冻三九

阴—去—阴—去

亲密接触　中介机构　专用标志　发号施令　经验丰富　珍爱生命
工作压力　差距拉大　揭露真相　身外之物　刮目相看　高速公路

阴—去—阳—阴

花样滑冰　天不藏奸　逼上梁山　天上人间　恩重如山　宾至如归
鸦雀无声　天赐良机　八面来风　生命垂危　分道扬镳　相敬如宾

阴—去—阳—阳

金玉良缘　朝气蓬勃　宾客盈门　息事宁人　扑朔迷离　心血来潮
扑面而来　花样年华　酣畅淋漓　虽败犹荣　欢乐祥和　八面玲珑

阴—去—阳—上

收费合理　公正合理　挥汗如雨　先入为主　丰硕成果　推荐人选
身不由己　精卫填海　颠覆传统　膝下无子　高速行驶　收费合理

阴—去—阳—去

经贸合作　通货膨胀　优化结构　稍纵即逝　烟雾缭绕　单调乏味
周到服务　通力合作　出类拔萃　初见成效　关键一步　身败名裂

阴—去—上—阴

青睐有加　风味小吃　经济损失　高度紧张　深受启发　肌肉萎缩
高奏凯歌　端正党风　施政演说　深入浅出　花样百出　供应紧张

阴—去—上—阳

忠孝两全　轻重缓急　孤陋寡闻　跌宕起伏　机构改革　亲切可人
生态旅游　双向选择　加倍返还　歌唱祖国　安度晚年　希望小学

164

阴—去—上—上

专利产品	公共场所	春夜喜雨	遵纪守法	冬季取暖	天助我也
高干子女	多退少补	出色表演	声色犬马	消费场所	安分守己

阴—去—上—去

期末考试	失去理智	深入讨论	充分肯定	经验老到	参与讨论
根治腐败	资料显示	发放比例	公益广告	倾力打造	幽默搞笑

阴—去—去—阴

呆若木鸡	高校扩招	公共设施	危在旦夕	开拓进取	生命透支
心照不宣	搬弄是非	拉动内需	刚正不阿	天各一方	双料冠军

阴—去—去—阳

欢聚一堂	光怪陆离	哭笑不得	心路历程	精力过人	坚定不移
春意盎然	恢复正常	心地善良	先抑后扬	出战告急	拍案叫绝

阴—去—去—上

超越自我	开业庆典	兴奋不已	优惠贷款	优势互补	开拓进取
公众视野	音乐素养	出事地点	相距甚远	今日视点	

阴—去—去—去

精力过剩	精锐部队	嬉笑怒骂	封闭训练	科技竞赛	军地共建
深切慰问	相对落后	说话算数	机械制造	仓库重地	生日派对

○轻○○

动物世界	技术含量	天气预报	智力竞赛	程度不同	打个电话
机会难得	纸上谈兵	功夫齐全	马上就到	本事不大	知识竞赛

○○○轻

人际关系	经济适用	劳动合同	风水先生	改善伙食	征求意见
考试状元	冰糖葫芦	黄毛丫头	生理反应	小道消息	继续教育

○轻轻轻

便宜了你

○轻○轻

骆驼祥子　不是东西　收拾东西　怎么搞的　意思明白　血的教训
收拾东西　看不清楚　义务教育　什么东西　下半辈子　弄个明白

6.五字词语声调连贯练习

新闻发言人	地下核试验	科学发展观	国家大剧院	黄河入海口	印度尼西亚
新闻工作者	电子对撞机	铁道游击队	出入境人员	北京奥运会	执业许可证
实质性成果	吉尼斯纪录	文化大革命	广告代理商	导弹核潜艇	喜马拉雅山
防患于未然	人类基因组	国际空间站	东西南北中	报告团成员	中华老字号
手机充电器	记者招待会	离土不离乡	郑和下西洋	争夺发球权	供需见面会
家和万事兴	和平与发展	路遥知马力	海军陆战队	拆迁钉子户	庐山真面目
京都议定书	西部大开发	进口发动机	封闭式训练	跨国界行动	战略核潜艇
高考落榜生	普通白炽灯	外向型经济	军事分界线	人民大会堂	敦煌莫高窟
为人民服务	大学毕业生	十年磨一剑	居民身份证	城市打工族	产品说明书
南方强降雨	地质性灾害	内蒙古高原	公开训练课	城乡调查队	铁人三项赛
长江入海口	游泳锦标赛	法律咨询日	信息化战争	生活必需品	征求意见稿
劳动合同法	马拉松比赛	金鸡百花奖	北京中关村	食品保鲜膜	旅游观光团
卡脖子路段	民主生活会	非正式会谈	注册会计师	机场建设费	红色娘子军

7.六字词语声调连贯练习

世界贸易组织	温室气体排放	固定资产投资	绿色采购清单	中国建设银行
二氧化碳排放	传播小道消息	境外投资公司	陆续投入运营	环境保护部门
经济发达地区	国产新型战机	麻省理工学院	市场经济地位	世界先进水平
国际金融危机	环球大气污染	农村金融机构	中国军力报告	三级甲等医院
国际市场油价	全国政协委员	乞力马扎罗山	亚太经合组织	财政监管制度
南水北调工程	战略经济对话	广播电视媒体	原子能核电站	国家一级演员
阿帕奇直升机	下岗失业职工	石油价格上调	宏观经济政策	个税自行申报
东亚合作论坛	亚太开发银行	国家承认学历	首批试点城市	外来务工子女
工业结构调整	国际红十字会	银行存款利息	联合国秘书长	心脑血管疾病
春节联欢晚会	新闻综合频道	原油供应紧张	大亚湾核电站	国有企业改革
家庭困难职工	地区生产总值	遵守交通规则	贸易保护主义	国有大型企业
中非合作论坛	女高音歌唱家	巾帼不让须眉	违法不良广告	喀喇昆仑山口
火电装机总量	纪检监察机关	城镇廉租住房	军地两用人才	主要经济指标

8.七字词语声调连贯练习

西部大开发战略　广西壮族自治区　大使级外交关系　第二次世界大战

政府采购话语权	农村剩余劳动力	艾滋病防治办法	经济欠发达地区
美尼尔氏综合症	朝鲜半岛无核化	国际原子能机构	艾滋病毒携带者
石油输出国组织	住房城乡建设部	公务员招聘考试	联合国粮农组织
世界自然基金会	非物质文化遗产	肯尼迪航天中心	西部欠发达地区
重要战略机遇期	计算机操作系统	污染物排放总量	中国社会科学院
农村劳动力转移	国际先驱论坛报	消费者物价指数	宁夏回族自治区
教育招生考试院	联合国维和行动	国际问题观察员	国际日期变更线
国家级重点工程	布宜诺斯艾利斯	少数民族自治区	经济欠发达地区
大陆性季风气候	多米诺骨牌效应	例行新闻发布会	中国人民解放军

9. 八字词语声调连贯练习

社会主义和谐社会	国务院新闻办公室	经济年度人物评选	农村合作医疗制度
汽车炸弹爆炸事件	领导干部离任审计	城市廉租住房制度	居民消费价格指数
疾病预防控制中心	国际绿色和平组织	煤矿瓦斯爆炸事故	喜马拉雅科学考察
联合国军事观察员	国际人道主义危机	国家一级保护文物	农田水利基本建设
医疗卫生体制改革	职工平均工资水平	劳动和社会保障部	卫星信号接收天线
世界文化遗产名录	联合国教科文组织	诺贝尔奖金获得者	战略协作伙伴关系
中国国际航空公司	国际货币基金组织	中国邮政储蓄银行	北大西洋公约组织
科技自主创新能力	和平共处五项原则	全国人民代表大会	巴勒斯坦武装组织
国际社会广泛共识	大规模杀伤性武器	中国特色军事变革	阿拉伯联合酋长国

10. 九字词语声调连贯练习

中共中央政治局常委	中共中央政治局委员	十二五社会发展规划
社会消费品零售总额	第三代中央领导集体	振兴东北老工业基地
联合国武器核查小组	自杀式炸弹爆炸事件	联合国世界卫生组织
联合国货币基金组织	诺贝尔和平奖获得者	劳动和社会保障事业
国家民族事务委员会	黎巴嫩真主党游击队	渔业合作谅解备忘录
医疗事故鉴定委员会	全面协调可持续发展	居民消费价格总水平
中国常驻联合国大使	中国互联网新闻中心	出口集装箱运输市场

11. 十字词语声调连贯练习

国家防汛抗旱总指挥部	国家劳动和社会保障部	大学毕业生供需见面会
中非合作论坛北京峰会	国务院港澳事务办公室	中国疾病预防控制中心
农民工工资保障金制度	国家发展和改革委员会	国务院台湾事务办公室
亚热带海洋性季风气候	国家出入境检验检疫局	中国人民对外友好协会

六、声调句段练习

咬住字头,出字有力,拉开字腹,收住字尾。字神(指声调)准确。用气均匀连贯,用声刚柔相济。注意声传情、情带声、情运气、气生情。

1. 阴平声练习

阴平声一开始是5度,然后维持不变,保持一条横线。如果是两个阴平声连在一起,念时稍把前一个降一点,后边的不变,保持5度。

望庐山瀑布(李白)

日照香炉生紫烟,遥看瀑布挂前川。

飞流直下三千尺,疑是银河落九天。

声声慢(李清照)

寻寻觅觅,冷冷清清,凄凄惨惨戚戚。乍暖还寒时候,最难将息。三杯两盏淡酒,怎敌他、晚来风急!雁过也,正伤心,却是旧时相识。 满地黄花堆积,憔悴损,如今有谁堪摘?守着窗儿,独自怎生得黑!梧桐更兼细雨,到黄昏、点点滴滴。这次第,怎一个愁字了得!

2. 阳平声练习

阳平声开始在3度,滑动直线上移,如果两个阳平声相连要注意前边一个不能弯曲。

登鹳雀楼(王之涣)

白日依山尽,黄河入海流。

欲穷千里目,更上一层楼。

滁州西涧(韦应物)

独怜幽草涧边生,上有黄鹂深树鸣。

春潮带雨晚来急,野渡无人舟自横。

3. 上声练习

上声开始是2度,向下滑动到1度,接着从1度折转滑向4度。它是个降升调。念时注意首先要下到底,然后折转直升到4度。如果两个上声相接,按上声变调处理。

春晓(孟浩然)

春眠不觉晓,处处闻啼鸟。

夜来风雨声,花落知多少。

饮湖上初晴后雨·其二 (苏轼)

水光潋滟晴方好，山色空蒙雨亦奇。

欲把西湖比西子，淡妆浓抹总相宜。

4. 去声练习

去声一开始5度，然后下滑降到最低1度。普通话里叫全降调。如果两个去声相连，前边一个去声可以降到1度，但后边一个必须到1度。

寻隐者不遇 (贾岛)

松下问童子，言师采药去。

只在此山中，云深不知处。

蝶恋花 (欧阳修)

庭院深深深几许，杨柳堆烟，帘幕无重数。玉勒雕鞍游冶处，楼高不见章台路。　　雨横风狂三月暮，门掩黄昏，无计留春住。泪眼问花花不语，乱红飞过秋千去。

七、声调诗词综合练习

周五声调曲　角调曲 (一) (南北朝·庾信)

止戈见于绝辔之野。称伐闻于丹水之征。

信义俱存乃先忘食。五材并用谁能去兵。

虽圣人之大宝曰位。实天地之大德曰生。

泾渭同流清浊异能。琴瑟并御雅郑殊声。

扰扰烝人声教不一。茫茫禹迹车轨未并。

志在四海而尚恭俭。心包宇宙而无骄盈。

言而无文行之不远。义而无立勤则无成。

恻隐其心训以慈惠。流宥其过哀矜典刑。

周五声调曲　角调曲 (二) (南北朝·庾信)

匡赞之士或从渔钓。云雨之才乍叹幽谷。

寻芳者追深径之兰。识韵者探穷山之竹。

克明其德贡以三事。树之风声言于九牧。

协用五纪风若从事。农用八政甘作其谷。

殊风共轨见之周南。异亩同颖闻之康叔。

祁寒暑雨是无胥怨。天覆云油滋焉渗漉。

幸无谢上古之淳人。庶可以封之于比屋。

八、声调绕口令综合练习

大猫毛短

大猫毛短,小猫毛长,大猫毛比小猫毛短,小猫毛比大猫毛长。(阴平、阳平)

黄毛猫偷吃灌汤包

王家有只黄毛猫,偷吃汪家灌汤包,汪家打死王家的黄毛猫,王家要汪家赔王家的黄毛猫,汪家要王家赔汪家的灌汤包。(阴平、阳平)

小柳和小妞

路东住着刘小柳,路南住着牛小妞,刘小柳拿着大皮球,牛小妞抱着大石榴,刘小柳把皮球送给牛小妞,牛小妞把石榴送给刘小柳。(阴平、阳平、上声)

刘兰柳

蓝衣布履刘兰柳,布履蓝衣柳兰刘,兰柳拉犁来犁地,兰刘播种来拉耧。(阳平、上声)

胡家村里十五户

胡家村里十五户,十五户组织了互助组。互助组长是胡老五,老五领导互助不含糊。十五户户户来互助,胡户帮罗户,罗户帮马户。估一估,粮食增产一成五,户都变成余粮户。罗户、马户、胡老五,组织合作迈大步。(阳平、去声)

不怕不会

不怕不会,就怕不学,一回不会,再来一回,决不后悔,直到学会。(阳平、上声、去声)

磨房磨墨

磨房磨墨,墨抹磨房一磨墨;小猫摸煤,煤飞小猫一毛煤。(阴平、阳平、上声、去声)

老史捞石

老师老是叫老史去捞石,老史老是没有去捞石,老史老是骗老师,老师老说老史不老实。(阴平、阳平、上声、去声)

易姨医胰

易姨悒悒,依议诣夷医。医疑胰疫,遗意易姨倚椅,以异仪移姨胰,弋异蚁一亿,胰液溢,蚁殪,胰以医。易姨怡怡,贻医一夷衣。医衣夷衣,怡怡奕奕。噫!以蚁医胰,异矣!以夷衣

贻夷医亦宜矣！（阴平、阳平、上声、去声）

九、声调字词综合练习

1.朗读下面单音节字词并录音听评（重点听辨音节声调部分）

订	缓	跳	花	旁	谢	卯	庸	俊	纯
卡	腹	查	逛	旷	冬	扼	稀	押	腔
悲	较	捎	批	熏	晾	纵	捆	左	贸
怎	略	悬	若	能	闹	费	凭	旅	田
蓄	通	国	出	漏	识	摆	陌	姐	章
枉	衫	浮	笨	邹	雄	蕊	寺	尖	汾
祝	葱	测	依	矮	欲	苏	坎	拈	扭
癖	伪	脆	增	夏	致	琼	拔	翁	日
赶	筛	毒	乖	侮	袤	人	泼	确	秒
穴	脊	清	救	滚	粥	框	波	坏	辞

2.朗读下面双音节词语并录音听评（重点听辨音节声调部分）

容忍	明天	雨伞	争论	荒谬	奖券	钻研	儿童
过程	病故	罢工	采访	胡闹	狠心	结束	狂妄
否定	产品	墨水	可怜	类推	亏损	宣战	磷酸
嫩绿	老头	制造	夹层	夸张	陨灭	风靡	排球
气氛	想念	徇私	永远	山坡	万一	衰退	确实
怒吼	同学	苏醒	几何	摆动	徒弟	干脆	锐角

十、利用"普通话声韵配合表"进行声调练习

详见"汉语普通话声韵配合表"。

附录 古入声字的汉语拼音检字表

韵母	入声字
a、ia、ua	八 捌 插 答 搭 嗒 褡 奤 瘩 发 刮 闸 鸹 夹 浃 挏 撒 杀 煞 铩 刷 塌 挖 鸭 压 押 匝 咂 扎 拔 跋 魃 察 答 怛 鞑 筜 乏 伐 罚 筏 滑 猾 铗 荚 颊 峡 恝 遢 侠 狭 峡 匣 狎 挟 柙 黠 洽 呷 杂 砸
ie、üe	鳖 憋 跌 接 揭 撅 疖 瞥 撇 切 缺 阙 贴 歇 蝎 楔 削 薛 噎 约 曰 别 蹩 蝶 叠 迭 喋 谍 碟 喋 踱 耋 鲽 瓞 垤 咥 结 洁 杰 节 截 竭 劫 捷 睫 碣 诘 孑 桀 讦 桔 拮 角 脚 觉 决 绝 爵 诀 谲 厥 蕨 蹶 崛 抉 橛 獗 攫 桷 倔 矍 协 挟 撷 学 穴 拽 瘪 铁 贴 雪 别 列 烈 劣 裂 猎 冽 洌 蹀 趔 略 掠 灭 蔑 篾 咩 孽 镊 蹑 臬 蘖 涅 聂 嗫 虐 惬 窃 怯 箧 妾 契 挈 慊 锲 却 确 鹊 雀 悫 榷 阕 爇 屑 渫 泄 绁 燮 亵 血 穴 谑 业 叶 烨 页 烨 月 悦 钥 跃 岳 粤 越 阅 乐 钺 刖 药 掖 液 掖 腋
e	鸽 割 搁 胳 疙 喝 礚 瞌 颏 着 蜇 得 德 额 格 阁 革 葛 隔 蛤 骼 膈 合 涸 盒 劾 核 翮 阖 貉 阁 曷 纥 盍 壳 舌 折 责 则 泽 特 忒 择 恶 帻 舴 咋 啧 哲 折 摺 滴 蜇 磔 辄 辙 翟 蜇 恶 合 渴 褶 策 测 册 侧 厕 侧 激 乇 坼 尊 轭 锷 遏 呃 颚 谔 噩 愕 垩 扼 各 赫 鹤 忑 褐 吓 壑 仄 客 刻 克 恪 溘 乐 勒 浙 这 肋 讷 热 色 瑟 塞 涩 啬 穑 设 涉 摄 慑
o、uo	剥 拔 钵 鲅 戳 撮 郭 蝈 摸 泼 说 缩 脱 托 桌 捉 涿 作 幄 伯 薄 斡 箔 泊 博 驳 帛 舶 膊 蝠 勃 钹 博 踔 礴 凿 卜 鹁 夺 铎 掇 裰 佛 国 帼 虢 活 橐 膜 拙 酌 浊 斫 濯 苗 着 灼 啄 琢 卓 缴 镯 攫 逐 昨 作 抹 索 作 擘 亳 绰 龊 啜 度 踱 惑 获 豁 或 霍 藿 镬 酢 阔 廓 括 扩 落 络 酪 洛 烙 莘 骆 珞 陌 没 迫 朴 魄 珀 粕 若 数 铄 烁 朔 瘼 秣 茉 蓦 冒 诺 搦 迫 握

续表

韵　母	入声字
i	逼 滴 积 迹 激 绩 击 屐 唧 劈 霹 七 柒 戚 漆 缉 剔 息 夕 吸 悉 膝 析 淅 晰 窸 蟋 壹 一 疾 集 吉 即 及 急 的 荻 迪 籴 适 觋 翟 镝 嫡 极 寂 级 疾 集 吉 即 及 蒺 籍 瘠 楫 辑 脊 唧 笈 汲 棘 丞 蒺 嫉 芨 吃 蒺 戟 殛 乞 习 昔 惜 袭 媳 锡 熄 檄 隙 裼 褐 腊 笔 给 载 匹 癖 乙 壁 璧 必 碧 毕 辟 愎 弼 襞 跸 荜 茚 鲫 稷 泌 汨 逆 溺 匿 沥 栗 枥 笠 粒 栎 轹 砾 密 秘 觅 谧 泌 汩 乌 益 翼 逸 辟 僻 泣 讫 葺 迄 碛 惕 倜 隙 汐 翕 觋 鸟 弈 役 译 翊 抑 疫 邑 易 驿 忆 臆 亿 溢 轶 弋 亦 佚 奕 弈 译 绎 翊 怿 镒 屹 蜴 挹 悒 翌 嶧 熠
-i 后	吃 失 湿 虱 只 汁 织 石 食 实 识 蚀 拾 十 什 直 值 植 殖 执 职 侄 掷 絷 摭 蹢 尺 赤 斥 饬 彳 敕 日 式 饰 适 室 拭 释 轼 质 炙 秩 栉 柽 峡 室 陟 鹭 蛭 郅
u	出 督 忽 惚 唿 窟 扑 仆 秃 屋 读 毒 笃 独 牍 渎 樸 黩 福 服 伏 拂 缚 幅 辐 袱 佛 袯 漉 匐 弗 骨 鹘 鹕 斛 縠 囫 仆 瀑 璞 蹼 熟 赎 淑 菽 孰 塾 秫 俗 突 凸 竹 逐 烛 躅 筑 竺 术 足 族 卒 镞 卜 谷 骨 縠 汩 朴 辱 属 蜀 瞩 嘱 瞩 不 畜 蠢 触 黜 绌 怵 亍 搐 促 簇 蹙 蹴 猝 复 覆 腹 馥 鳆 告 笃 酷 梏 陆 戮 鹿 碌 录 绿 麓 漉 辘 渌 木 沐 幕 牧 睦 穆 苜 曝 暴 入 蓐 缛 褥 溽 术 述 束 倏 速 粟 宿 肃 夙 蓿 觫 物 勿 兀 祝 鹜
ü	曲 屈 蛐 诎 戍 局 橘 菊 局 掬 鞠 鞫 剧 律 率 绿 恧 阈 续 旭 畜 蓄 恤 勖 淢 育 浴 欲 玉 域 狱 郁 鹆 毓 煜 燠 蜮 尉 蔚 熨 峪 阈 蓿

第七章
自然流畅练音变

一、语流音变训练的重要性

（一）定义

在语流中，由于表情达意的需要，或是在连续的发音过程中，由于受到相邻音节、相邻音素的影响，一些音节中的声母、韵母或音调，发生语音的变化，我们称之为语流音变。

（二）目的

学习普通话，只练字音还不行，还要了解音变现象，否则即使声母、韵母、声调的发音都很准确，连起来说时就又不像普通话了。语流音变现象是语音发展变化的结果。学好语流音变，让我们的普通话语音更为规范准确，使我们的语言表达更为自然流畅。

（三）作用

1.语言流动的动态表征

前面章节我们进行的学习是对一个音节作"孤立"的分析，是对凭听感可以判断的语音结构基本单位——音节的"静态"练习。而我们在运用语言进行交际时，总是一个音紧接着另一个音来说，每一个音连续不断，形成了长短不等的一段段语流（一串串的语音，即词语或句子）。语流内的一连串音紧密连接前后相承，发音条件、发音状态不断改变，不可避免地会相互影响而产生明显的变化，这些变化在每个音单发时一般不会出现，而在连续的语流进程中为适应发音器官的连续运动就会产生。所以，语流音变这种自然而然的语音变化是语言流动的"动态"表征。

2.播讲诵读表达的基础

言语交际中的语音从来不是一个个孤立的、个体语音自身的、有序的运动必定形成长短不一的语流,这才有了真正意义的表达。语流中的语音由于受人类发音生理特点的制约和社会交际的需要,以及语音的心理因素等方面的影响,会产生许多微小的语音变化。这种变化普遍存在于各种语言之中,只是由于变化前和变化后词的意义大都没有发生变异,因而常常不为人们所注意。但是连贯顺畅的语流是艺术语言表达的基础,播音和诵读、宣讲和交流都需要和谐舒服的语调形态以及自然流畅的语言组织。因此,语流音变的训练为它们奠定了基础。

二、普通话语流音变的内容

普通话的音变包括轻声、儿化、变调和语气词"啊"的音变、词的轻重格式等。

(一)轻声

1.定义

在语流中,有些音节失去原有的声调(字调)变为一种又短又轻的调子,称为轻声。

轻声不是普通话四声之外的第五种声调,只是四声在一定条件下变得比原来短而轻。可以视为一种特殊的变调。

轻声是普通话一个重要的语音特点,轻声说不好,普通话就说不地道。因此,要学好轻声,一是要掌握轻声的读法,二是要清楚哪些词语读轻声。

2.作用

普通话中的轻声往往有区别词性、词义、词与短语的作用。

(1)区分词性。

花费 huāfèi(动词,因使用而消耗掉钱财等)

花费 huāfei(名词,使用消耗掉的钱)

(2)区别词义。

孙子 sūnzǐ(名词,古代军事家)

孙子 sūnzi(名词,儿子的儿子)

(3)区别词与短语。

东西 dōngxī(短语,东方和西方)

东西 dōngxi(词,物品)

175

3.轻声音节语流中出现的特点和规律

(1)轻声的特点和读法。轻声音节的音高、音长、音色、音强都发生了变化。但轻声最主要的语音特点体现在两个方面:一是轻声音节的音长一般短于正常重读音节的长度。二是轻声音节的调值(音高形式)已经改变,与原有的声调不同,形成了独特的轻声调值。

根据轻声的语音特点,在练习轻声词时可以适度拉长前面的重读音节,尽量缩短后面的轻声音节,读出类似于附点音符的前长后短的节拍。如果仅仅只是缩短音节时长,听起来仍然不自然,并不是标准的轻声。在缩短音长的同时,还必须改变原有调值,读出轻声调值。

普通话轻声音节的调值是由其前一个音节的声调来决定的,共有两种形式:

①阴平、阳平、去声后面的轻声,是一个短促的低降调,调值为 31(调值下加短横线表示音长短,下同)。例如:

阴平+轻声:先生 xiānsheng　　衣服 yīfu　　东西 dōngxi

阳平+轻声:学生 xuésheng　　人家 rénjia　　明白 míngbai

去声+轻声:笑话 xiàohua　　客气 kèqi　　护士 hùshi

②上声后面的轻声,是一个短促的半高平调,调值为 44。

例如:老婆 lǎopo　　买卖 mǎimai　　眼睛 yǎnjing

(2)哪些词语读轻声。轻声词多为口语中的常用词语。书面色彩很浓的词语、新词、科学术语里一般没有轻声词。在词典中,大部分轻声音节是不标调号的,比如"窗户 chuānghu、朋友 péngyou"。这类词语称为必读轻声词,就是说必须读轻声,没有非轻声的读法。

还有一类,标注了调号,但是该音节前标有一个圆点,比如"父亲 fù·qīn、生日 shēng·rì、白天 bái·tiān"。这一类词语一般要轻读,只是偶尔(间或)重读,我们称之为"可轻读词语"。不过,这类词语如果重读,则语感生硬、不自然,影响普通话的语音面貌,所以多数时候还是应该轻读。

普通话轻声词语很多,不可能一个一个去查词典,为了方便方言区人学习和掌握,我们把必读轻声词和可轻读词语归为"有规律的"和"约定俗成的"两大类。

①有规律的。普通话中大部分轻声(或轻读)和语法成分密切相关,有很强的规律性,只要记住规律即可轻松掌握。

A.轻声(即必读轻声词,下同)

a.名词或代词的后缀"子、头、巴、们"为轻声。例如:

儿子、木头、下巴、我们。(注意:个别以后缀"头"结尾的词语为"可轻读词语",如斧头、苦头、势头、指头)

b.助词"的、地、得、着、了、过"为轻声。例如:

的:那是力争上游的一种树,笔直的干,笔直的枝。

地:它静静地卧在那里……

得:我把它们认得很熟了。

着：我用手拍着你，抚摩着你……

了：父亲发怒了。

过：它补过天，在天上发过热、闪过光……

c. 语气词"啊、吧、吗、呢、的、了"一般为轻声。例如：

啊：好大的雪啊！

　　唱啊唱，嘤嘤有韵……

吧：好吧！

　　小学的老师也太倒霉了吧？

吗：我可以问您一个问题吗？

呢：远着呢！

　　我将什么来比拟你呢？我怎么比拟得出呢？

d. 叠音词、动词重叠中的后字为轻声。例如：

爸爸、妈妈、老太太、娜娜、明明、蝈蝈儿、蛐蛐儿、谢谢、看看

注意：副词、拟声词的重叠不轻声，如渐渐、簌簌、哗哗。

B. 轻读（即可轻读词语，下同）

a. 动词或形容词后面表示趋向的词一般轻读。例如：

进来、出去、坐下、站起来、跑过去、冷下去、说出来、拿回来。

我收拾一下，你再进来吧。

把报纸从花园篱笆的一个特制的管子里塞进来。

向妈妈要了一把铲子就跑了出去。

一位姓魏的学生突然站了起来。

老麻雀是猛扑下来救护幼雀的。

生命才能维持下去，发展下去。

b. 名词或代词后面的某些方位词一般轻读。例如：

……在污土里，在荒草里……

也是在街上。

站在树下，吃几口嫩草。

c. 夹在词语中间的"一"和"不"要轻读。例如：

干不了、练一练（详见"一、不的变调"）

d. 一些四字词语中的第二个音节轻读。例如：

黑不溜秋、黑咕隆咚、稀里哗啦、稀里糊涂

②约定俗成的。这一类词语无语法规律可循，需要我们一个一个积累。不过，只要留心，也可以总结出一点儿规律。举例如下：

A. 以"么"结尾的双音节词语，例如：

轻声：这么　那么　怎么　什么　多么

B. 部分以"当"结尾的双音节词语，例如：

轻声：行当　妥当　稳当

轻读:勾当

C. 部分以"糊"结尾的双音节词语,例如:

轻声:含糊　迷糊　模糊

D. 部分以"快"结尾的双音节词语,例如:

轻声:勤快　爽快　凉快

轻读:痛快

E. 部分以"量"结尾的双音节词语,例如:

轻声:打量　商量　思量

轻读:分量　力量　估量

F. 部分以"家"结尾的双音节词语,例如:

轻声:人家　冤家　亲家　东家　婆家　娘家

轻读:行家　公家　老人家

G. 部分以"匠"结尾的双音节词语,例如:

轻声:木匠　铁匠　石匠(但"工匠"不是轻声)

H. 部分以"气"结尾的双音节词语,例如:

轻声:力气　运气　客气　阔气　小气　秀气　脾气　福气

轻读:神气　和气　晦气　火气　志气　义气

I. 部分以"实"结尾的双音节词语,例如:

轻声:扎实　壮实　结实　老实

轻读:诚实

J. 部分以"得"结尾的词语,例如:

轻声:懒得　不由得

轻读:记得　晓得　懂得　觉得　使得　值得　免得　不见得　了不得　舍不得

K. 部分以"人"结尾的双音节词语,例如:

轻声:丈人　爱人　媒人

轻读:别人　主人　客人　工人　证人　大人　夫人

L. 部分以"处"结尾的双音节词语,例如:

轻读:短处　长处　好处　害处　益处　用处　难处　住处

M. 部分以"识"结尾的双音节词语,例如:

轻声:见识　认识　知识

N. 部分以"活"结尾的双音节词语,例如:

轻声:快活　忙活　养活

O. 部分以"夫"结尾的双音节词语,例如:

轻声:姐夫　大夫　丈夫　功夫　工夫

P. 部分以"应"结尾的双音节词语,例如:

轻声:答应

轻读:照应　报应

Q. 部分以"道"结尾的双音节词语,例如:

轻声:门道　地道　厚道

轻读:公道　知道　味道　打交道

4. 轻声方面常见错误和缺陷

(1)轻声方面常见的错误:

①把非轻声词语读成轻声词语。如凭感觉把"灵活、人才、门口、质量、艺术、教育"等读成轻声词语。错误类推:把"弟子、离子、孝子、逆子"等带有"子"的双音节词语读成轻声词语。

②《现代汉语词典》和《普通话水平测试大纲》注音为必读轻声词中的轻声音节没有读作轻声音节。如把"吆喝、外头、云彩、木匠"的后一音节分别读成阴平、阳平、上声、去声。

(2)轻声方面常见的缺陷:

①轻声音节的音长等同于前一音节或长于前一音节的音长。轻声的特点是既轻且短,而且最本质的特点是短,因此在听感上轻声音节应该明显短于非轻声音节的音长。如果将轻声音节读得过长,会记为缺陷音。

②轻声音节违背轻声的音高模式。轻声是一种带有轻音色彩的变调,轻声音节本身仍然有音高。基本规律是:阴平、阳平、去声后面的轻声调值是短促的低降调31度,上身后面的轻声调值是短促的半高平调44度,如果将"哥哥、妈妈"的后一音节读成短促的55度或44度,这样的音节虽然短,但是违背了音高模式,也是不规范的。

(二)儿化

普通话中包括儿化音,即将两个音节缩为一个音节并导致韵尾卷舌化。其书面表示方法是在字后加"儿",一些字典也用下标的"儿"表示(如《现代汉语词典》),在汉语拼音中,在拼音后连写 r 表示儿化,如"盘"pán——"盘儿"pánr。

1. 定义

儿化又称儿化韵,是普通话和不少汉语方言中的一种常见语音现象,即后缀"儿"字不自成音节,同前面的音节合在一起,使前一音节的韵母成为卷舌韵母,发音带有卷舌色彩。这样的音节称为儿化音节。例如,"大伙儿"中的"伙儿"不是发成两个音节"huǒ'ér",而是发成一个音节"huǒr"。

2. 作用

"儿化"在普通话里起着修辞和表示语法功能的积极作用。

(1)区分词性,例如:

画(动词)——画儿(名词)

亮(形容词)——亮儿(名词)

（2）区别词义,例如:

眼(眼睛)——眼儿(很小的孔)

信(信件)——信儿(消息)

（3）表示一定的感情色彩,例如:

①表示亲切、喜爱的色彩,如:男孩儿　小刘儿　老头儿

②表示细小、轻微的色彩,如:小勺儿　水珠儿　头发丝儿

③表示轻蔑、鄙视的色彩,如:小偷儿　扒手儿　小三儿

3. 儿化的发音规律

发音过程中,韵尾发音与儿化动作不冲突直接加卷舌动作,冲突做弱化处理,加卷舌 er;儿化都是发生在音节中口腔开度最大的音素上,儿化是韵母的卷舌化,儿化韵是儿化音节的韵母。

原韵母类型	儿化方式	例　词	
音节末尾音素是 a、o、e、u	原韵母基础上加卷舌动作 （不变,加卷舌动作）	a 刀把儿	在哪儿
		ia 豆芽儿	皮夹儿
		ua 梅花儿	牙刷儿
		o 山坡儿	粉沫儿
		uo 干活儿	被窝儿
		e 方格儿	山歌儿
		u 眼珠儿	没谱儿
		ao 灯泡儿	口罩儿
		ou 老头儿	衣兜儿
		iao 火苗儿	豆角儿
		iou 顶牛儿	加油儿
韵母是 i、ü	原韵母基础上加舌面央 e 再卷舌 （不变,加卷舌 er）	i 玩意儿	彩旗儿
		ü 金鱼儿	毛驴儿
韵尾是 -i	韵尾丢失,在主要元音基础上卷舌 （丢掉韵尾,加卷舌动作）	ai 小孩儿	名牌儿
		ei 宝贝儿	刀背儿
		uai 糖块儿	一块儿
		uei 香味儿	麦穗儿
韵母末尾音素-n	韵尾丢失,在主要元音基础上卷舌; 主要元音是 i、ü 的,加舌面央 e 再卷舌（丢掉韵尾,加卷舌动作）	an 脸蛋儿	伙伴儿
		en 窍门儿	书本儿
		ian 小辫儿	牙签儿
		in 干劲儿	脚印儿
		uan 好玩儿	拐弯儿
		uen 冰棍儿	花纹儿
		üan 烟卷儿	手绢儿
		ün 合群儿	随群儿

续表

原韵母类型	儿化方式	例　词	
韵母是 ê、-i（前）、-i（后）	变 ê、-i（前）、-i（后）为舌面央 e 再卷舌（丢掉它们，加卷舌 er）	ie 台阶儿	树叶儿
		üe 旦角儿	木橛儿
		-i(前) 铁丝儿	瓜子儿
		-i(后) 没事儿	树枝儿
韵母末尾音素是-ng	丢失韵尾,韵腹鼻化,再卷舌;主要元音是 i、ü 的,加鼻化的舌面央 e 再卷舌（丢掉-ng,韵腹鼻化加卷舌动作）	ang 鞋帮儿	茶缸儿
		eng 夹缝儿	麻绳儿
		ing 花瓶儿	人影儿
		ong 果冻儿	有空儿
		iong 小熊儿	
		iang 鼻梁儿	唱腔儿
		uang 蛋黄儿	竹筐儿
		ueng 水瓮儿	

4.儿化方面常见错误和缺陷

（1）儿化方面常见错误：

①把普通话里不该儿化的音节读成儿化音节,如把"跟斗、苍蝇、熊猫、电灯、麻雀、翅膀、委员"读成"跟斗儿、苍蝇儿、熊猫儿、电灯儿、麻雀儿、翅膀儿、委员儿"。

②《现代汉语词典》和《普通话水平测试大纲》中注明"儿"尾并注音为儿化的,没有读作儿化韵。

③把"儿"尾与前面的音节分割开,儿化音节读成两个音节,即有"儿"末"化"的。如把"抓阄儿、包干儿、旦角儿"等都读成三个音节。

④儿化韵毫无卷舌色彩。有些地区受方言影响,卷舌很难,每每遇到儿化韵,即便知道应该儿化,也发不出来,只是将原韵母或原韵母中的韵腹变读为央[ə],听感上毫无卷舌色彩。如把"号码儿、玩意儿、花园儿、好玩儿"读成"hào m[ə]、wán yi[ə]、huā yu[ə]、hǎo w[ə]"。

（2）儿化方面常见缺陷：

①儿化音节中的韵腹开口度明显不够,把儿化音节中带有 ar 的儿化韵读作带有 er 的儿化韵。如把"刀把儿、竹竿儿"读成"刀背儿、竹根儿",把"好玩儿"的"玩儿"读成跟"花纹儿"的"纹儿"一样,把"点儿"读成"底儿"。

②把儿化音节中带有 er 的儿化韵读作带有 ar 的儿化韵。如把"刀背儿、竹根儿"读成"刀把儿、竹竿儿"。

③圆唇度不够,把儿化韵 ur 读作儿化韵 uer。如把"主儿"读成"准儿",把"步儿"读成"贝儿";把儿化韵"or、our"念成"er、uer";把"土坡儿"读作"tǔ pēr"。

④把儿化韵"aor、our"读作儿化韵"er"。把儿化韵"iaor、iour"读作儿化韵"ier"。这四个韵母儿化时,从主要元音像韵尾方向滑动的全过程都要带上卷舌动作。部分地区受方言

影响,常常丢掉韵尾,把主要元音变成央[ə]再卷舌。如把"病号儿、走调儿、老头儿"念成"bìng hèr、zǒu dièr、lǎo tér"。

⑤把儿化韵"i:er、ü:er"分别读作儿化韵"ier、üer"。如把"小鸡儿、有趣儿"读作"小街儿、有雀儿"。

⑥后鼻韵儿化时主要元音没有鼻化。普通话里的后鼻音韵母儿化时,除丢掉韵尾外,主要元音要鼻化。部分地区受方言影响,常常忽略了这一点,如把"名儿、影儿"读成"民儿、引儿"。

(三)变调

1. 定义

普通话中每个音节都不是孤立的,音节和音节连续读出,有些音节的声调发生了一定的变化,与单读时调值不同,这种变化就称为变调。

2. 作用

变调是一种自然的音变现象,对语义的表达没有影响,但会让语音自然和谐,让语言表达更加连贯流畅。例如,"演"和"讲"连着念,听起来像是"严讲",但我们知道表达的仍旧是"演讲"的意思。普通话的变调情况很复杂,但很有规律,多数是由后一个音节声调的影响引起的。

3. 类型

在普通话中,常见的变调有上声变调,去声变调,"一""不"的变调和形容词重叠式的变调。下面我们将分别介绍。

4. 上声的变调

(1)上声音节变调规律。普通话上声音节在音节连读时受后一音节声调的影响常常发生明显的变化。在单念或在词语、句子的末尾时,其调值不变,念全调214,但处在阴平、阳平、去声和上声字之前时,其调值都有所变化。试比较:

上声+阴平:语音、好听、两张、买车

上声+阳平:语言、好玩、两条、买房

上声+去声:语义、好墨、两块、买布

上声+上声:语法、好笔、两碗、买米

竖行比较上列各词,很容易感觉到上声在阴平、阳平、去声和上声字前有两种不同的变调,两个上声音节相连,前一音节的上声调值显然和处在其他三声之前大不相同。

①上声+非上声→半上(即调值为211)+非上声

上声音节在非上声音节(阴平、阳平、去声和轻声)前,丢掉后半段"14"上升的尾巴,上声音节的调值由原来的降升调(214度)变为只降不升的低降调(211度),即半上声(简称

"半上")。例如：

首都 主观 表达 海洋 百货 笔记 打听 点心

+提示

上声后面的轻声,如果它的本调为上声,即"上声+轻声(本调为上声)",则其前面的上声变为阳平,调值为35,例如：

手里 嘴里 想想 等等 打手 找补 小姐 举起

---

②上声+上声→阳平+上声

如果两个上声相连,前一个变为阳平,调值为35,例如：

美好 委婉 冷饮 老板 保险 手表 理想
指导 水果 了解 所有 腐朽 本领 采访

③三个上声相连的变调

三个上声音节相连,根据音节之间结合的紧密程度不同,变调分为三种情况。

A.(上声+上声)+上声→阳平+阳平+上声

如果词语的结构是双音节+单音节(双单格),那么前两个音节都变为阳平,调值为35,例如：

展览馆 草稿纸 打靶场 选举法 演讲稿

B.上声+上声+上声→阳平+阳平+上声

如果词语的结构是单音节+单音节+单音节,那么前两个音节都变为阳平,调值为35,例如：

软懒散 减免缓

C.上声+(上声+上声)→半上+阳平+上声

如果词语的结构是单音节+双音节(单双格),那么第一个音节变为半上,调值为211,第二个音节变为阳平,调值为35,例如：

好产品 女领导 耍笔杆 买雨伞 纸老虎

④四个以上上声音节相连

四个或四个以上上声音节相连,可以根据音节结合的紧密程度将词语分组后按双音节或三音节上声变调规律变调,例如：

彼此/友好 买把/雨伞 岂有/此理

领导/很了解 我请/老李讲 蒙古语/好懂

我请/表姐/给我讲/舞蹈/表演

你把/美好/理想/给领导/讲讲

(2)上声音节变调练习。

①词语练习。

省心 产生 纺织 海关 领先 取消 贬低 短期

解答　朗读　美元　考察　导航　场合　乞求　改革

可爱　反映　感冒　鼓励　美丽　宝贵　产量　礼貌

奶奶　讲究　马虎　打扮　枕头　伙计　喇叭　比方

水彩笔　敏感点　考古所　厂党委　小组长　小拇指

②句子练习。

请你早点儿买保险。

只有我想了解你。

请你给我买把小雨伞。

郝厂长管理很保守。

③请朗读下面的文字,注意上声变调。

读小学的时候,我的外祖母过世了。外祖母生前最疼爱我,我无法排除自己的忧伤,每天在学校的操场上一圈又一圈地跑着,跑得累倒在地下,扑在草坪上痛哭。

那哀痛的日子,断断续续地持续了很久。爸爸妈妈也不知道如何安慰我,他们知道与其骗我说外祖母睡着了,还不如对我说实话:外祖母永远不会回来了。(摘自林清玄《和时间赛跑》)

5.去声的变调

(1)去声音节在非去声音节前不变调,例如:

物资　弹壳　外景　地方

(2)去声音节在去声音节前则由全降变为半降,即调值由 51 变为 53,例如:

记录　摄像　贵重　救护

6."一"和"不"的变调

(1)"一"和"不"的变调规律

普通话变调中还包括"一""七""八""不"的变调,由于"七""八"已趋向于不变调,因此学习普通话只要求掌握"一""不"的变调。变调规律如下:

①"一""不"在去声音节前变阳平,例如:

一半　一律　一旦　一并　一切　一瞬　一袋　一道

不过　不但　不利　不顾　不变　不愧　不必　不断

②"一""不"在非去声音节前,都读去声,例如:

一般　一生　一心　一时　一些　一体　一口　一起

不安　不堪　不才　不乏　不然　不苟　不可　不逞

③"一""不"在下列三种情况中轻读,属于"次轻音"。

A."一"夹在重叠式的动词之间,例如:

看一看　想一想　走一走　算一算　说一说

B."不"夹在动词或形容词之间,例如:

好不好 买不买 去不去 行不行 难不难

C."不"夹在动词和补语之间,例如:

来不及 看不成 走不开 去不了 走不动

+ 提示

由于"次轻音"的声调仍依稀可辨,当"一"和"不"夹在两个音节中间时,要依后一个音节产生变调,变调规律如前。如"听一听、唱一唱、走不走、拿不动"中的"一""不"的调类分别是去声、阳平、去声、阳平。

(2)"一"和"不"的变调练习。

①词语练习。

一问一答 一丝一毫 一板一眼 一朝一夕 一前一后

不管不顾 不卑不亢 不伦不类 不折不扣 不干不净

一丝不苟 一尘不染 一成不变 一毛不拔 一窍不通

②请朗读下面的文字,注意"一"和"不"的变调。

我记得写上面这段小文的时候,便曾想:为了回忆童年,使之永恒,我何不写些故事,以我的童年为背景呢? 于是这几年来,我陆续地完成了本书的这几篇。它们的故事不一定是真的,但写着它们的时候,人物却不断地涌现在我的眼前,斜着嘴笑的兰姨娘,骑着小驴回老家的宋妈,不理我们小孩子的德先叔叔,椿树胡同的疯女人,井边的小伴侣,藏在草堆里的小偷儿。读者有没有注意,每一段故事的结尾,里面的主角都是离我而去,一直到最后的一篇《爸爸的花儿落了》,亲爱的爸爸也去了,我的童年结束了。那时我十三岁,开始负起了不是小孩子所该负的责任。如果说一个人一生要分几个段落的话,父亲的死,是我生命中一个重要的段落,我写过一篇《我父》,仍是值得存录在这里的。

(摘自林海音《〈城南旧事〉代序》)

7. 形容词重叠式的变调

(1)形容词重叠式的变调规律。形容词重叠在语流中有时要发生变调,变调时遵循以下规律:

①单音节形容词重叠后儿化时,即 AA 儿式,第二个音节不论本调是什么,往往变成阴平,调值是 55,例如:

慢慢儿(的) 好好儿(的) 早早儿(的) 快快儿(的)

②单音节形容词的叠音后缀,即 ABB 式,不论原来是什么声调的字,也都要读成阴平,调值是 55,例如:

红彤彤 亮堂堂 明晃晃 沉甸甸 笑眯眯 黑压压

③双音节形容词重叠后,即 AABB 式,第二个音节变成轻声,后面的第三、四个音节在口语中都读阴平,调值是 55,例如:

老老实实　舒舒服服　规规矩矩　漂漂亮亮

+提示

并不是所有的重叠式形容词都变调,应该具体情况具体分析,如书面性很强的词语就可以不变调。ABB 式和 AABB 式的形容词有不变调的趋势。

下列重叠式形容词的叠音后缀单字调都不是阴平,变调后必须变成阴平,调值是 55,用汉语拼音拼写时,要标变调后的阴平调55。

白晃晃　沉甸甸　骨碌碌　汗淋淋　黑洞洞　白蒙蒙
黑蒙蒙　红彤彤　黑油油　黑黝黝　黄澄澄　金煌煌
乱腾腾　闹嚷嚷　乱蓬蓬　慢腾腾　毛茸茸　明晃晃
蓝盈盈　文绉绉　热晃晃　懒洋洋　亮堂堂　热辣辣
热腾腾　软绵绵　乌油油　羞答答　清凌凌　湿淋淋
湿漉漉　水淋淋　雾茫茫　直瞪瞪　碧油油　笑吟吟
血淋淋　绿茸茸　绿莹莹　绿油油

下列 ABB 式形容词的后缀一般不变调,用汉语拼音拼写要标原调。

白茫茫　白皑皑　赤裸裸　赤条条　红艳艳　灰沉沉
金灿灿　空洞洞　金闪闪　空荡荡　平展展　暖洋洋
明闪闪　乐陶陶　气昂昂　喜洋洋　香馥馥　圆滚滚
阴沉沉　黑沉沉

下列 AABB 式形容词是书面语的,不变调,用汉语拼音拼写要标原调。

沸沸扬扬　轰轰烈烈　浑浑噩噩　堂堂正正　兢兢业业
洋洋洒洒　林林总总　唯唯诺诺　形形色色　躲躲闪闪
风风火火　期期艾艾　吞吞吐吐　歪歪扭扭　影影绰绰

(2)形容词重叠式的变调练习。请朗读下面的文字,注意形容词重叠的变调。

大雪整整下了一夜。今天早晨,天放晴了,太阳出来了。推开门一看,嗬! 好大的雪啊! 山川、河流、树木、房屋,全都罩上了一层厚厚的雪,万里江山,变成了粉妆玉砌的世界。落光了叶子的柳树上挂满了毛茸茸亮晶晶的银条儿;而那些冬夏常青的松树和柏树上,则挂满了蓬松松沉甸甸的雪球儿。一阵风吹来,树枝轻轻地摇晃,美丽的银条儿和雪球儿唰唰地落下来,玉屑似的雪末儿随风飘扬,映着清晨的阳光,显出一道道五光十色的彩虹。

（摘自俊青《第一场雪》）

一天,吃早饭时父亲让达瑞去取报纸。美国的送报员总是把报纸从花园篱笆的一个特制的管子里塞进来。假如你想穿着睡衣舒舒服服地吃早饭和看报的话,就必须离开温暖的房间,冒着寒风到房子的入口处去取,即使在天气不好的时候也是如此。

（摘自[德]博多·舍费尔《达瑞的故事》）

（四）语气词"啊"的音变

语气词"啊"的音变情况比较复杂,加上因"啊"的音变而带来的"啊、呀、哇、哪"用字的混乱状况的影响,"啊"的音变问题就成了人们学习普通话的一个难点。例如,下面这些句子中的"啊",许多人往往读不好:

①这些海鸥啊(读成 a)……

②你可千万不要慌啊(读成 a)!

③这可怎么办啊(读成 ya)!

④多么可笑啊(读成 ya)!

上面的念法都是不对的,1 应该念 ya;2 应该念 nga;3 应该念 na,写作"啊"或"哪";4 应该念 wa,写作"啊"或"哇"。

要解决好语气词"啊"的音变问题,首先应该更为科学合理地归纳出"啊"的音变规律。

语气词"啊"的音变规律。"啊"是一个表达语气情感的基本声音,作为叹词用在句前,仍发"a"的声音。

如果是语气助词用在句尾,因受它前面音节收尾音素的影响会发生不同的音变。

前一音节收尾音素	"啊"的发音	写 法	例 句
a、o(不包括 ao、iao)e、i、ü、ê	a 或 ya	"啊" 或 "呀"	原来是他啊(啊)! 可真阔呀(啊)! 她是你姐姐呀(啊)! 可别生气呀(啊)! 你去不去呀(啊)!
u(包括 ao、iao)	wa	"啊" 或 "哇"	他在哪儿住哇(啊)? 你别跑哇(啊)! 她的手可真巧哇(啊)!
-n	na	"啊" 或 "哪"	仔细看哪(啊)! 好好儿练哪(啊)! 这道题真难哪(啊)!
-ng	nga	"啊"	你想不想啊? 这事儿到底行不行啊?
-i(后) er(含儿化韵)	ra	"啊"	怎么回事儿啊? 快点儿吃啊!
-i(前)	za	"啊"	练习写字啊! 究竟有几次啊?

(五)词的轻重格式

1.定义

在汉语普通话及各方言中,一句话里双音节词或多音节词中的每个音节都有轻重强弱的不同,我们将短而弱的音节称为轻,长而强的音节称为重,介于二者之间的音节称为中。

2.作用

造成这种变化的原因,除了音节与音节之间的音调区别外,还因为构成一句话的词或词组的每个音节,在音量上不均衡,也就是说,双音节和多音节词的各个音节有着约定俗成的轻重强弱差别,称为词的轻重格式。除非特别需要,一般不能改变这种固有的格式。当然,轻与重是相对的,读起来要自然而不生硬。同时在语流中这种格式受到语句目的的制约,词语原来的轻重格式被打破,应该是正常的、必然的。

3.词的轻重格式的分类

(1)双音节词语的轻重格式分类。

①中重格式。中重格又叫"标准格",双音节词语中多数为中重格式,前一个音节读中音,后一个音节读重音。例如:

播音　表达　生产　水平　飞机　海洋

②重中格式。重中格式中的第一个音节读重音,第二个音节近似轻声,但其声调调值仍可辨,声母、韵母也没有产生音变。例如:

农民　冬季　责任　支持　作家　解释

③重轻格式。重轻格式我们一般称为"轻声词"。前一个音节读重音,后一个音节读轻声,有些词的韵母、声调有了明显变化。例如:

窗户　口袋　月亮　叔叔　意思　动静

(2)三音节词语的轻重格式分类。

①中中重格式。中中重格式在三音节词语中占多数。它相当于在中重格式中嵌进一个稍弱的中音,即第一个音节读中音,第二个音节相对第一个要轻一些读次轻音,最后一个音节读重音。例如:

晚自习　计算机　老百姓　展览馆　办公室

②中重轻格式。中重轻格式在单音节词语中占少数。它是在"重轻格式"前加上一个中音构成的。即第一个音节读中音,第二个音节读重音,第三个音节读轻音。例如:

没功夫　看清楚　小姑娘　软骨头　没关系

(3)四音节词语的轻重格式分类。

①中重中重格式。大部分具有联合关系的四字格式成语及少量其他结构关系的四字词格式成语要读成中重中重格式。例如:

丰衣足食 日积月累 轻歌曼舞 心平气和 无独有偶

②中轻中重格式。大部分四音节的专用名词、叠音形容词和象声词要读作中轻中重格式。其中四音节专用名词的第二音节只比第一音节稍轻,不可失去原声调。例如:

慢慢腾腾 高高兴兴 模模糊糊 亮亮堂堂 跌跌撞撞

③重中中重格式。大部分具有修饰与被修饰、陈述与被陈述和支配与被支配关系的四字格式成语及一三格式组成的成语要读作重中中重格式。例如:

惨不忍睹 义不容辞 敬而远之 诸如此类 相形之下

轻声发音练习

练习提示:在轻声音节发音感受和练习时,注重区分音长和调值变化带来的语音的听觉回馈差异。同时,重视区分不同发音状态视觉回馈的差别。注意比较可轻读词语在语句中的运用。

1.轻声音节感受练习

读下面的句子,注意句中相同的词的读音和含义。
①小王做事很实在,把他调到我们部门来实在太好了。
②他办事公道,让他来主持公道吧!
③老人用一口地道的山东话,给我们讲了当年地道战的故事。
④这酒真霸道,他才喝了一杯,就摆出一副横行霸道的样子。
⑤他并不是一个难处的人,近来脾气不好,肯定是遇到什么难处了。

2.词语练习

阴平+轻声

包袱 梆子 苍蝇 差事 灯笼 抽屉 窗户 答应 风筝 甘蔗
高粱 姑娘 功夫 胳臂 规矩 结实 奸细 宽敞 知了 师傅
玻璃 关系 虾米 收拾 衣服 冤枉 先生 知识 舒服 生日

阳平+轻声

粮食 行当 逻辑 棉花 年纪 朋友 学生 徒弟 题目 铃铛
防备 柴火 和尚 糊涂 活泼 灵便 难得 脾气 什么 头发
行李 学问 琢磨 云彩 勤快 麻烦 眉毛 疲沓 累赘 名堂

上声+轻声

稳当 伙计 使唤 指望 买卖 宝贝 斗篷 打算 洒脱 眼睛

扭捏　恶心　考究　讲究　首饰　喜欢　脑袋　吩咐　恍惚　老实
体面　哑巴　本事　口气　口袋　女婿　尾巴　小气　打扮　喇叭

去声+轻声

漂亮　事情　壮实　志气　帐篷　运气　笑话　疟疾　便当　教训
近视　应酬　冒失　力量　费用　吓唬　认识　对付　会计　厉害
动静　唾沫　义气　大夫　分量　告诉　奉承　任务　太阳　下巴

3. 绕口令练习

比包饺子

一个大嫂子,一个大小子,坐在一块比包饺子。不知是大嫂子包的饺子不如大小子,还是大小子包的饺子不如大嫂子。

打呼噜的胡迷糊

葫芒胡同胡迷糊,晚上睡觉打呼噜。睡到半夜一糊涂,隔着窗户掉外头。护着屁股不护头,胡噜块砖头当枕头。呼噜呼噜接着睡,一觉糊弄到正晌午。

郭伯伯买火锅

郭伯伯,买火锅,带买墨水和馍馍。墨水馍馍装火锅,火锅磨得墨瓶破。伯伯回家交婆婆,婆婆掀锅拿馍馍。墨色馍馍满火锅,婆婆抓着直琢磨:莫非是摩登产品外国货。

喇嘛和哑巴

打南边儿来了个喇嘛,手里提拉着五斤鳎目;打北边儿来了个哑巴,腰里别着个喇叭。南边儿提拉鳎目的喇嘛,要拿鳎目换北边儿别喇叭的哑巴的喇叭,哑巴不乐意拿喇叭,换提拉鳎目的喇嘛的鳎目,喇嘛非要拿鳎目换别喇叭的哑巴的喇叭。喇嘛抢起鳎目抽了别喇叭的哑巴一鳎目,哑巴摘下喇叭打了提拉鳎目的喇嘛一喇叭。也不知是提拉鳎目的喇嘛抽了别喇叭的哑巴几鳎目,还是别喇叭的哑巴打了提拉鳎目的喇嘛几喇叭。只知道,喇嘛炖鳎目,哑巴嘀嘀嗒嗒吹喇叭。

4. 朗读下面句子,注意读准轻声音节

①天上风筝渐渐多了,地上孩子也多了。城里乡下,家家户户,老老小小,也赶趟儿似的,一个个都出来了。

②晚饭过后,火烧云上来了。霞光照得小孩子的脸红红的。大白狗变成红的了,红公鸡变成金的了,黑母鸡变成紫檀色的了。

③年岁逐增,渐渐挣脱外在的限制与束缚,开始懂得为自己活,照自己的方式做一些自己喜欢的事,不在乎别人的批评意见,不在乎别人的诋毁流言,只在乎那一份随心所欲的舒

坦自然。

④我们继续拍掌，很快地这个树林就变得很热闹了呢。到处都是鸟声，到处都是鸟影。大的，小的，花的，黑的，有的站在树枝上叫，有的飞起来，在扑翅膀。

5.找出下面文字的轻声音节，并读准其读音

一个漂亮姑娘的故事

有一个姑娘，长得漂亮，皮肤娇嫩，身材苗条，出落得像牡丹。她聪明又活泼，漂亮又乖巧。

一个有月亮的晚上，姑娘到亲戚家玩，认识了一位洒脱、有出息的男人。他眼睛近视，戴着一副眼镜，长得白净，看上去斯文、有学问。姑娘喜欢上了他，眯缝着眼睛，上下打量了一番，还扭捏着卖弄脸蛋儿。谁知那男的很不自在，也不搭理她。姑娘着急了，想了个主意，等那男的走后，打听了他的名字和他的情况，才知道他是正经的男人，说话随和，经济宽绰，但有点儿做作，喜欢穿花哨的衣服，姑娘还知道这男的有个要好的朋友，正好是自己的街坊。

过了几天，她拉拢了那个熟识的街坊，央告他："我了解他的底细，想请你耍点儿名堂，让他糊涂点儿，带他到一间雅致、宽敞、有精美摆设的房间。我们估摸着时辰到了，看准火候，摆开架势，好好摆布他。"这个街坊向来老实、厚道、实在，他耷拉着脑袋，有点结巴地说："快别难为我了，我和他是有交情的。最近他得了疟疾，病得实在厉害，在家歇息，不能挪动身子，横竖我都不会约他的。"姑娘不高兴了，说："哼，有什么稀罕！反正我和他熟悉，不答应就算了，你真没能耐。"说完，就打发那人走了。

姑娘盘算了一番，决定亲自去找那男的。她披上斗篷，戴上戒指等首饰，涂上一点胭脂，精心打扮了一番，又带上几块月饼，几张煎饼，拿上一把胡琴。张罗完了，拉扯上好的女友，一起去找那男人。边走边琢磨着是否可以上他家找份差事，伺候他，帮他拾掇房间。女友告诫他："你千万不能疏忽大意，那样弄不好会得罪他的。"姑娘答应了。他们一块找到那男的，谁知那男人支吾着不同意，还数落了她一顿，姑娘白费了心思，受了这么多委屈、折磨，却落得个这样的下场，真是没有造化！

》儿化发音练习

练习提示: 在儿化音节发音感受和练习过程中，注重区分体会儿化后原韵母变化带来的语音的听觉回馈差异。同时，重视区分不同发音状态视觉回馈的差别。熟练掌握儿化的变化规律，不断加强训练，提高儿化发音的自然熟练度。

1.儿化音节感受练习，读下面的句子，注意加点字的读音和意义

(1)火星上是找不到一点火星儿的。

(2)这只钢笔的尖儿太尖了,很容易把纸划破。

(3)这间屋子很破烂,里面装的都是不值钱的破烂儿。

(4)把猪肉片成片儿再放到锅里煮,会更入味儿。

(5)他问得我没词儿回答了,只好词不达意地搪塞几句。

2. 词语练习

个儿	人儿	沿儿	圈儿	玩儿	馅儿	球儿
兜儿	画儿	空儿	爪儿	准儿	音儿	哪儿
那儿	活儿	包干儿	冰棍儿	差点儿	大伙儿	干活儿
光棍儿	好玩儿	金鱼儿	老头儿	聊天儿	没事儿	面条儿
墨水儿	纳闷儿	年头儿	纽扣儿	玩意儿	小孩儿	心眼儿
烟卷儿	一会儿	白干儿	摆摊儿	扳擦儿	饱嗝儿	爆肚儿

3. 绕口令练习

小哥俩儿

小哥俩儿,红脸蛋儿,手拉手儿,一块儿玩儿。小哥俩儿,一个班儿,一路上学唱着歌儿。学造句,一串串儿,唱新歌儿,一段段儿,学画画儿,不贪玩儿。画小猫儿,钻圆圈儿,画小狗儿,蹲庙台儿,画只小鸡儿吃小米儿,画条小鱼儿吐水泡儿。小哥俩,对脾气儿,上学念书不费劲儿,真是父母的好宝贝儿。

小门脸儿

你别看就那么两间小门脸儿,你别看屋子不大一小点儿。你别看设备不起眼儿,可售货员的服务贴心坎儿。有火柴,有烟卷儿,有背心儿,有手绢儿,有蜡烛、盘子、小瓷碗儿,还有刀子、勺子、小铁铲儿。

4. 朗读下面的文字,注意读准儿化音节

最妙的是下点小雪呀。看吧,山上的矮松越发的青黑,树尖儿上顶着一髻儿白花,好像日本看护妇。山尖儿全白了,给蓝天镶上一道儿银边儿。山坡上,有的地方雪厚点儿,有的地方草色还露着;这样,一道儿白,一道儿暗黄,给山们穿上一件带水纹儿的花衣;看着看着,这件花衣好像被风儿吹动,叫你希望看见一点儿更美的山的肌肤。等到快日落的时候,微黄的阳光斜射在山腰上,那点儿薄雪好像忽然害了羞,微微露出点儿粉色。就是下小雪吧,济南是受不住大雪的,那些小山太秀气!

（摘自老舍《济南的冬天》）

大雪整整下了一夜。今天早晨,天放晴了,太阳出来了。推开门一看,嗬!好大的雪啊!山川、树木、房屋,全部罩上了一层厚厚的雪,万里江山变成了粉妆玉砌的世界。落光叶子的柳树上,挂满了毛茸茸、亮晶晶的银条儿;冬夏常青的松树和柏树,堆满了蓬松松、沉甸甸的

雪球儿。一阵风吹来,树枝轻轻地摇晃,银条儿和雪球儿簌簌地落下来,玉屑似的雪末儿随风飘扬,映着清晨的阳光,显出一道道五光十色的彩虹。 （摘自俊青《第一场雪》）

》》语气词"啊"的音变练习

1.句子练习

(1)四妈,你倒是先给我弄碗水喝啊!

(2)今天晚上吃烧茄子啊!

(3)好新潮的大衣啊!

(4)啊! 多美丽的早晨啊!

(5)这件事儿可不简单啊!

(6)满桥豪笑满桥歌啊!

(7)什么了不起的事啊!

(8)他是王小二啊!

(9)雪大路滑,当心啊!

(10)他普通话说得真好啊!

(11)嗬! 好大的雪啊!

(12)小心啊,别把手指割掉。

(13)太阳它有脚啊。

(14)为什么白白走这一遭啊?

(15)可真是一方水土养一方人啊。

(16)大家快来吃菠萝啊!

(17)唱啊唱,嘤嘤有韵,宛如春水淙淙。

(18)小心水烫啊!

(19)是啊,我们有自己的祖国,小鸟也有它的归宿,人和动物都是一样啊。

(20)人生会有多少个第一次啊!

2.绕口令练习

咱! 咱! 咱! 谁啊? 张果老啊! 怎么不进来啊? 怕狗咬啊! 衣兜里装的什么啊? 大酸枣啊! 怎么不吃啊? 怕牙倒啊! 胳肢窝里夹着什么啊! 破棉袄啊! 怎么不穿啊? 怕虱子咬啊! 怎么不叫你老伴给挠挠啊? 老伴死得早啊! 得了,我把狗打死了,下酒正好啊!

词的轻重格式练习

1. 词语练习

(1)中重格式：

日常　大同　交通　领域　当代　小诗　出路　黄金　碧绿　时代
容颜　假如　晶莹　自然　减色　宝贵　人生　本身　阅读　当时
信奉　理论　飞沙　麦浪　波纹　演化　妥协　演变　词汇　烟火
仿佛　国际　货币　咕咚　轰隆　蝴蝶　沙发　尼龙　雷锋　草鞋

(2)重中格式：

经验　视觉　听觉　界限　颜色　温度　声音　形象　重量　气味
性质　美好　情感　感官　价值　风气　背景　作品　标准　要求
思想　声响　柔和　突然　责任　古典　西式　记者　价值　春天
声音　形象　含蓄　凄凉　人类　恬静　况且　工人　质量　动作

(3)重轻格式：

清楚　老婆　头发　刺猬　扁担　困难　风筝　窗户　朋友　唠叨
力气　喉咙　荤腥　萝卜　功夫　模糊　扫帚　活泼　核桃　作坊
亲家　包涵　灯笼　暖和　戒指　芝麻　尾巴　祖宗　石榴　累赘

(4)中中重格式：

播音员　收音机　呼吸道　东方红　天安门　展览馆　居委会
共产党　共青团　常委会　党支部　国际歌　科学院　招待会
唯物论　井冈山　辩证法　法西斯　护身符　滑翔机　芭蕾舞
尼古丁　五一节　话务员　坏血病　黄梅节　回旋曲　火力点

(5)中重轻格式：

枪杆子　命根子　过日子　拿架子　吊嗓子　臭架子　卖关子
半拉子　打底子　拉冷子　洋鬼子　刀把子　两口子　老头子
搭架子　鼻梁子　打冷战　打摆子　硬骨头　小姑娘　拉关系
抽工夫　不由得　撑门面　背地里　山核桃　牛脾气　胡萝卜

(6)中轻重格式：

保不齐　备不住　吃不消　大不了　动不动　对不起　过不来
说得来　生意经　冷不防　数得着　小不点(儿)

(7)中重中重格式：

五光十色　天灾人祸　年富力强　耳濡目染　枪林弹雨
奇装异服　花好月圆　赴汤蹈火　移风易俗　独断专行

根深蒂固　心猿意马　龙飞凤舞　鹤发童颜　翻江倒海

(8)中轻中重格式：

整整齐齐　清清楚楚　大大方方　和和美美　叮叮咚咚

嘻嘻哈哈　劈劈啪啪　稀里哗啦　拉拉扯扯　集体主义

(9)重中中重格式：

一扫而空　美不胜收　妙不可言　相形见绌　信口雌黄

2.请朗读下面的文章,注意词的轻重格式

挤　油

　　我上小学的时候,日子过得很苦。学校是一座小土庙,破破烂烂的,冬天里四面进风,学生们就常常冻了手脚。寒冷的早晨我们读着书,窗外亮亮的阳光一照,我们就急切地盼着下课了。铃声一响,学生们蜂拥而出,跑进干冷的阳光里,站在教室前,踩踩脚,脚暖了,就沿墙根一字排开,中间站个大个,两边人数相等,一齐往中间挤,咬牙,弓腿,喊号子,挤掉了帽子是顾不及捡的,绷断了线做的腰带,也只能硬撑着,一来二去,身体就暖和起来,甚至冒出汗来。这种游戏,我们叫挤油,天天要做的。

　　那时做老师的并不反对我们这一活动,记得教我们数学的老师,年龄不大,个头不小,冬天戴一顶油乎乎的破军帽,帽沿皱皱巴巴,他教我们学小数时,把0.24读成零点二十四,是过了一天又让我们读作0.24的。他常靠墙根一站,两手向自己一挥:"来!"学生们便一拥而上,好像总是挤不动他,上课铃一响,他猛地抽身而去,学生们便倒成一片。

　　语文老师是上了年纪的,姓余,面黑,不苟言笑,据说私塾底子厚实。他当然不挤油了,总是提前走进教室,写一些成语要我们抄背,诸如"爱屋及乌""入木三分"之类。开课前总先提问题,我们最怕的就是头十分钟,回答不出来,他就会拿眼瞪着你,半天说一句:"挤油的劲呢? 站着!"

　　那时学生穿的小袄都是自家纺的棉布,粗糙,易坏,在凹凸不平的黄土墙上磨不多久,就会露出黑黄的棉絮,回家总少不了挨骂:"又在墙上磨痒痒了。"呵斥好像并没有减少挤油的次数,孩子快乐起来的时候,什么都敢忘记。

　　这是我童年时代最有趣的游戏。

(摘自刘宗礼《"挤油"》,《文汇报》1994.4.4)

附录1　普通话水平测试用必读轻声词语表

普通话水平测试用必读轻声词语表

说明:

1.本表根据《普通话水平测试用普通话词语表》编制。

195

2. 本表供普通话水平测试第二项——读多音节词语(100个音节)测试使用。

3. 本表共收词545条(其中"子"尾词206条),按汉语拼音字母顺序排列。

a	爱人　案子
b	巴掌　把(bǎ)子　把(bà)子　爸爸　白净　班子　板子　帮手　梆子　膀子　棒槌 棒子　包袱　包涵　包子　豹子　杯子　被子　本事　本子　鼻子　比方　鞭子 扁担　辫子　别扭　饼子　拨弄　脖子　簸箕　补丁　步子　部分　不由得　不在乎
c	裁缝　财主　苍蝇　差事　柴火　肠子　厂子　场子　车子　称呼　池子　尺子 虫子　绸子　除了　锄头　畜生　窗户　窗子　锤子　刺猬　凑合　村子
d	耷拉　答应　打扮　打点　打发　打量　打算　打听　大方　大爷　大夫　带子 袋子　耽搁　耽误　单子　胆子　担子　刀子　道士　稻子　灯笼　提防　笛子 底子　地道　弟弟　弟兄　点心　调子　钉子　东家　东西　动静　动弹　豆腐 豆子　嘟囔　缎子　对付　肚子　肚(dǔ)子　对头　队伍　多么
e	蛾子　儿子　耳朵
f	贩子　房子　份子　风筝　疯子　福气　斧子
g	盖子　甘蔗　杆子　干事　杠子　高粱　膏药　稿子　告诉　疙瘩　哥哥　胳膊 鸽子　格子　个子　根子　跟头　工夫　弓子　公公　功夫　钩子　姑姑　姑娘 谷子　骨头　故事　寡妇　褂子　怪物　关系　官司　罐头　罐子　规矩　闺女 鬼子　柜子　棍子　锅子　果子
h	蛤蟆　孩子　含糊　汉子　行当　合同　和尚　核桃　盒子　红火　猴子　后头 厚道　狐狸　胡琴　糊涂　皇上　幌子　活泼　火候　伙计　护士　胡萝卜
j	机灵　脊梁　记号　记性　夹子　家伙　架势　架子　嫁妆　尖子　茧子　剪子 见识　毽子　将就　交情　饺子　叫唤　轿子　结实　街坊　姐夫　姐姐　戒指 金子　精神　镜子　舅舅　橘子　句子　卷子
k	咳嗽　客气　空子　口袋　口子　扣子　窟窿　裤子　快活　筷子　框子　困难 阔气
l	喇叭　喇嘛　篮子　懒得　浪头　老婆　老实　老爷　老子　姥姥　累赘　篱笆 里头　力气　厉害　利落　利索　例子　栗子　痢疾　连累　帘子　凉快　粮食 料子　林子　翎子　溜达　聋子　笼子　炉子　路子　轮子　萝卜　骡子　骆驼 老太太　老头子　两口子
m	妈妈　麻烦　麻利　麻子　马虎　码头　买卖　麦子　馒头　忙活　冒失　帽子 眉毛　媒人　妹妹　门道　眯缝　迷糊　面子　苗条　苗头　名堂　名字　明白 蘑菇　模糊　木匠　木头
n	那么　奶奶　难为　脑袋　脑子　能耐　你们　念叨　念头　娘家　镊子　奴才 女婿　暖和　疟疾
p	拍子　牌楼　牌子　盘算　盘子　胖子　狍子　盆子　朋友　棚子　脾气　皮子 痞子　屁股　片子　便宜　骗子　票子　漂亮　瓶子　婆家　婆婆　铺盖
q	欺负　旗子　前头　钳子　茄子　亲戚　勤快　清楚　亲家　曲子　圈子　拳头 裙子
r	热闹　人家　人们　认识　日子　褥子
s	塞子　嗓子　嫂子　扫帚　沙子　傻子　扇子　商量　上司　上头　烧饼　勺子 少爷　哨子　舌头　身子　什么　婶子　生意　牲口　绳子　师傅　师父　虱子 狮子　石匠　石榴　石头　时候　实在　拾掇　使唤　世故　似的　事情　柿子 收成　收拾　首饰　叔叔　梳子　舒服　舒坦　疏忽　爽快　思量　算计　岁数 孙子

续表

t	他们 它们 她们 台子 太太 摊子 坛子 毯子 桃子 特务 梯子 蹄子 挑剔 挑子 条子 跳蚤 铁匠 亭子 头发 头子 兔子 妥当 唾沫
w	挖苦 娃娃 袜子 晚上 尾巴 委屈 为了 位置 位子 蚊子 稳当 我们 屋子
x	稀罕 席子 媳妇 喜欢 瞎子 匣子 下巴 吓唬 先生 乡下 箱子 相声 消息 小气 小子 笑话 谢谢 心思 星星 猩猩 行李 性子 兄弟 休息 秀才 秀气 袖子 靴子 学生 学问 小伙子
y	丫头 鸭子 衙门 哑巴 胭脂 烟筒 眼睛 燕子 秧歌 养活 样子 吆喝 妖精 钥匙 椰子 爷爷 叶子 衣服 衣裳 椅子 意思 银子 影子 应酬 柚子 冤枉 院子 月饼 月亮 云彩 运气 一辈子
z	在乎 咱们 早上 怎么 扎实 眨巴 栅栏 宅子 寨子 张罗 丈夫 帐篷 丈人 帐子 招呼 招牌 折腾 这个 这么 枕头 镇子 芝麻 知识 侄子 指甲(zhǐjia/zhǐjiǎ) 指头(zhǐtou/zhítou) 种子 珠子 竹子 主子 主意(zhǔyi/zhúyì) 柱子 爪子 转悠 庄稼 庄子 壮实 状元 锥子 桌子 字号 自在 粽子 祖宗 嘴巴 作坊 琢磨

附录2 普通话水平测试常见儿化韵

普通话水平测试用儿化词语表

说明:

1.本表参照《普通话水平测试用普通话词语表》及《现代汉语词典》编制。加"＊"号的是以上二者未收,根据测试需要而酌增的条目。

2.本表仅供普通话水平测试第二项——读多音节词语(100个音节)测试使用。本表儿化音节,在书面上一律加"儿",但并不表明所列词语在任何场合都必须儿化。

3.本表共收词189条,按儿化韵母的汉语拼音字母顺序排列。

a→ar	刀把儿 号码儿 戏法儿 在哪儿 找茬儿 打杂儿 板擦儿
ai→ar	名牌儿 鞋带儿 壶盖儿 小孩儿 加塞儿
an→ar	快板儿 老伴儿 蒜瓣儿 脸盘儿 脸蛋儿 收摊儿 栅栏儿 包干儿 笔杆儿 门槛儿
ang→ãr(鼻化)	药方儿 赶趟儿 香肠儿 瓜瓤儿
ia→iar	掉价儿 一下儿 豆芽儿
ian→ier	小辫儿 照片儿 扇面儿 差点儿 一点儿 雨点儿 聊天儿 拉链儿 冒尖儿 坎肩儿 牙签儿 露馅儿 心眼儿
iang→iãr(鼻化)	鼻梁儿 透亮儿 花样儿
ua→uar	脑瓜儿 大褂儿 麻花儿 笑话儿 牙刷儿

续表

uai→uar	一块儿
uan→uar	茶馆儿　饭馆儿　火罐儿　落款儿　打转儿　拐弯儿　好玩儿　大腕儿
uang→uãr(鼻化)	蛋黄儿　打晃儿　天窗儿
üan→üar	烟卷儿　手绢儿　出圈儿　包圆儿　人缘儿　绕远儿　杂院儿
ei→er	刀背儿　摸黑儿
en→er	老本儿　花盆儿　嗓门儿　把门儿　哥们儿　纳闷儿　后跟儿　别针儿　一阵儿　走神儿　大婶儿　杏仁儿　刀刃儿　高跟儿鞋　小人儿书
eng→êr(鼻化)	钢镚儿　夹缝儿　脖颈儿　提成儿
ie→ier	半截儿　小鞋儿
üe→üer	旦角儿　主角儿
uei→uer	跑腿儿　一会儿　耳垂儿　墨水儿　围嘴儿　走味儿
uen→uer	打盹儿　胖墩儿　砂轮儿　冰棍儿　没准儿　开春儿
ueng→uer(鼻化)	*小瓮儿
-i(前)→er	瓜子儿　石子儿　没词儿　挑刺儿
-i(后)→er	墨汁儿　锯齿儿　记事儿
i→ier	针鼻儿　垫底儿　肚脐儿　玩意儿
in→ier	有劲儿　送信儿　脚印儿
ing→ier(鼻化)	花瓶儿　打鸣儿　图钉儿　门铃儿　眼镜儿　蛋清儿　火星儿　人影儿
ü→üer	毛驴儿　小曲儿　痰盂儿
ün→üer	合群儿
e→er	模特儿　逗乐儿　唱歌儿　挨个儿　打嗝儿　饭盒儿　在这儿
u→ur	碎步儿　没谱儿　梨核儿　泪珠儿　有数儿　媳妇儿
ong→or(鼻化)	果冻儿　门洞儿　胡同儿　抽空儿　酒盅儿　小葱儿
iong→ior(鼻化)	*小熊儿
ao→aor	红包儿　灯泡儿　半道儿　手套儿　跳高儿　叫好儿　口罩儿　绝招儿　口哨儿　蜜枣儿
iao→iaor	鱼漂儿　火苗儿　跑调儿　面条儿　豆角儿　开窍儿
ou→our	衣兜儿　老头儿　年头儿　小偷儿　门口儿　纽扣儿　线轴儿　小丑儿　加油儿
iou→iour	顶牛儿　抓阄儿　棉球儿
uo→uor	火锅儿　做活儿　大伙儿　邮戳儿　小说儿　被窝儿
(o)→or	耳膜儿　粉末儿

▶第八章
字正腔圆推字音

一、口腔控制的重要性

（一）定义

口腔控制是在唇、舌、腭等发音器官的主动调节下,利用人体发声的最后一部分通道——口腔,完善声音,制造语音,加工传递有意义有情感的语词的过程。

（二）目的

作为播音和艺术语言表达的一项基本功,掌握正确的口腔控制方法,使吐字清晰、圆润、集中,发音准确、规范、到位,更完美地表达出有声语言所蕴含的大量信息和丰富的思想感情。

（三）作用

1.字音清晰准确

我国传统的戏曲说唱艺术一向重视吐字这个环节,在曲艺界有"曲圣"之称的"昆曲之祖",明代的魏良辅说:"曲有三绝,字清为一绝。"这里所指的"清"不仅指字音清晰,还有字音清扬的要求,也就是要优美动听。作为播音员主持人应继承前人的经验,并运用到实际训练中。

吐字含混不清不仅会造成听众理解上的困难,有时甚至还会造成误解,产生不可预料的严重后果。如果一个播音员主持人吐字含混不清,那他就不具备从事这项工作的基本条件。口腔控制可以很好地提高字音的清晰度和准确性。

2. 语音纯正自然

作为播音主持专业的一项基本功,掌握正确的口腔控制方法,找到准确的吐字发音方法,使发音纯正自然,有助于完美地表达出语音中所蕴含的思想感情。对于很多播音员主持人来说,由于语音不够纯正自然,从而影响了从业水平的进一步提高。由此可见,口腔控制在播音主持工作中有举足轻重的地位。

3. 声音明亮多变

口腔是所有腔体中最灵活多变的腔体,我们可以通过口腔中咬字器官的相互配合,使声音字音发声变化。口腔也是声音流出口外经过的最后一个腔体,调整声音发出的路线及字音的着力位置,可以使声音变得更明亮更丰富多彩。这也是每一个播音员和主持人不懈追求的目标之一。

二、播音发声对吐字归音的要求

我们对吐字发音的要求常用"字正腔圆"四个字来概括,说具体些,可以从准确、清晰、圆润、集中、流畅这几点来分析。

1. 准确——字音准确、规范,发音部位和发音方法要准确无误

这是播音员主持人必须做到的,播音员主持人必须按照普通话语音规律吐字发音。例如,送气音"p"不能发成不送气音"b",否则"婆婆"和"伯伯"就会混淆,显然这样的发音是不准确不规范的。类似的例子还有很多。

播音吐字的准确更着重于强调改正细微的发音部位和发音方法问题,它所涉及的发音规范也更为严格和精细。详细内容参看声母、韵母的相关章节。

2. 清晰——字音清晰

这是播音员主持人吐字发音的一大特点,也是从业的必备条件。清晰的吐字建立在发音准确的基础上,但准确并不能代替清晰。

一个人无论声音多么好听,如果吐字不清晰,是不能做播音员主持人的;但如果声音不太好听而吐字很清晰,却可以从事播音主持工作。从这点也可以看出,吐字的清晰度对播音员主持人来说是多么重要。

3. 圆润——有比较丰富的泛音共鸣,字音悦耳动听

这属于吐字的审美要求。我国传统说唱观中形容圆润吐字为"吐字如珠""珠走玉盘",这种说法形象地勾画出字音的圆润与吐字动作间的密切关系。

不能做到吐字圆润就会使人感觉到吐字扁而干,缺乏润泽,不悦耳,这显然是不符合审

美要求的。

4. 集中——声音集中

这既是审美要求,也是对播音员主持人的特殊条件要求。集中的声音易于入耳,引起受众的注意,打动人心。

如果声音不够集中,在一定程度上也会降低语言的表达能力。另外,由于播音员主持人工作中会用到话筒,话筒的收音是有方向性的,声音集中对于工作人员来说是用较小的力气也能达到较好的效果,事半功倍。假如声音散,必然是出力不讨好。

5. 流畅——字词在语流中的连贯性

"字"不是单独存在的,而是连接在语流中。受众也是在连续的语流中获取信息、受到感染的。所以播音员主持人的吐字必须轻快流畅,使语流顺畅无阻。咬字不能过于明显的"雕琢",否则会使连贯的语流上有"痕迹",听起来吃力不自然,影响受众的听觉美感,出力不讨好。

总而言之,播音员主持人的吐字应该:发音准确规范,清晰自然,颗粒饱满,轻快连贯,如珠如流,字字入耳,句句入心。播者不费力,听者有美感。

三、播音发声对口腔控制的要求

喉部发出的声音,经过咽腔到达口腔,由口腔中的各个咬字器官对其进行加工,从而形成不同的元音、辅音。所以控制口腔的技巧就是控制元音、辅音的发音技巧,只有我们经过不断的训练才能做到吐字清晰有力。所以对口腔控制的要求就显得尤为重要,我们从以下几个要领来掌握对口腔的控制。

1. 打开口腔

播音发声中对口腔开度的要求比生活中说话的口腔开度要大,但打开口腔并不是一味地张大嘴巴,我们追求的是口腔的内开度。"张大嘴巴"口腔呈现的是口腔前开后闭,像">"的形状,对我们的发声而言没有任何帮助。追求口腔内开度的打开口腔,口腔呈现的是前后都打开,这为字音拉开立起创造条件。这个状态是通过"提颧肌、打牙关、挺软腭、松下巴"四步相互配合来实现的。(图8.1)

(1)提颧肌。首先确定颧肌的具体位置,请参看口部肌肉示意图。(图8.2)颧肌向上提起时,口腔前端有展宽感,上唇紧贴上齿,这样更容易把握咬字力度,有利于提高字音

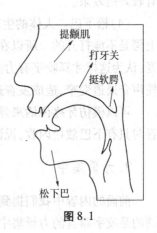

图8.1

的清晰度。

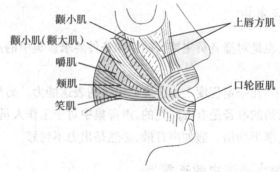

图8.2　口部肌肉示意图

我们可以用微笑的动作来寻找提颧肌的感觉,每天反复练习十几次,让肌肉形成一定的运动规律,这样该用时也就会自然提起了。

(2)打牙关。上下颌之间的关节就是我们所说的牙关。打开牙关,主要是指双侧后槽牙始终保持积极向上的感觉,张口时类似于"半打哈欠"的状态,闭口时类似于啃苹果的状态。对于说话咬紧牙关的人来说,这个步骤尤为重要,因为它不仅可以加大口腔内开度,还可以丰富口腔共鸣。

练习空口咀嚼,是打开牙关的一个有效方法。在练习时感觉上下后槽牙之间有一块弹性的胶状物,怎么咬都咬不烂的感觉。这个动作将牙关和脸部的咬肌配合起来,更有利于发音中力度的把握。

(3)挺软腭。软腭的具体位置我们在前面章节中已经有了准确的认识,即在硬腭的后部,用舌尖向后可以触碰到的光滑的、柔软的部位。不说话时软腭自然下垂,普通人很少注意它的作用,但播音发声中,有意识地使软腭挺起,有着重要的作用:加大口腔后部的空间,同时避免过多的气流进入鼻腔形成浓重的鼻音。

练习夸张的用嘴吸气和"半打哈欠",可以有效地寻找到挺软腭的感觉。另外有些字音,比如包"ao"、昂"ang"发音时也可以明显感觉到挺软腭,用这类音去带其他音节的发音也会有较好的效果。

(4)松下巴。人体的生理构造决定了我们要想打开口腔,只有下颌依靠关节才能完成,上腭是不能打开的。所以在平时说话中,有些人就表现出了下巴过分用力,来主动帮助发音,认为这样才算咬字有力。其实这是错误的。下巴的紧张会使舌骨后移,牵动喉头上移,使声音通道变窄,造成发音过于紧张吃力的现象。

可以模仿牙疼说话来寻找松下巴的正确感觉。因为牙疼时说话下巴是比较松弛的。发音时只有下巴放松内收,说话才能让听者觉得舒服,不做作。

2.力量集中

前面的内容中我们提到过,声音集中是播音发声对吐字发音的要求之一,在这里我们强调的是咬字器官的力量集中,因为这是使声音集中的重要一环,而咬字器官的力量主要集中表现在唇和舌上。

(1)唇的力量集中。唇的力量要集中在唇的内缘中央三分之一处。在说话时嘴角不要往两边用力,这样会导致唇的力量分散,这也是造成字音散的主要原因。同时还应做到唇齿相依。具体是指在说话时上唇紧贴上齿,避免出现"撅唇"的现象。这样做的目的是保持说话时唇形的美观,也可以减少发音时杂音的出现。

(2)舌的力量集中。在发音过程中,舌体要保持呈收势,力量集中在舌的中纵线上。另外,发音时每个音相关的发音部位应该呈点状接触,而不是面状接触,这样不但可以使力量集中,还可以减少杂音的出现。比如在发舌尖前阻时,力量集中在舌尖,舌尖与齿背接触的面积越小越好,这样可以有效地控制杂音的出现。

3. 声音推送

口腔是声音发出前的最后一个腔体,声音是如何推送出口腔的,或者说声音在口腔中发出的路线究竟是怎样的呢?

声音应该沿着软腭、硬腭的中纵线推到硬腭前端,这条中纵线就是声音发出的路线。(图8.3)

4. 字挂前腭

由喉发出的声束经咽腔沿软腭硬腭中纵线前行,向硬腭前部流动冲击,从而使字音有挂在硬腭穹窿前部的

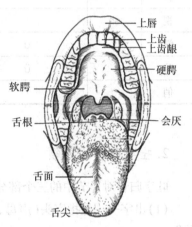

图8.3

感觉,并由上唇以上的部位透出口腔,字如蹦珠。这样发出的声音集中、明朗、润泽、穿透力强,发音省力。

具体方法是:在口唇外30厘米左右的距离找一个目标,发音时,在意念上让声音集中打在目标上。整体感觉是:字像一个圆形的珠子从口腔里射出,击中口外的目标,音要从软腭打到硬腭前端,然后送出口外。发音时要关闭鼻腔通路。

四、吐字归音

吐字归音是我国古典戏曲中对吐字法的概括。它根据汉字字音特点,提出对吐字过程中字音各环节的发音要领。它的具体内容既包括发音的基本要领,也包括发音的审美要求。它把一个音节的发音过程分成了三个阶段:出字、立字、归音。通过对每个阶段的控制,使吐字更加清晰饱满,有力度。

1. 音节结构

我们将一个音节分成三个部分:字头、字腹、字尾。

字头——由声母和韵头两部分组成。其中韵头也叫字颈、介音。

字腹——韵腹,就是主要元音。

字尾——韵尾,就是尾音。

汉语音节只有主要元音是不能缺失的,即字腹不能缺失。零声母音节没有字头,开尾音节没有韵尾。我们以"影、视、学、院、俏"五个字为例,如表格所示:

例字	字头	字腹		字尾
	声母	韵母		
		韵头（介音）	韵腹（主要元音）	韵尾
影			i	ng
视	sh		-i	
学	x	ü	e	
院		ü	a	n
俏	q	i	a	o

2.吐字归音的要领

吐字归音对音节中的三个部分的要求分别为出字、立字、归音。

(1)出字——是指字头(声母、韵头)的发音过程,要求为"叼住弹出,有力准确,干净利落"。

具体理解为:咬字要有力度,成阻部位准确,且肌肉紧张阻碍气流要有力;声母的唇形要合适,特别是合口呼和撮口呼,如果没有相应的唇形,就谈不上"叼住";"叼"要有巧劲,不能过紧也不能过松;除阻阶段轻捷有力,像弹丸弹出,不拖泥带水。

(2)立字——是指字腹(主要元音)的发音过程,要求为"拉开立起,圆润饱满,明朗响亮"。

具体理解为:主要元音在音节中口腔开度最大,发音最饱满,它像一颗圆形的珠子在口腔中站立起来;在牙关打开的前提下,随着上腭的提起"立"起来,以取得清晰的音色和较丰富的泛音。

(3)归音——是指字尾(尾音)的发音过程,要求为"弱收到位,趋向鲜明,轻短自如"。

具体理解为:唇舌动作要"到家",发音时不能出现听起来不完整的"半截字",要注意音节的完整性;正确的过程是力渐松、气渐弱、口渐闭、声渐止。

(4)"枣核形"——这是对吐字过程的形象化的描述,它是指字头、字腹、字尾俱全的音节吐字的状态而言。字头叼住弹出,字腹拉开立起,字尾弱收到位,合起来形成一个两头小中间大的"枣核"。(图8.4)

声音是看不见的,但"枣核形"的意念有助于我们在音节发音时把握各部分的口腔控制。需要提醒的是,根据内容的表达需要,"枣核"可以进行或长或大,或圆或扁等的改变。

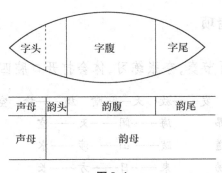

图8.4

3.吐字归音的总结

为了便于大家理解记忆,下面将吐字归音的内容做一个详细的总结:

语音学分类	声 母	韵 母			声 调
		韵头 (介音)	韵腹 (主要元音)	韵尾 (元音或辅音)	
吐字归音	字头	字腹		字尾	字神
处理方法	出字	立字		归音	提神
处理要求	叼住弹出 有力准确 干净利落	拉开立起 圆润饱满 明朗响亮		弱收到位 趋向鲜明 轻短自如	铿锵起伏 抑扬顿挫 气托声舒
吐字的 "枣核形"	对完整音节吐字状态的形象化描述。 字头、字腹、字尾合起来形成一个两头小、中间大的"枣核形"。 "枣核形"的发音,涉及音节发音时各部分口腔的开合度, 及其所占时值的长短。 起塞音　带"a"音　收"iu""ng"				

>> **口腔控制综合练习**

训练提示: 在感受和练习过程中,重视提颧肌、打牙关、挺软腭、松下巴四步与打开口腔的联系。在"腔圆"的条件下保持"壁坚"的状态,体会声音发出的路线,字音推送的方向,声挂前腭。同时,注重分辨这个过程中动觉、听觉和视觉状态回馈的不同,最终把握吐字归音对音节每个环节的要求,稳定口腔控制的诸多感觉,在应用中省力熟练、协调自如。

一、感受口腔控制诸项

1.以下词语,请拖开节奏,夸张练习,体会打开口腔四步

妈——妈 发——达 发——放 天——堂 尴——尬 空——旷
慷——慨——激——昂 海——阔——天——空
康——庄——大——道 跋——山——涉——水
马——到——成——功 来——日——方——长

2.请借助以下短句,向远方呼喊,体会声音发出的路线

你——好——吗?
回——家——吃——饭——嘞!
再——见——喽!
你——在——哪儿?

3.请单发或连续发出以下拟声词语,体会字挂前腭的状态

吧嗒嗒 滴溜溜 咕隆隆 劈啪啪 扑通通 呼啦啦
哐当当 哗啦啦 当啷啷 乒乓乓 刷拉拉 嘻哩哩

4.用声韵相拼法呼读,体会下列音节吐字归音的状态

b—a—ba   p—a—pa
b—ai—bai   p—ai—pai
d—iao—diao   t—iao—tiao
b—an—ban   p—an—pan
d—ian—dian   t—ian—tian
b—ang—bang   p—ang—pang
g—uang—guang   k—uang—kuang

二、字挂前腭综合练习

1.单字练习

b ——白、表、保、并、把、不
P ——批、平、牌、票、皮、鹏
m ——没、米、面、妈、萌、名
f ——飞、发、分、放、风、福
d ——董、到、调、带、登、段

t ——他、天、图、团、同、听

n ——你、年、能、女、牛、嫩

l ——来、俩、林、列、路、冷

g ——个、给、跟、改、乖、光

k ——看、可、考、款、坑、扣

h ——好、和、还、后、很、慌

j ——就、级、家、紧、奖、婧

q ——去、请、钱、亲、七、求

x ——想、下、系、像、行、需

zh——赵、主、中、章、正、着

ch——齿、出、处、春、车、抽

sh——是、说、上、时、升、深

r ——人、日、让、如、茸、肉

z ——在、再、这、组、总、最

c ——才、从、次、催、错、村

s ——四、孙、虽、撒、塞、僧

2.词语练习

b ——宝贝、爸爸、版本、报表、表白、背包

P ——批评、评判、品牌、婆婆、匹配、乒乓

m ——面貌、美满、妈妈、密码、秘密、迷茫

f ——方法、发放、丰富、反复、付费、仿佛

d ——督导、达到、搭档、奠定、对调、到底

t ——通透、头疼、天堂、推塔、淘汰、通天

n ——男女、南宁、牛奶、妞妞、那年、能耐

l ——理论、流量、力量、伦理、浏览、拉链

g ——改革、公管、更改、广告、规格、尴尬

k ——看看、开口、可靠、看开、刻苦、扣款

h ——很好、黄河、后悔、换货、豪华、幻化

j ——积极、即将、借鉴、解决、交接、紧急

q ——前期、亲戚、齐全、亲情、缺钱、气球

x ——学习、谢谢、信息、学校、相信、详细

zh——住址、注重、纸质、郑州、真正、转账

ch——出场、出差、长春、拆除、长城、抽查

sh——稍稍、说声、手术、受伤、杀手、顺手

r ——柔润、仍然、融入、容忍、柔软、柔弱

z ——藏族、自在、最早、粽子、早走、做作

c ——此次、从此、猜猜、层次、曹操、匆匆
s ——速速、搜索、算算、诉讼、琐碎、撕碎

3. 绕口令练习（以开口呼的绕口令为主要练习内容）

张大妈夏大妈

张大妈,夏大妈,你看咱们的好庄稼,
高的是玉米,低的是芝麻,开黄花、紫花的是棉花,
圆溜溜的是西瓜,谷穗儿长得像镰把儿,勾着想把地压塌。
张大妈,夏大妈,边看边乐笑哈哈。

哑巴喜欢喇叭

哑巴碰见大妈,嘴里咿里哇啦。
大妈问哑巴说啥,哑巴瞧瞧大妈。
指指墙上喇叭,手还比比划划。
大妈这才明白,哑巴喜欢喇叭。

麻字谣

麻家爷爷挑着一对麻叉口,
走到麻家婆婆的家门口。
麻家婆婆的一对麻花狗,
咬破了麻家爷爷的麻叉口。
麻家婆婆拿来麻针、麻线,
补麻家爷爷的麻叉口。

马大哈

马大妈的儿子叫马大哈,
马大哈的妈妈叫马大妈。
马大妈让马大哈买麻花,
马大哈给马大妈买西瓜。
马大妈叫马大哈割芝麻,
马大哈给马大妈摘棉花。
马大妈告诉马大哈,
以后不能再马大哈,
马大哈不改马大哈,
马大妈就不要马大哈。

大麦和小麦

大妹和小妹，一起去收麦。
大妹割小麦，小妹割大麦。
大妹帮小妹挑大麦，小妹帮大妹捆小麦。
大妹小妹收完麦，高高兴兴去打麦。
大妹打小麦啪啪噼，小妹打大麦噼噼啪。

小艾和小戴

小艾和小戴，一起去买菜。
小艾把一斤菜给小戴，
小戴有比小艾多一倍的菜；
小戴把一斤菜给小艾，
小艾、小戴就有一般多的菜。

喜送公粮

大船开，小船来，送粮船队一排排。
汽笛声声催船开，喜送公粮破船来。

肥混肥

黑肥混灰肥，灰肥混黑肥。
黑肥混灰肥，黑肥灰又黑。
黑肥混灰肥，肥比黑肥灰。
灰肥混黑肥，肥比灰肥黑。

猫吃桃

河边有座窑，窑上有个槽，
槽里放件袍，袍里包个桃。
对岸有只猫，想吃窑上槽里袍包桃，
可惜岸上没有桥。
过不了河，上不了窑，
够不着槽，咬不住袍，吃不了桃。

包枣包

包枣包，包包枣，
宝宝包枣包。
枣包包枣枣包包。

狗和猴

桥西走来一条狗,桥东跑来一只猴。

走到桥心两碰头,

狗望望猴,猴瞧瞧狗。

狗跺跺脚向桥西跑,猴挠挠耳向桥东走。

谁也不过桥,

不知是狗怕猴,还是猴怕狗。

找裂口

李小牛,往前走,

脚下踢起一颗豆,

捡起豆,四下瞅,

一辆大车往前走,

"老爷爷,慢点走,

车上麻袋有裂口。"

大车停下不再走,

找呀找,找裂口,

找到了,裂缝口,

老爷爷乐得直点头。

长方歌

长方的砖,长方的墙,

长方的窗,长方的床,

长方的楼房亮堂堂,

请你帮忙想一想,

除了砖、墙、窗、床和楼房,

还有什么是长方?

搭木房

红木方,黄木方,

红黄木方搭木房。

红木方搭红木房,

黄木方搭黄木房。

红黄木方一起搭,

搭的木房红混黄。

三、吐字归音综合练习

1. 四音节词语练习

来龙去脉	来日方长	老马识途	狼狈不堪	浪子回头	牢不可破
老当益壮	老生常谈	雷厉风行	冷嘲热讽	两袖清风	量力而行
燎原烈火	龙腾虎跃	包罗万象	超群绝伦	刀山火海	道貌岸然
调兵遣将	泛滥成灾	防患未然	放虎归山	光明磊落	广开言路

2. 绕口令练习

糖和浆

一筐糖，一缸浆，

把糖倒进缸，

缸内浆拌糖，

把浆倒进筐，

筐内糖拌浆。

吃菱角，剥菱壳

吃菱角，剥菱壳，

菱角丢在北壁角。

不吃菱角不剥壳，

菱角不丢北壁角。

颠倒话

石榴树，结樱桃，

杨柳树上结辣椒。

吹着鼓，打着号，

抬着大车拉着桥。

木头沉水底，石头上边漂。

小鸡叼了个饿老鹰，

老鼠捉了个大花猫。

说的都是颠倒话，

你说可笑不可笑。

鱼和大雁

大雁过雁塔，
雁塔留雁雁不留；
小鱼入渔网，
渔网捕鱼鱼难逃；
看我非我，
我看我我亦非我；
装谁像谁，
谁装谁谁就像谁。

篮和镰

有个同学叫李兰南，
手里拿着篮和镰。
镰打猪草放进篮，
猪草满篮放下镰。
镰和篮，篮和镰，
篮镰成了李兰南的小伙伴。

煤和灰

东边一堆煤，
西边一堆灰。
先用车推煤，
再用车推灰。
烧煤变成灰，
煤灰来自煤。
煤堆变灰堆，
灰堆赛煤堆。
有煤就有灰，
你说对不对？

照葫芦画瓢

照葫芦画瓢，照老虎画猫，
虎不像虎，猫不像猫，
葫芦不像葫芦，瓢不像瓢，
还是照虎画虎，照猫画猫，
照葫芦画葫芦，照瓢画瓢。

豆和油

东邻有囤豆,西邻有篓油,

我家有只鸡,又有一条狗。

鸡啄了豆囤,豆囤漏了豆。

狗啃了油篓,油篓漏了油。

鸡不啄豆囤,豆囤不漏豆。

老鼠嗅着油豆香

油一缸,豆一筐,

老鼠嗅着油豆香。

爬上缸,跳进筐,

偷油偷豆两头忙。

又高兴,又慌张,

脚一滑,身一晃,

"扑通"一声跌进缸。

狼和羊

西山有只狼,东山有只羊。

西山的狼想吃东山的羊,

东山的羊不怕西山的狼。

西山的狼到东山找羊,

东山的羊竖起犄角瞪着西山的狼,

西山的狼看看东山的羊,

东山的羊低头头顶西山的狼,

西山的狼不敢再吃东山的羊。

四、口腔控制综合篇目练习

1.古代诗词

诗经·关雎

关关雎鸠,在河之洲。窈窕淑女,君子好逑。

参差荇菜,左右流之。窈窕淑女,寤寐求之。

求之不得,寤寐思服。悠哉悠哉,辗转反侧。

参差荇菜,左右采之。窈窕淑女,琴瑟友之。

参差荇菜,左右芼之。窈窕淑女,钟鼓乐之。

诗经·子衿

青青子衿,悠悠我心。纵我不往,子宁不嗣音?

青青子佩,悠悠我思。纵我不往,子宁不来?

挑兮达兮,在城阙兮。一日不见,如三月兮。

易水歌 (荆轲)

风萧萧兮易水寒,壮士一去兮不复还。

探虎穴兮入蛟宫,仰天呼气兮成白虹。

大风歌 (刘邦)

大风起兮云飞扬,威加海内兮归故乡,安得猛士兮守四方!

垓下歌 (项羽)

力拔山兮气盖世,时不利兮骓不逝。骓不利兮可奈何,虞兮虞兮奈若何!

上邪 (乐府民歌)

上邪! 我欲与君相知,长命无绝衰。

山无陵,江水为竭,冬雷震震,夏雨雪,天地合,乃敢与君绝!

春江花月夜 (张若虚)

春江潮水连海平,海上明月共潮生。滟滟随波千万里,何处春江无月明。

江流宛转绕芳甸,月照花林皆似霰。空里流霜不觉飞,汀上白沙看不见。

江天一色无纤尘,皎皎空中孤月轮。江畔何人初见月,江月何年初照人?

人生代代无穷已,江月年年望相似。不知江月待何人,但见长江送流水。

白云一片去悠悠,青枫浦上不胜愁。谁家今夜扁舟子,何处相思明月楼?

可怜楼上月徘徊,应照离人妆镜台。玉户帘中卷不去,捣衣砧上拂还来。

此时相望不相闻,愿逐月华流照君。鸿雁长飞光不度,鱼龙潜跃水成文。

昨夜闲潭梦落花,可怜春半不还家。江水流春去欲尽,江潭落月复西斜。

斜月沉沉藏海雾,碣石潇湘无限路。不知乘月几人归,落月摇情满江树。

春望 (杜甫)

国破山河在,城春草木深。

感时花溅泪,恨别鸟惊心。

烽火连三月,家书抵万金。

白头搔更短,浑欲不胜簪。

2. 现代诗、散文

望大陆（于右任）

葬我于高山之上兮，望我故乡；
故乡不可见兮，永不能忘。
葬我于高山之上兮，望我大陆；
大陆不可见兮，只有痛哭。
天苍苍，野茫茫，山之上，国有殇。

美人天下

赌上韶华，意气风发剑走天涯。
染指江湖，恩怨难免打打杀杀。
乱世冤家，扶挽伊人招惹一身牵挂。
十年一剑，江湖小生初成侠。
一骑红尘，天南地北走风沙。
收缰勒马，残阳退没醉看枯树昏鸦。
金戈铁马，沙场点兵狂厮杀。
刀剑喑哑，巧取首级只在分秒之差。
恋上佳人，钟情为你巧手取天下。
血雨腥风，摘得几许富贵荣华。
晚来一步，嗟叹佳人已改嫁。
儿女情长，万骨荣枯千甲成代价。
紫陌千百，一朝青丝悲白发。
笑望云烟，山盟海誓都作了假。
折戟沉沙，蝉蜕万丈尘寰痛饮无牵挂。
桑田古路，英雄豪杰史诗唱罢。
一壶浊酒，道听说书人嘻笑鞭挞。
淡看繁华，从今为她袖手天下。

死水（闻一多）

这是一沟绝望的死水，清风吹不起半点漪沦。
不如多扔些破铜烂铁，爽性泼你的剩菜残羹。
也许铜的要绿成翡翠，铁罐上锈出几瓣桃花；
再让油腻织一层罗绮，霉菌给他蒸出些云霞。
让死水酵成一沟绿酒，飘满了珍珠似的白沫；
小珠们笑声变成大珠，又被偷酒的花蚊咬破。

那么一沟绝望的死水,也就夸得上几分鲜明。

如果青蛙耐不住寂寞,又算死水叫出了歌声。

这是一沟绝望的死水,这里断不是美的所在,

不如让给丑恶来开垦,看它造出个什么世界。

凤凰涅槃(节选)(郭沫若)

群鸟歌

岩鹰

哈哈,凤凰!凤凰!

你们枉为这禽中灵长!

你们死了吗?你们死了吗?

从今后该我为空界的霸王!

孔雀

哈哈,凤凰!凤凰!

你们枉为这禽中的灵长!

你们死了吗?你们死了吗?

从今后请看我花翎上的威光!

鸱枭

哈哈,凤凰!凤凰!

你们枉为这禽中的灵长!

你们死了吗?你们死了吗?

哦!是哪儿来的鼠肉的馨香!

家鸽

哈哈,凤凰!凤凰!

你们枉为这禽中的灵长!

你们死了吗?你们死了吗?

从今后请看我们驯良百姓的安康!

鹦鹉

哈哈,凤凰!凤凰!

你们枉为禽中的灵长!

你们死了吗?你们死了吗?

从今后请听我们雄辩家的主张!

白鹤

哈哈,凤凰!凤凰!

你们枉为禽中的灵长!

你们死了吗?你们死了吗?

从今后请看我们高蹈派的徜徉！

凤凰更生歌

鸡鸣

听潮涨了。

听潮涨了，

死了的光明更生了。

春潮涨了，

春潮涨了，

死了的宇宙更生了。

生潮涨了，

生潮涨了，

死了的凤凰更生了。

凤凰和鸣

我们更生了。

我们更生了。

一切的一，更生了。

一的一切，更生了。

我们便是他，他们便是我。

我中也有你，你中也有我。

我便是你，

你便是我。

火便是凰。

凤便是火。

翱翔！翱翔！

欢唱！欢唱！

我们新鲜，我们净朗，

我们华美，我们芬芳，

一切的一，芬芳。

一的一切，芬芳。

芬芳便是你，芬芳便是我。

芬芳便是他，芬芳便是火。

火便是你。

火便是我。

火便是他。

火便是火。

翱翔！翱翔！

欢唱！欢唱

三生石（改编）

三生石第一世

那一世，你为古刹，我为青灯；

那一世，你为落花，我为绣女；

那一世，你为强人，我为骏马。

我知道，我将生生世世与你结缘。于是我跪在佛前求了500年，求他让我在最美丽的时候遇见你，求他让我们结一段美丽情愫。佛于是把我变成一棵树，长在你必经的路旁。阳光下，我慎重地开满了花，朵朵都是我前世的期盼，颤抖的叶是等待的泪水。然而你，终于无视地走过，在你身后落了一地的，那不是花瓣，那是我凋零的心。我就是这样枯萎了，在我死去的那一瞬间，我看清了你脸上的惊讶。你捧起我的枝叶，泪湿衣襟。那一刻我含笑。回到佛前，我泪垂不止，长跪不起。佛垂首，叹息……

三生石第二世

那一世，你为皇帝，我为战俘。你是那样意气风发，少年得志。在我父兄叛乱后，你怒发冲冠。我满身愧疚，满身痛楚。

你杀光我的族人，抢掠我回宫，带回一个满身素缟的异族王妃。你说你等我好苦，你会等我，照顾我。生生世世长相厮守。

是的，我爱你，在生命的轮回中，我是经过了怎样的期盼与你相逢啊！然而，我抽出你腰间的匕首，刺入自己的心脏。

我无力地睁大眼，轻声说："对不起！"

是的，我就这样自绝在你面前，我很残忍。弥留中，我看到你莫大的悲愤与哀伤。我听见整个宫殿回荡你无助的哀啸。你咬破中指，将一滴鲜血点在我的手腕上，指天发誓，以此为印，永不弃我，那一刻，我心碎了……

你还记得吗？这是三生石上的第二世。

三生石第三世

我于苦海中挣扎沉浮，哀求了700年，佛终于肯原谅我了。向我伸出莲花圣手，让我再一次与你相遇，然而你却不记得我了！

轻扶手腕，那血红胎记竟在发烫。为了这前世未了的溯源，我在你孤傲的身姿下握住一把残破旧事。

对我微笑吧，即使那微笑里有千里的距离，我也心动。对我怒视吧，若那怒视里有痴心的责备，我亦无悔。然而你只是漠视。

每日夜里，我含泪祈祷神明，如果你看了我一眼，我就会幸福的死掉；如果你不看我，我就会痛苦的死掉。

是不是爱一个人就是这样的生生死死而又心甘情愿?

而你仍然漠视。我等待的心痛苦而又幸福,我微笑地看你从我身边无视地走过,看着你的目光从我头顶越过。有你存在的故事里,怎样的结局都好!

夕阳温柔,听耳边许多新鲜又陌生的笑声响起,于是想:三生已过,来生,你还在吗?

虞姬别霸王

那幽幽的,凄楚的角声,
充满了沙场的哀愁的角声,
在澄静的夜空底下回荡着。
梦已经失血,天空翻卷着熊熊火焰,
白马、乌骓马的咆哮撕裂长空……

我是你的女人呐,霸王!
是你的女人,就选择死在霸王你的怀里。
我的唇在渐渐的冷去……

冷得,如同我眼中这场突如其来的暴雪,
冷得,所有的语言全冻结在颤抖的喉间。
我是你的女人呐,霸王!
是你的女人,就以这样的方式,
穿透层层烽烟,凝望着疲惫的你,静静地躺在你的怀里。
我不甘心呐,霸王,我不甘心!
我多么想看到你,
笑对如林的刀枪、如雨的箭,
成为这个时代的英雄!

霸王啊!
你仰天长啸哇,因为我是你的女人,
你拔剑四顾哇,因为我是你的女人。
笑声似一绺长发抓住了风,
剑气似万马奔腾踏碎了月。
如果此刻有一道闪电,
那就是我,化作利剑,劈开了这阴沉沉压在头顶的天。
如果此刻有一阵旋风,
那就是我,舞着疯狂,撕破这黑层层的天罗地网。

我是你的女人呐,霸王,让我心痛的霸王啊!
你看前面只有这条乌江,那是尽头哇,那是尽头哇!

霸王啊!

我的嘴唇在渐渐地冷去,我的身体在渐渐地冷去。

为这层峦叠嶂的无限江山,霸王啊!

你抛头颅,一腔热血……

你狂傲,你神威,你自负,你冷峻,你柔情,你豪气冲天!

可你永远是我心中的枭雄。

我的唇在渐渐地冷去,我的身体在渐渐地冷去。

我永远是你的女人,我的霸王……

少年中国说(改编版)

透过历史的眼眸,我们站在岁月的肩膀上远眺。

这是一个承前启后的时代。

这是一个日新月异的时代。

这是一个继往开来的时代。

我们肩负沉甸甸的嘱托,我们憧憬美好的未来。

近代思想家梁启超挥笔成就经典名篇《少年中国说》,

中华经典的铿锵音韵在我们耳边回响,

中华经典的千古风韵在我们心头荡漾……

天地苍苍,乾坤茫茫,中华少年,顶天立地当自强。

故今日之责任,不在他人,而全在我少年。

少年智则国智,少年富则国富;

少年强则国强,少年独立则国独立;

少年自由则国自由,少年进步则国进步;

少年胜于欧洲则国胜于欧洲,少年雄于地球则国雄于地球。

美哉我少年中国,与天不老! 壮哉我中国少年,与国无疆!

美哉,我少年中国,与天不老! 壮哉,我中国少年,与国无疆!

天下第一潮(节选)

我相信,天地万物都有呼吸。风,是天地的呼吸。潮,是江河的呼吸。

呼吸的形式不尽相同,温柔的,细如游丝;刚烈的,暴似雷霆;兼而有之的,亦柔亦刚,刚柔相济。这便是起伏,起伏是呼吸的真谛。

你看那钱塘江,本来依偎着美丽妖娆的西子湖,水波不兴,温柔无比。谁知它此刻只是屏住了呼吸,收敛了狂放。平静之中正孕育着暴发。

"丝沙沙沙……"先似漫天细雨飘落声,眺远东南江面,横扯起一道银白的丝线,那是初潮正在形成。

"轰隆隆隆……"犹闻天际传来不息的沉雷,再看那条丝线,已经变成一道白色的长虹,横卧江面,直向前方推进。

"吭昂昂昂……"继而又似万千神牛一齐响起粗重的鼻息,此时的长虹,忽然化着江中蛟龙,昂首摆尾,驾着滚滚波涛,气压群山,奋然跃动而来。

"嘿哈哈哈……"鼻息声又化着万千将士的仰天长啸,"力拔山兮气盖世",以一往无前的姿态,"横扫千军如卷席!"

"哗啦啦啦……"千军万马的大阵,冲到你面前,终于衍化成了三米多高的一道水墙,直向你倾压过来,一时不免会令人胆战心惊!

"咔咣咣咣……"水墙又成了雪山崩坍,如同无数列火车把横亘的雪山摧毁打翻,雪浪腾烟,形成巨大的瀑布,劈头盖脸呼啸而下……

这就是钱塘江潮!

这就是天下第一潮!

我见过许多江潮、海潮,从未见过如此夺人心魄的钱塘潮。

这里怎会有如此雄壮的水上奇观!

3. 配音、台词

国庆 60 周年庆典大会解说词(节选)

A:中央电视台

B:中央电视台

A:各位观众,这里是中华人民共和国首都北京。

B:这里是全世界中国儿女祝福的北京。

A:2009 年 10 月 1 日我们迎来了新中国成立 60 华诞。

B:2009 年 10 月 1 日,奋进的中国邀你共享盛大节日庆典。

A:当历史的脚步穿越昔日的故宫金殿,这一时刻足以激荡中国 5 000 年记忆。

B:当祝福的声响震彻九天,这一时刻足以激越中国 960 万平方公里丰饶的土地。

A:今天我们为天安门广场现场直播中华人民共和国成立 60 周年的盛会。

B:今天我们将在恢弘的天安门广场与您一同见证跨入 21 世纪的中国盛世华章。

A:从 1949 年到 2009 年,一条 60 年的长度,一头连着在改革开放荣富强迈进的中国。

B:从 1949 年到 2009 年,新中国 60 年的风雨历程已丰盈收获,让我们有足够的理由在 10 月 1 日这一天,用自己最真诚的方式为祖国庆贺。

A:英雄的中国军队在这里集结,自豪的中国人民在这里欢聚。

B:敬候伟大时刻的到来,要用最嘹亮的声音唱出心中最美的赞歌。

A:此刻的天安门广场,八万余名青少年用明黄与鲜红的花束组成了巨大的国庆字样。曾几何时,为了这个值得纪念的庆祝,多少志士仁人奔走呼号。

B:曾几何时,为了这个值得庆祝的纪念,多少先烈前赴后继。

A:中国人执着前行了整个世纪。

B:为了那面可以仰望的五星红旗,中国人世世代代继往开来,不遗余力。

A：人民英雄永垂不朽，在共和国自强独立的今天，我们心底有份厚重的感念，汇集成无限崇敬的万语千言。

B：人民英雄永垂不朽，在共和国和平发展的未来，我们心底有份坚定的信念，需要永远守护用鲜血浸染的江山，要永远捍卫五星红旗夺目的鲜艳。振兴中华，伟大的革命先行者孙中山先生在探索革命的慢慢整个征途中发出由衷的棋盘。

A：今天新时代的青年人已经把繁荣中国的大旗扛在肩上，把祖国的重托扛在肩上。我们坚挺的脊梁足以让先辈安然。

B：中国应该对人类有较大的贡献，毛泽东主席在翻开新中国扉页的同时，就宣布了中国对于世界的担当。

A：而今热爱和平的中国，正在促使世界变得更美好，飞速发展的中国必将推动人类持久和平、共同繁荣、和谐万邦。英雄的血肉凝成中国军人的铮铮铁骨，光荣传统世代相传，人民军队威名远扬。

B：时光流转，岁月如梭。21世纪中国军队准备接受祖国和人民的检阅。

A：60门礼炮齐整地排部在天安门广场南端，为新中国烙印峥嵘的纪念有和平的经典。

B：激荡中华民族的奔腾血脉。修葺一新的中国国家博物馆，厚重如山，巍峨毅然。60年来他见证了共和国奋勇前行的每一步。

A：前行有声，岁月无沿。中国人民秉持着历来的艰苦奋斗，张开了拥抱世界的臂膀，坚定了开放发展的心态。

B：新中国60年，光阴荏苒，我们回顾一张张质朴的面孔，难忘一张张勤劳的双手，铸就了中国各条战线的辉煌成就。

A：此刻的人民大会堂庄严而肃穆，亦如它正聆听普通百姓最由衷的心声。

A：中国人民意气风发、豪情满怀，亲手绘制自己最向往的未来。

电影《高山下的花环》

雷军长台词片段

我的大炮就要万炮轰鸣，我的铁甲就要隆隆开进！我的千军万马正要去杀敌！去拼命！去流血！可就在刚才，我的军里发生了一件奇闻怪事。我也打了几十年的仗了，称得起是身经百战了吧，啊？！在百战中遇上这种事，我还是第一次！所以今天我的老毛病可能又要犯，可能又要摔帽子、骂娘！

有这么一位神通广大的贵妇人，了不起啊，很了不起呦！她竟有本事从千里之外把电话要到我的前沿指挥所。我想同志们都会知道的啊，在这种关键时刻，我的电话分分秒秒千金难买呀！……她来电话干什么呀？让我关照她的儿子，要我把她的儿子调回后方，把我的指挥所当作交易所了。走后门竟走到我流血牺牲的战场上。她的儿子何许人也？此人原是军机关的一个干事，眼下就在你们师、某连当指导员。

我不管它是天老爷的夫人还是地老爷的太太，谁敢把后门走到我这流血牺牲的战场上，没二话，我雷某要让她的儿子第一个扛上炸药包，去炸碉堡！去炸碉堡！

话剧《切·格瓦拉》（节选）

从前,有群奴隶砸碎了脚镣

他们占领了皇宫并住在里面

把老国王和他的人关进监牢

后来,又有群奴隶砸碎了脚镣

他们占领了皇宫并住在里面

把新国王和他的人关进监牢

后来,又有群奴隶砸碎了脚镣……

终于一天有个纯真的声音说道

从今往后再不分什么国王和奴隶

从今往后谁也不比谁低谁也不比谁高

奴隶们都说这样最好

于是同心协力

把监牢宫殿一齐推倒

他们想要盖一座新房子

新房子不是宫殿也不是监牢

但究竟什么样还没人知道

奴隶们只见过宫殿只住过监牢

只被人踩过只会再踩人一脚

一抬腿就是老路,一张嘴就是老调

盖了推推了盖总也没弄好

雨在淋风在吹黄叶满眼飘

地在转天在旋岁月催人老

终于一天有个聪明的声音说道

房子新不新其实不重要

关键是要看房子好不好

关键的关键

是能住得舒服能住得牢靠

至于谁上谁下根本无关紧要

关键的关键

再别相信梦想再别听从心跳

人上半截的要求才从来莫名其妙

奴隶们听了心里在想

世上的房子千千万万

干吗不都先瞧上一瞧

奴隶们穿过天涯绕过海角

世上的房子的确千千万万

但总不过监牢宫殿那一套

于是何去何从路只剩两条

奴隶们有的坚持有的后退

有的犹犹豫豫不住地动摇

那边阳光下大厦很快盖起既现代又古老

地上地下一共有十层装十等人不多不少

结构绝不许改变但据说楼层随时可调

这边夜色中新房子依旧没有摸出门道

但远方的星星依旧在奴隶们眼中闪耀

他们一次次修一次次改一次次重新推倒……

2014 感动中国颁奖词(节选)

黄旭华

时代到处是惊涛骇浪,你埋下头,甘心做沉默的砥柱;一穷二白的年代,你挺起胸,成为国家最大的财富。你的人生,正如深海中的潜艇,无声,但有无穷的力量。

刘盛兰

陈雨露这样评价他:"走过古稀,走过耄耋,老人没有更多的言语,独以无声的行动有力诠释着一个伟大民族对教育的深刻理解。"

"感动中国"推选委员吴孟超说,"正是这份爱心,这份执着感动着身边的人。"风烛残年,发出微弱的光,苍老的手,在人间写下大爱。病弱的身躯,高贵的心灵,他在九旬的高龄俯视生命。一叠叠汇款,是寄给我们的问卷,所有人都应该思考答案。

陈俊贵

义薄云天是对陈俊贵最好的评价。一句嘱托守护了一生。

只为风雪之夜一次生死相托,你守住誓言,为我们守住心灵的最后阵地。洒一碗酒,那碗里是岁月峥嵘;敬一个礼,那是士兵最真的情义。雪下了又融,草黄了又青,你种在山顶的松,岿然不动。

纪录片《故宫》配音片段

是谁创造了历史?又是谁在历史中创造了伟大的文明?

公元1403年1月23日,中国农历癸未年的元月一日。这一天,生活在这块土地上的人们,依然延续着自古以来的传统,度过他们一年中最重要的节日——农历元旦。

这一年,人们收到的类似今天的贺年卡上,不再有建文的年号了。建文帝4年的统治,在一场史称靖难之变的战争后,成为了往事。

公元 1403 年的大年初一,大明朝第三个皇帝朱棣,正式启用永乐作为自己的年号。这一年为永乐元年。年号的更替,随之带来的将是这个王朝的更多变化。

永乐元年,明朝的首都在今天中国南京。这座六朝古都自东汉时代起就被认为有王者之气。明太祖朱元璋将都城定在这里,并集中国两千年宫殿建筑之精华,建造了皇家宫殿。今天这座宫殿仅留下了这些遗址,但仍不失当年的气魄。

而此时的北京城在大明的版图上,还是朝廷的一个布政司,叫做北平。这里人烟稀少。朱棣 11 岁时被封为燕王,他和他的旧部们熟悉这里,对这个地方充满着感情。

永乐元年的农历正月十三这一天,朱棣按祖制祭祀完天地回到皇宫。当君臣们相聚一堂时,一个叫李至刚的礼部尚书提出了一个建议。他说,我以为北平这个地方,是皇上承运龙兴之地。应该遵循太祖高皇帝,另设一个都城的制度,把北平立为京都。永乐皇帝,当即非常高兴地答应了下来。在这之后的几个小时里,将北平升为北京,成为王朝第二个京都的一道圣旨昭告了天下。

这个消息很快传遍了全国,而一座伟大宫殿将由此诞生。

电视剧《康熙王朝》

康熙的台词

当朝大学士,统共有五位,朕不得不罢免四位;六部尚书,朕不得不罢免三位。看看这七个人吧,哪个不是两鬓斑白,哪个不是朝廷的栋梁,哪个不是朕的儿女亲家,他们烂了,朕心要碎了!祖宗把江山交到朕的手里,却搞成了这个样子,朕是痛心疾首,朕有罪于国家,愧对祖宗,愧对天地,朕恨不得自己罢免了自己!还有你们,虽然个个冠冕堂皇站在朝上,你们,就那么干净吗?朕知道,你们当中有些人,比这七个人更腐败!朕劝你们一句,都把自己的心肺肠子翻出来,晒一晒,洗一洗,拾掇拾掇!

朕刚即位的时候以为朝廷最大的敌人是鳌拜,灭了鳌拜,又以为最大的敌人是吴三桂,朕平了吴三桂,台湾又成了大清的心头之患,啊,朕收了台湾,葛尔丹又成了大清的心头之患。朕现在是越来越清楚了,大清的心头之患不在外边,而是在朝廷,就是在这乾清宫!就在朕的骨肉皇子和大臣们当中,咱们这儿烂一点,大清国就烂一片,你们要是全烂了,大清各地就会揭竿而起,让咱们死无葬身之地呀!想想吧,崇祯皇帝朱由检,吊死在煤山上才几年哪?忘了!那棵老歪脖子树还站在皇宫后边,天天的盯着你们呢!朕已经三天三夜没有合眼了,总想着和大伙说些什么,可是话总得有个头啊。想来想去,只有四个字"正大光明",这四个字,说说容易啊,身体力行又何其难?这四个字,是朕从心里刨出来的,从血海里挖出来的。记着,从今日起,此殿改为正大光明殿!好好看看,你们都抬起头来,好好看看,想想自己,给朕看半个时辰。

话剧《雷雨》

繁漪的台词

你有权利说这种话吗？你忘了就在这屋子，三年前的你吗？你忘了你自己才是个罪人；你忘了，我们——哦，这是过去的事，我不提了。哦，萍，好了。这一次我求你，最后一次求你。我从来不肯对人这样低声下气说话，现在我求你可怜可怜我，这家我再也忍受不住了。今天之一天我受的罪过你都看见了，这样子以后不是一天，是整月，整年地，以至到我死，才算完。他厌恶我，你的父亲；他知道我明白他的底细，他怕我。他愿意人人看我是怪物，是疯子，萍！

电视剧《大明宫词》

太平公主台词

当我看到张易之的第一眼，我以为我的薛绍回来了，我看见的他正在弹着那首《长相守》，那属于薛绍和慧娘的约定。我紧紧地盯着他的脸，那是薛绍一样的那张脸，可是他们的思想却是南辕北辙的出现。

把对薛绍的所有思念给予了这样长着他同样面孔的张易之。我要求他带我走，去游览天下名胜，他却给了我一个拒绝的理由：幸福是偶然的、短暂的，所以它才声势浩大，所以才值得珍视，而当它成为一种习惯，也就会因为麻木而忽略它的滋味。当我爱上他的时候，我就意识到自己爱上的是一个魔鬼，我一直在欺骗自己，我怀疑过但是不敢去承认。我不要这样的感觉再去欺骗我对薛绍的怀念。我警告张易之，收敛自己的野心，不管是为了权利还是为了操纵权利的感情，该做什么人就做什么人，当在某天再让我发现你有非分之想，你将真正死在我的剑峰之下！可惜，最终权利还是涨满他的眼，他还是随着母亲走了，去了东都洛阳，而阴谋，那样带着血腥的气息，却在洛阳蔓延……

▶ 第九章

声朗音润找共鸣

一、共鸣控制的重要性

（一）定义

1. 共鸣

发音体之间的共振现象叫作共鸣。共鸣的基本含义有两个层面,一个是从心理角度来理解的,一个是从发声角度而言的。从心理角度来说,由别人的某种情绪引起的相同的情绪叫作心理共鸣。例如,在看到感人的电影时,人们会不自觉地流泪;在感受到喜悦时会发出笑声。而从发声学的角度来理解,是物体因共振而发声的现象。如两个频率相同的音叉靠近,其中一个振动发声时,另一个也会发声,我们称之为发音体共鸣。人体发声的共鸣是指喉部的声带发出的声音(极为微弱的喉原音)经各共鸣器官的共振,声波得以增强放大。

2. 共鸣控制

微弱的喉原音,通过声道联通的各共鸣腔体的谐振放大,经过调节和控制,变得震荡、响亮、圆润、通达,并且可以根据艺术语言表达的需要适时调整,变化不同的声音位置,表现不同的声音色彩。

（二）目的

运用控制方法,调节共鸣腔体,丰富声音色彩。

人们发出的声音具有随意性和自由性,需要我们通过较为科学、规范的发声方法和发声技巧来控制声音的发出,使得本身不具艺术魅力的口语用声得到共鸣腔体的调节和控制。声音的共鸣得到控制以后,我们所发出的声音传送较远,可塑性大,可以很大程度上避免声音的单一化,也可使我们的发声器官得到科学的训练,避免发声疾病的出现。

(三)作用

1.保护声带,产生语音

在平时练声或用嗓时,有的人喜欢扯着嗓子喊,没有气息的支撑,也没有积极调用腔体共鸣的作用,这样发出的声音不但"干""涩""无穿透力",也极易损害声带,导致破音的出现和嗓子的嘶哑。而有的人说话时给人的感觉总是"有气无力",声音细小,表达不清且声音难以打开,这样所产生的声音也就显得毫无控制和力度,无法称其为"声"。如果我们能够较好地控制共鸣腔体,使之为声音"服务",那么这两种情况都能很大程度地避免和改善。各腔体的共鸣能够使声带振动所发出的声音在最大限度上得到"共振",经过口腔咬字器官的节制与配合,产生清晰、圆润的语音。

2.扩大音量,美化音色

从生活中我们可以体会到,在越嘈杂的环境下,说话的声音会不自觉地加大,甚至出现嘶喊的现象,声嘶力竭地发声;但是这样大声嘶喊的效果不但不好,自己的嗓子也出现"累""哑""劈"的感觉。其实,善于运用共鸣的人,在发声的过程中,共鸣器官把来自声带的原声在音色上进行润饰,扩大声音的音量,同时调节或者改变声音音色,在嘈杂的环境下也能够使声音清楚明亮、圆润优美。

3.清晰语音,丰富音色

共鸣在发声中是最重要的因素,它赋予嗓音较好的音量和音质,并加强其响亮度,科学的发声方法认为,发出洪亮而亲切的声音,依靠共鸣比依靠力量更重要些。各共鸣腔体参与发声,能够直接影响语音的清晰度;当共鸣腔体共同作用时,声音就圆润悦耳,音色也就饱满;不同的共鸣腔体参与发声所带来的发声效果会不一样,从而使得单一的声音变得色彩多变,情感丰富。

二、共鸣器官

人的共鸣控制和训练是通过骨骼、肌肉的运动来改变各共鸣腔体的形状、容积大小、腔壁的软硬度和弹性来实现的。人们发音过程中利用的共鸣腔体主要有口腔、鼻腔、咽腔、喉腔、胸腔和头腔(一般不会用到)。(图9.1)

一般把鼻腔、头腔有固定容积的腔体叫上部共鸣腔体,把其形状容积可在一些器官的牵动下随意调节变化的口腔、咽腔、喉腔、胸腔称为下部共鸣腔。

下部共鸣腔与语言的关系非常密切,按音响学原理,下部共鸣腔靠下的部分是对声带所发的音起"基音"共鸣的作用,决定发音的"音高"。上部共鸣腔及下部共鸣腔靠上部分(即

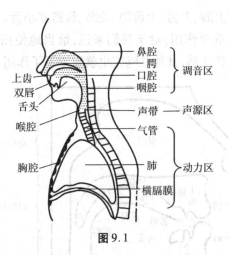

图9.1

咽上部及口腔)则是起泛音共鸣的作用,以影响声音的音色。

理想的共鸣方式是声音在通过共鸣腔体时与各共鸣腔形状大小、共鸣条件相配合,得到基音共鸣和泛音共鸣的帮助,以至最后由口透出的时候音色大大改进,音量也有显著增强。

(一)鼻腔(以及部分头腔共鸣的理解)

鼻腔是人们呼吸的主要通道,前方由鼻孔与外界相通,后方通向鼻咽腔,另由蝶窦、额窦组成。我们所提到的头腔共鸣,实际上是鼻腔共鸣的深化,是指发音位置升至两眉中间,也就是额窦的位置,在美声唱法以及传统的戏曲,特别是京剧当中,头腔共鸣的运用是比较多的,但是在播音发声当中,我们并不过多地追求头腔共鸣色彩,以免出现眩晕的情况。鼻腔是容积较大固定而不可调节的共鸣腔体。(图9.2、图9.3)

鼻腔共鸣主要有三种方式:

(1)发鼻辅音时,软腭小舌下垂打开鼻腔通道、气流颤动声带,声音完全从鼻腔透出。

(2)发鼻化元音时,软腭小舌下垂,声波分两路从口腔与鼻腔通过取得共鸣。

(3)发口音时,软腭小舌上升但阻塞不完全,让气流的一小部分从鼻腔透出去,产生鼻共鸣。

图9.2   图9.3

(二)口腔

口腔是指唇、腭、面颊和口腔底之间的空间,向上它与鼻腔相通。口腔是最复杂,动作最灵活的腔体,它既充当共鸣器官又担负咬字器官的职能,是语音的制造厂。口腔分为上腭和

229

下腭两部分。上腭部分有上唇、上齿、上齿龈、硬腭、软腭和小舌。下腭有下唇、下齿和舌头。口腔共鸣在语言发声中起重要作用,对于我们来说,恰当地使用口腔共鸣能使声音明亮结实,字音圆润清晰;没有口腔共鸣,其他共鸣腔也就发挥不了作用。(图9.4)

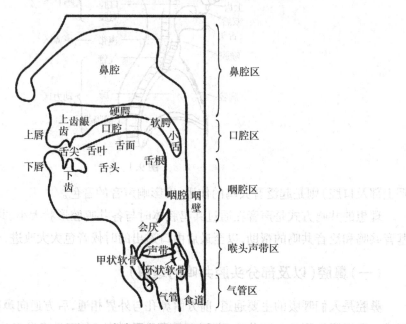

图9.4 发音器官纵侧面示意图

(三)咽腔

咽腔位于口腔后面与喉腔、鼻腔相通,形状是个前后略扁的漏斗状肌管。后壁附于脊柱,好像是个容积较大的岔路口。咽腔由上到下可分为三段,软腭以上接近鼻腔的部分称为鼻咽,中间和口腔连通的部分称为口咽,下段与喉腔相连的部分称为喉咽。

咽腔是人类发声的重要共鸣腔。除鼻咽腔外,咽壁通过肌肉的收缩,可以改变咽管的粗细和咽壁的坚度,对语言发声产生作用。

(四)喉腔

喉腔是指介于声带与假声带之间的喉室及位于假声带之上的喉前庭部。

放松喉部是获得喉腔共鸣的关键。其次发音时还要保持喉头的稳定性,喉头经常频繁地上下活动,容易使喉肌疲劳,不利于声带养护。

(五)胸腔

胸腔由胸廓与膈围组成,上界为胸廓上口,与颈部相连,喉部下面连着气管、支气管的部位,它们与能张能缩的胸部构成胸腔共鸣器。心、肺等器官都在胸腔内。胸腔共鸣也叫"低音共鸣"或"下部共鸣"。(图9.5、图9.6)

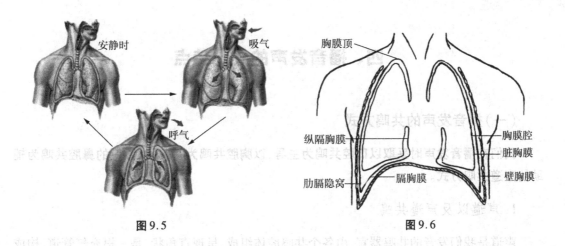

图9.5　　　　　　　　　　　　　图9.6

三、各共鸣腔体的特点

（1）喉腔：有利于声音泛音的形成，发声时要保持喉部的基本稳定和放松。

（2）咽腔：主要是扩大、美化我们的声音，发声时要注意咽管必须保持通畅，咽后壁直而不弯，脊柱要挺直伸展，为良好积极的发声状态打下基础。

（3）口腔：虽然不大但非常灵活，出于产生声音的喉头上方，对于声音的共鸣影响较大，也是字音有力集中的保障；口腔共鸣的核心是舌头的位置，舌位的不同会影响声音的弹性和字音的圆润清晰度。

（4）鼻腔：发音开始的前期，加入鼻腔共鸣可以使声音柔和而有光彩。

（5）胸腔：可以使声音洪亮，使音量增加，使声音有一定的深度和宽度，达到浑厚、结实、有力、沉稳的效果。在平时的练习中可以适当加大胸腔共鸣的练习，科学的胸腔共鸣方法还能避免"压嗓""压喉"等情况的出现。

我们的发声训练一般关照三腔，可以用表格来总结：

特点 腔体	腔体特点	共鸣分量	声音特点	音区分布
鼻腔	较小	共鸣不大	清亮窄细	高音
口腔	稍大	共鸣丰富	明亮结实	中音
胸腔	较大	共鸣很强	洪亮宽厚	低音

四、播音发声的共鸣特点

（一）播音发声的共鸣方式

我们在播音发声时采取以口腔共鸣为主导，以胸腔共鸣为基础，以微量的鼻腔共鸣为辅助的声道共鸣方式。

1. 声道以及声道共鸣

声道是我们发音的共鸣器官，由各个共鸣腔体组成，呈现直角状，是一根充气管道，构成声道的大部分腔体是可以变形的，声道的形态决定了声音不同成分的加强和减弱，从而形成不同的共鸣。

声道共鸣是由发音器官构成的一种共鸣方式，像一个由风箱、管子、阀门和腔体组成的空气装置。肺就是一个活动的风箱，气管可看作是管子，声带、双唇、舌、软腭都像是一个个可活动的阀门，而腔体有胸腔、喉腔、咽腔、口腔、鼻腔等。当作为"风箱"的肺受到挤压时，气流通过气管这个"管子"到达喉头。喉头就像一个可上下活动的"塞子"，喉内的声带就是第一道"阀门"，在气流的作用下振动发声，或者不振动发声只控制气流的强弱。而喉上面咽腔、口腔、鼻腔在双唇、舌、软腭这三道阀门的控制下，分别对喉产生的声音中的某一频率起共鸣加强作用，并形成网络共振体系，进行协同、多层次的共鸣，使喉原音发生变化得到扩大和美化。

2. 以口腔共鸣为主导的共鸣特点

口腔是人类语言构成的重要场所，是形成语声的最主要的共鸣腔。口腔主要提供泛音共鸣，如果能够出色地运用它，那么字音的清晰、饱满，音色的明亮、圆润就有了保障。

3. 以胸腔共鸣为基础的共鸣特点

胸腔共鸣也叫"低音共鸣"，它起"基音"的作用，决定发音的音高。其特点为浑厚、结实、有力。在日常工作中，播音工作者一般都采用自然声区（即中间偏低一点的声音）来播音。因为这部分共鸣作为"底座"，声音就不会虚、飘，会显得扎实、圆润、宽厚一些。

（二）播音发声共鸣控制的感觉

由于艺术语言发声采用的是声道共鸣的方式，从感觉上有一根弹性声音柱，从小腹拉出来经胸部垂直向上又经口咽部转而向前，沿着上腭的中纵线流动，"挂"于硬腭前部，透出口外。

（三）歌唱发声共鸣方式

人与人彼此交谈和舞台上声乐（歌唱、戏曲、戏剧、曲艺）演员的艺术表演，所有的语言发音都有共鸣现象存在，只是声音的效果不同而已。

人在生活里的日常说话，由于彼此交谈的距离近，对象少，音色好不好、音量大不大都无关紧要。但是，对舞台上的声乐演员来说，歌唱的声音必须大到使剧场里所有的听众听得见的程度，同时，歌声的音色要好听，有着丰富多彩的艺术表现力。只有这样，才能得到观众的认可，受到他们的热烈欢迎。为了实现追求声乐艺术高水准的愿望，所有的歌唱演员，必须下苦功夫努力学习与掌握歌唱发声的共鸣方法。

1. 歌唱中的"共鸣三要素"

（1）与发音体固有频率相同或近似的物体空间。
（2）置于物体空间内部的发音体。
（3）物体空间内部储有充足的空气。

2. 歌唱中共鸣的作用

人的声带发出的"基音"开始的时候是很小、很弱的，这个微弱的"基音"是通过人体的共鸣腔来逐级增响、逐级扩大，这种共鸣现象，很像吹小号的情形：声门的闭合发音，就像嘴唇对着号嘴儿吹出的声音，音低时嘴唇用的劲儿就松，就小；音高时嘴唇用的劲儿就紧，就大。如果光吹号嘴儿，那声音就很小，也很难听。把号嘴儿安在小号上再吹，声音就不一样了，变得丰满、明亮，吹出来的声音可以传得很远，这就是歌唱中共鸣的作用。

3. 歌唱共鸣与播音共鸣的相通之处

歌唱中的"基音"也就是播音发声时的"喉原音"，在得到共鸣腔体的扩大后才能变得优美动听，不管是练习歌唱共鸣还是语音共鸣，都应该是保持各共鸣腔体的通畅与积极的状态，各共鸣器官共同参与，善于调节共鸣器官之间的特点和作用，从而使得声音听起来中气十足，又充满色彩。

五、播音发声共鸣训练注意事项

（一）艺术语言要求使用适合本音的共鸣腔

正确的方法是，共鸣腔的运用一般要比生活语言扩大一些，只要共鸣腔的大小能对声带的调节起作用，两者配合恰当，发声的效果就好，换句通俗的话来讲就是"怎么舒服怎么发声"。

（二）口腔开合的大小与声带松紧的配合要恰当

在发音过程中，无论发高音还是低音，共鸣腔的肌肉都要保持均衡紧张状态。所谓"均衡"就是指不要让某一个共鸣腔用劲过度或者松弛过度，应当始终保持声音四要素的平衡以及各个共鸣器官之间的相互配合。

（三）舌头的不同位置带来不同的共鸣感觉

每个音的共鸣都有自己的特殊方式，这个方式是舌头高低伸缩变化形成的。我们通过学习得知，舌位的高低、前后直接影响所发出的音的不同；发音时，每个元音都有特定的"舌高点"，因此，口腔中舌头的位置决定了共鸣腔的状态，有什么样的共鸣状态，就会发出什么样的声音。

（四）面部表情习惯在共鸣中的作用

"表情"一词的意思是表现在面部或姿态上的思想感情。面部表情是指通过眼部肌肉、颜面肌肉和口部肌肉的变化来表现各种情绪状态。比如眼睛不但可以传情还可以交流思想，面部表情是一种十分重要的非语言交往手段。通过对面部表情的描绘，来表现人物内心的情绪和情感。

1. 丰富的面部表情是一种特殊语言的传达

面部表情可以分为八类：感兴趣—兴奋；高兴—喜欢；惊奇—惊讶；伤心—痛苦；害怕—恐惧；害羞—羞辱；轻蔑—厌恶；生气—愤怒。一般来说，眼睛和口腔附近的肌肉群是面部表情最丰富的部分。在语音表达过程中恰如其分的面部表情不但可以缓解紧张情绪，还可以使得表达锦上添花。

2. 丰富的面部表情可以产生"声音"与"审美"双重共鸣

审美共鸣也就是心理上的情感共鸣，当我们在传达声音时，面部表情能在很大程度上增加语言的感染力，帮助共鸣的扩大和美化。比如：表现高兴时，眼睛明亮，目光亲切；表现失望时，目光呆滞暗淡，充满沮丧；表现愤怒时，双目圆睁，直视对方……眼睛一般是平视前方，有时也可以仰视（表示高大、傲慢）、俯视（表示沉思、羞愧）、斜视（表示轻蔑）、环视（表示询问）等；双眉紧锁，表示困惑、痛苦；紧抿嘴唇，表示犹豫和隐秘；面部肌肉紧张，表示严肃；面部肌肉放松，表示兴奋等。

3. 加强"表情发声"的训练

共鸣在语言上的体现不光是声音上的传达，也是内心信息的传递，在表达中加入面部表情的使用，能够使得共鸣的体现更加真实、有想象力和情感，面部表情的使用能加大信息的传递，"表情发声"才能使得表达声情并茂，声音的共鸣与情感的共鸣相辅相成。（图9.7）

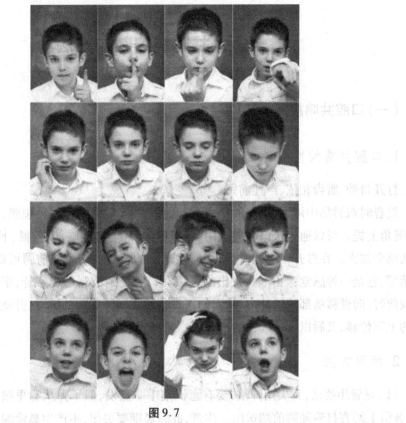

图 9.7

六、播音发声对共鸣控制的要求

（1）在保证字音清晰的前提下，对声音美化。通过调节、控制取得较丰富的口腔共鸣，善于运用胸腔共鸣。

（2）播音发声的共鸣控制，是一种综合的控制过程，各个共鸣器官是一个整体，任何一种声音的发出都少不了高、中、低三种共鸣效应，他们的差别仅仅在于多少而已，而要把它们完全分清是不可能的。

（3）播音发声的声音要求朴实、自然、大方。不可以过多地追求头腔共鸣，以免声音过于明亮、尖利；也不可以过多的追求胸腔共鸣，避免声音过于低沉、闷塞、含混、压抑。

（4）播音发声共鸣控制时要保持积极的精神状态，发声状态积极就能使共鸣通畅，尤其是口腔腔壁舒展、积极，加强声波的反射能力。同时，对可调节共鸣腔体的运用要保持顺畅、明确。

（5）脊背挺直而舒展，颈要正，两肩自然下垂；胸部自然放松，吸气不要过满；下颌放松，适当打开口腔，上下槽牙间保持一定距离；声音像一条带子，冲击硬腭前部，流出口外。

七、各共鸣腔控制的方法

（一）口腔共鸣控制

1. 口腔共鸣的控制要领

打开口腔、唇齿相依、声挂前腭。

发音时双唇集中用力，下巴放松，打开牙关，喉部放松，提颧肌、颊肌、笑肌，在共同运动时，嘴角上提。可以通过张口吸气或用"半打哈欠"感觉体会喉部、舌根、下巴放松，这时的口腔共鸣会加大。在打开口腔的时候，同时注意唇的收拢。而声挂前腭可以说是播音发声中的精髓，它是一种感觉："由喉头发出的声束在口腔受到节制形成字音，字音沿软腭、硬腭中纵线前行，向硬腭前部流动冲击，从而使声音有挂在硬腭前部的感觉，并随声音的高低，有相应的上下位移，又唇以上的部位透出口腔。"

2. 练习方法

（1）双唇用喷法，舌尖用弹法，要有意识集中一点发，似子弹从嘴里喷射出，击中一个目标，音沿上腭直打到硬腭前端送出。注意，此时鼻咽要关闭，不产生鼻泄漏。

（2）唇齿贴近，提高声音明亮度；收紧双唇，使其贴近上下齿，从单音节到多音节到句段，并比较过去的发音。

（3）从容地发复韵母 ai\ei\ao\ou，注意体会声挂前腭的感觉。

（4）合口音、撮口音练习。

乌鸦　花絮　挫折　快乐　吹捧　汪洋

虚假　宣纸　菊花　捐助　雪恨　辽远

村里新开一条渠，弯弯曲曲上山去。河水雨水渠里流，满山庄稼一片绿。

山上五株树，架上五壶醋，林中五只鹿，箱里五条裤，伐了山上的树，搬下架上的醋，射死林中的鹿，取出箱中的裤。

学语言，用语言，学好语言不费难。播音员学语言，说话亲切又自然，演员学语言，台词传得远。

（二）胸腔共鸣控制

1. 胸腔共鸣的发音要领

两肋开，横膈降，气沉丹田，深吸气，下喉头，增强低音。胸骨处有明显的振感点的移动。发出的声音有深度和宽度，声音听来浑厚、宽广，给人庄严、深沉、真实、可信感。

2. 练习方法

（1）用较低的声音发 ha 音，声音不要过亮，逐渐降低音高，也可用手轻按胸部，用 a 音做练习，从高到低，从实到虚发延长音，体会胸腔振动感的强弱。

（2）朗读下列含有 a 音的词

打探　武汉　到达　白看　大胆　反叛　靠岸　可看　罗兰

（3）音高练习，朗读下面两句话，在本人音域范围内，由低到高，再由高到低，体会胸腔共鸣。

年轻是火光，年轻是力量，年轻是不可战胜的梦想！

未来属于对成功充满渴望的人！

（三）鼻腔共鸣控制

1. 鼻腔共鸣的发音要领

鼻腔共鸣是通过软腭的适度调节来实现的。当软腭放松，鼻腔通路打开，口腔的前部关闭，声音在鼻腔得到了共鸣，就产生标准的鼻辅音 m，n 和 ng 等；当鼻腔和口腔同时打开，产生的是鼻化元音。少量的元音鼻化可以增加音色的明亮，但过多的鼻化会形成"齉（nāng）鼻音"。

2. 练习方法

（1）纯 a 音——加鼻腔共鸣 ā 音

　　纯 i 音——加鼻腔共鸣 ī 音

　　纯 u 音——加鼻腔共鸣 ū 音

（2）鼻辅音+口元音　　ma——mi——mu　　na——ni——nu

（3）m 哼唱使硬腭之上的鼻道中的气息振动和软腭的前部扯紧。n 哼唱使软腭中部振动并扩大鼻咽腔。

（4）妈妈　大妈　光芒　中央　接纳　头脑

（5）朝霞冉冉升起，东方透出微明，你听！你听，国旗的飘扬声。

3. 解除鼻音练习

有鼻音习惯的发音，常常韵母的元音部分完全鼻化。可用手捏住鼻子，用下列音节来检查是否过分使用鼻腔共鸣。如果鼻腔从元音开始就共振，表明鼻腔共鸣使用过度，应减少元音的鼻化程度。解除鼻音训练：软腭上提，口腔后部声音的通道畅通无阻，就不会出现鼻音，也可以减轻喉音重的毛病。

（1）发"吭"声练习，注意挺软腭，关闭鼻咽道，突然打开鼻咽道，发"吭"（keng）声。

（2）手捏鼻孔不出气，发"a"音体会。

（3）串发六个元音：a—o—e—i—u—ü。

237

(4) b—ang—bāng(帮)　　　p—ang—páng(旁)

　　　m—ang—máng(忙)　　　b—aī—bái(白)

(5)16个鼻韵母主要元音与鼻尾音做拆合练习。练习时发准元音,再发鼻音,然后合并。

an—a—n　　　　　　　ang—a—ng

en—e—n　　　　　　　ian—i—a—n

iang—i—a—ng　　　　ün—ü—n　　　　　uang—u—a—ng

(6)鼻音重,练习时,则少练习带有声母/m、n/和鼻尾韵的音节。

(四)共鸣的综合运用

(1)拔音练习:由本人的最低音拔向最低音,发a、i、u,体会共鸣状态的变化。

(2)绕音练习:上绕音由低到高螺旋形发a、i、u,下绕音由高到低螺旋形发a、i、u,体会共鸣状态的变化。

(3)夸张四声练习:选择韵母音素较多的成语或词句,运用共鸣技能做夸张四声的练习:山—明—水—秀、中—国—伟—大、融—会—贯—通。

金蝉脱壳	万象更新	抱头鼠窜	鸡鸣狗盗	千军万马
亡羊补牢	杯弓蛇影	鹤立鸡群	对牛弹琴	如鱼得水
鸟语花香	为虎作伥	黔驴技穷	画龙点睛	抱头鼠窜
虎背熊腰	守株待兔	鹤发童颜	狗急跳墙	鼠目寸光
盲人摸象	画蛇添足	眼高手低	目瞪口呆	胸无点墨
头重脚轻	手足轻深	口是心非	手疾眼快	耳闻目睹
头破血流	眉清目秀	袖手旁观	口出不逊	见多识广
察言观色	高瞻远瞩	春光明媚	万紫千红	春雨如油

(4)大声呼唤练习

阿毛……　　　　　　　喂,你好吗?……

卖金鱼儿咯……　　　　老王,等一等……

小强,你妈妈喊你回家吃饭……

包租婆,怎么没水啦?……

翠花,上酸菜咯!……

注意:呼唤时,需要控制气息,延长音节,体会口腔、胸腔、鼻腔"三腔"共鸣,可以设定目标从近到远,用不同的音量、音长来呼唤。

▶▶ 共鸣控制综合练习

练习提示:在共鸣控制的感受和练习过程中,学会感受和运用不同的共鸣腔体,通过对各腔体的调节和控制,体会不同声音位置的身体感受和音色变化,以及由其带来的动觉、听觉和视觉状态回馈的不同。在扩展声音音域的同时,不断提升声音的可塑性、变化力,强化和完善艺术语言表达的基础。

一、以鼻腔为主的感受练习

1.哼鸣练习

关闭口腔通路,软腭下降,气流自然流向鼻腔,发出"m—m"音,并由小及大做阶梯练习。

2.词汇语句练习

妈妈—奶奶—馍馍—妈妈和奶奶一起去买馍馍。

3.轻快基调段落练习

和暖的阳光照耀着大地,小鸟欢快地歌唱,花儿尽情地开放;美丽的春天已经到来!小鸭子不甘落后,扑腾扑腾地跳入河水里嬉戏,岸边的人儿也多了起来,他们呀,都是来踏春的!

二、以口腔为主的感受练习

1.开口练习

保持良好的口腔积极状态,发出"开采、白菜、买卖、牢靠"等开口音,帮助口腔的打开。

2.古诗练习

朗读不同的古诗,并延长脱开发音状态。如:
飒飒—西风—满院栽,蕊寒—香冷—蝶难来。
他年—我若—为青帝,报与—桃花—一处开。

三、以胸腔为主的感受练习

(1)用手轻轻的按住胸腔,感受胸腔的振动,喉头下降,发出低沉而延长的"威—武"音,反复感受。
(2)歌曲感受可以用《如果这都不算爱》的前半部分,《好久不见》《把悲伤留给自己》等较为低沉的声音来体会胸腔共鸣。

239

四、三腔综合感受练习

（1）蓝蓝的天上（口腔）白云飘（口腔进鼻腔），白云下面（口腔）马儿跑（口腔进胸腔）。

（2）云中的神啊（口腔），雾中的仙（口腔带胸腔），神姿仙态桂林的山（口腔进鼻腔）！情一样深啊（口腔），梦一样美（口腔带鼻腔），如情似梦漓江的水（口腔）！

五、共鸣控制综合材料练习

（1）以鼻腔为主的练习材料：《两只笨狗熊》《儿歌——种太阳》《少儿主持词》。

（2）以口腔为主的练习材料：《把安宁还给可可西里》《在山的那边》《山雀子噪醒的江南》。

（3）以胸腔为主的练习材料：《孩子，快拉紧妈妈的手》《船长啊，我的船长》《红樱桃》。

（4）综合练习材料：《中国人，不跪的人》《世界上最远的距离》《两千年前的闪击》。

两只笨狗熊

（练习要点：加大鼻腔共鸣来练习想象并模仿狐狸大婶的声音；加大胸腔共鸣来模仿两只狗熊的声音；用口腔共鸣来练习旁白的声音。）

狗熊妈妈有两个孩子，一个叫大黑，一个叫小黑，他们长得挺胖，可是都很笨，是两只笨狗熊。

有一天，天气真好，哥儿俩手拉手一起出去玩儿。他们走着，走着，忽然看见路边有一块肉，捡起来闻闻，嘿，喷喷香。可是只有一块肉，两只小狗熊怎么吃呢？大黑怕小黑多吃一点，小黑也怕大黑多吃一点，这可不好办呀！

大黑说："咱们分了吃，可要分得公平，我的不能比你的小。"

小黑说："对，要分得公平，你的不能比我的大。"

哥儿俩正闹着呢，狐狸大婶来了，她看见肉，眼珠骨碌碌一转，说："噢，你们是怕分得不公平吧，让大婶来帮你们分。"哥儿俩说："好，好，咱们让狐狸大婶来分吧。"

狐狸大婶接过肉，恨不得一口吞下去，可是她没有这样做，一下子把肉分成两片，哥儿俩一看，连忙叫起来："不行！不行！一块大，一块小。"

狐狸大婶说："你们别着急，瞧，这一块大一点吧，我咬它一口。"狐狸大婶张开大嘴巴啊呜咬了一口，哥儿俩一看，又叫起来了："不行，不行，这块大的被你咬了一口，又变成小的了。"

狐狸大婶说："你们急什么呀，那块大了，我再咬它一口吧。"狐狸大婶张开大嘴巴又啊呜咬了一口，哥儿俩一看，急得叫起来："那块大的被你咬了一口，又变成小的了。"

狐狸大婶就这样这块咬一口，那块咬一口，肉只剩下小手指头那么一点儿了。她把一丁点大的肉分给大黑和小黑，说："现在两块肉都一样大小了，吃吧，吃吧，吃得饱饱的。"

大黑和小黑你看看我，我看看你，一句话也说不出来。

儿歌歌词——种太阳

（练习要点：儿歌的感觉是清亮柔和的，小朋友的声音是明亮的，偏高的，所以在朗读儿歌歌词的时候要朗读出纯真、可爱的感觉，运用鼻腔的共鸣调节，使得声音变得柔和、清脆。）

我有一个美丽的愿望，长大以后能播种太阳。

播种一个，一个就够了，会结出许多的许多的太阳。

一个送给，送给南极；一个送给，送给北冰洋；

一个挂在，挂在冬天；一个，挂在晚上。

种太阳呀种太阳，到那个时候世界每一个角落，

都会变得都会变得温暖又明亮！

庆祝"六一"国际儿童节 文体展演主持词

（练习要点：少儿主持词能够很好地练习我们的高而亮的声音，清脆而不刺耳，柔和而不做作，朗读时加入鼻腔共鸣的彩色，以丰富其他腔体共鸣的运用。）

（男）小鸟在广阔的天空自由飞翔，它们的歌声，今天格外清脆、欢畅。

（女）花儿沐浴着明媚的阳光，绽开笑脸，吐露芬芳。

（男）鲜红的队旗迎风飘扬，嘹亮的鼓号响彻××广场，

（女）我们在这里欢庆自己的节日，

（男）在这特殊的日子里，我们的心中充满感激，

（女）感谢园丁们的辛勤培育，感谢在座的爷爷奶奶、叔叔阿姨，

（男）是你们赋予我们搏击长空的力量，是你们给予我们战胜困难的勇气。

（女）我们代表全省少年儿童来向你们汇报，

（男）我们正在奋发、努力，

（女）建设大而强、富而美的家乡，我们有能力把重担挑起。

（男）省暨××市庆祝"六一"国际儿童节文体展演。

（合）现在开始！

把安宁还给可可西里

（练习要点：以下这段材料中有对于人类残害动物的痛恶，也有对于被人类残害的藏羚羊的悲愤，还有对人类这种行为的嘲笑和讽刺，在朗读时，要保持积极的口腔状态，运用良好的口腔共鸣来表达复杂的情绪，同时加入胸腔的共鸣配合。）

你是否听说过可可西里，那里飘流着冰冷稀薄的空气。

你是否去过可可西里，旷古的原野充满了灵气。

那里是人类生命的禁区，千万年来顽强地演绎着大自然的奇迹。

那里是一片圣洁的土地，原始的生态宛如纯洁美丽的少女。

那里是高原动物的天堂，生存着妩媚动人的藏羚羊。

我多想去看看天堂，踏上那高原青色的山梁。

我多想走进可可西里,深情地扑入她寂寞空旷的怀里。

啊——可爱的可可西里,

我多想听到你——宁静中的呼吸。我多想看到你——沉睡中的笑意。

你是否听到,听到可可西里哀鸣的风声凄厉,

面对盗猎者残忍的屠杀,血红的残阳也会悲伤地痛哭流涕。

你是否看到,看到可可西里藏羚羊的惨死。

满目尸横荒野会让你浑身战栗,那皑皑白骨下的土地浸染了斑斑血迹。

我痛苦地眺望遥远的可可西里,她已不再是美丽的少女。

遭受了人类欲望的强暴和蹂躏,即使泪水也无法洗净她那原始圣洁的身体。

天空喘出沉重的叹息,泪汪汪地望着可怜的可可西里,

大地挥起风的呼吼,情切切地呼唤保卫我们的可可西里。

凝聚起我们的愤怒,擒住嗜杀成性的魔鬼,

屠夫你放下罪恶的武器,把安宁还给可可西里。

奉献出我们的爱心,围起一道坚实的屏蔽,

挡住邪恶对大自然的攻击,还给藏羚羊那片生机盎然的土地。

啊——可爱的可可西里,把安宁,把安宁还给可可西里。

我多想听到你——宁静中的呼吸。我多想看到你——沉睡中的笑意。

在山的那边

(练习要点:在这段材料中,有"我"和"妈妈"两个声音角色,在诠释"我"的时候应该是采用明亮的声音,口腔打开;而在诠释"妈妈"的声音以及其他语句时应该是口腔中声区的运用,来达到声音的润朗和以声传情。)

小时候,我常伏在窗口痴想——山那边是什么呢?

妈妈给我说过:海。哦,山那边是海吗?

于是,怀着一种隐秘的想望,有一天我终于爬上了那个山顶;

可是,我却几乎是哭着回来了——在山的那边,依然是山。

山那边的山啊,铁青着脸,给我的幻想打了一个零分!

妈妈,那个海呢? 在山的那边,是海! 是用信念凝成的海。

今天啊,我竟没想到,一颗从小飘来的种子,

却在我的心中扎下了深根。

是的,我曾一次又一次地失望过,当我爬上那一座座诱惑着我的山顶,

但我又一次鼓起信心向前走去,因为我听到海依然在远方为我喧腾。

——那雪白的海潮啊,夜夜奔来,一次次漫湿了我枯干的心灵……

在山的那边,是海吗? 是的! 人们啊,请相信——

在不停地翻过无数座山后,在一次次地战胜失望之后,

你终会攀上这样一座山顶,而在这座山的那边,就是海呀!

是一个全新的世界,在一瞬间照亮你的眼睛……

山雀子噪醒的江南

（练习要点：这是一篇较为抒情的散文诗歌，描绘了一幅美丽的江南美景，朗读时应感觉这如画的美景就在眼前，调节好我们的口腔共鸣，运用口腔的灵活度来抒发内心的情感，以及对江南美景的欣赏和向往。）

山雀子噪醒的江南，一抹雨烟。

到处是布谷的清亮，黄鹂的婉转，竹鸡的缠绵；

看夜的猎手回了，柳笛儿在晨风中轻颤，

孩子踏着睡意出牧，露珠绊响了水牛的铃铛。

扛犁的老哥子们，粗声地吆喝着问候，

担水的村姑，小曲儿洒一路淡淡的喜欢。

山雀子噪醒的江南，一抹雨烟。

我的心宁静的依恋，依恋着烟雨的江南，

故乡从梦中醒来，竹叶抖动着晨风的新鲜，

走尽古老的石阶，已不见破败的童话，

石砌的院落，新房正翘起昂起的飞檐；

孩子们已无从知道当年蕨根的苦涩，

也不再弯腰拾起落地的榆钱，

乡亲们泡一杯新摘的山茶待我，我的心浸渍着，

爱的香甜。

山雀子噪醒的江南，一抹雨烟。

我爱崖头山脚野蔷薇初吐的芳蕊，

这一簇簇野性的艳丽，惹动我一瓣甜蜜，半朵心酸；

望着牛背上打滚儿如同草地上打滚的侄儿们，

江南烟雨迷蒙了我凝思的双眼，

这些懂事的孩子过早地担起了父辈的艰辛，

稚气的眸子，闪射着求知的欲念，

可是，草坡上他们却在比赛着骂人的粗野，

油灯下，只剩"抓子儿"的消遣。

山雀子噪醒的江南，一抹雨烟。

那溪水半掩的青石，沉默着我的初恋，

鸭舌草多情的记忆里，悄悄开着羞涩的水仙；

赤脚，我在溪流中浣洗着叹息，

浣洗着童年的亲昵，今日的无言，

小路幽深，兰草花默默地飘散着三月，

小路又热烈，野石榴点燃了如火的夏天，

小路驮着我长大，林荫覆盖我的几多朦胧。

243

山雀子噪醒的江南,一抹雨烟,

山雀子噪醒的江南,一抹雨烟。

烟雨拂撩着我如画的江南,

桂花酒新酿着一个现实的神话,

荞花蜜将我久藏的童心点染,

我的心交给了崖头的山雀,

衔一片喜悦装点我迟到的春天,

山雀子衔来的江南,一抹雨烟。

啊,船长,我的船长哟

(练习要点:全诗三节,逐层深入地表达了诗人对林肯总统的热爱和深切的悼念之情;航程结束,大船凯旋,船长却倒下了,噩耗伴随着胜利的巨大欢乐而来,人们为船长的死而悲恸、痛惜。所以在朗读的时候,声音应该较为低沉,运用较好的胸腔共鸣帮助情感升华。)

哦,船长,我的船长! 我们艰苦的航程已经终结,

这只船渡过了一切风险,我们争取的胜利已经获得。

港口在望,我听见钟声在响,人们都在欢呼,

目迎着我们的船从容返航,它显得威严而英武。

可是,呵,心啊! 心啊! 心啊!

哦,鲜红的血液长流,

在甲板上,那里躺着我的船长,

他已倒下,已死去,已冷却。

哦,船长,我们的船长! 起来吧,起来听听这钟声,

起来——旗帜正为你飘扬——军号正为你发出颤音。

为你,送来了这些花束和花环。

为你,熙攘的群众在呼唤,转动着多少殷切的脸。

这里,船长! 亲爱的父亲!

你头颅下边是我的手臂!

在甲板上像是在一场梦里,

你已倒下,已死去,已冷却。

我们的船长不作回答,他的双唇惨白而寂静,

我的父亲不能感觉我的手臂,他已没有脉息、没有知觉,

我们的船已安全抛锚碇泊,已经结束了他的航程,

胜利的船从险恶的旅途归来,我们寻求的已赢在手中。

欢呼吧,哦,海岸! 轰鸣,哦,洪钟!

可是,我却轻移悲伤的步履,

在甲板上,那里躺着我的船长,

他已倒下，已死去，已冷却。

孩子，快抓紧妈妈的手

（练习要点：这是一篇地震后所写的感人文章，在朗读时内心要有真实的情感流露，文章中妈妈的语气和孩子的语气要注意区分，可以用不同的共鸣来体现。读妈妈的语气时，声音应该温和厚重，可以运用较多的胸腔加口腔共鸣；读孩子的语气时，可以在口腔共鸣的基础上加入一些鼻腔共鸣色彩，使得声音听起来柔和而有色彩。）

孩子快抓紧妈妈的手，去天堂的路，太黑了。

妈妈怕你，碰了头，

快，抓紧妈妈的手，让妈妈陪你走，

妈妈怕天堂的路太黑，我看不见你的手，

自从倒塌的墙把阳光夺走，我再也看不见，你柔情的眸……

孩子，你走吧，前面的路，再也没有忧愁，

没有读不完的课本，和爸爸的拳头，

你要记住，我和爸爸的模样，来生还要一起走！

妈妈，别担忧，天堂的路有些挤，有很多同学朋友，

我们说，不管哪一个人的妈妈都是我们的妈妈，哪一个孩子都是妈妈的孩子；

没有我的日子，你把爱给活的孩子吧！

妈妈，你别哭，泪光照亮不了，

我们的路，让我们自己慢慢地走；

妈妈，我会记住你和爸爸的模样，

记住我们的约定，来生我们一起走！

红樱桃（楚楚独白）

（练习要点：故事是具有中国记忆的战争故事，是一种对于过往往事的回忆和对于革命的坚持的情绪，朗读时，情绪应保持饱满，声音的宽度和深度都应具有，特别是"爸爸"的语言，虽然无力，但透露着坚定，应多运用胸腔共鸣的帮助，以达到声音的浑厚感。）

我是中国四川人，但是出生在巴黎。是外婆把我带回中国的。外婆家里很穷，没钱供我读书，但是，我会纺线，后来外婆死了，外婆告诉我，妈妈本来不想生我，因为她要和爸爸一起去干革命。

所以，所以我一生下来就是革命的包袱。妈妈没有给我讲过故事，没有给我买过新衣服，我只见过爸爸一次，那是在杀他的刑场上，他的腿断了，他是被人拖进刑场的，人家指给我说，那就是你爸爸，你多看他几眼吧，我想跑过去，可妈妈死死地拉着我。爸爸是被国民党腰斩的。就是用铡草的铡刀把人拦腰切断。爸爸被切成两半后，一时还死不了，他喘着气，嘴里吐着血沫。刽子手问他：你还革命不？

爸爸回答说：我是革不了了，可我的孩子会接着干。说完，爸爸的眼睛就直勾勾地看着我。我想哭，可妈妈不让我哭。妈妈说：要是那样了，爸爸看见会不高兴的。后来，爸爸死

了，可他始终没有闭上盯在我身上的那双眼睛。我说完了，维拉老师。

共鸣综合练习提示：综合练习阶段，稿件的难度有所加大，在朗读以下稿件的时候，不但要保持共鸣腔体的通畅、声音的积极，还要注意各共鸣腔体的相互配合，不能单一地用某一种声音的对比来进行诠释，而是应该较多地使用泛音共鸣，不同的段落、不同的感情用不同的声音色彩来体现。

中国人，不跪的人

（练习要点：这段材料有着特殊的历史背景，有着饱满的情感，篇幅较长，可以分男女进行分段朗读，或者全班进行分句合诵根据每一段情感的递进，声音的共鸣也应该逐渐加强，高低起伏交替，运用共鸣所学的所有知识，加上自己的理解进行诠释。）

1995年3月7日下午3点，头天晚上加班到凌晨两点的珠海市南山工业区瑞进电子公司的工作好不容易到10分钟的工休时间，工人们太累了……当外国女老板走进车间的时候，中国工人们刚刚迷糊几分钟……趴在工作台休息的工人被老板的辱骂声惊醒："工人排队跪下！"人群中有一个人直直地站着，愤怒地望着这个外国女人，女老板吼叫着："你为什么不跪？"这个人说："我是不会给你下跪的！"

你见过昆仑跪吗？

没有！昆仑——那是我们中国，骄傲的腰背！

你见过长城弯腰吗？

没有！长城——那是我们民族，自豪的脊椎！

不会下跪！我们母亲的血液中，没有跪的基因！

不会下跪！我们父亲的骨骼里，没有跪的骨髓！

不会下跪！我们赖以生存的中国的流水里，含着很多的钙。

他只会养育吐气和扬眉，而不会养育下跪——

因此，我们的每一个头颅，都是经风经霜的、永不低垂的，盛开的花卉！

我的最早走出森林的民族啊！请打开字典——看"下跪"的"跪"。

右边那一个"危"字，给我们一声惊雷——

它警示我们：下跪民族将要垂危！下跪人民将要艰危！

我的最早告别愚昧的国人啊，请阅读辞海——看"站立"的"站"。

右边那一个"占"字，给我们几多教诲——

它教导我们：站立，将占有自己的地位，站立，将占有人类的尊贵！

李大钊不会下跪，他那黑色的长衫，让黑色的夜晚在他的面前，打颤后退！

方志敏不会下跪，他那白色的稿纸，把白色恐怖在他面前，焚毁烧碎！

叶挺不会下跪，他的诗句"为人进出的门紧锁着"和"为狗爬出的洞敞开着"。

已成为分开人与动物的界碑！

江姐不会下跪，她绣出的红旗，和她穿着的红衣，

已成为人间，永不凋谢的红梅！

于是，正义站起来了，倒下的只是犯罪！

正气站起来了,倒下的只有败类。

真理站起来了,倒下的只有邪恶。

人民站起来了,倒下的只有魔鬼。

听,一个洪亮的声音:激荡于天地之间,回响在千山万水。

"中国人民,从此,站起来了!"

于是,中国的白天,太阳站起来了,四面都是光辉……

中国的夜晚,月亮站起来了,八方都是明媚……

中国的春天,鲜花站起来了,遍地都是芳菲……

中国的秋天,果实站起来了,到处都是甜美……

站起来,站起来才能走路——我们走出了京广,

走出了陇海,又走出了京九,那千重山万重水……

站起来,站起来才能起飞,我们飞出了卫星,

飞出了火箭,又飞出了"长二捆",那满天风、一声雷……

站起来,站起来,站起来! 站起来走进奥运——

起跑才更振奋,冲刺才更无畏!

今天,在人类的赛场上,五星红旗,是多么的叫人泪流血沸……

在这里,我的诗忽然眼前一亮,是什么,是什么让诗熠熠生辉?

……这是我们的南国,我们南国的青山绿水,

青山绿水中的我们的一座城,我们的小城之中的一家外资企业的院内——

这一天,外国老板,忽然暴跳如雷,喝令所有的中国工人,

一律下跪!! 下跪到同她心一样的冰冷的水泥地板,

下跪到她那高跟皮鞋踩着的地球的那个部位。

沉默,沉默,沉默。不在沉默中站出,就在沉默中下跪!

站出来了! 站出来了!

一个二十四岁的小伙子,站出来了——

他的头颅昂得很高,高过了地球的头顶,

他的脚站得很稳,稳当当,踩着地球的经纬!

向着外国老板,也向着全世界的山山水水!

"我是中国人,我,不会,给你下跪!"

他是代表着我们中国人,向列祖列宗发誓:

天,我们不跪! 地,我们不跪! 神,我们不跪! 鬼,我们不跪!

权势,我们不跪! 美色,我们不跪! 美元,我们不跪! 洋人,我们不跪!

我们中国人是顶天立地的人! 我们中国人,是不跪的人!

我们——对谁,对谁也不下跪! 我们——永远,永远也不下跪!

世界上最遥远的距离

(练习要点:这段材料情感细腻,层次较多,诠释时应该用丰富的声音色彩,不同的强度

和音高来进行朗读,内心视象丰富,语言表达全面;不能单独运用某一个共鸣腔体,而应该运用良好的泛音和通畅的共鸣来朗读。)

世界上最遥远的距离,不是生与死,

而是我就站在你面前,你却不知道我爱你。

世界上最遥远的距离,不是我就站在你面前,

你却不知道我爱你,而是明明知道彼此相爱,却不能在一起。

世界上最遥远的距离,不是明明知道彼此相爱,却不能在一起,

而是明明无法抵挡这股想念,却还得故意装作丝毫没有把你,放在心里。

世界上最遥远的距离,不是明明无法抵挡这股想念,

却还得故意装作丝毫没有把你,放在心里,

而是用自己冷漠的心,对爱你的人,掘了一道无法跨越的沟渠。

现在,这个世界,我觉得还有更遥远的距离;

那就是,世界上最遥远的距离是我拉着你的手,

心里想的却是另外一个人,是我明明在虚情假意,而你傻傻地以为,我爱你。

眼睛看到的未必真实,要用心去感受,你才能拥有。

世界上最遥远的距离,不是天各一方,而是我已说了很多,你却还是不明白。

世界上最遥远的距离,不是我已说了很多,你却还是不明白;

而是知道那就是爱,却只能单相思。

世界上最遥远的距离,不是知道那就是爱,却只能单相思,

而是相爱的彼此,在错误的时间相遇,没有结果。

世界上最遥远的距离,不是相爱的彼此,在错误的时间相遇;

没有结果,而是明明只是虚情假意,却傻傻地以为你爱我。

世界上最遥远的距离,不是明明只是虚情假意,却傻傻地以为你爱我。

而是当你终于懂得珍惜我,我已不在。

两千年前的闪击

(练习要点:这篇文章本身就是能让人感到血液的温度的,通过时而激烈、时而缓和的语句传递出与“两千年前的死士心交”的苍凉悲壮,也写出了作者对于“荆轲”这种悲情英雄的崇拜,由于朗读存在一定的难度,所以在表达时,应首先调整好发声的状态和内心的情绪,然后结合共鸣以及之前所学的理论知识进行诠释,也可以分段、分男女进行朗读,配上音乐以达到更好的效果。)

去西安的路上,突然想起了他。

两千年前那位著名的死士。

潇潇雪雨,秦世恍兮。

眺望函谷关外那漫漶恣肆的黄川土壑,我竭力去模拟他当时该有的心情,结果除了彻骨的凉意和内心啮啮的附痛,什么也说不出……

他是死士。他的生命就是去死。

活着的人根本不配与之攀交。

咸阳宫的大殿，是你的刑场。而你成名的地方，则远在易水河畔。

我最深爱的，是你上路时的情景。

那一天，"荆轲"——这个青铜般辉煌的名字作为一枚一去不返的箭镞镇定地迈上弓弦。白幡猎猎，万马齐喑，谁都清楚意味着什么。寒风中那屏息待发的剑匣已紧固到结冰的程度，还有那淡淡的血腥味儿……连易水河畔的瞎子也预感到了什么。

你信心十足，可这是对死亡的信心。更是对人格对诺言和友谊的信心。无人敢怀疑。连太子丹——这个只重胜负的家伙也不敢怀疑厘毫。你只是希望早一点离去……

再没有什么值得犹豫和留恋的了吗？

比如青春，比如江湖，比如故乡桃花和爱情……

你摇摇头。你认准了那个比生命更大的东西。一生只能干一件事。

士为知己者死。死士的含义就是死，这远比做一名剑客更重要。再干一杯吧！为了永生永世——值得为"她"活了一次的誓言，为了那群随你前仆后继无怨无悔的真正死士！樊于期、田光先生、高渐离……

太子丹不配"知己"的称号。他是政客，早晚死在谁的手里都一样。这量怕死的人。一个怕死的人也濒死的人。

濒死的人却不一定怕死。

"好吧，就让我——做给你看！"

你威仪的嘴唇浮出一丝苍白的冷笑。

这不易察觉的绝世凄笑突然幻化出惊心动魄的美，比任何一位女子的都要美——它足以赢得世间任何一种爱情，包括男人的在内。

"风萧萧兮易水寒，壮士一去兮不复还。"

高渐离的唱和是你一生最大的安慰，也是你最当之无愧的荣誉。

他的绝唱其实奏给你一人听。其他人全是聋子。琴弦里埋藏着你们的秘密，只有死士间才敢问津的秘密。

遗嘱和友谊，这一刻他全部给了你。如果你折败，他将是第二个用才华去死的人。

你凄怜地一笑，谢谢你，好兄弟！记住我们的相约！我在九泉之下，迎候你。

是时候了。是誓言启动的时候了。

你握紧剑柄，手掌结满霜花。

夕阳西下，缟绫飞卷，你修长的身影像一脉苇叶在风中远去……

朝那个预先埋伏好的结局逼近。

黄土、皑雪、白草……

从易水河到咸阳宫，每一寸都写满了乡愁和忧郁。那种无人能代的横空出世的孤独，那种"我不去，谁去？"的剑客的自豪——

是的，没有谁能比你的剑更快！

你是一条比蛇还疾的闪电！

闪电正一步步带近黑夜，逼近黑暗中硕大的首级。

那是一个怎样漆黑的时刻,漆黑中的你后来什么也看不见了……

一声訇响,石破天惊的一声訇响。接着便是身躯重重摔地的沉闷。

死士。他的荣誉就是死。

没有不死的死士。

除了死亡,还有世人的感动和钦佩。

那长剑已变成一柄人格的尺子,你的血只会使青铜额添一份英雄的光镍。

一个凭失败而成功的人,你是第一个。

一个以承诺换生命的人,你是第一个。

你让"荆轲"这两个普通的汉字——

成为一个万世流芳的美学碑名!

那天,西安城飘起了雪,站在荒无一人的城梁之上,我寂寞地走了几公里。

我寂寞地想,两千年前的那一天,是否也像这样飘着雪? 那个叫荆轲的青年是否也从这个方向进了城?

这念头是否显得可笑?

我想起诗人一句话:"我将穿越,但永远不能抵达!"

荆轲终于没能抵达。

而我,和你们一样——

也永远到不了咸阳。

▶ 第十章
自如通畅松喉部

一、喉部结构

喉位于人的咽部与气管之间。喉由软骨作支架,由关节和韧带连接在一起,由喉部肌肉负责运动而组成。它是发声系统中最具代表性的器官。肺部呼出的气流从喉部通过,使其中的声带发生震动,形成供共鸣器官调制音量、音色,供构字器官加工语音的原始物质材料——喉原音。

(一)喉的软骨支架

喉的软骨支架由 11 块软骨借助于韧带肌肉的组织连接而成,在这 11 块软骨中有 5 块软骨对发声有直接意义。(图 10.1—图 10.3)

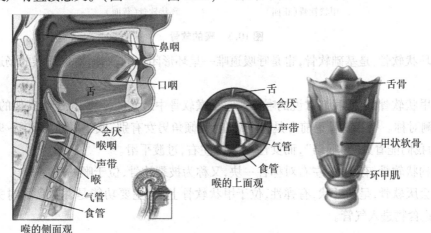

鼻咽
口咽
舌
会厌
舌
会厌
声带
气管
食管
喉的上面观
舌骨
甲状软骨
环甲肌
会厌
喉咽
声带
喉
气管
食管
喉的侧面观

图 10.1　头颈侧面图

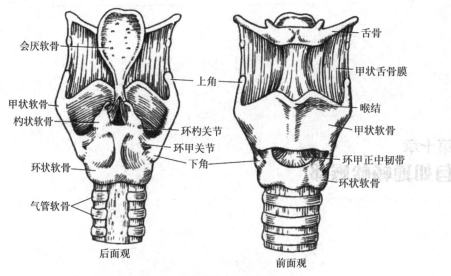

图 10.2　喉的整体示意图

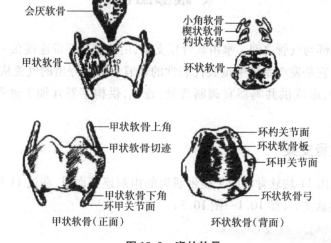

图 10.3　喉的软骨

（1）环状软骨，是基础软骨，也是呼吸道唯一呈环形闭合的软骨，对保证喉的畅通有重要意义。

（2）甲状软骨，也是我们常说的喉结。它是喉软骨中最大的一块，位于喉支架的中部，通甲状，两侧对称。甲状软骨正前方是一个骨角，其倾角男女有别：成年男性为 50°～90°，交角最高处为我们能看见的"喉结"，而女性为 120°左右，过渡平滑。

（3）杓状软骨，有 2 块，左右对称各一块，又称为披裂软骨，位于喉的后部。

（4）会厌软骨，呈树叶状，有弹性，位于甲状软骨上部，主要功能是吞咽食物时关闭喉的通道，防止食物进入气管。

（二）喉关节

喉软骨间有两对关节，使之互相连接、活动。

（1）环甲关节——甲状软骨下角内侧面和环状软骨外侧面共同形成的关节。以此关节为轴的回转运动，可改变环状软骨和甲状软骨间的距离，从而使喉部内的声带可能拉长、变紧。

（2）环杓关节——环状软骨后上面和杓状软骨突起下面共同形成的关节。以此关节为轴的内翻转运动使声门关闭，声带拉紧；外翻转运动使声门开启，声带放松。

（三）喉肌

喉部肌肉分为喉外肌和喉内肌两组。

（1）喉外肌——包括甲状舌骨肌、胸骨甲状肌、咽中缩肌等属于颈部及颏下肌群的肌肉，其作用是使喉位固定或上下运动。

（2）喉内肌——包括成对的环甲肌、甲杓肌、环杓侧肌、环杓后肌和单一的杓横肌，其作用是使声门启闭，声带张弛。

喉内各组肌肉的功能表

功能和肌组		包括的肌肉	位　　置
开启声门的外展肌组		环杓后肌	起于环状软骨板后面，止于杓状软骨的肌突。
关闭声门的内收肌组		环杓侧肌 杓肌	A.起于环状软骨侧面，止于杓状软骨的肌突 B.位于两杓状软骨肌突及后面之间
紧张声带肌组：	外张 内张	环甲肌 甲杓肌	A.起于环状软骨侧面，止于甲状软骨下缘 B.起于甲状软骨前角后面，止于杓状软骨外侧面及声带突

除上述肌肉外，主管喉口张缩的包括勺会厌肌、甲会咽肌在内的喉口肌组在人的发声功能中，也起到一定作用。

（四）喉腔

喉腔是喉的软骨支架内部的空腔。这一空腔由室带（假声带）和声带分隔，分为声门上区（室带与喉口之间又称喉前庭）、声门区（室带与声带之间）和声门下区（声带与杓状软骨之间，又称喉下腔）。（图10.4）

声带之间的裂隙称为声门。室带与声带之间凹进去部分称为喉室，其中有腺体开口，由此分泌出的液体起润滑声带作用。

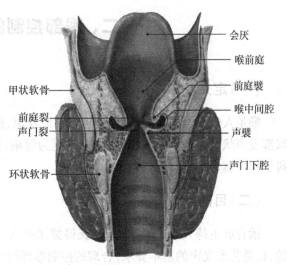

会厌
喉前庭
前庭襞
喉中间腔
声襞
声门下腔
甲状软骨
前庭裂
声门裂
环状软骨

图 10.4　喉部结构

（五）声带

正常的声带呈瓷白色。由黏膜、肌纤维及声韧带组成，共有两片，前端起于甲状软骨交角的内面，后端分别联结于左右两侧杓状软骨的声带突，呼吸时，两声带间呈规则的等腰三角形，发声时两声带闭合，前后均不见裂隙。（图10.5）

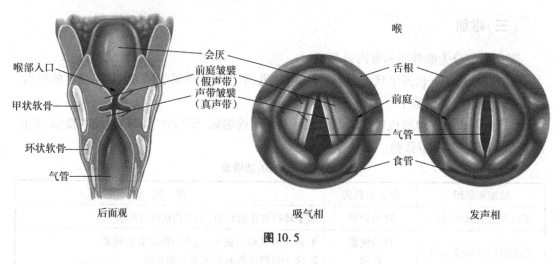

喉部入口
甲状软骨
环状软骨
气管
会厌
前庭皱襞（假声带）
声带皱襞（真声带）

喉
舌根
前庭
气管
食管

后面观　　　　　吸气相　　　　　发声相

图10.5

（六）声门

声门是介于两条声带之间的裂隙，这是喉腔中最狭窄的部位。声门的开度主要取决于杓状软骨的运动以及声门开合肌及关闭肌的相互配合。发音时声带位置处在中线位，声门裂隙为零。

二、喉部控制的重要性

（一）定义

喉是人体发声的重要部位，是声音的原发地，播音员主持人通过一系列的方法和手段对喉部发声状态进行调整和控制，使声音更为健康、持久、圆润、动听，为播音主持等艺术语言科学用声奠定基础。

（二）目的

播音员主持人通过喉部控制，获得健康持久、圆润动听的声音是喉部控制和训练的目的，也是艺术发声的基本要求，合理的控制喉部同时可以保护声带，尽量避免声带的病变，延长声带的寿命。

（三）作用

喉的具体形态和健康状况,播音人员在发声过程中对它的支配能力和支配技巧,不仅决定音色特征和声音质量,影响语言表达技巧,而且也影响着这一重要发声器官自身的艺术寿命。播音专业人员的喉及其技能状况,往往经过医学检查和专业鉴别,具有非同一般的质量。但实际情况告诉我们,仅仅依凭较好的先天条件和自身能力,是远远不能满足播音工作需要的。因此,作为一名专业人员还必须在了解喉和喉的功能的基础上,运用系统科学的练声方法修整和调整自己的嗓音,将这部分的潜在能力尽可能地挖掘出来。

三、嗓音的产生和变化

现代科学的发展,为嗓音研究提供了可靠的手段。研究人员可以通过现代电子频闪喉镜、CT摄影、声学分析仪和电子计算机,直接清晰地观察到发声时喉内及声带的运动状况,并获得说明其技能状态的相应数据,使嗓音研究在经历漫长的朦胧之后,产生了飞跃。

（一）喉的制声过程

对人声形成的认识,应以通过喉部发出的乐音的状态和过程为基础。

如果把人的发声系统比作一件乐器,喉即是这件乐器中起振动作用的一部分,声带大体相当于乐器的琴弦、簧片。

单纯的呼吸时,声门由前至后呈等腰三角形打开,所以尽管气流由此通过,但可以不发出声音。需要发声的时候,大脑发出"指令",通过神经脉冲"传达"给喉部和呼吸器官。在喉肌的作用下,声带由半内收的位置移到中线处并靠拢、拉紧,声门缩小或完全关闭。在声带被冲开的瞬间声门下的压力迅速下降,同时由于声带自身的弹力和喉肌的作用,声门又回复到原先的闭合状态,声门下的气息压力又再一次升高。就这样,在气息由下向上的定向输送过程中,声带产生了开—闭—开 闭的周而复始、连续高速的运动,空气产生了疏—密—疏—密的变化(就是震荡),声波就这样形成了。

声带被气息冲动而产生声波的现象,类似于在两条平行而靠拢的纸条后方持续吹气发出声音的现象,其中的道理包括了空气动力学中的"努伯利效应"。声带及声门的这种运动并非是简单的垂直状或水平状,而是极为复杂的形态。通过动态喉镜的放大影像可以清楚地看到,在每一个运动周期中,开启是从声带下部开始的,继而向上、向外,相应的波动从其下绕至上面,呈翻滚状。关闭时的运动过程则与上述的开启情况相反。

由声带振动而形成的声音叫"喉原音",它包含有大量的泛音,但未经过声道作用之前音量极小。

（二）声带振动状态与声音特性的关系

人声和自然界其他声音一样,也具有音高、音量、音色等几种声学特性。人声的声音特性与声带振动状态有着密切的关系。

1.音高及其变化

人所发出的声音是包括基音和泛音在内的复合音。音高及其变化,是指基音的频率及其变化。

从声学角度说,音高及其变化,取决于发音体在单位时间内的振动次数,次数越高(称频率越高),声音也就越高;相反,次数越多(称频率越低),声音也就越低。

从生理角度说,音高及其变化,取决于声带的张力、振动质量以及气息压力。人在发音时,声带张力越大,声音可能越高,相反则可能越低,这和琴弦的松紧与音高的关系是一样的。声音参与振动的质量也直接影响音高,质量越大,声音可能越低,相反则可能越高,这和一般物体的振动体积与音高之间的关系是一样的。值得注意的是,声带振动的质量不能仅从声带的长、短去认识,应从参与振动部分的整体去认识。否则,通过喉镜所见到的,声音越高声带越长,声音越低声带越短的镜像就难以理解了。

此外,在等音量限制下,人支配自己的音量发生高低变化的能力范围,在艺术发声中称为"音域"。音域的宽窄,是发声能力的重要标志之一。为适应嗓音工作的需要,宽展的音域为所有艺术语言工作者所追求,它与发声过程中主动支配喉的技巧,以及呼吸的技巧,都有密切的关系,非一日之功。

2.音量及其变化

音量及其变化是指声音的强弱及其变化。需要注意的是,音量是指物体振动时声音的客观量,而听者的主观感受则被称为响度。虽然音量决定着响度,但它们中间是近乎倍数的关系,即音量增加10倍,而听起来大约才响2倍,音量增加100倍,听起来大约才响3倍。

从声学角度说,在音高稳定的情况下,音量取决于发音体振动的幅度,振幅越大,声音越强,振幅越小,声音越弱。而振幅的大小,又是由作用于发音体使之振动的外力决定的,外力大,振幅便大,声音就强,反之则弱。

从生理角度说,音量及其变化在一定音高限制下,主要取决于气息压力的大小。声带在同一状态下承受的气息压力越大,引起的振动幅度就越大,声音也就越强,反之则弱。这与打鼓时鼓槌所给予鼓面的敲击力与鼓声大小之间的关系是一样的。

3.音色及其变化

音色一般是指在相同高音和相同音量前提下,一种声音所具有的本质性特征。音色是个比较复杂的问题,尤其是在对人声的认识上,虽然大家都在使用音色这一概念,但所指却不尽相同,显得十分混乱。在宽泛的音色概念中,实际上包括了两个具体概念(语音音色和噪音音色)和一个相关概念(声音色彩)。

(1)语音音色。指语音范畴中,这一类(个)音色区别于其他类(个)音的本质性特征。虽然一般认为语音都是由口腔构造的,但与提供声音素材的喉部也不无关系。

从声学角度讲,语音的清、浊两大类中,清音一般是不规则振动的噪音,浊音一般是规则振动的乐音。清音是在声门大开,杓状软骨充分打开,声带不震动时发出的;浊音是在声门闭合,杓状软骨较为靠近,声带振动时发出的。浊音又可进一步分为声带全长振动、杓状软骨相对靠拢、不泄露气息的正常浊音;声门上部靠拢,下 1/3 开裂,杓状软骨开度较大,声带前 2/3 振动,有较多气息泄露出的气浊音;声带后端紧紧靠拢脱离振动,杓状软骨靠拢,只凭声带前部振动的紧喉浊音(又称喉化音)。

(2)噪音音色。人们在熟悉的交际范围内,往往听其声就可以知其人。这种在语音音色以外所反映出的发音个体所具有的本质性特征,可以称为噪音音色。

从物理角度说,噪音音色是由噪音频率分布的特性决定的。所以排除词语内容,人们单凭稳定的噪音音色即可辨别出说话人,无论发音人如何装饰自己的嗓音,声学分析仪器都可以揭示出其"真面目"。

从生理角度说,嗓音音色取决于声带和声道所固有的形态特征。这与一件簧管乐器的簧片和管腔决定着这件乐器的音色,其道理是一样的。

(3)声音色彩。是人通过听觉所获得的对于一种声音的综合印象。音色只是构成某种声音色彩的一种元素。

从物理角度说,满足于不同语言表达方式,适应各种思想感情的声音色彩,都存在于不同的音高、音量、音色、音长的复合对比之中。通过对 60 例播音员、主持人的声音样本分析,我们发现依宣读式、播报式、播讲式、交谈式的次序,她们的基频一般都在逐渐降低,动态范围变小;音量的绝对值在逐渐减少,动态范围变小;音节平均时值依次变短。

从生理角度说,声音色彩的发生和变化,除与呼吸、共鸣、吐字等诸器官的运用技巧有着密切的关系以外,还应看到声带的闭合状况及其张力方面的问题。如声带全闭、张力较大时,易产生柔和自然的音色,一般说适用于播讲式或交谈式。

(三)发声机理学说

发声机理学说是指对声带振动机制的见解。最具代表性的有肌张力——空气动力、神经时值学说、粘弹性学说、发音管学说四种。

1. 肌张力——空气动力学

这一学说为凡登白(Vanden Burg)所提出。该学说被认为是肌张力学说和空气动力学说的综合、补充和发展。此学说得到大多数学者的重视和承认。

该学说的主要见解是:在声门启闭的周期性运动中,声门开启是由于生门下的气息压力超出声带闭合力时"冲"开的,而声门的关闭则是在气流通过声门时产生的负压(即"伯努力效应")和声带肌本身的回弹力作用下完成的。

2. 神经时值学说(又称神经阵孪学说)

这一学说于为松(Husson)所提出。该学说认为声带的振动是由脑细胞发生的节律性冲动通过喉返神经的传导引起的,并不取决于声带张力和气息压力。该学说由于许多学者的重复实验结果不一和与实际发声现象矛盾,已被否定。

3.粘弹性学说

这一学说为玄户畿一郎所提出。该学说认为声带振动时,是呼出气流使声门开启,而声带黏膜的粘弹性使声门闭合。声门的启闭也并非简单的横向动作,而是声带下唇声带上唇的"翻滚"。该学说被认为符合声带的生理特征,是肌张力——空气动力学说的补充和发展。

4.发音管学说

这一学说为皮扎罗(Pizarro)所提出。该学说认为声音不是声带本身的振动结果,而是呼出气流经过狭窄的喉管时,使管内空气柱振动形成的。这一学说被认为具有重要参考价值。

四、喉部控制的要领

(一)喉位稳定

喉头位置和声音质量的关系,早已为人们所注意。近年来,许多嗓音工作者通过一些先进手段,对歌唱演员的喉头垂直动态进行了大量的分析研究,我们对播音专业人员的喉头部动态研究则起步较晚。就目前的研究成果来看,我们发现,尽管"说"与"唱"在吐字归音和艺术处理上存在着明显的差异,但在喉头动态方面却十分相似,主要表现在以下三个方面:

第一,喉头位置与声道的共鸣作用关系密切。在一定范围内,喉头偏高,高频泛音增加,音色脆亮;喉头偏低,低频泛音增加,音色浑厚。

第二,有经验的歌唱演员或播音员不论声音大幅度变化,喉头位移却总是控制在较小的幅度内,可以说是处于相对稳定状态。这种稳定是在相反的控制力作用下获得的。比如,由高音向低音过渡,喉头自然下移时,使用向上移的控制力;而由低音向高音过渡,喉头自然高移时,使用向下移的控制力。正是喉头的相对稳定,保证了声音变化时的和谐与通畅。

第三,未经训练的人,喉头位移习惯变化,欠缺控制,一般在音高变化时出现明显的上提和下压,有的人还形成了提喉或压喉说话的习惯。超出一定范围的喉位移,破坏了喉头的相对稳定,使音色阻塞且不统一,甚至还造成生理疾患。比如,喉头明显上提的人,多带有"挤""卡"音色,喉头明显下压的人,多带有"空""浑"音色,而且牵制了舌的运动幅度,明显影响到字音清晰度。在演员和播音员中,发声时有喉头上提习惯的,发生声带小结的比例较大。

在以上的调查分析后,我们会自然地得出结论——调整喉头垂直位移幅度,保持发声时喉头位置的相对稳定,是获得变化自然、和谐通畅、润泽丰满的声音的有效方法之一。

喉头位置的调整要通过对喉外肌的控制来实现,可采用以下步骤和方法:

(1)有意提起,降下喉头,反复进行,使其灵活自如。

(2)用手指弹击甲状软骨板,可发现喉头上移时,弹击声由"空"变"实",下降时,由

"实"变"空"。可将"空""实"适度时的位置暂定为基准位，而后发元音 ɑ 或 i 的延长音，如果音色自然，无挤压造作，便可将此基准位确认下来，喉头垂直位移的训练均以此为中心点。

（3）发音时，舌位的高低、前后及口腔的开合都会连带喉头上下移动，比如在发舌位偏高（开口度小）或偏前的元音时，喉头往往自然上提，相反情况下则自然下降。在了解这一连动关系后，我们可以利用不同的元音来锻炼对喉头运动的相反控制力。比如，利用高舌位、开口度小的元音 i 和舌高点偏前的元音 ü 的延长音，锻炼喉头向下的控制力；利用低舌位、开口度大的元音 ɑ 和舌高点偏后的元音 u 的延长音，锻炼喉头向上的控制力。

（二）喉头放松

人在发声时，喉头的压力是客观存在的，它来自于声带的闭合力和气息的压力。依照"肌张力——空气动力"学说，后元音正是通过这两力的拮抗作用形成的，这个道理我们在发生机理部分已经讲过。我们所说的"喉头放松"是指在发声时喉头相对放松，这项训练和控制的要领是为避免因对音色的追求而使声带闭合力和气息压力都过分加大而提出的。

由于人体存在的神经反射功能，声带闭合和声门下压力是一种互为因果的准规则关系，所以在对一定音色追求中，人们在加大声门闭合力时，气息压力也会随之增加，它的增加又会反过来刺激声带闭合力再一次增大，最终造成恶性循环。陷入这种不良发声习惯的人发出的声音大而直，拙力感强，表现力差，同时声带还会因屡屡过力碰撞而形成物理性损伤。所谓放松，就是要打破或避免形成这种恶性循环，使两力拮抗处于最为节省的最佳配合状态。有句话说得很形象："会用声的人使利息，不会用声的人使本钱。"

259

需要说明的是，我们要求喉头相对放松，绝不是提倡越松越好，因为过松会使气息压力过小，致使声带运动迟滞、松懈，发出的声音极易散、沙、暗，给人以有气无力的感觉。

可采用以下的方法调节两力关系，使之在声音运动时保持最佳状态。

（1）利用发"气泡连音"，在缓慢的渐变过程中，体会把握喉放松的基本状态：气泡音是在声带最为松弛的情况下发出的。练习时可先发出气泡清晰的气泡音 ɑ 而后逐渐加大密度，在气泡音 ɑ 串连成"线"的时候，将 ɑ 渐转 ei，继而慢慢提高音调，加大音量送出口腔。

（2）利用弹发元音，在瞬间的"爆发"中，体会把握喉放松的基本状态；交替弹发"i"音和"ɑ"音，并不时变化音高、音量和虚实度。

以上练习能够达到明显省力的情况下，自由变换音高、音量、音色时，就可以自然使用了。

嗓音的训练应注意方法准确，循序渐进，避免盲目追求，嗓音的使用应注重自如声区，避免极限运动。

自如声区是指适中自如的音高和音量的声音活动范围，它介于强机制发声（典型的为既高又强）和弱机制发声（典型的为既低又弱）区域之间。经过训练的嗓音的音高活动范围，一般都可以达到两个八度即 24 个半音，自如声区的音高确定应是从下一个八度的下 1/4 高点开始，至上一个八度的上 1/4 低点为止。音量的确定则以个人所能适应的范围为基础。

（三）两紧一松

口腔控制，气息控制与喉部控制相互配合，做到"两紧一松"，也就是说把握好口腔控制和气息控制，放松喉部，在这种情况下，喉部肌肉能自如灵活地运动，才能较好地和呼出的气流协调配合，完成发音过程，使声音明亮通畅。具体的做法如下：

（1）首先在发声前做好心理准备，利用呼吸控制相关技巧在发声前吸气，吸气最后一刻的感觉可以用九个字形容就是"两肋开、横膈降、小腹收"。在发声的同时依然保持两肋和小腹的紧张感，这是"两紧"中的"一紧"。

（2）发声时，利用口腔控制相关技巧，如提颧肌、打开牙关等，让口腔内壁有紧张感，这样有利于字音的清晰有力，而这也就是"两紧"中的另外"一紧"。

（3）所谓的"一松"指的是，在发声同时喉部通过控制放松不紧绷。

（四）克服陋习

不良发声习惯往往是源于不良发声心理状态。比如，超过自身发音器官负荷能力，单纯追求某种声音音色，使喉部长时间工作在极限状态；或是发声时自我欣赏、自我陶醉而全然不顾客观效果；或是发声时不考虑具体语言环境，"以不变应万变"，凡此种种。声音表现形式往往是过紧、过实、过重。或是过散、过虚、过轻，或是僵滞、呆板、欠运动、少变化。需要调整发声心理，提高审美素养，同时还要多向生活语言学习，从生活语言中汲取营养。

发声时影响喉部控制的动作也需要引起注意。有些播音员、主持人由于节目、栏目固定、对手固定、站位固定，容易形成发声时头稍偏向固定的一侧。这会影响喉部肌肉运动的不平衡，当头偏向另一侧时，声音有明显差异。时间长了会使两侧声带控制不平衡，影响声音质量。发声时要注意眼睛平视前方，克服偏头、偏声的习惯。有些播音员发声时习惯低头或是向前伸下巴。这种习惯也会由于使声道处于不自然的弯曲状态，发声时压迫或拉紧喉部而影响喉部控制，影响发声质量。克服这种毛病需要强调工作状态的积极、端庄、严肃、自然。同时，要培养锻炼自己的有声语言表达能力，相信自己有声语言的表现力，避免以过多的头部动作去做有声语言的补充。

五、喉部控制的感觉

人体的发音器官——喉，像个小匣子装着两条发声的音弦——声带。喉头的上、下移动，直接影响声带松与紧的张力。喉头往上抬，往上跑，声带就会减小它的张力；喉头往下降、往下沉，就能拉紧声带，使它的张力增加。

从物理声学原理来看，一个发音体，决定音高有三个基本条件：发音体的体积、张力、厚度。在这三个条件中，改变其中一个或两个条件，都能使发音体的音高改变。例如，同是一根琴弦，当拧紧琴弦时，音就会从低变高。当渐渐拧松琴弦时，音就会从高变低。这是使同一发音体只改变它的张力就能变化音高的情况。又如，同一厚薄的钢片琴，音越高的体积越小,音越低的体积越大。这是相同厚度的发音体,体积大小的改变能使音高变化的情况。再如,发音体虽然体积大小相等,但它们的厚度不同,如敲锣时,厚的锣声音就低,薄的锣声音就高。这是发音体的体积相同而厚度不同产生不同音高的情况。人的发音体——声带,在心理的支配下,运用科学的发声方法,使音高从低到高、从高到低自如灵活地变化,它的发音现象,完全符合物理声学原理揭示的规律。为了准确地发音和追求美好的音色,说话者必须学会调整喉头与声带的发音机能。

从喉部运动的情况来分析,这种机能是复杂而又微妙的;从发声调整的方法来看,却又是简单而又有效的。它的一切生理变化都是在心理活动的指导下进行的。这种简单而有效的方法,就是将喉头稳定在最合适的位置上发声。播音员主持人说话时,将喉头稳定在低喉位上比较适宜。喉位过高与过低都不好。喉位过高,声带会失去与音高相应的必要的张力,对扩展音域、解决高音很不利,声音往往浅白、干涩、挤卡、尖亮。另外,喉头上抬时,腭舌肌与舌骨肌紧张用力会牵动杓会厌肌收缩,使喉的入口处缩小,压缩了喉咽腔的共鸣空间,从而挤掉了丰满的咽腔共鸣,这种声音给人的感觉很不舒服,总觉得主持人是在"捏着嗓子眼儿说话";喉位过低,则使喉头走向另一个极端。用强制手段迫使喉头在深喉位上歌唱发声,往往使歌唱者在喉头下方连接胸口的地方出现过分拉紧喉头的力量,容易造成舌根下压、撑大喉咙的毛病。用这种办法说话,声音多半空洞、暗淡、缺少明亮、集中的共鸣音色。有的音量虽然很大,但声音粗糙、音色不纯。这是男、女中低音声部容易出现的问题。整体来说,稳定喉结的方法与感觉如下:

(1)不发声,张开大嘴缓慢地深吸气,在吸气时注意体会喉头随深呼吸下沉、下降的活动感觉。在心理意识上有了明确的"喉头向下沉"的感觉之后,便可以用手指摸着喉头,一下接一下地把喉头吸下来。这种辅助性下降喉头的"吸喉"功能锻炼,可以增强环甲肌收缩、拉低喉头的力量。经常锻炼,便成了一种习惯动作。

(2)在发声时,用"贴着咽壁吸着说"的感觉来唱,是稳定喉头最简单、最有效的方法。随着音高上升,"吸着说"的感觉加强时,喉位自然下降。这种主动"吸着说"被动降喉头的发声方法,可以避免强制性生理上的力量。

(3)在发声的过程中,当音高上行时,发声者可以在心理的想象中,感觉喉头随着气息一道往下沉。但是喉头下沉是在松弛的状态中进行的:只有下沉喉头的动作而没有下沉喉头的力量,这一点是极其重要的。喉头下沉与音高上行在感觉上呈反向运动,对于高音的作用极大。

(4)发声时,喉头不能跟着音高的变化乱动,应该有一种相对稳定的感觉。这种稳定的感觉,是在"吸着说"的感觉中建立起来的。有了"吸着说"的感觉便使气息得到了很好的控制,喉头周围也容易把多余的劲儿"抖落开"。当真正体验到喉头稳定的时候就不会感到还有喉的存在。稳定喉头在学术界大致存在两种意见:一种意见认为"喉头应该绝对稳定",一种意见认为"喉头是相对稳定的"。实践证明,后一种意见是正确的。喉头这个发音器官本身可以上、下移动,如果把它僵死地、一动不动地固定在某个位置上,不仅破坏了声音的灵活性,同时,也影响到语言自然、准确的表达。实际上,喉头稳定在低喉位置时并不是一动不动的,高音区的喉位就比中声区的喉位略有降低,从而增加了声带的张力,给发好高音创造了条件。

六、嗓音保健

(一)嗓音保护的方法及常见问题

喉是人体发声器官,其内部构造十分精细,使用不当,很容易造成发声器官的损伤或产生各种嗓音疾病。因此,职业嗓音工作者应当了解嗓音保护知识,避免嗓音疾病的发生。

播音员日常嗓音保护主要是根据自己的具体情况,不断纠正错误的用声方式,养成科学的发声习惯,这是积极的保护方式。除此之外,在生活中也应当注意嗓音保护。这种嗓音保护主要体现在饮食和生活起居方面。

播音员要使用嗓音,尤其在进行练习时,常常要长时间发声,这种声音训练如果不当,很容易造成嗓音损害。嗓音使用,尤其是练声和嗓音保护之间的确存在矛盾。

练声的过程是机体的训练过程,发声能力的提高是机体不断适应的过程。要获得发声能力的不断提高,需要采用超量恢复的方式。而超量恢复则要求嗓音承担一定的负荷,产生适度的疲劳。对于身体运动训练来说,没有疲劳就没有训练,没有疲劳就不会提高。随着对新负荷的适应,由该负荷引起的生物学改变就会减少,人们就会觉得很轻松。例如,一个人普通运动量练习时心跳每分钟140次,大运动量练习后每分钟心跳180次,经过一段时间,同样大的强度,心跳恢复到每分钟140次,要想进一步提高就需要再加大负荷,产生新的疲劳,获得新的超量恢复。与此同时,发声能力的提高,也需要不断提高练习的强度或练习时间长度。

没有疲劳就没有能力的提高,但过度疲劳则可能造成伤害。播音员应当了解嗓音保护知识,正确处理使用与保护的关系。

(1)在使用中保护。嗓音的使用和保护是矛盾的,但如果处理得当,二者可以统一起来,使其既有益于使用又不至于受到损伤。得当的处理方法就是科学用声,正确用声的基本原则是用声适度和循序渐进。这一用声原则适用于播音和发声练习的各种场合。发声能力的提高不可避免地要打破旧的平衡,在这一过程中一定要考虑发声器官的承受能力,不可急于求成,否则发声能力得不到提高,嗓音还会受到不应有的损伤。

影响嗓音最常见的问题是发声过度。发声过度是指发声器官超过发声能力或在疲劳状态下长时间工作。经常发声过度容易造成嗓音疾病。常见的发音过度有以下几种:

①音色过于明亮。不少播音员在播音时不考虑内容需要,喜欢使用富于金属色彩的极其明亮的音色发音,尽管声音明亮,但自始至终使用,仍使人感到单调。这种发音方式对喉是一种极大的负担,因为发声的时候声带相互并拢得很紧,中间没有一点缝隙,声带振动的时候两侧声带会连续不断地碰撞摩擦,如果发音时间过长,刺激剧烈会引起声带充血。使用这种音色播音或练声,时间长了会明显感到喉咙发干、不适,甚至疼痛。

播音音色应保持与口语明亮程度大体相同或稍微明亮的水平,也就是要将喉部适当放松。在练习或播音时,如果需要明亮的声音,也不要将声带闭合过紧,特别要注意不要长时间发过于明亮的声音。初学者喉部放松是正确发声的基本要领。

②用声偏高或偏低。在生活状态,口语发音一般多用中音区。播音作为一种讲话方式,在许多方面保持着口语发音特点,在音高使用上与口语大体相同,只是使用的音域范围较宽。不懂播音用声规律的播音员,常常一味追求声音的高亮,他们往往将口语经常使用的中音弃之不用,代之以不自如的高音。这种用声,声带同样要绷得很紧,喉部负担沉重,容易造成疲劳,播音时间稍长,喉部就会感到不适。

播音中还有一种用声偏低的现象,在男声中比较常见。他们把声音音域不适当地降到低音区。有的人音色单薄,为了使声音饱满,在播音中极力压低声音,这种偏低的声音听起来沉重、压抑,有时带有浓重的喉音色彩,仿佛是挤着喉咙发出的。这种发声,声带要用力收缩,喉部负担同样十分沉重。

我们讲用声偏高或偏低,是指整个发音都处于偏高或偏低状态,并不是说不能发高音或低音。作为一种基本状态,播音的音高与口语大体相同,不应过于偏高或偏低。

③不适当地加大音量。有人在生活中发音音量不大,但是播音时却突然加大音量,而且随着播读的进行,音量会越来越大。由于音量失控,喉部受到强气流的冲击,给喉增添了很大的负担,用声之后嗓子会感到不舒服。其实播音对音量的要求并不高,由于有话筒对声音进行放大,播音只要求音量的大小变化,并不要求一直用较大的音量。而听众收听时可以随意调节音量,不受播音员音量限制。播音员在确定音量时,应该设想听众就在面前,而不是远处的什么地方。这种正确的距离感可以帮助你克服不适当地大音量,有效地控制音量。

④用声时间过长。用声时间过长对嗓音也有一定危害。即使发音方法正确,也应在用声时,尤其是声音训练时掌握循序渐进的原则,避免用声时间过长。有些人或者不练,或者不间断一次练很长时间,这些做法都对发声器官不利。初学播音时练声时间不要过长,随着发声能力提高再加长练习时间。另外,在练习中,要间断休息,以避免发声过度。

(2)生活中的嗓音保护。除了正确用声,培养有助于嗓音保护的良好的生活习惯,也是嗓音保护的重要措施。良好的生活习惯包括以下内容:

①锻炼身体。身体健康状况直接影响发声。播音员应当积极锻炼身体,增强体质,锻炼可采用多种形式,跑步、游泳、球类运动、体操、武术等都是很好的项目。但有些有氧运动,像拔河、举重,喉要承担很大的压力,容易造成喉部肌肉的疲劳,对发声不利。有些运动项目呼吸过于剧烈,如高速跑、长跑,气流对声带刺激强烈,也不宜在用声前进行。

②保证必要的休息和充足的睡眠。良好充足的睡眠是人体解除肌肉疲劳的重要方法,发声器官肌肉的疲劳也同样需要睡眠来解除。播音员每天应保持七至八小时的充足睡眠。

③养成良好的饮食习惯。播音员的饮食要尽可能做到定时定量,不要暴饮暴食。刚进餐后不要播音,这是因为进餐后大脑的注意力集中在稿件上会影响肠胃的消化功能。另外,胃的膨胀会妨碍横隔的下降,造成发音气短,这种情况在进餐过饱时尤为明显。播音员的日常食物应尽量避免刺激性,不要大量吃过冷过热的食物或饮料。富有刺激性的食物少吃为好。有人做过调查发现,对歌唱演员发声有影响的食物依次为:酒、葱、蒜、烟、炒花生、炒葵

花子、肥肉,另外,辣椒、酱豆腐、甜食、韭菜、蒜苗、羊肉、虾、醋、芥末等食品会使嗓子发干、口渴、痰多,声音麻木、发紧、发闷、嗓子发堵,在播音之前食用应考虑其对嗓音可能带来的不良影响。有些食物对嗓音有一定的保健作用。根据我国中医理论和经验,以下食物有利于嗓音。芹菜:芹菜可以除热祛风、明目利咽,急性咽喉炎可用;丝瓜:丝瓜凉血清热,解毒利咽,喉肿痛时可食用;萝卜:萝卜有清凉润肺、化痰利咽之功,经常食用,可以保护咽喉;金橘:金橘可理气化痰,清理咽喉;紫菜:紫菜可爽利咽喉,化痰散结,咽喉有异物感时可食用;柿子:柿子有清热润燥的功能,可在咽喉干痛时食用;食盐:每天用淡盐水漱口,可以防止声音嘶哑,喉咙痛时,可用盐少许加开水代茶饮用,有一定的治疗作用。

④选择适当的练习时间。大脑尚未兴奋,发音器官活动不协调不练,发声器官疲劳或精神状态不好的时候不宜进行大量发声练习,早晨练习应当把嗓子活动开。准确用声和良好的生活习惯是嗓音保护的两根支柱,经验表明,发声方法正确并注意生活习惯的播音员很少患嗓音疾病,嗓音可以几十年不失光彩。而有些人自认为嗓子好,经常不加以限制地滥用嗓音。不重视嗓音保护的播音员,声音会在很短时间内变坏,不得不过早地离开播音岗位。

(二)常见发声器官疾病的防治

咽喉不仅是发声的器官,而且是人体的重要关口。它是饮食和呼吸的门户,又是发音的关键部位,虽然是方寸之地,却是生命运动的枢纽。与咽喉有关的发声器官疾病,不可不重视。

发声器官疾病种类很多,对播音员发声影响较大的有以下几种。

1.咽炎

咽部红肿充血,咽部发干并有疼痛感,急性咽炎大多是上呼吸道感染引起,也有一些是由于发声过度引起。吸烟和用声不当可造成慢性咽炎。咽炎会造成喉部不适,使发声易于疲劳。急性咽炎在发作期间少用声或不用声,以免由于过度刺激使病程加长或转为慢性咽炎。有慢性咽炎的人应注意是否有发声问题,如有问题应及时纠正,从根本上消灭致病根源。吸烟者应当戒烟。

2.喉炎

患有喉炎,喉部常常发痒或有灼痛感,用声不多,嗓音就会显得十分疲劳。患有喉炎发音时音色粗糙,发不出高音。严重时声带红肿会使声音嘶哑,甚至失音。喉炎往往由咽炎开始,炎症发展不断扩大形成。炎症引起的喉炎,早晨声哑严重。急性喉炎多由感冒受凉引起,伴有全身症状。开始时咽部和喉口发炎,以后引起下行性感染,由于喉部感觉不明显,为了克服声哑,会用力发声,造成声音挤压,对嗓音形成伤害。以后炎症消失,声哑仍会持续。由于喉肌处于紧张之中,声带在炎症消失后仍会呈充血状态。喉炎主要由上呼吸道感染引起,发病期间要停止用声。

有些人有慢性喉炎,喉部略有不适,症状不明显,不引人注意。慢性喉炎会使播音员的嗓音逐渐发生变化,造成音色变暗或沙哑,声音变低,音量变化困难及用声不能持久。相当一部分慢性喉炎是用声方法不当造成的。

(1)变态反应症。有些喉炎是由身体反应引起的,如花粉反应等。对于水肿性慢性喉炎,应当检查是否是变态反应性喉病。

(2)慢性扁桃腺炎和急性鼻窦炎。慢性扁桃腺炎可以引发喉炎,但数量不多。而急慢性鼻窦炎最容易引起喉炎。对于喉炎患者,可以将拍鼻窦X线片作为常规检查,以免将此病因忽略。

(3)气管炎。气管炎的病变在气管黏膜,但是可以累及喉头,喉部会产生慢性炎症,而且多痰。喉炎急性发作时,可以热敷喉部,治疗全身症状。慢性喉炎应消除致病原因。喉炎发作时如伴随咳嗽,应服用止咳药消除咳嗽。因为咳嗽会使声带剧烈碰撞,刺激声带。喉内滴药可以减轻喉炎症状,但多有副作用,发声急需时可以使用,但不可形成依赖。喉炎发病时应当戒烟,不能饮酒,忌用辛辣,不要大点声说话或唱歌,避免刺激性气体和灰尘,饮食不要过冷过热。更重要的是避免用声过度,可禁声1~2周,以节制发声。存在发声问题的应从根本上改变发声方法,用气息支持发声。

3.声带小结

成人儿童都可产生此病。儿童好高声喊叫,患此病较多,以14至15岁男孩多见。但儿童声带小结以女声较常见,发病高峰为21至25岁,50岁以上少见。

声带小结是声带边缘长出小米粒大小的突起,常常左右对称。小结位置常位于声带前1/3处,话声小结可位于声带中部,歌唱形成的小结基底较小,形似尖锥,话声小结多见于教师,小结为广基型。由小结可以判断用声方式。患小结说话声嘶哑,无亮音,发声易倦。高音发不出,音高变低。临床小结有软硬两种,软性呈现水肿样,可以消散,硬性呈纤维性改变,应当手术治疗,保守疗法难于治愈。(图10.6)

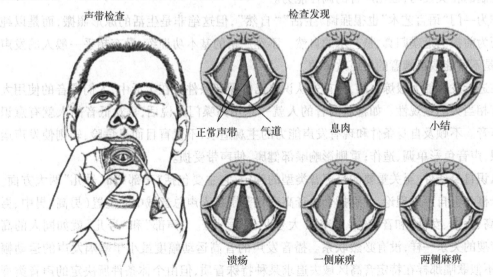

声带检查　　　　检查发现

正常声带　气道　　　息肉　　　小结

溃疡　　　一侧麻痹　　　两侧麻痹

图10.6

声带小结对嗓音危害大,它与发声方法不当,特别是发声过度有密切的关系。很多人在小结产生之前已有慢性喉炎,由于没有及时治疗或坚持错误的发声方法,最终会造成声带小结。声带小结会使发音不畅,重度小结音色变暗、声音嘶哑。声带小结应采用药物或手术方法治疗,同时应克服用声问题。

4. 声带囊肿

声带囊肿的主要症状是声哑。检查会发现声带一侧有囊肿,看上去有点像声带小结,但声音小结石两侧对称,囊肿为一侧。小结可以在囊肿的基础上产生。发声时囊肿会冲击对侧的声带,使对面声带部位上皮变厚。声带囊肿的治疗可以采用手术疗法。

5. 声带息肉

声带息肉多见于成年男性。息肉与小结不同,它的体积比小结大,介于小米粒与黄豆之间,生于声带前部或声门下。除了声哑之外,常在喉前部有压迫感。声带息肉不可用保守治疗法,需用手术治疗。手术后应当避免用声音。

常见发声器官疾病,治疗及时都能治愈,一般不会影响发声。对于嗓音疾病应采取预防为主的方针,只要从日常做起,养成好的用声和生活习惯,就可预防各种发声器官疾病的产生,并能不断提高发声能力,使嗓音更动听和富于表现力。

喉部控制综合练习

练习提示:在发音发声感受和练习过程中,重视喉部控制的状态和感受,体会喉部控制意识指导下声音的变化,以及由其带来的动觉、听觉和视觉状态回馈的不同,逐渐熟练掌握喉部控制的相关技巧,强化声音的调控能力。

播音作为一门"语言艺术"也很强调"生活""自然",但这绝非是生活的原形照搬,而是以纯熟技巧为前提的返璞归真,是艺术的自然。不经严格的基本功训练,没有超乎一般人的发声能力,是不可能取得满意的发声效果的。

在进行发声能力锻炼之前,应首先认识自己的嗓音条件。在生活中,人们嗓音的使用大多带有相当大的主观性。如喜欢高音的人就一味用高嗓门儿说话,喜欢低音的人就有意识压低声音。不顾及自身条件和现有发声能力的主观追求,不仅盲目而且危险,轻则使发声运动受限,声音色彩单调、造作;重则影响喉部健康,使声带受损。

认识自身条件,至关重要的是声音类型的确定,它主要包括"声部"和"号儿"两大方面。这两个概念引自声乐理论,分别指个体音高变化范围在人声总音域中的位置(男高、男中、男低、女高、女中、女低)和音色的"宽窄"(大号儿,小号儿)。"声部"和"号儿"就如同人的高矮和胖瘦的关系一样,没有必然联系。播音发声的音高运动幅度虽小于歌唱发声的运动幅度,也不似歌唱那样在特定音高区域去追求某种特殊音质,但由个体条件所决定的声音类型的区别都是客观存在的。确认自己的声音类型,把握住基本的音色特质,在播音发声中,尤其是在挖掘声音潜力的声音训练中，是有一定意义的。

声音类型的确定以听觉主观判断为主，辅之以发声器官特征的客观检查。在主观判断中要注意剔除造作的"伪音色"，而以持久自然的音色印象为准。客观判断主要有赖于声带、声道长度和体型的综合分析。调查表明，在一般情况下，声带长度和声道长度是成正比的。高音类型的人一般声带、声道较短，低音类型则较长。高音类型的人一般身材较矮、体型较胖、脸型圆、颈较短、五官较纤小，而低音类型则相反。此外，腭拱形状，气管环可见度以及神经肌肉功能等也是鉴别声音类型的几方面因素。

声音类型的确定不是件简单的事情，以上提及的诸多方面应兼而顾之，综合分析，避免以偏概全。另外，在声音发展中，不断验证和调整对发声者声音类型也是非常重要的。从我国播音工作者的现状看，高音类型者较多。这一情况的形成和生理遗传、民族语音、文化习俗以及政治背景有关。着眼于发展，我们不仅应注重现有人员的培养，还应发现和吸收低音类型的人才。

在对声音类型有所认识的基础上，就可以进行提高喉的发声能力的训练，主要应包括扩展音高音域的训练，扩展动力音域的训练和虚实变化训练。

一、感受喉部放松练习

1.气泡音练习

通过发起泡音来体会声带基本的振动状态，可以用于发声前的准备活动和发声后的声带恢复。气泡音是喉部声带最为松弛的情况下发出的，练习的时候，可先发出清晰的气泡 a 音，然后逐渐加大密集的程度，在气泡 a 音连成线的时候将 a 逐渐变为 ei，继而缓慢地提高音调，加大音量，最后送出口腔。

2.弹发音练习

交替弹发"i"音和"a"音，音量适中，可以体会喉部放松的基本状态。

二、感受扩展音域练习

1.螺旋式上绕、下绕练习

练习"螺旋音"，可以提高音量，扩展音域。

用"i"或"a"音，从说话的自然音高中的某一个音开始，持续发音，逐渐"环行上绕"，向高音扩展，而后再由刚才达到的、力所能及的高音逐渐"环行下绕"，循序渐进。

2.声音高低的扩展练习

通过向声音的高低两个方向扩展，可以加大音域范围。

（1）可用单元音"a"或"i"，由低音起音，一个音阶一个音阶的逐渐加强，再逐渐降低减弱，反复进行。

（2）发单元音"a、i、u、ü"做音阶高低练习，由中音起音，发延长音，然后将声音逐渐升高再逐渐降低。

（3）喊口号练习

气息与声音结合，分别用低音、中音和高音喊出口令，声音由弱渐强，反复进行，扩展音域。

喊出口号：

"一二一，一二一，加强锻炼，增强体质！

一二一，一二一，友谊第一，比赛第二！"

三、感受音色变化练习

播音创作中所要表达的思想感情是千变万化的，作为可感材料的声音，理应有与之相适应的色彩变化。声音色彩变化最主要的表现为虚实变化。就生理机制而言，实声是声带较为紧密靠拢时发出的声音，虚声是声带较为松弛，声门适度开启时发出的声音。丰富的虚实变化与多层次的音高、音量、音长的变化配合，便形成了多姿多彩的声音样式。

"以实为主，虚实结合"的音色可以通过以下方法获得：

第一步：在音高、音量比较自然和"宽窄"适度的情况下，发出实声的 a 或 i 的长音。

第二步：基本状态不变，只稍稍放松气力，在带有少许"回音"感的情况下，再次发音。此时，便是"以实为主，虚实结合"的音色。

在取得基本音色的明确印象之后，再进行多层次虚实对比变化练习。

1. 对比练习

（1）单元音对比，如：

a（实）——a（虚）　　　　　i（实）——i（虚）

a（虚）——a（实）　　　　　i（虚）——i（实）

a（实）——i（虚）　　　　　i（实）——a（虚）

（2）语词对比，如：

啊（实）——啊（虚）　　　　啊（虚）——啊（实）

大海（实）——大海（虚）　　大海（虚）——大海（实）

大海啊（实）——大海啊（虚）　大海啊（虚）——大海啊（实）

2. 过渡练习

（1）单元音过渡，如：

a（实）→a（虚）

a(虚)→a(实)

a(实)→a(虚)→a(实)

a(虚)→a(实)→a(虚)

(2)语词过渡,如:

大(实)→海(实虚)→啊(虚)

大(虚)→海(虚实)→啊(实)

3.综合运用练习

以思想感情运动幅度较大的文学作品,如诗歌、散文为练习材料较为适宜。根据内容及思想感情表达的需要,具体设计运用虚实音色的变化。如:

日照　　香炉　　生　　紫烟,

(实虚)→(虚)→(实)→(虚)

遥看　　瀑布　　挂　　前川,

(虚实)→(实)→(虚)→(实)

飞流　　直下　　三　　千尺,

(实虚)→(虚)→(实)→(虚)

疑是　　银河　　落　　九天。

(虚实)→(实)→(虚)→(实)

269

四、虚实声的句段练习

练习提示:可以模仿原声,在练习过程中时刻关注喉部的控制,体会喉部放松的状态,运用喉部控制的相关技巧灵活改变自己的音色。

1.送出一份爱心,收获明媚阳光。关爱他人,送出你的温暖!(声音偏虚,柔和)

——"关爱他人"公益广告

2.可口可乐:享受清新一刻(实声)

——可口可乐广告

3.雀巢咖啡:味道好极了(前实后虚)

——雀巢咖啡广告

4.极小的能量足以创造极大的动力,速度与优雅也能完美平衡,以创新开拓未来,这就是我们一起前行的道路——车之道,唯大众。(声音偏实)

——大众汽车广告

5.强生相信,在我们的身边,存在着一些巨人。他们以巨大的爱,做细小的事,让心灵获得慰藉,让创伤获得安补,让人们获得关爱。强生,以医疗卫生个人护理的经验和智慧,与这些巨人并肩,用爱,推动人与人的关爱。因爱而生,强生。(前虚后实)

——强生广告

6.养生堂天然维生素E,滋养内在美颜祛斑,让女人更爱自己,美丽自己爱施家人,养生

堂天然维生素 E。(虚声为主,柔和)

——养生堂广告

7. 就是这么多,7 只完整大虾制成滋滋美味的整块虾排,再搭配瑶柱海鲜酱,哇哦,肯德基至珍七虾堡来啦,原价 15 元,限时尝鲜价只要 12 块 5,还有至 Q 虾球哦。(实声为主,虚实结合)

——肯德基广告

8. 你知道吗? 宝宝的爬行能力很厉害,一个半小时就能爬行一千米,所以轻薄服帖的纸尿裤对宝宝很重要,吸收力超强的全新帮宝适超薄干爽,超轻超薄超服帖,感觉就像没穿一样,宝宝轻松无负担,冠军当然非她莫属,帮宝适超薄干爽,灵感源自宝宝,创新来自帮宝适。(实声为主,虚实结合)

——帮宝适广告

9. 宁静的夏天,天空中繁星点点,心里头有些思念,思念着你的脸,我可以假装看不见,也可以偷偷地想念,直到让我摸到你那,温暖的脸,知了也睡了,安心地睡了,在我心里面,宁静的夏天,那是个宁静的夏天,你来到宁夏的那一天。(实声为主,虚实结合)

——歌曲《宁夏》

10. 沧海笑,滔滔两岸潮,浮沉随浪记今朝,苍天笑,纷纷世上潮,谁负谁胜出天知晓;江山笑,烟雨遥,涛浪淘尽红尘俗事知多少,清风笑,竟惹寂寥,豪情还剩一襟晚照。(实声为主,虚实结合)

——歌曲《沧海笑》

11. 离开纷乱的都市,来到这里停下脚步,宁静可以让伤感隔离,时间真的不曾改变什么,放开手送走烦恼,光影里的小桥流水人家,满载的是生活里的饱满的笑容,时间改变了许多事物,却不曾改变过这里,那个笑得像花一样的孩子,一个轻快跳舞的女子,还有我的赤子之心,生活在梦里的乌镇。(实声为主,虚实结合)

——乌镇宣传片

五、综合对比练习

1. 喉部控制感受对比练习

放松:运用意念想象自己一种舒服放松的情景,通过这种方式让自己全身放松,找到一种无力的感觉,然后喉部也处于一种放松的状态,可以试着发气泡音,继续体会喉部放松。试着在这种状态下发低音"wu",体会放松的感觉。

放松到紧张(音高变化练习):从放松状态下的低音"wu",进行音高的变化,体会喉头的动作,在音高持续变高的过程中喉头慢慢的向上移动,声带慢慢紧张。

紧张:在自己的可控音域范围内,直接发声调较高的"啊"音,感受声带拉紧的状态。

2. 段子的音色变化对比练习

诗歌练习提示：分别用虚声、虚实声和实声三种音色播读下面两首诗。然后变换用三种音色播读，达到音色变化能够随心所欲。

浪淘沙（刘禹锡）

九曲黄河万里沙，浪淘风簸自天涯。

如今直上银河去，同到牵牛织女家。

黄鹤楼送孟浩然之广陵（李白）

故人西辞黄鹤楼，烟花三月下扬州。

孤帆远影碧空尽，唯见长江天际流。

3. 虚实变化练习

练习提示：根据要求，用不同的音色播读下面各段。注意音色要与要求一致，有单一音色发声习惯的同学尤其要注意不同音色控制的持久性。通过练习来矫正不良发声习惯，形成能自如变化的发声能力。

（1）运用偏实、稍明亮音色

有人习惯把豆腐和菠菜一起炖着吃，这种吃法不科学，因为豆腐中含有氯化镁、氯化钙两种成分。当他们遇到菠菜中的草酸时，可产生化学反应，生成草酸镁和草酸钙，而这两种白色沉淀物是不能被人体吸收的，如果长时期这样食用，就会使人缺钙。

（2）运用偏虚、稍暗音色

将圆未圆的明月，渐渐升到高空。一片透明的灰云，淡淡地遮住月光。田野上面，仿佛笼起一片轻烟，朦朦胧胧，如同坠入梦境。晚云飘过之后，田野上烟消雾散，火一样的清光，冲洗着柔和的秋夜。

（3）运用偏实、明亮音色

一个十六七岁的小姑娘，活灵活现地站在我眼前了。（偏虚柔和音色）她疏眉细眼，故意眯缝着瞧我，小鼻子微微的朝上翘着，薄薄的两片小嘴唇因为忍不住笑而紧闭着，两颗小酒窝儿，在那又红又结实的腮上陷得很深。

（4）根据感情和意境变化，用不同音色播读

一阵风把蜡烛吹灭了。月光照进窗子，茅屋里的一切好像披上了银沙，显得格外清幽。贝多芬望了望站在他身旁的兄妹俩，借着清幽的月光，按起了琴键。皮鞋匠静静地听着。他好像面对着大海，月光正从水天相接的地方升起来。微波粼粼的海面上，霎时间洒满了银光。月亮越升越高，穿过一缕一缕轻纱似的微云。忽然，海面上刮起了大风，卷起了巨浪。被月光照得雪亮的浪花，一个连一个朝着岸边涌过来……皮鞋匠看看妹妹，月光正照在她那

恬静的脸上,照着她睁得大大的眼睛。她仿佛也看到了,看到了她从来没有看到过的景象,月光照耀下的波涛汹涌的大海。

4.音高综合练习

音高由声带的长度变化控制。音高练习的目的,是增强声带伸缩的肌肉力量和对声带长度变化的控制能力,在扩展音域的同时,能灵活地运用音高变化加强语言的表现力,对有不良用声习惯,发声偏高或偏低的同学,通过这些练习,应能找到适合播音的常用音高。

练习提示:请运用音高变化朗读下面几个作品,注意音高的高低起伏变化。

沁园春·雪(毛泽东)

北国风光,千里冰封,万里雪飘。

望长城内外,惟余莽莽;大河上下,顿失滔滔。

山舞银蛇,原驰蜡象,欲与天公试比高。

须晴日,看红妆素裹,分外妖娆。

江山如此多娇,引无数英雄竞折腰。

惜秦皇汉武,略输文采;唐宗宋祖,稍逊风骚。

一代天骄,成吉思汗,只识弯弓射大雕。

俱往矣,数风流人物,还看今朝。

人民解放军占领南京(毛泽东)

钟山风雨起苍黄,百万雄师过大江。

虎踞龙盘今胜昔,天翻地覆慨而慷。

宜将剩勇追穷寇,不可沽名学霸王。

天若有情天亦老,人间正道是沧桑。

纸船——寄母亲(冰心)

我从不肯妄弃了一张纸,

总是留着——留着,

叠成一只一只很小的船儿,

从舟上抛下在海里。

有的被天风吹卷到舟中的窗里,

有的被海浪打湿,沾在船头上。

我仍是不灰心地每天叠着,

总希望有一只能流到我要他到的地方去。

母亲,倘若你梦中看见一只很小的白船儿,

不要惊讶他无端入梦。——
这是你至爱的女儿含着泪叠的，
万水千山，求他载着她的爱和悲哀归来。

祖国啊，我亲爱的祖国（舒婷）

我是你河边上破旧的老水车，
数百年来纺着疲惫的歌；
我是你额上熏黑的矿灯，
照你在历史的隧洞里蜗行摸索；
我是干瘪的稻穗；是失修的路基；
是淤滩上的驳船；
把纤绳深深
勒进你的肩膊；
——祖国啊！
我是贫困，
我是悲哀。
我是你祖祖辈辈
痛苦的希望啊，
是"飞天"袖间
千百年来未落在地面的花朵；
——祖国啊！
我是你簇新的理想，
刚从神话的蛛网里挣脱；
我是你雪被下古莲的胚芽；
我是你挂着眼泪的笑涡；
我是新刷出的雪白的起跑线；
是绯红的黎明
正在喷薄；
——祖国啊！
我是你的十亿分之一，
是你九百六十万平方的总和；
你以伤痕累累的乳房
喂养了
迷惘的我、深思的我、沸腾的我；
那就从我的血肉之躯上
去取得
你的富饶、你的荣光、你的自由；

> ——祖国啊,
> 我亲爱的祖国!

5. 文章综合练习

练习提示:在文章中,根据表达的需要,灵活控制喉部,找到喉部放松发音的感觉,然后充分运用虚实结合,将文章的情感表达出来。

"报春使者"——垂柳

春种一颗籽,秋收万粒粮。春是希望的象征,春是收获的渴望。唐代诗人杜甫曾咏道:"侵陵雪色还萱草,漏泄春光有柳条。"

没错,在北方的广大地区,感受春意最早的乔木当属垂柳。不信你看,在那"侵陵雪色还萱草"的腊冻初消之际,首先将春光"泄露"人间的,不正是暗暗泛青的柳芽?你再看,大多数树木还在沉睡乍醒时,垂柳已将粒粒柳芽抽成万缕烟丝。它那轻盈婆娑的树姿,那迎风摇曳的枝条,那青翠欲滴的细叶,不仅为绽苞吐蕊的桃杏增艳添丽,还给人以意态欣欣的青春气息。所以,有人又吟道:"春色先从柳荫归""春风杨柳万千条"!

柳树不仅是最早的报春使者,还是经济价值较高的树木。

柳树枝干坚韧,耐水湿,不怕风吹浪打,即使洪水淹没树顶数月,也能安然无恙,是一种十分理想的防浪护岸的树种。

柳树木质轻柔,色泽褐红,纹理顺直,是农具、家具和农家小型建筑的优良用材。

柳树还有其他用途。它的枝条虽然纤细,但很有韧性。在农村老人或妇女手中,又会变出柳篮、柳盔、柳箱、簸箕、抬筐等日用工艺品。我还清晰地记得,那是在20世纪七十年代初期,全国开展"农业学大寨"运动,大搞农田水利基本建设时期,家乡农村实行挖"大眼井",井下干活人每人头戴一顶"安全帽",那安全帽就是用柳条编的,一旦有土石块砸下来,也不要紧,安全帽会"嘭"的一下给弹回去。

柳芽、柳絮、柳叶、柳根和柳皮的用途也很广泛。柳芽含有丰富的蛋白质,可凉拌、炒食、做汤、做馅,也可泡茶。我小的时候,一到春天就经常跑到河套岸边,去将嫩嫩的柳芽,回来让母亲用开水焯一遍,做凉拌菜吃,很是香甜。柳芽茶色如碧泉,饮之清香。长期饮用,有防治黄肿病和筋骨酸痛的功效,还有护肝明目的作用。

柳絮可做枕芯,也可做鞋袜毡褥。因它柔软性凉,做枕芯对于不易入睡的失眠者,有催眠功效。柳叶、柳根、柳皮均可入药,能祛痰、明目、消热、防风,还可做浴场洗涤疮疖。

柳树喜潮湿环境,适应力强。在我国的大江南北,无论是塘边河岸,还是丘陵山地,一经扦插,都能扎根生长。在一般情况下,用不了十几年功夫,就能长成十几米高的浓荫大树。所以,人们说"无心插柳柳成荫"。倘若有意栽培它,那它生长更快,报效于人的也就更多。

春夜听雨

春夜好静。

春风又春雨。我独坐在书斋里听雨。听雨好情致。

春雨好稠。

绵绵细雨飘洒在窗前悬铃树上,树枝上凝聚成水滴,"嘀嗒,嘀嗒",宛如音乐的节拍,动听悦耳;雨丝穿过窗外的夹竹桃,沙沙轻吟,像似吟唱细雨的情怀。窗外那长长的雨丝,牵动我的情思,我不禁低吟昔人的一首听雨词来:

"少年听雨歌楼上,红烛昏罗帐。中年听雨客舟中,江阔云低,断雁叫西风。

而今听雨僧庐下,鬓已星星也,悲欢离合总无情,一任阶前点滴到天明。"

雨中人生,含蕴丰富。的确,读着这首词,你会感到词中对人生的诠释颇有深意。春夜听雨,牵来细长的情丝。

"夜雨疏雨不堪听,独坐寒斋万感生。

今夜故人江上宿,如何禁得打篷声。"

项世安的《雨夜》诗对离别故人的思念真是写得绝妙。夜雨中思绪翩翩,春的寒,雨的湿,容易牵动人们对亲友的情思。听春夜潇潇细雨,思自己人生苦旅,会顿感怅然,感慨系之。

张来的《雨中题壁》写道:

"去年此日泊瓜洲,衰柳萧萧客系舟。

白发天涯叹流落,今宵听雨古宣州。"

这种对雨思忆,感叹人生境遇,是人生体验最好的回味。

夜雨读书,也是人生的乐趣。古人常有夜雨读书的习惯:

"风声,雨声,读书声,声声入耳。"

雨夜静谧,雨声和谐,引人夜读。读着读着,你可以想见现在正在春耕时节,万物生机,农人忙着抢抓春种:

"绿满山原白满洲,子规声里雨如烟。

乡村四月闲人少,才了蚕桑又插田。"

可以想见春雨给农人带来的喜悦。由此你也会觉得自己也应像农人一样,在这宁静的雨夜,犹雨滋物,静静地读书,静静地思索……

春夜听雨,是休闲的好方法,这时你会觉着雨的韵律,雨的情致,自己也仿佛融进自然的怀抱之中。

海燕(高尔基)

在苍茫的大海上,狂风卷集着乌云。在乌云和大海之间,海燕像黑色的闪电,在高傲地飞翔。

一会儿翅膀碰着波浪,一会儿箭一般地直冲向乌云,它叫喊着——就在这鸟儿勇敢的叫喊声里,乌云听出了欢乐。

在这叫喊声里——充满着对暴风雨的渴望!在这叫喊声里,乌云听出了愤怒的力量、热情的火焰和胜利的信心。

海鸥在暴风雨来临之前呻吟着——呻吟着,它们在大海上飞窜,想把自己对暴风雨的恐惧,掩藏到大海深处。

海鸭也在呻吟着——它们这些海鸭啊,享受不了生活的战斗的欢乐:轰隆隆的雷声就把它们吓坏了。

蠢笨的企鹅,胆怯地把肥胖的身体躲藏在悬崖底下……只有那高傲的海燕,勇敢地,自由自在地,在泛起白沫的大海上飞翔!

乌云越来越暗,越来越低,向海面直压下来,而波浪一边歌唱,一边冲向高空,去迎接那雷声。

雷声轰响。波浪在愤怒的飞沫中呼叫,跟狂风争鸣。看吧,狂风紧紧抱起一层层巨浪,恶狠狠地把它们甩到悬崖上,把这些大块的翡翠摔成尘雾和碎末。

海燕叫喊着,飞翔着,像黑色的闪电,箭一般地穿过乌云,翅膀掠起波浪的飞沫。

看吧,它飞舞着,像个精灵——高傲的、黑色的暴风雨的精灵——它在大笑,它又在号叫……它笑那些乌云,它因为欢乐而嚎叫!

这个敏感的精灵——它从雷声的震怒里,早就听出了困乏,它深信,乌云遮不住太阳——是的,遮不住的!

狂风吼叫……雷声轰响……

一堆堆乌云,像青色的火焰,在无底的大海上燃烧。大海抓住闪电的箭光,把它们熄灭在自己的深渊里。这些闪电的影子,活像一条条火蛇,在大海里蜿蜒游动,一晃就消失了。

——暴风雨!暴风雨就要来啦!

这是勇敢的海燕,在怒吼的大海上,在闪电中间,高傲地飞翔;这是胜利的预言家在叫喊:

——让暴风雨来得更猛烈些吧!

最后一只藏羚羊(节选)

夕阳西下,晚霞轻柔地洒在可可西里的土地上,宁静而贫瘠的土地仿佛又多了几分生机。我蠢立在寒风中,影子拉得很远很远……我的脚下就是我刚刚死去的丈夫和女儿,他们已经被踩蹋得面目全非。四周满是我部族的尸体,他们的皮全部被扒光。空气中弥漫着血腥气,地上血流成河,在夕阳的照耀下,显得愈加惨烈。

我,这场大屠杀中唯一的幸存者,便成了可可西里最后的一只藏羚羊。

就在几年前,我们藏羚羊还是个有着20万之多的种族,那时候啊,我们几个部族一起在荒无人烟的草原上驰骋,阴沉碧日,黄土漫天,其景极为壮观!每逢产子季节,身为妻子的我们便要跟丈夫告别,成群结队地去到北方。当几千只小藏羚同时出世时,整个大地都泛起了血光!我们带着孩子重返南方,我们的部族便又充满了生机与希望。我曾经无比自豪于自己是一只藏羚羊,我们生活在遥远的可可西里,那里气候恶劣,土地贫瘠,可我们却有着惊人的耐力。什么水草丰茂地方,对我们没有任何吸引力,我们常常悠然地卧在雪中,或是在猛烈的冰雹中嬉戏。那时的可可西里只有我们,无疑于世外桃源。那梦一般的世界曾经是多么美丽……

然而,一声枪响穿透了可可西里的黎明,我的梦被击得粉碎!当一辆辆吉普在高原上奔驰的时候,我的无数同伴却一起要和他比个高低,追逐嘛,那是我们常玩的游戏,然而这一次我们却只猜对了开头,却猜不着这结局,一只只黑洞洞的枪口正悄悄举起。

从那一刻起我的种族的大屠杀便开始了,静谧的可可西里被枪声毁掉了。我清楚地记得,就在那个夏天,在我们产子的北方,人类早已准备好了一杆杆猎枪,使产子的圣地变成了血腥的屠宰场,我同伴的尸体几百只,几百只的跪在地上,他们的皮被全部被剥光,有的甚至是被活生生的剥光。

我开始后悔自己是一只藏羚羊,其实我们长得并不美丽,我们只不过是有了一身价值连城的皮毛而已,可就是因这一身皮毛,几年来,不知多少兄弟姐妹惨遭杀戮,而且所有的尸体都被剥了皮啊!粉红色的肉上鲜血淋漓!现在的可可西里不再是美丽的少女,而成为恐怖的墓地。十几万只藏羚羊长眠在这里……

为了活命,我们这个在几次大屠杀中唯一幸存的部族,开始迁徙,几千只藏羚羊浩浩荡荡地向北方前进。途中我由于身体不适掉了队,落在后面休息,可就在这个时候,就在这个时候我听远处响起了密集的枪声,我绝望地闭上了眼睛……

我俯下身体舔着我的丈夫,它的眼睛还是那么大,那么明亮;只是充满了恐惧;我又去亲吻我的小女儿,她的眼中只有惊诧与好奇;女儿啊!你还太小,妈妈知道你是至死也不明白发生了什么事情。其实,其实妈妈也不明白,为什么?为什么人类在自己的亲人死去时,悲痛欲绝,却能够坦然地去杀掉别人的亲人?难道他们在开枪时就没有一丝犹豫吗?难道他们动手时没有一丝怜悯吗?难道当他们的亲人惨遭杀害,他们却无能为力反击时,他们又会怎么样?

这时,一丝声响在我背后响起,我慢慢地转过身,眼前是乌黑的枪口,在惨烈的夕阳下,在同伴的尸体中,我竟露出了一丝惨淡的笑容,无知的人类啊!你们究竟还要愚昧到几时啊?你们毁灭了我们,其实正是在毁灭你们自己啊!你们今天践踏在我们的尸体上,可总有一天你们的尸体将会被自己践踏。

尽管开枪啊,开枪啊!你们唯一的贡献就在灭绝动物的名单上又添了一笔,把自己灭绝的日期又提前了一天。

枪响了,我大睁着双眼倒在地上,嘴角仍挂着微笑,而眼角却流下一颗浑浊的泪滴。今晚的星星啊,真美,望着它,我仿佛又看到了我的丈夫和女儿,还有那梦中的可可西里,几万只藏羚羊在草原上奔驰着,尘土飞扬,阳光洒在他们的皮毛上,泛着金光。

▶第十一章
色彩变化出弹性

一、声音弹性训练的重要性

在人们评价播音主持人员的声音时,往往说:"这个人的声音弹性好。"或是:"弹性太差,适应面太窄。"这里的"弹"和"僵硬"是一个相对立的概念。

声音对于不断变化着的思想感情的适应力强,我们说这个人的声音富于弹性;声音对于变化着的思想感情的适应力弱,我们说这个人的声音弹性差。作为艺术语言用声者,作为合格的播音员主持人,就要使自己的声音有弹性,能够适应传情达意的需要。

(一)定义

声音弹性是指声音对于人们变化着的思想感情的适应能力,简单地说就是声音随感情变化而来的伸缩性、可变性。

"弹性"一词是从物理学中借用来的,一般是指物体在外力作用下发生形变,又在外力去掉时恢复原状的性质。弹性也可用来比喻事物可大可小的伸缩性。"声音弹性"的说法实际上是借物体的伸缩变化,隐喻声音的张力表现。

(二)目的

1.提升传播效度

在日常生活中,我们时常会遇到这样的例子:在与人交流的时候,因为对音高或音强的变化控制不得当而产生误会。由此我们可以看出,在口语表达中声音控制力对于信息传播效度的影响。播音主持人员的表达是二度创作,进一步增加了信息准确传播的难度。而通过科学、系统的训练,可以有效地提升从业人员的声音控制力,提高传播效度。做到:心有所想,声有所指,念发声动,心动声随。传情达意准确。

2. 丰富发声表现

播讲时思想感情的运动状态不同于日常生活，它比日常生活中的感情变化更集中、更鲜明，因而要求更加鲜明、丰富的声音色彩变化。播音主持人员的声音如同画家手中的调色板，色彩变化越丰富、越细致，它对于感情色彩的适应性越强，表现力也就更强。弹性的训练目的就是扩展以声音色彩为主的声音变化能力。

（三）作用

播音主持人员在创作中，他的思想感情是随节目内容的进展而运动变化的，这种思想感情的运动状态是播讲创作的内在动力，它要求气息、声音随之而运动变化，以体现出他所感受到的一切。这实际就是播音主持表达的过程。由此可见，播音主持等艺术语言表达要求播音主持人员的声音对于运动变化着的思想感情有极强的适应能力、"造型"能力，换句话说，播音主持表达要求富于弹性的声音。而通过科学的训练，就能提高声音的控制力，让声音能够根据文稿或话题的要求，准确地将内在含义通过声音表现出来。

二、声音弹性的特点

想要了解声音弹性，认识声音的"万花筒"，首先要了解声音弹性都具有哪些特点。

（一）声音弹性首先以播讲主持的稿件内容为依据

声音只是情感表达的形式，是手段。艺术语言的表达过程就是根据内容进行理解，产生具体的感受并外化成相应的声音形式的过程。例如，同样是新闻播音主持，时政新闻与社区新闻尤其是"菜篮子"新闻，声音形式的表现就有所不同，所运用的声音弹性也不一。例如，《春节联欢晚会》与《新闻会客厅》在内容上大相径庭，主持人声音弹性的运用也有较大的区别。

（二）声音弹性的基本属性表现为声音的可变性

其所反映的声音变化主要体现在音强、音高、音长、音色这四个物理要素上。有声语言的运用是思想感情支配下声音形式产生变化的结果，节目内容不同、语言传播目的不同、语言环境不同、表达的方式、声音物理性的运用、弹性的实现都会不同。当然，还有户外、室内的区别，人数多少的区别等都会对声音的变化产生影响。

（三）声音弹性所反映的声音的变化性是通过有层次的比较呈现出来的

有高才有低，有实才有虚，有明才有暗，有慢才有快，声音弹性的可变性总在对比中得以表现。而这种对比并非简单的非此即彼的二元对立，对比形式内部经常有着诸多过渡和细微的层次分化。例如，中央电视台主持人李咏在主持过程中能根据节目内容充分发挥有声语言的节奏特点，较好地体现声音弹性的对比色彩。同时，内容的变化、语义的不同带来声音的各种对比变化，而这种对比也恰恰表现出声音弹性的层次性。

（四）声音弹性所反映的声音变化还体现在声音运用的丰富性上

声音的高低、强弱、明暗、虚实、快慢的变化并不是单一的。节目内容的丰富性决定了外化稿件内容的声音形式会体现出多层次、多变化的细腻的声音弹性来。例如，一直从事新闻播音的中央电视台主播康辉、贺红梅、海霞、任志宏等人，能把各种新闻、专题片在相对有限的"话声区"用恰当的表达方式准确地予以解读，其中声音弹性细腻、丰富地运用就发挥了很好的表达作用。同时，声音弹性与发音过程的各个阶段都有密切联系，每一个环节都对声音弹性产生重要影响。它是气息控制，口腔的静、动态控制及用声状况综合运用的结果。

三、声音弹性的生成

如果外力作用于一个没有弹性的物体，主观努力再积极也不会收到理想的效果。声音弹性就像一个万花筒，可以变换出多姿多彩的声音形式，而即使具备制作"万花筒"的技能，却没有良好的材料，"万花筒"也不能成形。例如，演奏人员水平高超，使用的乐器质量不好，同样演奏不出好的曲子；反之，物质条件很好，有柔韧度，但是主观作用不科学，效果依然不佳。正像播音员、主持人的声音一样，先天条件很好，但在"用声"时外力作用不恰当也会造成声音受损或发挥不够。因此，良好的声音弹性的获取仍需具备以下必要的主观条件。

（一）声音弹性生成的基础——感情

感情就像"万花筒"的颜色，也是变化声音色彩的内在依据。人的任何社会实践活动都离不开感情的驱使，在情感的支配下通过活动反映自己各种复杂多变的情绪、情感，表达自己的态度。有声语言的表达是思想感情的外化，声音弹性的获取正是为了更好地发挥有声语言传情达意的作用而进行的一种基础性训练。在前面某些章节训练中都要求首先设计语境、调动情感，强调以情带声，正是其目的所在。无色之花无以为花，何况"万花"。

（二）声音弹性生成的动力——气息

气息是"万花筒"的原动力，也是变化声音色彩的基础。没有气息，无从谈生命，更无从谈声音，所谓以气托声。声音也是在喉部、口腔、共鸣控制的共同配合下产生变化的。它是连接内部情感变化与外部声音形式的桥梁。

（三）声音弹性生成的保证——情、气、声协调

这是"万花筒"变换的机制，也是变化声音色彩的基本要求。三者相互依存、互为制约，情以声和气为手段，气以情为依托，声以情和气为基础。气随情动，声随情变。

（四）要提高声音弹性就必须在发声的各个环节上留有余地

漂亮的"万花筒"并不是仅有花色、原动力与机制就能实现的，花瓣儿的形状（吐字）、枝叶的线条（共鸣）、做花儿的材质（喉部）等色、形、质、型及它们之间的空间感、立体感达到合理组合，在人的意识控制下，才能有"万花之美"。例如，吸气时不能过满，呼气时不能太竭，咬字时不能太紧、太松，用声音量不能太大、太小，声音位置不能太前太后，喉部要相对放松与控制，等等。当然，通过科学的训练，适度的拓展音域，提升发生能力也是我们在表达过程中用声游刃有余的有效保证。弹性是控制的必然，是柔韧的表现，也是发声者情感支配的结果。所以调动情感，用各种感觉器官体会与把握分寸，才能使"万花筒绽放绚烂的万花"。

四、声音弹性的获取

练习提示：声音弹性的表征为声音的伸缩可变。没有变化，声音弹性无从谈起。在感受和练习过程中，注意体味内部情感运动与外部声音变化之间的关联，以及由其带来的动觉、听觉和视觉状态回馈的不同。强化对单一及复合声音要素的把控调整，充分调动身体记忆，多方联通心理经验，积极激活情感状态，准确揣摩语气意图。让声音富于变化、保有磁性、魅力四射。

（一）感知声音要素对比

1. 高与低

声音的高低变化与各种情感色彩变化相连。有兴趣、状态积极的声音常常表现出高低变化鲜明，使表达显得更加主动；缺乏兴趣、状态懈怠的声音则缺少高低变化，就会显得比较乏味单调。情感往积极方向发展，音高趋向于上升；情感往消极方向发展，则音高趋向于降低。

（1）有层次地爬高降低。

团结起来，振兴中华！

由低调开始，一级级升高，再一级级降下来。

（2）一句高，一句低，高低交替进行。

团结起来，振兴中华！

（3）一句话内，高低交替进行。

①要想成功，必须战胜自己。

②鸟在天上飞（高），鱼在水中游（低）。

（4）根据诗文内容的情感变化，让音高低变化，错落有致，起伏得当。

静夜思

床前明月光,疑是地上霜。
举头望明月,低头思故乡。

2. 强与弱

声音的强弱变化主要是指音量大小的变化,其与声带的振动幅度相关,声音强弱的变化主要依赖气流对声带冲击力度的变化。激昂、有力或紧张时声音常呈现出强音态势;而消沉、无力、软弱时声音常呈现出暗弱态势。

(1)由弱声开始,一遍比一遍略强、略高。到最强最高时不可喊。亦可在保持音高不变的情况下声音由弱到强。

人生的意义在于奉献而不是索取。

(2)读下列句子。

①(弱)几对燕子飞倦了,落在电线上,变成了正待演奏的曲谱。

②(强)黄水劈门千声雷,狂风万里走东海。

③(弱)他暗自下决心:(强)我绝不能那样做!

(3)用较少的音量播读新闻,字音保持一定的清晰度,不压不挤声音,不吃字。

央视网消息(新闻联播):中共中央总书记、国家主席、中央军委主席习近平9日视察了中国人民武装警察部队特种警察学院并为"猎鹰突击队"授旗,代表党中央、国务院、中央军委向大家并向武警部队全体官兵致以诚挚的问候,强调武警部队作为国家反恐维稳的重要力量,要认真贯彻党中央决策部署,坚决有力打击各种暴力恐怖犯罪活动,维护国家安全和社会稳定,保障人民安居乐业。

上午9时30分许,习近平来到位于北京市郊的武警特种警察学院。在了解学院全面建设情况后,习近平来到训练中心大楼二层,观看反恐科目训练演示。训练场上,女子特战队员依次采用微型冲锋枪、手枪对人形靶实施快速精准射击,发发命中目标。男子特战队员演示的特战狙击,展示了贴近实战、一击必杀的高超本领。特战小组搜剿行动演示中,快速反应、密切协同,超越射击、水力破门、合围攻击、乘车追击,发起一个个凌厉攻势。在训练中心大楼二层搏击馆和三层搏击专修馆,习近平观看了特战队员匕首格斗术、摔擒制敌术、极限搏击和散打实战对抗训练。反恐战斗试验馆一层,正在进行紧张激烈的反劫机舱门开启训练。特战队员打开舱门,突入机舱,动作干净利落。习近平同参训特战队员一一握手、亲切交谈,详细询问教学训练和生活情况,对大家的精湛技能和高昂士气给予高度赞扬。习近平语重心长地勉励大家,特战队员战斗在反恐第一线,时刻面临生与死、血与火的考验。要坚持从难从严训练,保持高度戒备,真正成为特战精英、反恐尖兵。

3. 明与暗

声音的明暗比对其实是一种听觉感受。明朗的声音往往与积极开朗、愉悦赞颂的情感相关联,发声位置相对偏前,音高相对偏高,发声略紧。暗弱的声音往往与深沉的情绪相关联,发声位置相对靠后,音高相对偏低,发声略松。

播音时,一般运用较为明亮的声音,也要根据内容的需要,明暗得宜。

(1)明朗的音色练习。选择内容较为明朗的段子,进行轻快明朗的播读,这是使用最多的音色,要掌握好。

中国的宝岛——台湾

中国的第一大岛、台湾省的主岛台湾,位于中国大陆架的东南方,地处东海和南海之间,隔着台湾海峡和大陆相望。天气晴朗的时候,站在福建沿海较高的地方,就可以隐隐约约地望见岛上的高山和云朵。

台湾岛形状狭长,从东到西,最宽处只有一百四十多公里;由南至北,最长的地方约有三百九十多公里。地形像一个纺织用的梭子。

台湾岛上的山脉纵贯南北,中间的中央山脉犹如全岛的脊梁。西部为海拔近四千米的玉山山脉,是中国东部的最高峰。全岛约有三分之一的地方是平地,其余为山地。岛内有缎带般的瀑布,蓝宝石似的湖泊,四季常青的森林和果园,自然景色十分优美。西南部的阿里山和日月潭,台北市郊的大屯山风景区,都是闻名世界的游览胜地。

台湾岛地处热带和温带之间,四面环海,雨水充足,气温受到海洋的调剂,冬暖夏凉,四季如春,这给水稻和果木生长提供了优越的条件。水稻、甘蔗、樟脑是台湾的"三宝"。岛上还盛产鲜果和鱼虾。

台湾岛还是一个闻名世界的"蝴蝶王国"。岛上的蝴蝶共有四百多个品种,其中有不少是世界稀有的珍贵品种。岛上还有不少鸟语花香的蝴蝶谷,岛上居民利用蝴蝶制作的标本和艺术品,远销许多国家。

(2)选择纪念性文章,讣告等,进行暗声练习。

悼念敬爱的周总理

总理的灵车徐徐开来。灵车四周挂着黑黄两色的挽幛,上面佩着大白花,庄重,肃穆。人们怀着沉痛的心情,目光随着灵车移动。灵车所到之处,像是有一个无声的指挥,老人、孩子、青年、妇女都不约而同地站直了身体,摘下了帽子,向灵车致敬,哭泣着,顾不得擦去腮边的泪水,舍不得眨一眨眼睛。人们心里都在深深的默念着:"敬爱的周总理,我们想念您啊,想念您! 您永远在我们心里,永远活在人民的心中!"

(3)表现欢快,赞美的情绪,多用明朗的声音,表现低沉的感情,可用较暗的声音。

青春中国

用茫茫的夜色作墨
用疮痍的土地作纸
在鸦片战争的硝烟之后
是谁?
写下的两个字——中国

让人读得昏暗读得疲惫

更让人读得心痛读得悲愤

那萎缩在清末史书里的消瘦的中国啊

那跪倒在《南京条约》里的软弱的中国啊

那一天，无数的青年走上了街头

面对淋漓的鲜血

面对惨淡的人生

他们的呐喊如同一阵阵惊雷

激荡着这昏睡的土地

他们就像一束束火焰

在曲折的道路中蔓延

盛开成五月绚丽的花朵

此后，他们加入到共产党人的行列中

他们义无反顾地选择了

用铁锤砸碎黑暗

用镰刀收割光明

他们走过漫道

他们越过雄关

他们驰骋疆场

他们英勇杀敌

他们要以枪杆做笔

写下一个崭新的中国

他们要以热血为色

描绘一个青春的中国

许多年后的今天

当我的目光穿越历史的峰峦

我依然可以感受到他们的呼吸

我又看见

我又看见了

一群又一群的青年

那挂满汗水的面孔

我又听见了

他们嘹亮的歌声

在荒芜的土地上回荡

他们用无怨无悔的青春

在悠悠岁月中

写着一首爱的诗篇

是的,岁月悠悠、人生漫漫

那是一首激情澎湃的诗篇

那是一片开满鲜花的风景

那是一曲气势磅礴的交响

那是一座壮志凌云的丰碑

哦,中国,我要为你写一首诗

用太阳金色的语言

用心海浩瀚的蔚蓝

哦,中国,我要为你画一幅画

用春天百花的色彩

用五星红旗的光芒

今天,一个大写的中国

让人读得光明、读得酣畅

今天,一个腾飞的中国

更让人读得生动、读得自豪

这就是在世界的东方喷薄而出的

希望的中国

这就是在中国共产党领导下的

辉煌的中国

这就是我们的

青春中国!

4. 实与虚

实与虚主要指声音音色的明暗变化。播音时,应运用以实声为主,虚实结合的声音,并随内容的要求随时转换虚实程度。声门轻松闭合,声音较响亮、扎实,清晰度高。声门有一定的开度,气息虚软虚声较大时,但也要保持声音的清晰度。实声常用于表达严肃、庄重、激动兴奋等感情色彩,而虚声则让声音柔和,常与轻松、亲切的感情色彩相连。

(1)拼音练习。

a(实声)——a(虚声)

i(实声)——i(虚声)

u(实声)——u(虚声)

ü(实声)——ü(虚声)

a(实声)——a(虚实声)——a(虚声)

o(实声)——o(虚实声)——o(虚声)

e(实声)——e(虚实声)——e(虚声)

i(实声)——i(虚实声)——i(虚声)

u（实声）——u（虚实声）——u（虚声）

ü（实声）——ü（虚实声）——ü（虚声）

（2）词组练习。

把关　跋涉　恶霸　黑暗　光明

庄重　双手　杜绝　繁华　热闹

寒冷　火热　亲切　热情　大海

（3）句子练习。

①（实）代表们发言热烈，普遍赞扬这个讲话实实在在、诚恳坦率、抓住了要害，观点鲜明，针对性强，听了很受鼓舞。

②（实）他爬上山顶大声呼喊：（虚）"张华！你在哪里？"

（4）朗诵《我骄傲，我是中国人》。一句话，一遍实声、一遍虚声，体会声门、气息的控制。

我骄傲，我是中国人

在无数蓝色的眼睛和褐色的眼睛之中，

我有着一双宝石般的黑色眼睛，

我骄傲，我是中国人！

在无数白色的皮肤和黑色的皮肤之中，

我有着大地般黄色的皮肤，

我骄傲，我是中国人！

我是中国人——

黄土高原是我挺起的胸脯，

黄河流水是我沸腾的血液，

长城是我扬起的手臂，

泰山是我站立的脚跟。

我是中国人——

我的祖先最早走出森林，

我的祖先最早开始耕耘，

我是指南针、印刷术的后裔，

我是圆周率、地动仪的子孙。

我是中国人——

在我的民族中，

不光有史册上万古不朽的

孔夫子、司马迁、李自成、孙中山，

还有那文学史上万古不朽的

花木兰、林黛玉、孙悟空、鲁智深。

我骄傲，我是中国人！

　　　　　我是中国人——

　　　　在我的国土上不光有

雷电轰不倒的长白雪山、黄山劲松，

还有那风雨不灭的井冈传统、延安精神！

　　　　　我是中国人——

　　　我那黄河一样粗犷的声音，

　　不光响在联合国的大厦里，

　　大声发表着中国的议论，

　　也响在奥林匹克的赛场上，

　　大声高喊着"中国得分"！

当掌声把五星红旗送上蓝天，

　　我骄傲，我是中国人！

　　　　　我是中国人——

　　我那长城一样的巨大手臂，

不光把采油钻杆钻进外国人预言打不出石油的地心；

　　也把通信卫星送上祖先们

　　　梦里也没有到过的白云。

当五大洲倾听东方声音的时候，

　　我骄傲，我是中国人！

　　　　　我是中国人——

　　我是莫高窟壁画的传人，

让那翩翩欲飞的壁画与我们同行。

　　　　我就是飞天，

　　　　飞天就是我。

我骄傲，我是中国人！

> >>> 287

（5）虚实对比。

月光曲（节选）

　　一阵风把蜡烛吹灭了。月光照进窗子，茅屋里的一切好像披上了银纱，显得格外清幽。贝多芬望了望站在他身旁的兄妹俩，借着清幽的月光，按起琴键来。

　　皮鞋匠静静地听着，他好像面对着大海，月光正从水天相接的地方升起来，微波浩渺的海面上，霎时间洒满了银光。月亮越升越高，穿过一缕一缕轻纱似的微云。忽然，海面上刮起了大风，卷起了巨浪。被月光照得雪亮的浪花，一个连一个朝着岸边涌过来……皮鞋匠看他妹妹，月光正照在她那恬静的脸上，照着她睁得大大的眼睛。她仿佛也看到了，看到了她从来没有看到过的景象，月光照耀下的波涛汹涌的大海。

白杨礼赞（节选）

那是力争上游的一种树，笔直的干，笔直的枝。它的干通常是丈把高，像加过人工似的，一丈以内绝无旁枝。它所有的丫枝一律向上，而且紧紧靠拢，也像加过人工似的，成为一束，绝不旁逸斜出。它的宽大的叶子也是片片向上，几乎没有斜生的，更不用说倒垂了。它的皮光滑而有银色的晕圈，微微泛出淡青色。这是虽在北方风雪的压迫下却保持着倔强挺立的一种树。哪怕只有碗那样粗细，它却努力向上发展，高到丈许，两丈，参天耸立，不折不挠，对抗着西北风。

这就是白杨树，西北极普通的一种树，然而绝不是平凡的树。

5. 厚与薄

厚与薄也是一种对声音的感受认知，是与声音共鸣变化有关的声音形式对比变化。声音的厚薄往往与声音的粗细联系在一起。厚实的声音通常用于深沉、庄重的语气，当气息吸得比较深、喉头放松、胸腔共鸣增强时，就会让声音产生厚实的效果。薄的声音多与轻巧活泼、欢快愉悦的情绪相连，一般音量较小，音高稍高。

兵车行

车辚辚，马萧萧，行人弓箭各在腰。爷娘妻子走相送，尘埃不见咸阳桥。牵衣顿足拦道哭，哭声直上干云霄。

道旁过者问行人，行人但云点行频。或从十五北防河，便至四十西营田。去时里正与裹头，归来头白还戍边。边庭流血成海水，武皇开边意未已。君不闻汉家山东二百州，千村万落生荆杞。纵有健妇把锄犁，禾生陇亩无东西。况复秦兵耐苦战，被驱不异犬与鸡。

长者虽有问，役夫敢申恨？且如今年冬，未休关西卒。县官急索租，租税从何出？信知生男恶，反是生女好。生女犹得嫁比邻，生男埋没随百草。君不见青海头，古来白骨无人收。新鬼烦冤旧鬼哭，天阴雨湿声啾啾。

红旗谱（节选）

严志和一登上肥厚的土地，脚下像是有弹性的，发散出泥土的香味。走着走着，眼里又流下泪来，一个趔趄步跪在地下。他匍匐下去，张开大嘴，啃着泥土，咀嚼着伸长了脖子咽下去。江涛在黑暗中看见他是在干什么，立刻叫起来："爹，爹！你想干什么？你想干什么？"

严志和嘴里嚼着泥土，唔哝地说："孩子！吃点吧！吃点吧！明天就不是咱们的土地了！从今以后，再也闻不到它的香味了！"

谦虚过度

水牛爷爷是森林世界公认的谦虚人，很受大家尊重。小白兔夸它："水牛爷爷的劲儿最大了！""唉，过奖了，犀牛、野牛劲儿都比我大"；小山羊夸它："水牛爷爷贡献最多！"它就说："哎，不能这样讲了，奶牛吃下的是草，挤出的是奶，它的贡献比我多。"

狐狸艾克很羡慕水牛爷爷谦虚的美名。它想："我也来谦虚一下吧。这谦虚太好学了。"它想了："水牛爷爷的谦虚不就是两点吗？一是把自己什么都说小点；二是把自己什么都说少点。对！就是这样！"

一天，艾克遇到一只小老鼠。小老鼠看到艾克一条火红蓬松的大尾巴，不禁发出了由衷的赞美："哎呀，艾克大叔，您这尾巴真大呀！"艾克学着水牛爷爷的口气，歪歪嘴："哎，过奖了。你们老鼠的尾巴比我大多了。""啊，什么？"小老鼠大吃一惊："你长那么长的四条腿，却拖根比我小的尾巴？"艾克谦虚地说："哎，不能这么讲，我哪有四条腿，三条了，三条了。"小老鼠以为艾克得了神经病吓跑了。

艾克的谦虚没有换来美名，倒换来一大堆谣言。大家说："唉，森林里出了一只妖狐狸，只有三条腿，还拖着比老鼠还小的尾巴……"

谦虚也要实事求是，不实事求是是瞎谦虚，那就不知道该叫什么了？

6. 刚与柔

刚与柔的听觉感受实际是多种声音要素混合。"刚"常常与严肃、严厉、坚定、有力等语气联系在一起，我们可以通过使用中高声区、增强音量、加大咬字力度、实化声音来获得。"柔"常常与轻松、亲切、温柔等语气联系在一起，我们可以通过降低音高、减弱音量、放松咬字、虚化声音来获得。

（1）bang　　pang　　mang　　fang。
b—a—ba　　g—a—ga　　p—a—pa
k—a—ka　　c—a—ca　　zh—a—zha
ch—a—cha　sh—a—sha
体会声音很刚直地从口中弹射出来。

（2）刚柔变化。

①（刚）年轻人如初生的牛犊，可贵的一面是无所畏难，虎虎然，有斗志；不足的一面，有时又容易把困难的事情想得过于简单，或缺少理智的控制。我们要力戒志大才疏，才戒虚荣。

九层之台，起于垒土。打基础要循序而进。无论德育、智育、体育、美育、技术教育，都要由浅入深，由低级到高级不断发展。革命先烈李大钊讲得好："凡事都要脚踏实地去做，不驰于空想，不骛于虚声，而唯以求实的态度作踏实的工夫。以此态度求实，则真理可明，以此态度做事，则功业可就。"

②（柔）离开渔舟，走上堤岸，只见千百条水渠，像彩带似的把无边无际的田野，划成棋盘似的整齐方块，那沉甸甸的稻谷，像一垄垄金黄的珍珠，炸蕾吐艳的棉田，像一厢厢雪白的珍珠，婆娑起舞的蓬莲，却像一盘盘碧绿的珍珠，那大大小小的河港湖泊，机帆穿织如梭，平坦的长长公路上，拖拉机往来不断，到处是机声隆隆，水畅人欢。今日洞庭，诗意盎然，彩笔难绘，简直是一个用珍珠砌成的崭新世界。

清晨，绿荫的山谷里，百鸟啁啾，明丽的太阳光，照着盛开的攀枝花树，乳白色的晨雾，像轻纱似的,慢慢被揭开了,火红的攀枝花,仿佛一片殷红的朝霞浮荡在山谷里。

③从绿意内敛的山头,一把雪再也撑不住了,"噗嗤"的一声,将冷脸笑成了花面,一首淅淅然的歌便从云端唱到了山麓,从山麓唱到了低低的荒村,唱入篱落,唱入一只小鸭的黄蹼,唱入融融的春泥——软如一床新翻的棉被的春泥。那样娇,那样敏感,却又那样混沌无涯。一声雷,可以无端地惹哭满天的云;一阵杜鹃啼,可以斗急了一城杜鹃花。一阵风起,每一棵柳都吟出一则则白茫茫、虚飘飘,说也说不清,听也听不清的飞絮,每一丝飞絮都是一株柳的分号。反正,春天就是这样不讲理、没逻辑,而仍可以好得让人心平气和。

一场夜雨,洗落了高原上的满天尘沙。天蓝得出奇,碧澄的湖水也为之逊色。天空燃烧着朝霞,像一簇簇盛开在山尖的红花儿,一群雄鹰刚健的在云边飞旋,越飞越高。清凉的晨风夹带着野花和奶子的香味儿,扑鼻而来,沁人心脾。啊,多美丽的早晨啊!

7. 松与紧

松与紧的变化主要依赖吐字力度的改变。吐字的工整使人感到正式和严肃,吐字力度略松能够带给人轻松的感觉。吐字力度的变化与音量和音长的变化是紧密相连的。

①(松)听众朋友,今天我们来探讨一个轻松的话题。

在非洲的戈壁滩上,有一种叫依米的小花。花呈四瓣,每瓣自成一色:红、白、黄、蓝。它的独特并不止于此。在那里,根系庞大的植物才能很好地生长,而它的根,却只有一条,蜿蜒盘曲着插入地底深处。

这里海岸的形状创造了一个适合海洋植物生长的独一无二的地方。成片的海草在海床上面随波飘摇,这是世界上面积最大的水下草原。草可以在任何环境下生存,即使是在非常咸的水里。遍布的海草使海湾的深处,形成了一个非常适合生命生存的环境。浅浅的海水、灿烂的阳光,还有沙质的海床,都特别适合于海草扎根,所以到处都长满了海草。在阳光照耀下的茂盛的"草原",使这里的生命都有了生存的基础。

②(紧)各位听众,下面播送新华社消息。

(松)他绷着脸说:"(紧)你这样做是违反纪律的!"

当灿烂的太阳跳出了你东海的碧波,你的帕米尔高原上依然是群星闪烁。当你的北国还是银装素裹的世界啊!你的南疆早已到处洋溢着盎然的春色。我爱你,中国!

③鲸鲨并非是唯一从远海来参加这个盛会的鱼类。大群的沙丁鱼从印度洋赶来,分享这里的盛宴。它们的数量之多、群体之密集,以至鱼群下面的海洋变成一片黑暗。由于沙丁鱼的到来,食肉的犬牙金枪鱼紧随而至。鲨鱼也来了。通常它们都是独来独往,但参加这样的聚会它们需要成群结队。就像狼包围羊群一样,鲨鱼和犬牙金枪鱼一起围追沙丁鱼群,直到把它们逼到海岸边,沙丁鱼群看上去如同一大片严密厚重的漂浮物。一条沙丁鱼是很容易被吃掉的,但现在它们组成了一堵结实的鱼墙,捕食者一时竟不知道该从哪儿下手了。每次鲨鱼一头扎进鱼群,沙丁鱼们就玩起"分身术"的把戏,这种防守策略令捕食者眼花缭乱。

与鲨鱼不同,犬牙金枪鱼像狙击手,它们在拥挤的鱼群边缘猎杀单个的目标。可是鲨鱼不会去追逐单个的沙丁鱼,它们只对鱼群感兴趣。但它们必须首先打乱沙丁鱼的防御阵形,使它们惊惶失措,这样鲨鱼才能有捕食的机会。鲨鱼现在的行动不是在捕食,而是在制造恐惧与惊慌。果然,恐惧使沙丁鱼群越挤越紧,当鱼群变得拥挤不堪的时候,鲨鱼就开始了捕食。到处都是慌不择路的沙丁鱼,成了鲨鱼唾手可得的美食。

8. 纵与收

纵与收是指声音放纵与收束。它既指出声音的特点,又与气息状态有关。声音是表现,气息则是根源。纵与高音、强音、实声、速度较快、气息流畅有关;收则与低音、弱音、虚声、速度偏慢、气息控制较强有关。

登鹳雀楼

白日依山尽(收),黄河入海流(纵)。

欲穷千里目(收),更上一层楼(纵)。

乡愁

小时候

乡愁是一枚小小的邮票

我在这头

母亲在那头

长大后

乡愁是一张窄窄的船票

我在这头

新娘在那头

后来啊

乡愁是一方矮矮的坟墓

我在外头

母亲啊在里头

而现在

乡愁是一湾浅浅的海峡

我在这头

大陆在那头

国家荣誉感(节选)

一个大问题一直盘踞在我脑袋里:世界杯怎么会有如此巨大的吸引力? 除去足球本身的魅力之外,还有什么超乎其上而更伟大的东西?

近来观看世界杯,忽然从中得到了答案:是由于一种无上崇高的精神情感——国家荣誉感!

(二)感知身体记忆唤回

1.视觉

(1)这是位十分秀丽的江南姑娘:二十三四岁的模样,中等个儿,长圆形丰腴白皙的脸蛋上长着一对乌亮乌亮的大眼睛,晶莹透彻得宛如两潭秋水;她的睫毛长长密密,柔软地覆盖在眼睑上,不时随着眼睑的启合微微眨动。

(2)天上的云从西边一直烧到东边,红彤彤的,好像是天空着了火。这地方的火烧云变化极多,一会儿红彤彤的,一会儿金灿灿的,一会儿半紫半黄,一会儿半灰半百合色。葡萄灰,梨黄,茄子紫,这些颜色天空都有,还有些说也说不出来、见也没见过的颜色。晚饭过后,火烧云上来了。霞光照得小孩子的脸红红的,大白狗变成红的了,红公鸡变成金的了,黑母鸡变成紫檀色的了。喂猪的老爷爷在墙根靠着,笑吟吟地看着他的两头小白猪变成小金猪了。旁边的人对他说:"你老人家必要高寿,你老是金胡子了。"

(3)夏天来临了,山坡上橘子树的叶子由嫩绿色变成了深绿色,橘子树上挂满了圆圆的橘子。开始,橘子只有小指头大小,渐渐地,长得和小皮球一样大小。橘子的颜色先是浅绿,随着时间的变化,渐渐地变成深绿。夏去秋来,葡萄熟了,大串大串地从叶子缝里垂了下来。它们晶莹透明,像是用水晶和玉石雕刻出来的,又活像颗颗巨大的紫色珍珠!

2.听觉

(1)冬天还没有到,可是天气已经冷得不行了。狂风吹得树木东摇西摆,最低温度已经降到零下了。晚上我睡在床上,听见外面的风呼呼地吹,好像老虎在怒吼。狂风吹得我家的窗户发出了"砰砰砰"的响声,害得那些老年人睡觉都成了问题。那响声响得还把熟睡的人都能够吵醒。我也久久不能够入睡,静静地听着那考老虎怒吼一样的风声……过了很久很久,我才迷迷糊糊地睡着了。

(2)故乡的雨是轻柔的,它会突然而至,滋润你尘封已久的心灵,夜里听听那雨声,宛如母亲吟唱的摇篮曲。雨帘渡我到故乡的瓦屋顶,瓦一片连着一片,雨中的屋顶银灰般明亮,雨打片片青瓦,如少女纤巧的手拨动琴弦,弹奏出曼妙的音乐。听听那雨声,初时,瓦屋顶断续作响,叮咚如山泉,稍后,雨声急如鼓点,"糟糟切切错杂乱,大珠小珠落玉盘"也可以用来说这雨声的。缓缓地,雨声又轻细如涓,沿屋檐滴落,千万颗珍珠飞落青石板上,那嘀嘀嗒嗒的雨声,如少女轻敲木琴飞出的琴音,声声响在心灵深处。声声古乐,如母亲呢喃话语,时时响在耳旁。

(3)一阵狂风卷过,寒气阵阵袭来,矗立在签子门边的余新江浑身发冷,禁不住颤抖了一下,屋瓦上响起了"哗哗哗"的声音,击打在人的心上。"是暴雨?"这声音比暴雨更响,更加嘈杂,更加猛烈。"冰雹!"余新江听见有人悄声喊着,他也侧耳听那屋瓦上的响声。在沉静的寒气里,在劈打屋顶的冰雹急响中,忽然听出一种隆隆的轰鸣。这声音夹杂在冰雹之中,时大时小。余新江渐渐想起,刚才在冰雹之前的狂风呼啸中,似乎也曾听到这种响声,只是不如现在这样清晰,这样接近;因为他专注地观察敌人,所以未曾引起注意。这隆隆的轰鸣,是风雪中的雷声么？余新江暗自猜想着：在这隆冬季节，不该出现雷鸣啊！难道是敌人爆破工厂，毁灭山城么？忽然，余新江冰冷的脸上，露出狂喜，他的手里激动得冒出了汗水。他忽然一转身，面对着全室的人，眼里不可抑制地涌出滚烫的泪水。"听！炮声，解放军的炮声！"

3. 嗅觉

（1）忽然，一股清香萦绕在鼻间，不似玫瑰的浓郁，也不似雏菊的淡香，却使人感到舒畅、惬意。抬头一看，原来是傲骨凌寒的梅花，在寒风呼啸的冬天增添了一份生机，摘一朵梅花放在鼻边，香味更加浓郁，即使离得很远，也可以感受到它独有的芬芳花香。

（2）嗅觉神经是和你脑子中情感那部分是直接连着的，而不是理性那一部分。举个例子，研究发现，快餐的包装纸，新鲜的面包或者油酥面皮的气味会让公路暴力更容易发生；薄荷糖和肉桂的气味可以提高注意力和减少司机们易怒的情绪；而柠檬和咖啡的气味一般来说则能促使思路的清晰和注意力的高度集中。

（3）新中国成立后，老百姓热爱北京，爱国卫生运动搞得好。到了我去北京上大学的时候，北京的确很漂亮。漂亮归漂亮，只是北京的胡同小巷，味儿依然很浓。一是厕所味。那时北京比现在还缺水，胡同里的厕所都是"旱厕"，没有水冲洗，要靠全国劳模时传祥和他的工友们背着粪斗子，拿着粪勺子来掏。那时我们受的教育"没有大粪臭，哪来五谷香"。臭气再熏人，扛着。谁要捂鼻子，好了，学习会上去检查"资产阶级臭思想"吧！习惯了，也就淡忘了。再有一个味，就是家家户户烟筒里的蜂窝煤烟味。别小瞧蜂窝煤，要北京户口凭票供应。气味是大了点，但不烧它，吃饭不？冬天取暖不？除了上面两种主旋律的味道外，冬天家家菜堆里散出来的白菜帮子味，夏天处处菜摊飘散的烂番茄味，这些气味，对于我这个外地考进北京的大学生来说，让我羡慕，那是北京人"丰衣足食"的证据啊！

4. 味觉

（1）酸酸的葡萄、甜甜的西瓜、苦苦的中药、辣辣的火锅、咸咸的腌肉、涩涩的柿子、辛辛的老姜、鲜鲜的鱼汤、香香的芝麻、腥腥的绿藻……看着这些词语，各种味道就在舌尖、舌侧、舌根、舌面间游荡。

（2）放入口中，细嚼慢咽，我立马感到有一股陌生的逼人的味道像一堆熊熊烈火，直逼喉咙，刺激着我的舌根，我只能利用冰镇的饮料来缓解口中的难以估量的"痛苦"，可火势并没有减弱，反而蔓延到耳根，把我折磨得死去活来，逼出了眼泪，我又是漱口又是吐，那股味道真是无法形容。我不知道我是如何挺过去的，过了一会儿，火势终于减缓，"折煞我也！"

（3）浓郁的咖喱味道完美地融合在食材中，吃一口，那浓郁又带着椰奶香味的咖喱在嘴里爆炸，瞬间整个人犹如浸润在咖喱的世界中，古老的印度仿佛浮现眼前，特有的亚热带风光也随着咖喱的香味浮现在我的脑海中……

5. 触觉

（1）猎人带着我折来许多枞树枝。他把两个火堆移开，在烤热的地面上铺上枞树枝，铺了厚厚的一层。热气透上来，暖烘烘的，我们睡得很舒服，跟睡在炕上一个样。

293

（2）当温热的肉体一接触冰冷的水时，它的感觉并不是冷，恰恰相反，倒像被火燎一下或是感到一把烧热的刀子在全身狠狠一刮，这个感觉倏地一过，那种透骨的凉意才刷地一下浸过来；紧接着像有千万支冰针穿皮肉而进，在骨头上啮着、锯着、钻着。

（3）踏在软绵绵的沙滩上，闭着眼睛任柔暖的阳光洒落周身，清风拂面，丝丝阵阵，像触碰着你的绒毛小刷一样在那里不时拂动，像抚摸着你的恋人的纤纤玉手一般在那里温柔划过。

6. 动觉

（1）她把一叠馄饨皮儿都拿在左手心里，右手用筷子头挑一点馅儿，往皮儿里一裹，然后左一捏，右一捏，一只馄饨在她手中"诞生"了。

（2）老人收起磨刀石，放到独轮车上，跟我道了别，推起小车走了几步，又停下，弯腰从路边掐了枝野菊花，插到车上，才又推着车慢慢走了，一直走进火红的霞光里去。

（3）她闭上了眼睛，深吸了一口气，睁眼凝神，大步流星地迈上了台，一个抱拳礼，顿时场内掌声响了起来；我看着她的有些紧张，却充满自信的样子，情不自禁地一边鼓掌，大声地叫着她的名字，渐渐地，掌声停了下来。她双脚开立，双手抬了起来，缓缓地落了下来，静如处子，身体虽然放松，却能感觉到这平静的背后蕴藏的无比的自信；忽然她大喝一声，双臂有如分水之势，虎虎生威！ 双拳紧握于腰间，气沉丹田。接着，她左手从腰间冲拳而出，转马步为弓步，紧接着，顺势一个照面直踢，身轻如燕，腾空再踢，落下时竖叉着地，双臂侧平举立掌。台下被她的动作引爆了，人们禁不住拍手叫好，欢呼着。我清楚地看到她的脸上，豆大的汗珠往下直落，嘴角却轻轻地上扬，自信地笑了起来。紧接着，她力发腰间，一窜，站起了身形，一个乌龙盘打，起身，又接一个旋子，扑步着地，手引身形，虚步亮相，前手掌，后手钩，然后她松了一口气，接下来的动作好比行云流水一般，赚足了眼球的她瞬间有了无比的自信，不知道是不是我的错觉，她的动作仿佛比训练的时候更加流畅！ 我已经被她的如水墨画一般的动作彻底征服了，我相信，那些评委们和我一样，根本来不及赞叹她，而是完完全全地陶醉在了她的表演中。随着她的收势，又一个四方抱拳礼，台下的掌声如雷鸣般地响了起来。

7. 画面

（1）一阵台风袭过，一只孤单的小鸟无家可归，落在被卷到海里的木板上，乘流而下，姗姗而来，缓缓漂来，那个优雅劲儿，真是太妙了！

忽然，小鸟张开翅膀，在人们头顶盘旋了几圈，"噗啦"一声落到了船上。许是累了？ 还是发现了"新大陆"？ 水手撵它，它不走，抓它，它乖乖地落在掌心，可爱的小鸟和善良的水手结成了朋友。瞧，它多美丽！ 娇巧的小嘴，啄理着绿色的羽毛，鸭子样的扁脚，呈现出春草的鹅黄。水手把它带到舱里，给它"搭铺"，让它在船上安家落户。每天，把分到的一塑料桶淡水匀给它喝，把从祖国带来的鲜美的鱼肉分给它吃。天长日久，小鸟和水手的感情日趋深厚。清晨，当第一束阳光射进舷窗时，它便敞开关丽的歌喉，唱啊唱，嘤嘤有韵，宛如春水淙淙。人类给它生命，它毫不悭吝地把自己的艺术青春献给了哺育它的人。

（2）我看见过波澜壮阔的大海，玩赏过水平如镜的西湖，却从没看见过漓江这样的水。

漓江的水真静啊,静得让你感觉不到它在流动;漓江的水真清啊,清得可以看见江底的沙石;漓江的水真绿啊,绿得仿佛那是一块无瑕的翡翠。船桨激起的微波扩散出一道道水纹,才让你感觉到船在前进,岸在后移。

我攀登过峰峦雄伟的泰山,游览过红叶似火的香山,却从没看见过桂林这一带的山,桂林的山真奇啊,一座座拔地而起,各不相连,像老人,像巨象,像骆驼,奇峰罗列,形态万千;桂林的山真秀啊,像翠绿的屏障,像新生的竹笋,色彩明丽,倒映水中;桂林的山真险啊,危峰兀立,怪石嶙峋,好像一不小心就会栽倒下来。

这样的山围绕着这样的水,这样的水倒映着这样的山,再加上空中云雾迷蒙,山间绿树红花,江上竹筏小舟,让你感到像是走进了连绵不断的画卷,真是"舟行碧波上,人在画中游"。

(3)夕阳照在小湖上,没有什么风,平静的湖面像一面镜子。岸边有几棵垂柳,垂柳那边是一望无垠的稻田。几只又窄又长的渔船浮在湖面上。近处的那只船上,有个渔人正坐在船尾悠然地吸着烟。十来只灰黑色的鸬鹚站在船舷上,好像列队的士兵在等待命令。

渔人站起来,拿竹篙向船舷一抹,鸬鹚就都扑着翅膀钻进水里去了。湖面立刻失去了平静,荡起一圈圈粼粼的波纹,无数浪花在夕阳的柔光中跳跃。

不多一会儿,就有鸬鹚钻出水面,扑着翅膀跳上渔船,喉囊鼓鼓的。渔人一把抓住它的脖子,把吞进喉囊的鱼挤了出来,又把它甩进水里。

鸬鹚不断地跳上渔船,渔人都要忙不过来了。

等到岸上炊烟四起,渔人就不再赶鸬鹚下水了,让它们停在船舷上。他从舱里拣些小鱼,一条条抛给鸬鹚吃。鸬鹚张开长长的嘴巴,接住抛来的鱼,一口吞了下去。

鸬鹚吃饱了,又像士兵似的,整齐地站在船舷上。渔人就荡起桨,划着小船回去了。

天色逐渐暗下去,湖面恢复了平静,只留下一条闪闪的水痕。

(三)感知情感状态激活

1. 喜

(1)这天很晚了,我躺在床上久久不能入睡,耳畔仿佛还有优美的乐曲在响,我尽情地享受这甜,这美,心里乐融融一片,我生平第一次陶醉在音乐之中了……

(2)我高举起双手,张大嘴巴,狠狠地吸了一口春天里新鲜而又芳香的空气。我觉得自己飘起来了,飘上了蔚蓝色的天空。心里那股子乐劲哟,真不知该怎么形容了!

(3)他拿起语文卷子,翻开一看97分,正是刚才老师所说的全班第一名。他高兴地从位子上蹦了起来,把桌子上的书顺手抛上了天空,嘴里大声喊着:"哇,97分。"坐回到座位上,湿润的眼睛漾出了晶莹的泪珠,这不是沮丧的泪珠,而是激动的泪珠。他擦干了眼泪,看着卷子,同时也轻轻地摆了摆头。

2. 怒

(1)天气有些闷热,张小姐在树下走来走去,又等了好一会儿,小王才气喘吁吁得跑了过来,张小姐见了小王,朝小王白了一眼,别过身子去,微嗔道:"人家都等你半天了,你怎么才来呀?"

(2)老板顿时破口大骂:"你这个笨手笨脚的小兔崽子! 没有父亲的野种! 还不快赶紧给我收拾咯,信不信我明天就将你赶出我的商铺!"然后骂骂咧咧地继续往里屋走去,可怜的小伊万眼中蓄满了泪水,走出了房间。

(3)罗秀兰认出了他,气得嗓子眼儿里像噎着一团冒烟的棉花。面色赤红的罗秀兰,一把上前抓住那小偷,破口大骂:"终于逮到了你个挨千刀的贼! 你连畜生都不如! 该天打雷劈不得好死啊!"罗秀兰因为太过激动连声音都在发颤。

3. 哀

(1)谁又能想到,时间竟然是那样的短暂,我曾无数次想过阴阳相隔的场面,可是,如此出现在我的眼前,才知道,我竟是这样不知所措。总是认为时光漫漫,陪伴的日子还很漫长,可是当您躺在那冰冷的灵柩中时,我才痛恨我的不珍惜,您走了,或许是那样的安详,可是,我却无法平静,因为,您是我最挚爱的亲人。

(2)冷风还在一个劲儿地往衣服里钻,时停时续的雪依旧轻盈地舞着,街道两边没有旁人,只我一个在雪地里踟蹰,想哭出来,哪怕嘶喊着,喊破嗓子,可是一滴眼泪也没有,深沉的呼吸和着凝重的脚步,就这样走着,走着……想扑倒在皑皑生辉的雪地里,隆起不起眼的一座雪冢,没有雪化之时,只有记忆的长眠、情感的冰存……一时间,所有的事物似乎都变成了大大小小的雪冢,方才一滴也多的泪水,这时夺眶奔涌,是酸楚,是悔惋,是时光的回放,是彻心的诉问,是无语言表的痛。熟悉的街道俨然一条寂静的死谷,谷中小小的我蜷伏,空守天地一片白。

(3)他说不下去了,一种又苦、又辣、又像火一样的烫人的气体郁结了他的喉头,他的声音呜咽了,泪水哗哗的涌流到他的脸上。他觉得自己掉下了一个万丈深渊里,黑暗像高山压着他,像大海淹没他,话也说不出来,气也透不过来,世界上没有任何一种痛苦能够和他此刻所感觉的痛苦相比。这种痛苦是那样锐利,那样深刻,又是那样复杂,那样沉重。

4. 惧

(1)怎么办? 老张在屋子里来回踱步,如果老婆回来知道这事儿,那还不得闹翻天? 老张又默默点燃一支烟,这时的他心中如同扎了一根刺,既忧虑又害怕。

(2)张小帅惊怒地瞪着那些高年级的学生,身体因为害怕而微微有些发抖,但是却又不能任他们施为,心中涌出的正义感迫使张小帅站了出来,略带颤音地吼道:"你们在干什么?!"

(3)月亮孤零零地盘旋在学校上空,光线暗淡。李有财使劲咽了咽唾沫,先打量了四周,然后看着被自己失手杀死的张老师,心中一阵惊惧,仿佛被无形的大手捏紧了心脏。鼻尖和额头密密麻麻全是汗珠,豆大的汗珠顺着他的脸颊留下来他自己都不知道,杀人可是要偿命的啊。刘有财想赶紧逃,但是发现自己打颤的双腿根本不听自己使唤。

5. 爱

(1)我望着四周美丽的环境,心都要醉了。此刻的我,就想抛开一切,在这世外桃源结庐而居,因为我实在是太喜爱这里了。这里的一山,一水,一花,一木都让我深深迷恋。

(2)老王新淘了个物件儿,那可是不得了,据说是清初摄政王多尔衮曾戴过的玉扳指。老王这玉扳指一到手可就取不下来了,半天就把玩个三五回,吃饭睡觉上厕所都得带着,生怕丢咯,这扳指也就成了老王的掌中宝、心头肉。

(3)有一位十九岁的女学生曾写过这样一首诗:"不管母亲多么贫穷困苦,儿女对她的爱也不含糊,我只喊一声'祖国万岁',更强烈的爱便涌现在那感情深处,因为,我爱我的祖国!"

6. 恨

(1)芝芳真是恨蔡建恨得牙痒痒,白了蔡建一眼说道:"你以为这事儿就算完啦? 我告诉你,没门儿! 害我损失了一天的生意,还倒贴了八十两银子,我明儿个得找你老板好好儿谈谈,哼!"芝芳说罢头也不回地走了,蔡建只好唯唯诺诺地一直跟在后面赔不是。

(2)大夫人坐在堂屋里,咬牙切齿地说道:"真不知道那狐狸精有什么好的,竟然把老爷迷得神魂颠倒! 哼哼,这臭娘们,但凡只要是被我抓到把柄,看我不把你收拾得求生不得,求死不能!"

(3)张大爷悲痛地对郭明里说道:"你父亲,你母亲,还有你三岁的妹妹,都是死在日本人手里的,就在昨天,鬼子突然就进了你们村子,一路烧杀抢掠,不留活口,幸好你出去打猎了,不然……"郭明里听了之后两眼含泪,双目赤红,充满了血丝,一口牙齿几乎都快被咬碎了,双拳紧握,手指关节都泛白了。

7. 怜

(1)那是一只小小的流浪猫,已经很久没有找到食物了,此刻正躲在窗台上避雨,雨水顺着窗檐如断线的珍珠般不断往下落。小流浪猫黯淡无光的双目怔怔地望着大雨,不知道何去何从,转过身来,舔了舔腿上被划伤的伤口,孤独,而又无依无助。

(2)还记得上个月遇到的一个老年乞者,他的身上只有一件足可以遮挡身体的破衣裳,手里拿着一个破碗,头上有个破帽子,苍白而稀疏的白发从缝隙间隐隐约约的漏出来,浑身颤抖着,蜷缩在墙角,与这深冬的深蓝天空极为不符。

(3)当生活的节奏和情感的脉动都成为一种惯性且习以为常时,是非常可怕的事情。而当人们把这种习惯注解为平平淡淡才是真时,神秘和惊喜早已不再是生活的应有之义了。优美的狐步不过是丑陋欲念的重复,玫瑰的香味不再能承载怦然悸动的心跳。远离了新鲜的感触,已然忘却了什么是邂逅,好似囚禁在笼中的小鸟,不再有飞翔的梦呓。

（四）感知语气意图揣摩

1.陈述句

陈述句用来述说一件事情,全句语调平直,句末语调略低,简单句的陈述句句末书面上用句号,复杂句的陈述句句内各小分句后用逗号或分号,常用"的、了、吧、呢、嘛、是了、啊"等语气词,表达上有细微差别。陈述句是思维的最一般的表现形式,也是表达语义使用最为广泛的一种句子。

(1)女人是形式逻辑的典范,辩证逻辑的障碍,我无意摧残女人,也不想被女人摧残。

(2)股票的暴利并不产生于生产经营,而是产生于股票市场本身的投机性。它的运作动力是:把你口袋里的钱装到我口袋里去。它的规则是:把大多数羊的肉填到极少数狼的嘴里。

(3)人有三样东西是无法隐瞒的,咳嗽、穷困和爱,你想隐瞒却欲盖弥彰;人有三样东西是不该挥霍的,身体、金钱和爱,你想挥霍却得不偿失;人有三样东西是无法挽留的,时间、生命和爱,你想挽留却渐行渐远;人有三样东西是不该回忆的,灾难、死亡和爱,你想回忆却苦不堪言。

(4)曾经在某一瞬间,我们都以为自己长大了。但是有一天,我们终于发现,长大的含义除了欲望,还有勇气、责任、坚强以及某种必须的牺牲。在生活面前我们还都是孩子,其实我们从未长大,还不懂爱和被爱。

(5)很多时候,爱上一部电影不是因为镜头里的俊男靓女,不是因为情节的跌宕起伏,只是有那么一句话,在主人公说出口的那一刻,击中了心底最柔软的部分……

2.疑问句

疑问句用来提出问题,大多用升调,句末用问号。分为有疑而问、无疑而问和猜度疑问。

(1)有疑而问。

①是非问。陈述句加疑问语调或兼用语气词"吗""吧"等构成,一般是对整个命题的疑问,回答也是对整个命题的简单的肯定和否定。

A.你明天会来吗?他也跟你一起过来?

B.这件事你知道吧?你真的不管?

C.敢问长老在吗?晚生可以进来吗?

D.你的生存状态不是病态,用佛教的话说是自性,无所挂碍,是自在。自在是什么?就是解脱。

E.接下来,我所知道的就是,他紧紧握住我的手,与我深情对视。我的心跳停止了。就要来了吗?我的初吻就要来了吗?

②特指问。用疑问代词(如"谁、什么、怎样"等)和由它组成的短语("为什么、什么事、做什么、怎么做"等)来表明疑问点,说话者希望对方就疑问点作出答复,句子往往用升调。

A. 今天谁发的通知？你们怎么不去图书馆呢？

B. 什么事不能好好儿地商量？

C. 我老想，脑袋自个儿就会转，一想到你，心就会怦怦地跳，根本控制不住，你要是没离开我吧，我还真不知道自己能这么想你，你又是第一个离开我的人。你为什么会离开我呢？

D. 不知道从什么时候开始，在什么东西上面都有个日期，秋刀鱼会过期，肉罐头会过期，连保鲜纸都会过期，我开始怀疑，在这个世界上，还有什么东西是不会过期的？

E. 夏琳：我们去哪儿？

陆涛：管他去哪儿！

夏琳：前面是什么地方？

陆涛：管他什么地方！

夏琳：我们去干什么啊？

陆涛：这些都不重要！

夏琳：那什么重要啊？

陆涛：和你在一起，就是和你在一起。

③选择问。用两个或两个以上分句提出不止一种看法供对方选择，用"是、还是"连接分句。常用语气词"呢、啊"，不用"吗"。

A. 诶，你们说，是早上锻炼好，还是下午锻炼好？

B. "人生本就是苦还是只有童年苦？""生命就是如此。"

C. 先生您好，请问是要咖啡还是可乐？

D. 你是喝杜松子酒，还是威士忌酒，还是啤酒？

E. 什么时候"月评"？这周星期三还是星期四，还是下周的星期三或是星期四啊？

④正反问。由谓语动词的肯定形式和否定形式并列构成。a. V 不 V（来不来）；b. V 不（来不）；c. 全句+V 不 V。常用语气词"呢、啊"。

A. 昨天玩得高兴不高兴？

B. 你买的东西便宜不？

C. 你根本就没看过书，是不是？

D. 那个人老实不老实？有没有结过婚？

E. 我不再要那一击即碎的自尊，我的自信也全部是空穴来风，我能让你看到我现在有多卑微，你能不能原谅我？

（2）无疑而问。也叫反问句（反诘问句），不要求回答，也有是非问、特指问、选择问、正反问四种形式，是非问和特指问用得多，选择问和正反问用得少。

①走到近处，看到那数不尽的青松白桦，谁能不向四面八方望一望呢？

②《圣经》的教义如果不能经受逻辑学的检验，可能在实践上就会存在障碍。如果经受了逻辑学的检验，那表明神的思维即是人的思维，就会否定神性。换一种说法，神性如果附加上人性的期望值，神性就打了折扣。然而神性如果失去了人性的期望值，那么人还需要神吗？

③朋友说："我如果对美女不感兴趣，那不是有病吗？"丁元英反问道："你对美女感兴

趣,难道就不是有病吗?"朋友说:"那我就控制自己不接近美女。"丁元英又说:"你用一个念头压制另一个念头,就又多了一个念头,而多了一个念头,就多一个烦恼,不是吗?"

④宫中那么多的美人,可结果没一个好下场,都是开头美好,结局潦倒,旧人总是被新人代替,男人因为美貌爱你,就会因为美貌爱别人,美女是一茬又一茬,你总不能象割韭菜一样把她们都割掉吧?

(3)猜度而问。常是带语气词"吧"的表猜测的疑问句。

①你今天没吃饭吧?

②刚才是你找我吧?

③我好像跟你说过那件事情吧?

④"莫不是步摇得宝髻玲珑,莫不是裙拖得环佩叮咚,莫不是风吹铁马檐前动,莫不是那梵王宫殿夜鸣钟?"

⑤这隆隆的轰鸣,是风雪中的雷声么?余新江暗自猜想着:在这隆冬季节,不该出现雷鸣啊! 难道是敌人爆破工厂,毁灭山城么?

3. 感叹

感叹句是表示某种感情,结构与陈述句相同,用降调,句末用感叹号。句首常用"哎、咦、哈哈、哎呀"等叹词,句末常用语气词"啊"及"啊"的变音(哪、呀)等。

(1)张老师对小朋友们说道:"我们应该爱惜每一粒米,农民伯伯是多么辛苦哇!"

(2)我闭着眼睛,深吸了一口气,已经沉醉在了庐山的山光水色之间,由衷感叹道:"庐山,你可真美呀!"

(3)你以为我穷、不漂亮,就没有感情吗? 如果上帝赐予我美貌和财富,我也会让你难于离开我! 就像我现在难于离开你一样!

(4)不行! 说的是一辈子! 差一年、一个月、一天、一个时辰,都不算一辈子!

(5)严守一的旧情人武月突然打电话来,对方火气挺大,由于"新欢"沈雪在身边,严守一怕武月说下去不知轻重便装傻,便扯着喉咙喊:"啊……说话呀,听不见! ……你大声点! ……我说话你能听见吗? ……信号不好啊! ……我在火车上,回老家! ……"

4. 祈使

祈使句表示命令、禁止、警告、请求、劝诫、叮嘱、催促、建议等,一般用降调。

(1)一般祈使句。

①快下雨了,咱们得抓紧时间哪!

②老王深吸了一口烟,吐出一个烟圈,这时,工作人员快步走到老王面前,严肃地说道:"先生,请不要在这里吸烟!"

③沈经理在房间里来回踱着步子,想着到底要不要给这个桀骜不驯,但是又才华横溢的年轻人一个工作的机会呢? 然后,猛地抬起头对助理说:"去把门打开,让他进来!"

④这时大火已经蔓延到了四楼楼,冒出滚滚黑烟,消防队员小吴第一次执行任务,站在

楼下已经看傻了眼,跑过身边的消防队队长见了,扯了一把小吴,吼道:"快!快去救火啊!"

(2)疑问表祈使。

①这么晚了,你怎么还在这里?

②她不来了,你还站在这里等什么?

③病人在休息,你们是不是安静些?

④窗户就这么开着,没有蚊子进来吗?

⑤这段路有点黑,我一个人会不会不安全啊?

5.弦外音潜台词

(1)你是一块玉,但我不是匠人,接受你,就接受了一种高度,我没有这个自信。

(2)英国作家萧伯纳长得很瘦。在一次酒会上,有位肥胖的富翁想取笑萧伯纳,说:"啊!亲爱的萧伯纳先生,当人们一看到你,就知道世界上正在闹粮荒。"

(3)晴天带雨伞,耳朵塞棉花,把脸也躲藏在竖起的大衣领里。他要把一切一切都装进"套子"里,他本身也是一个"套中人"。

(4)你看这火苗,由于对风的威力过于敏感而拼命燃烧,结果呢?这样做只能加快自己灭亡的速度,成为一则风所讲述的最得意的笑话。

(5)鲁侍萍(大哭):"哦,这真是一群强盗!(走至周萍面前)你是萍……凭—凭什么打我的儿子?"

▶第十二章
神形一体声传情

一、情、气、声综合协调的重要性

1. 情、气、声结合的定义

情、气、声三者的结合是有声语言艺术表达的一般化状态，往往体现为什么样的情感基调辅之以什么样的气息状态呈现出什么样的声音形态，三者协调配合。

2. 情、气、声结合的目的

弄清并处理好情声气三者的关系，在有声语言艺术表达过程中有效实现三者的结合，遵循感情为本原，以真挚的情感来引导气息的运用并形成适切的声音形式，努力使声音与思想感情相吻合，密切结合表达的需要，最终达到声情并茂。

3. 情、气、声结合的作用

有声语言艺术表达要"神形兼备"，"神"就是情，"形"就是由气息支撑给予而来的声音形态的变化。片面强调"神"必然导致"魂不附体"，片面追求"形"，必然导致"体不纳魂"。所以，声音创作离不开情、气、声三者的结合，虽然这三者各有要求，但重点应该是它们的内在联系，只有重视它们的内在联系才能更好地处理它们之间的关系，从而使三者结合，有效地提高声音创作的质量。

二、播音表达对情、气、声的要求

(一)播音表达创作中的情

1.内涵

情,指的是在播音表达过程中,播讲人员服务于播讲目的,由具体稿件或话题引开,并由有声语言表达出来,始终运动着的情感。情是我们进行有声语言艺术表达创作的依据。

2.要求

丰富、准确、调动迅速。

(二)播音表达创作中的气

1.内涵

气,指的是在播音表达过程中,为使有声语言传情达意,播讲人员使用胸腹联合式呼吸法所获得的控制自如的发声动力。

2.要求

稳定、持久、自如,服务于稿件、主题、情境。

(三)播音表达创作中的声

1.内涵

声,指的是播音员依据稿件或话题,使用发声器官,运用播音技巧所发出的表达思想感情,包容大量信息,并通过电声设备进行传播,经过科学训练的规范化、艺术化的有声语言。

2.要求

规范化、科学化、艺术化的声音,传情达意准确,形象特色鲜活。

(四)情、气、声结合的综合要求

情、气、声结合的综合要求是"情取其高,声取其中,气取其深,以期达到字正腔圆、清晰持久、刚柔并济、声情并茂的境地"。

"情取其高",即情是最为丰富,并能随时调动起来的思想感情。就具体播音表达创作来说,情来自于对具体播讲稿件或具体话题的体会和把握,通过对稿件中人物、场景、环境、人物语言以及所发生的事情的文字阅读,理解体会稿件中的感受和态度。熟悉掌握后驾驭整个稿件的感情基调,见字生情,以真实的情感呼之于口,行之于声。

"声取其中",即声在播音表达创作中多取中声区,以达到不挤不捏,清晰持久的目的。要有通透且具有感染力的声音,并能够充分表达各类题材中不同稿件所确定的不同层次、不同色彩的情感,能清晰明确地传递稿件所载有的所有信息,并具有各自声音形象特点。

"气取其深",即气要有"稳劲、持久、自如"的有力支撑,能符合播音员主持人等进行播音表达创作的要求,有一定力度,呼吸控制自如,完美地配合发声。

三、播音表达情、气、声的获取

(一)情的获取——加强修养敏于感受

情的获取应该不断拓展提升自己,努力沉淀丰满自己。情感来自于播讲人员对生活的体会和感知。在生活里,播讲人员应该养成多思考、多发现、多倾听的习惯,从别人的感受中寻找情感基点,继而升华成自己的感受。且要聆听和观摩名家的作品,从他们的经典作品中感悟情感的把握。播音表达专业创作是一种综合素质的体现,包括气质修养、文学修养、声音技巧、社会修养等。只有方方面面都获得了提高,才能更好地找到情感的"气场"。

(二)气的获取——加强运动勤于练习

在播音表达创作中,气息控制是这项业务的基本功。播音正确的呼吸方法是胸腹联合式呼吸法。它的优势是持久、稳健、自如、一吸到底、进气无声、收发自如。播讲人员正确的做法是小腹微收,两肋打开,气沉丹田。多做有氧运动对于加强气息,增强肺活量都有很大的帮助,同时还要系统性地进行呼吸控制训练,掌握胸腹联合式呼吸法的训练技巧,勤于练习。

(三)声的获取——加强控制乐于调整

播讲等从事有声语言艺术表达的人员应该具有通透自然又富于感染力的声音。通透的声音,在共鸣训练中我们讲过,整个声音从腰部发起,到达口腔,这一过程是通畅的,没有阻碍的。在通畅发音时,胸和喉部仿佛有一根通畅的"管子"到达口腔的感觉,这样,有良好的口部控制,而"管子"本身也通畅不紧张,加上良好的气息控制获得通透的声音。富有感染力的声音指要有不错的"声音魅力",即我们在共鸣控制中所提到的各腔体所形成的声音共鸣,一张嘴声音就是富有质感的,充满魅力和感染力的。通透和有共鸣的声音需要我们有很强的发声控制力,而在好声音的基础上我们又应该用声音服务于播音表达创作,根据具体创作作出相应调整。

四、播音表达情、气、声的关系

情	气	声
内涵、依托	基础、动力	形式、载体
内在	桥梁、纽带	外在
神	形	
情是主导,是由思想感情的运动指导着气息的运动,并且组织发声器官的协同动作发出表情达意的声音来。气随情动,声随情走,气生于情而融于声。		

五、播音表达情、气、声的处理

(一)情气声处理的常态——统一协调

在正确处理情、气、声关系时,我们要遵循这样一个原则:以情带声、以声传情、以情运气,气随情动、声随情变、声情并茂,情真意切、传情达意,要坚持声音为稿件内容服务的原则。

声音的灵魂是感情,感情来源于具体的稿件,稿件中思想感情的运动又直接引起气息的起伏跌宕。使声音的色彩能够随内容的需要而变化,使气息的运动能随思想感情的变化而起伏,前人在播音表达创作实践中总结了10条经验供大家在用气发声训练中学习参考。

(1)播送内容坚定昂扬的稿件时,要求声音高昂、响亮、吐字饱满、铿锵有力,气息深厚、扎实。

(2)播送内容粗犷、豪放、有气魄的稿件时,要求声音偏刚、开阔、口腔开度大,咬字力度强,气息深足,有控制。

(3)播送内容活跃、欢乐的稿件时,要求使用偏高、提前的声音,口腔较松弛,字音弹发快而饱满,气息运用灵活。

(4)播送内容清新、舒展的稿件时,要求使用偏小音量,声音柔和,吐字清晰、干净、颗粒性强,气息深而长,气流徐缓。

(5)播送内容紧张、节奏较快的稿件时,要求声音有高、低、松、紧、大、小、厚、薄的变化,口腔控制灵活利索,多利用句中顿挫,气息随声音顿挫活动,促而不浮,吐字音节短而不滚,做到内容清楚,紧而不乱。

(6)播送内容令人悲哀沉痛的稿件时,要求声音低、暗、偏沉,咬字迟滞,气息沉缓,时而断续。

（7）播送内容凄楚、忧伤的稿件时，要求使用较低暗音色，字伴着叹息发出，伴有句中顿挫和句间停歇等。

（8）播送内容义正词严的谴责与批评的稿件时，要求声音宽厚、高亢、明朗，字音饱满、有力，气息扎实、沉稳。

（9）播送内容具有较强讽刺性的稿件时，要求声音偏高、偏前、偏紧，有明显变化，口腔牙关开度小，咬字动作有所夸张，气息时而上提、不浮。

（10）播送内容同涉及不同人物及他们对话的稿件时，要求根据人物的性别、年龄及不同的性格加以区别用声。就一般而言，小孩的声音偏高、明亮，字偏前，气浮浅；中、青年的声音较结实、响亮，吐字快而有力，气息扎实、沉稳；老人的声音偏低、暗，字音偏后，气散，时而颤抖，或提或沉。

以上只就一般规律而言，还可以分为更细的形象，比如小孩子还有男孩、女孩之分；中青年也有男、女之分；老人也有大爷、大娘、爷爷、奶奶之分等。总而言之，播音员在学习和运用情、气、声的过程中，一定注意在理解稿件具体感受的基础上下功夫，还要善于分析自己的现状，及时提出新的努力目标，不断培养把握和运用情气声的能力。

（二）情、气、声处理的非常态——疏散分离[①]

在播音表达情、气、声的处理中，我们论述了情、气、声稿件常态下的处理习惯，即一般情况下，情、气、声是统一的、同一的、结合的、协调的，如快乐则歌，悲伤则泣，愤怒则斥，崇敬则赞，这都是自然而然的，是有声语言对情感的直接表现。

然而，情、声、气的处理也时有"离散"：用不同于寻常的甚至完全相反的声、气表现形式来表达相同甚至更为饱满的情感，如喜极而泣、怒极反笑等。例如，齐越先生播讲《大地的儿子》，开篇有一段《周恩来总理逝世讣告》。虽然播音中并无啜泣之声，但从那微微颤抖的声音，那使人屏住呼吸的低缓的语调，以及那静静的、超出常规的停顿中，播音员内心巨大痛苦的感情波涛却猛烈地撞击着听众的心，一下子把听众带回那令人心碎的岁月。著名导演、戏剧理论家焦菊隐，讲过这样一件事：有位母亲失去了儿子，呼天抢地悲痛不已，周围的人们并不清楚她何以如此伤心，只是劝她注意身体。但当她竭力屏住气息，止住哭泣，以非常低沉缓慢的声音回忆自己和儿子的身世时，人们却感受到了她内心痛不欲生的感情，纷纷落泪。上述例子可以看出，情感是一样的情感，声、气可以喷发释放，情、声、气可以同一统一，但齐越包括那位母亲最后却用极为收敛的声音和气息表达了那样激烈悲痛的感情。

大象无形，大音希声，情、声、气内容和形式上的"离散"深深打动着听众，形成了"紧拉慢唱"的辩证统一。情、声、气的"离散"并非为了与同一统一对立，表面上的"离散"，却在更高的层面实现了另一种形式的统一同一。

---

① 于春.大象无形　大音希声——略谈情气声的"分离"[J].现代传播,2002(4).

情、气、声结合综合练习

练习提示：在情、气、声结合的感受和练习过程中，注意仔细体会不同情感样态所带动的气息状态与声音形态的协同关系，整体关联，以及由其带来的动觉、听觉和视觉状态回馈的不同。注意情感真淳饱满，气息稳定自如，声音张弛有度，做到以情运气，以气托声，以声传情，声情并茂。

一、基础感受练习

气徐声柔温和的感觉爱的感情
气促声硬挤压的感觉憎的感情
气沉声缓迟滞的感觉悲的感情
气满声高跳跃的感觉喜的感情
气提声凝紧缩的感觉惧的感情
气短声促紧迫的感觉急的感情
气粗声重震动的感觉怒的感情
气细声粘踌躇的感觉疑的感情
气少声平沉着的感觉稳的感情
气多声撒烦躁的感觉焦的感情

二、情感基调练习

1. 清新舒展

（1）哗啦啦的春幡吹卷声中，大地上一切都惊醒了。昆仑山，连绵不断的万丈高峰，载着峨峨的冰雪，插入青天。热海般的春气围绕着它，温暖着它，它微笑地起身了，身上的雪衣抖开了，融化了。亿万粒的冰珠松解成万丈的洪流，大声地欢笑着，跳下高耸的危崖，奔涌而下。它流入黄河，流入长江，流入银网般的大大小小的江河。在那里，早有亿万个等得不耐烦的、包着头或是穿着工作服的男女老幼，揎拳掳袖满面春风地在迎接着，把它带到清浅的水库里、水渠里，带到干渴的无边的大地里。

（2）　　　**春天——春意盎然、生机勃勃**
春天，大地从寒冬里苏醒复活过来，被人们砍割过陈旧了的草木桩上，又野性茁壮地抽出了嫩芽。不用人工修培，他们就在风吹雨浇和阳光的抚照下，生长起来。这时，遍野是望不到边的绿海，衬托着红的、白的、黄的、紫的，种种野花卉，一阵潮润的微风吹来，那浓郁的花粉青草气息，直向人心里钻。无论谁，都会把嘴长大，深深地向里呼吸，像痛饮甘露似的感到陶醉、清爽。

(3)
初夏——春水刚走,夏虫已鸣

清风吹过记忆的风铃,发出阵阵翠吟,灵动的乐曲柔柔的奏着。湖畔有一倩影,只见清风轻拂她纤细的长发,青丝在风中飘扬,落在手心的那一抹娇花,散出淡淡的清香,随风舞动。最后不情愿地落在湖面,激荡起层层涟漪,缓缓地游向远方。水与花相携,没有相约,只是相遇,没有言传,只是相惜。花的妩媚和水的柔情。在这个季节美到极致,遥看花瓣渐行渐远,竟有些许的陶醉。

树上的蝉鸣鸟叫惊醒恍惚中的人。路旁梧桐树上的新绿和似少女般嘴唇的火红五月,在如此迷人的景色,人似乎变得如此的苍白。蔚蓝的天空,白云漫步,有时嬉笑,有时安静。

2. 明亮高亢

(1)百年奥运梦,今夜终成真。2008年8月8日晚,举世瞩目的北京第二十九届奥林匹克运动会开幕式在国家体育场隆重举行。国家主席胡锦涛出席开幕式并宣布本届奥运会开幕。具有两千多年历史的奥林匹克运动与五千多年传承的灿烂中华文化交相辉映,共同谱写人类文明气势恢弘的新篇章。

(2)
大会报告结束语

同志们,从21世纪20年代起,几十年来,中国共产主义的先驱者们,中国人民数以百万的光荣革命烈士和革命战士,流血牺牲,英勇奋斗,奠定了今天中国的局面。在新的时期中,让我们继承先烈的遗志,在辽阔的祖国大地上,干出一番前人没有做过的伟大事业吧!

(3)
运动会开幕词

体育力量角逐,体育智慧较量,体育美丽展示,体育理想飞扬,在紧张激烈的赛场上希望全校师生要以我国体育健儿为榜样,以饱满激情昂扬斗志和勇于拼搏的信念、团结向上的精神投入到本次运动会中,赛出成绩、赛出水平、赛出风格! 用我们行动去追求更高、更快、更强!

3. 热情赞美

(1)爱中国,可以有一千一万种理由,选一个最浪漫的理由来爱她吧——唐诗生于唐朝,唐朝生于中国,中国拥有世界上独一无二的唐诗。我爱唐诗,更爱中国。

翻开《唐诗三百首》,读一首唐诗,便如拔出了一支锈迹斑驳的古剑。寒光黯黯中,闪烁着一尊尊成败英雄不灭的精魂:死生无畏,气吞山河,金戈铁马梦一场,仰天长啸归去来……都在滚滚大浪中灰飞烟灭。多么豪迈的唐诗啊!

(2)每天在喧闹的车流和人流中我们都会看到环卫工人忙碌的身影。一年365天,是你们风里来雨里去,用汗水换来城区面貌的干净整洁;年复一年,是你们冒着严寒和酷暑,用辛勤的劳动维护着城市的容颜;你们总是默默无闻、无私奉献,你们是最可爱的人,我们赞美环卫工人——可亲可敬的"城市美容师"。

(3)保尔说得好:"人最宝贵的是生命,生命每个人只有一次,人的一生应当这样度过;回忆往事时,他不会因为虚度年华而悔恨,也不会因为生活庸俗而羞愧;临死的时候,他能够说:'我的整个生命和全部精力,都献给了世界上最壮丽的事业——为解放全人类而斗争。'"让我们用这段光彩夺目的话来激励和鞭策自己,成为一个无愧于我们时代的高尚的人。

4. 义正辞严

(1) 中国主权不容侵犯

而今,钓鱼岛问题,很明显的不是简单的岛屿之争,而是日本妄图复活军国主义的一条途径,更是日本百年来的一项重大战略企图。随着钓鱼岛"国有化"的进程,日本政府无赖流氓和强盗的嘴脸暴露无遗,曾经深受其害的中华民族必须保持清醒的头脑,认识到问题的根源。强盗们不得到教训是不会罢手的。作为曾经不可一世的"日本帝国",何曾会放弃其扩张的野心,为了达到其不可告人的目的,任何卑劣的手段他们都会用上。

警告日本,你们的狼子野心中国早已认清,你们的残暴行径中国永远不会忘记! 中国曾经历经磨难,中国人的尊严曾经被你们无情践踏。但如今正在崛起的中华,已经不是20世纪30年代的中国,我们有强大的军队,足以维护和保障自身的发展,任何企图破坏和侵略中国的行为都将遭到强烈的反对和毁灭性的打击! 不仅是中国的主权不受侵犯,中国人的尊严更不容许侵犯!

我们必须清楚的是,日本和周围一些宵小亡我之心不死,我们要时刻警惕日本军国主义的复活,要用事实告诉日本和那些有欺辱中国的企图者,侵略我们的代价只有一条路,那就是灭亡!

(2) "友邦惊诧"论(节选)(鲁迅)

只要略有知觉的人就都知道:这回学生的请愿,是因为日本占据了辽吉,南京政府束手无策,单会去哀求国联,而国联却正和日本是一伙。读书呀,读书呀,不错,学生是应该读书的,但一面也要大人老爷们不至于葬送土地,这才能够安心读书。报上不是说过,东北大学逃散,冯庸大学逃散,日本兵看见学生模样的就枪毙吗? 放下书包来请愿,真是已经可怜之至。不道国民党政府却在十二月十八日通电各地军政当局文里,又加上他们"捣毁机关,阻断交通,殴伤中委,拦劫汽车,攒击路人及公务人员,私逮刑讯,社会秩序,悉被破坏"的罪名,而且指出结果,说是"友邦人士,莫名惊诧,长此以往,国将不国"了!

好个"友邦人士"! 日本帝国主义的兵队强占了辽吉,炮轰机关,他们不惊诧;阻断铁路,追炸客车,捕禁官吏,枪毙人民,他们不惊诧;中国国民党治下的连年内战,空前水灾,卖儿救穷,砍头示众,秘密杀戮,电刑逼供,他们不惊诧。在学生的请愿中有一点纷扰,他们就惊诧了!

好个国民党政府的"友邦人士"! 是些什么东西!

(3) 东京审判(台词节选)

我想请大家一起考虑这个问题:法律是什么? 法律的作用又是什么? 经过两年多的817次漫长的庭审,我们终于认定了他们有罪。可是我们,却一直在讨论文明和宗教! 先生们,这不是大学的教堂,这也不是寺庙,这里是法律的殿堂。我们需要讨论的,是怎么惩罚这些

309

罪犯。我认为，宗教是告诉世人怎样做才能到达天堂。另一方面，法律明确规定了什么事情我们不能做，否则就要受惩罚，就要上断头台，就要上绞刑架，这就是法律。这也是我一直坚持对战犯们使用死刑的原因，除了掠夺别国的资源，扩张自己的领土，日本还杀害了无数无辜的平民。日本军队，抢劫、强奸、放火、杀戮……杀害了无数中国、菲律宾、英国、美国以及其他国家人民的生命！这还不足以被判处死刑吗？如果法律不给日本、不给这些战犯以最严厉的惩罚，谁敢保证日本有一天不会再次挑起战争？谁敢保证日本不会再侵略别的国家？谁敢保证日本军国主义的幽灵不会再次复活？在座哪位先生敢作这样的保证？想说的，该说的，我都说完了。我们可以投票了。为了那些在战争中死难的人，为了让他们瞑目，请各位慎重。因为，他们在看着我们。

5. 低沉悲痛

(1)中国共产党中央委员会、中华人民共和国全国人民代表大会常务委员会、中华人民共和国国务院、中国人民政治协商会议全国委员会、中国共产党和中华人民共和国中央军事委员会极其悲痛地向全党全军全国各族人民通告：我们敬爱的邓小平同志患帕金森病晚期并发肺部感染，因呼吸循环功能衰竭，抢救无效，于一九九七年二月十九日二十一时零八分在北京逝世，享年九十三岁。

邓小平同志是我党我军我国各族人民公认的享有崇高威望的卓越领导人，伟大的马克思主义者，伟大的无产阶级革命家、政治家、军事家、外交家，久经考验的共产主义战士，我国社会主义改革开放和现代化建设的总设计师，建设有中国特色社会主义理论的创立者。

(2)当生命通过一双双手传递流动的时候，我们理解什么叫生命的珍贵。当总理向遗体深深鞠躬的时候，当搜救队员应家属的要求历经十几个小时将遇难者挖出废墟向遇难者默哀，当身边的朋友不仅捐款，还纷纷申请认养地震遗孤的时候，我们真切地感受到，任何一条生命，无论贵贱穷通，无论穷乡僻壤，都是值得尊重的。

此次地震灾害让我们再次确认了如下一条普世价值，还有什么，比生命本身更值得尊重的呢？

国务院决定，2008年5月19日至21日为全国哀悼日。在此期间，全国和各驻外机构下半旗志哀，停止公共娱乐活动，外交部和我国驻外使领馆设立吊唁簿。5月19日14时28分起，全国人民默哀3分钟，届时汽车、火车、舰船鸣笛，防空警报鸣响。

(3) **悼念敬爱的周总理**(节选)

总理的灵车缓缓地开来了。灵车四周挂着黑色和黄色的挽幛，上面装饰着大白花，庄严，肃穆。人们怀着沉痛的心情，尾随着灵车移动。灵车所到之处，像是一个无声的指挥。老人、孩子、青年都不约而同地站直了身体，摘下了帽子，向灵车致敬，哭泣着，顾不上擦去腮边的泪水，舍不得眨一眨眼睛。人们心里都在深深地默念着："敬爱的周总理，我们想念你啊，想念您！您永远在我们心里，永远活在人们心中！"

6. 轻松活泼

(1)一位友人牵着一条哈巴狗在我们对面慢慢走来，那狗长着一双小小的眼睛，眼神中透着机灵和顽皮,让你一下子不禁喜欢上它,还有脖子上挂着那银色的小铃铛。在它的晃动下,发出一阵阵悦耳的声音。让你真想把它抱在怀里,把脸轻轻地贴在那毛茸茸的身体上。我和儿子逗着它,笑着看它跟着友人的叫唤下,做着各种有趣的动作。

(2)起先,这小家伙只在笼子四周活动,随后就在屋里飞来飞去,一会儿落在柜顶上,一会儿神气十足地站在书架上,啄着书背上那些大文豪的名字,一会儿把灯绳撞得来回摇动,跟着逃到画框上去了。只要大鸟儿在笼里生气地叫一声,它立即飞回笼里去。

我不管它。这样久了,打开窗子,它最多只在窗框上站一会儿,绝不飞出去。

(3)柳条儿青,柳条儿长,柳条儿随风在摇荡,摇来了春天,摇来了小鸟,摇得那湖水闪闪亮。

柳条儿青,柳条儿长,柳条儿随风在摇荡,我做支柳笛吹起来,滴哩哩像小鸟儿在歌唱。

柳条儿青,柳条儿长,柳条儿随风在摇荡,请来春姑娘荡秋千,秋千挂在柳条儿上。

7. 低沉压抑

(1)认识生命的同时,我也认识了死亡。

当我头一次看见出丧的队伍时,那些身穿白麻袍的人们扛着红色木漆的棺材,棺材四周都是白色素洁的纸花。有人扛着金箔做的小人和小车,还有纸做的房子和一些也是用纸做的精致玲珑的电器。不时传来女人的哭声和悲怆的乐声,还有惊天动地的鞭炮声,风吹来,把他们一路扔的黄纸片刮得很远。走在最后的是披麻戴孝、一步一叩首的子子孙孙们。

死亡是一个没有知觉的人无知无觉地对待一切,没有爱,没有恨,更没有欢乐。但就是由于这些,才标志着生命的存在,那乐声中生命的凄凉和秘密让我们难忘。

(2)
苦菜花(节选)

月牙儿像把梳子挂在半空。人们都说月亮是位最善良、最好伤心和最易受感动的姑娘,谁有什么不幸的哀愁,她总是怜悯地注视着你,有时还会流下泪来!想必她这时是不忍心去看那不幸的人们吧?所以才掩住半个脸;但她那朦朦胧胧的淡光,还是同情地从窗棂间射进来。黑暗的屋了,也变得灰白起来。

(3)
那夜我们心情低沉(节选)

一支闪烁的烛光,一杯混浊的老酒,一首痛彻心扉的伤感情歌。一些在感情城堡里遍体鳞伤的人,在这恶魔般的慢慢长夜里,啤酒声此起彼伏相撞的氛围中,在酒与歌缠绵交错的搅拌下,在歇斯底里的狂笑下,成了穿越时空毫不留情的冷笑,心房久久的回荡,淹没了他们心中对爱繁华的奢望,万般无奈,千般不愿,何恨自己太悲凉。

8. 骄傲自豪

(1)
大草原

多么平坦,多么宽阔,无边无际的原野,从眼前向四面八方伸展开去,直到那渺茫的尽头,远与天接。望着你,怎能不心旷神怡,豁然开朗!你啊,襟怀坦荡,气度恢弘的草原。

(2)

祖国述怀

我朝觐过祖国的四时美景，我拜谒过祖国的名山大川。

每当扎进祖国母亲的怀抱，我的这颗心啊！就同祖国的脉搏一起跳动。

我怀着一颗无比崇敬的心情，登上泰山的顶峰，看到了一轮红日喷薄而出……

我游览了白山黑水，看到了祖国的繁荣和富足。

登上南沙群岛的珊瑚礁啊！我感受到了祖国幅员的广袤。

在八百里秦川，我听到了祖国儿女气势奔雷的心声。

那一阵阵响入云天的威风锣鼓，那一声声惊天动地的浑厚呐喊，那一队队铿锵有力的整齐步伐，表述了我兄弟姐妹们的一腔豪情。

(3)有一个民族，承载着五千年的文明与梦想；有一个民族，拥有蜿蜒万里的城墙和皮肤一样颜色的河流；有一个民族，曾经自诩为中，傲视列国。这个民族，既然能走过五千年，什么风浪没见过；这个民族，以龙为图腾，以黄色为神圣的颜色，和土地连在一起；这个民族，无论如何被摧毁，都会坚韧的挺起脊梁，在危难与生死关头，紧紧凝聚在一起，万众一心，众志成城。这是一个命运坎坷的民族，也是一个自强不息的民族。正因坎坷，所以自强！这就是中—华—民—族！

历史长河，越千年不息；浩瀚长江，奔万里而不停。大汉扬名世界，于今已两千年；明清繁荣，迄来已五百春。积悠久历史之厚蕴，吸秀美山川之精灵，养人杰地灵之浩气。这就是我的祖国——中华！

9. 深沉宁静

(1)

静静的夜晚（节选）

窗外，月色皎洁。月光穿过玻璃窗投射进屋来，轻轻地在地上涂上一层淡淡的色彩。我站在窗前，顺着脉脉的斜辉朝外眺望，月光在对面幽幽的山峦间搭起一座水晶般的桥梁，我那悠悠的思绪也被牵向了远方……

一阵风把蜡烛吹灭了。月光照进窗子，茅屋里的一切好像都披上了银纱，显得格外清幽。贝多芬望了望站在他身旁的兄妹俩，借着清幽的月光，按起了琴键。

(2)

明月

将圆未圆的明月，渐渐升到高空，一片透明的灰云，淡淡地遮住月光，田野上面，仿佛笼起一片青烟，朦朦胧胧，如同坠入梦境。晚云飘过之后，田野上烟雾消散，火一样的清光，冲洗着柔和的秋夜。

(3)

知音

我将淡淡的玫瑰色梦境交给心会的知音，你是否和我一样感觉到澹静清纯的琴韵，我用满怀柔情的心将那一缕缕梦之光、梦之色，渲染着咫尺天涯的美丽、当姹紫嫣红漫山遍野开放的时候，你是否和我一样听见了那朵花开的声音。

10. 精神振奋

(1)

为祖国争光

中华体育健儿近日连连为祖国争光,他们在一系列国际比赛中所表现的精神风貌和高超技艺多么的激动人心啊!

"我们中华民族'有自立于世界民族之林的能力。'"

"团结起来,振兴中华!"

这是十几亿人民的共同心声。

(2) **为祖国站岗**(于海洋)

"守卫祖国的大门一刻也不能忘,除夕之夜我要为祖国站岗",一曲听罢,余音袅袅,宽广如海的音域,纯正完美的唱功,炉火纯青的演唱技巧让歌迷流连。那种豪迈真挚的情怀,那种心胸壮志的纯美和质朴,给亿万华夏儿女带来启迪之余,又增添了使人振奋精神,斗志昂扬,充满向上的无穷力量。

(3)青春的拼搏是人生一副洒满阳光的风景,是一道转瞬即逝的彩虹,是一首用热情奏响的乐章。青春既是一个极具诱惑力的话题,又是一种感觉。于是,诗情画意的梦,天真纯洁的幻想、无忧无虑的日子,构成了一幅美丽的青春画卷。但蓦然回首,你发现在天蓝风轻的春光中,一切都像是透明的,从而感到一种超然的力量在心底爆发,时刻提醒着我们要永远向前。生命易老,时光飞逝,无论失败或是成功,青春的痕迹告诉我们永远努力奋斗。我们拥有青春,就如朝阳蓬勃向上;我们拥有青春,就如山溪不羁奔流;我们拥有青春,就如幼蚕破茧而出。

拥有拼搏的青春,就应该拥有春的憧憬、夏的蓬勃、秋的浪漫、冬的深刻。因为我们年轻,所以我们富有,因为我们年轻,所有我们不怕失败,因为我们年轻,所以我们用拼搏描绘明天。学习在暴风骤雨中奋力搏击的海燕吧。

11. 深切缅怀

(1)双腿瘫痪后,我的脾气变得暴怒无常:望着窗外天上北归的雁群,我会突然把面前的玻璃砸碎;听着李谷一甜美的歌声,我会猛地把手边的东西摔向四周的墙壁。母亲这时候就悄悄地躲出去,在我看不见的地方偷偷地听着我的动静。当一切恢复沉寂时,她又悄悄地进来,眼圈红红地,看着我。"听说北海的花儿都开了,我推着你去走走。"她总是这么说。母亲喜欢花,可自从我瘫痪以后,她侍弄的那些花都死了。"不,我不去!"我狠命地捶打这两条可恨的腿,喊着:"我活着还有什么劲!"母亲扑过来抓住我的手,忍住哭声说:"咱娘儿俩在一块儿,好好儿活,好好儿活……"

(2)

小白花

那是1976年。已经四月初了,冬天好像还没有过去,北风刮得正紧。

一个星期天的下午,爸爸妈妈拉着我的手,向天安门广场走去。我们胸前都戴着一朵小白花。

313

天安门广场上，花堆成了山，人汇成了海。我们随着送花圈的队伍，缓缓地走向人民英雄纪念碑。密密层层的花圈，把纪念碑四周的汉白玉栏杆都遮住了。一层层的人肃立着，谁也不作声，脸上都挂着晶莹的泪珠。

我们走到纪念碑南边。爸爸低声告诉我，碑上面的金字是周恩来爷爷亲笔写的。爸爸脱下了帽子，妈妈摘下了头巾。他们低下头向周爷爷默哀。我也低下头，轻轻地说："敬爱的周爷爷，我们想念您，您永远活在我们心中。"说着，我忍不住哭了，妈妈拉着我的手，向纪念碑下边的松树林里走去。

松树上好像积了厚厚的雪，松枝上系着几千朵小白花。我们也把胸前的小白花摘下来，系在树枝上。

天渐渐暗下来，北风刮得更紧了。我们默默地离开了天安门广场。

（3）我拉着行李箱站在校门外，身边匆匆走过的人群，依然有着青春洋溢的面庞。多年前我带着无数期待站在这里，多年后我带着我的得到和失去从这里离开，我知道我该和青春道别，我知道那个懵懂纯真的自己依然留在象牙塔里与我挥手说再见。感谢青春无悔，感谢青春永恒。

12. 热情风趣

（1）
中　计

七月初的一天，在辽宁省海城县一个小山村里。住在张大伯家的某部侦察排的战士们刚刚起床，就看见房东张大爷怒气冲冲地走进屋来。张大爷绷着个脸问道："昨天，你们谁进了我家东菜园，把菜地弄得乱七八糟？"一句话把全排战士给问怔了，互相看了看，谁也没吭声。

这时候，有一个小战士脸一下子红到了耳根。他叫洪松彪，是今年才入伍的新战士，原来，昨晚上是他悄悄地跑到菜地里，帮张大爷干活的。小洪心里直打鼓，他想，是不是我铲地的时候伤了苗？是不是水浇多了淹了菜？小洪越想越不安。这时候，张大娘又跑进来火上浇油地说："老头子，别跟他们说了，咱们去找指导员说个清楚。"话音未落，就拉着张大爷的袖子往外走。

刚刚十八岁的洪松彪，哪见过这个场面呀，小伙子沉不住气了，马上开口说："大爷、大娘别发火，昨天是我跑到菜地里去的。我看你们二老年纪大，大爷成天忙着队上的事儿，顾不了家，就抽空帮你们干点活。谁知道我不会干，给你们添了麻烦，真对不起你们，有多大的损失我一定赔。"说着就伸手掏钱包。

张大爷看到这个情景，倒哈哈大笑起来。大娘也跟着笑起来。他疼爱地拉着小洪的手说："孩子你受委屈了。"小洪纳闷地抬起头来看着两位老人，张大爷得意地说："孩子，你中计了，从打你们到我们村来搞训练，给大家伙干了那么多的好事。可我们就是不知道是谁干的，昨晚上我和你大娘一合计呀，就想出这个小计策来。果不出所料，你们还真中计了。"

全排战士这才恍然大悟，和张大爷、张大娘一块儿笑了起来，洪松彪，这个虎头虎脑的小伙子却像大姑娘似的，羞涩地低下了头……

（2）爸爸问儿子："你最爱谁？是爸爸还是妈妈？"

儿子说："都爱。"爸爸又问："如果我去美国，妈妈去巴黎，你去哪儿呢？"

儿子说："我去巴黎。"

爸爸又问他为什么，儿子说："因为巴黎漂亮。"

爸爸又问："那如果我去巴黎，妈妈去美国呢？"

儿子说："那当然去美国了。"

爸爸有些失落地说："为什么总跟妈妈走？"

儿子一脸坦然："巴黎刚才已经去过了。"

（3）美国人民和中国人民一样，是友好的、热情的。只是中国人讲究含蓄，热情在心里；美国人习惯于表现，热情溢于言表。

美国人的热情，很大程度表现在他们的微笑上。不管是熟识还是陌生，也不管你是否在与他们交谈，只要你的视线落到他们身上，哪怕是无意的，那微笑便浮现了，好像早已为你准备好了似的。很自然，很恬静，也很真诚，透着关切与尊重。美国人挂在嘴边上的一句话是Can I help you？（我能帮助你吗？）那微笑似乎就传达着这层意思。

飞机上，地铁中，商店里，美国人的微笑无处不在。尤其是在商店里，当售货员为你包裹好商品，双手奉上时，伴着甜美微笑的，必定还有一声Thank you very much！（非常感谢！）即使你去退货，那微笑，那感谢，依然是甜美的，真诚的，毫不做作，当然更不会给你脸色看。第一次陪女儿去退货颇感幸运，以为遇上了位好说话的服务员。女儿告诉我，这是商家在信守承诺，买货的顾客是上帝。上帝嘛，是不可以怠慢的喽！

清晨或傍晚散步，迎面开来的汽车上总有人从汽车里扬起手臂，大声与你打招呼：Hi！（嗨！）步行者则主动道一声Good morning！早晨好！或How are you！（你好！）同时向你微笑致意。

13. 启发诱导

（1）有人说：人的一生有三天：昨天、今天和明天，这三天组成了人生的三部曲。但我说，人的一生只是由无数的今天构成的，因为不会珍惜今天的人，既不会感怀昨天，也不会憧憬明天。乐观的人，喜欢描述明天的美好前景；悲观的人，总担心明天会发生什么不测。但生命的内涵只在于今天，生命是宝贵的，它是由一分一秒的时间堆积而成的，珍惜今天就是珍惜生命，荒废了今天就是荒废了生命。

昨天已是过眼云烟，再也无法挽留。如果在昨天，你为取得了一点骄人的成绩而沾沾自喜，或是因为做错了一件事情而愁眉不展，那么你就永远陷进了昨天的泥潭里。同时，你今天的时间也会从你的沾沾自喜或愁眉不展中悄悄流逝。每个人都会乘坐"今天"这班车驶向明天，一天一个驿站，一天一处风景，趁着明天还未到来，我们就应抓住今天，这样等待着你的才会是果实累累的明天。

我们不应该在昨天寻觅什么，也不应该向明天祈求什么，最重要的是怎样对待今天。在这有限的时间里努力学习，抓紧今天的分分秒秒，用今天的努力去弥补昨天的空隙，去实现明天的崇高理想。

315

（2）一个人，不要把太多的心思花在取悦别人身上，所谓的圈子和资源，其实都只是衍生品。生活中，最重要的是提高自己的内功，自己修炼好了，自然会有人来亲附你。你是梧桐，凤凰来栖，你是大海，百川汇集。当你去到那个层次了，才会有相应的圈子，而不是倒过来。

特别是女人就该多见世面。旅行、读书，但凡内心更丰富的事情，即便强迫自己也要多去尝试。人的狭隘、纠结、怯弱，全都是因为世面见的少。岁月会把你变成妇女，经历却让你成为富女。我们必须很努力，才会成为自己喜欢的人。

（3）我们纪念五四运动，目的在于弘扬五四精神，肩负历史使命，就是要树立理想，立志报国；要勤奋学习，勇于实践；要在实践中锻炼品格，磨炼意志，在学习文化知识的同时学会做人；要守时守信，做文明的公民；既有理想，又要着眼于现实，从身边小事、力所能及的事做起；要勇于奉献，尽管在知识经济时代，我们不再需要为追求光明和自由而抛头颅，洒热血，但"我为人人"的奉献精神，仍应得到弘扬。因为新时代下我们有着我们新的"中国梦"，中国梦的实现需要我们的励精图治，需要我们每一位中国人贡献自己的力量，因为"中国梦"是我们十三亿国民共同的梦！

14. 坚定昂扬

（1）

我的"自白"书（陈然）

任脚下响着沉重的铁镣，

任你把皮鞭举得高高，

我不需要什么自白，

哪怕胸口对着带血的刺刀！

人，不能低下高贵的头，

只有怕死鬼才乞求"自由"；

毒刑拷打算得了什么？

死亡也无法叫我开口！

对着死亡我放声大笑，

魔鬼的宫殿在笑声中动摇；

这就是我——一个共产党员的自白，

高唱凯歌埋葬蒋家王朝！

（2）让我们把自己最绚丽的人生季节献给"为人民服务"这最伟大的事业吧，当我们年华老去，追忆前尘的时候，也可以自豪地说："我们追求了，我们不后悔！"

绿叶无悔扑向了大地，是因为它要报答泥土芬芳的情意；鲜花无悔洒落于风雨，是因为它保有一段生命的美丽。虽然我只是一名普通的人民警察，犹如繁星点点，默默闪烁；虽然我只是一名平凡的人民警察，犹如沧海一粟，静静流淌，但既然选择了公安事业，就选择了忠诚，选择了无悔！纷飞的梦想，是青春不变的情节，无尽的痴狂，是青春奋进的力量！朋友们，让我们用青春，诠释个性的张扬；让我们用青春，燃烧生命的希望！让我们用自己全部的智慧和汗水展现青春的风采,以饱满的热情和昂扬的斗志迎接新的挑战! 让我们用青春,走出精忠报国的坦坦荡荡!

(3)在这个世界上,什么样的人最高贵呢? 我的回答是:劳工最高贵。我们吃的粮,我们穿的衣,我们住的房,哪一个不是劳动者所创造的呢? 大家拼命干活,却吃不饱穿不暖,住不踏实,你说! 这合理吗? 不合理。对,不合理! 所以,我们应该团结起来,发动罢工! 在厂主,资本家面前,展示我们的力量,夺回我们应有的权利。工友们,未来,劳工所拥有的,将是整个世界,劳工万岁!

15.亲切自然

(1)　　　　　　　园林建筑的空间美感

园林建筑的艺术处理,是处理空间的艺术。

中国的园林是很发达的。北京故宫三大殿的旁边,就有三海,郊外还有圆明园、颐和园等,这是皇帝的园林。民间的老式房子,也总有天井、院子,这也可以算作一种小小的园林。

宋代郭熙论山水画,说"山水有可行者,有可望者,有可游者,有可居者"。可行、可望、可游、可居,这也是园林艺术的基本思想。园林中也有建筑,要能够居人,使人获得休息,但它不只是为了居人,它还必须可游、可行、可望。"望"最重要。一切美术都是"望",都是欣赏。不但"游"可以发生"望"的作用(颐和园的长廊不但引导我们"游",而且引导我们"望"),就是"住",也同样要"望"。窗子并不单为了透空气,也是为了能够望出去,望到一个新的境界,使我们获得美的感受。

窗子在园林建筑艺术中起着很重要的作用。有了窗子,内外就发生交流。窗外的竹子或青山,经过窗子的框框望去,就是一幅画。颐和园乐寿堂差不多四边都是窗子,周围粉墙列着许多小窗,面向湖景,每个窗子都等于一幅小画。而且同一个窗子,从不同的角度看出去,景色都不相同。这样,画的境界就无限地增多了。

明代人有一小诗,可以帮助我们了解窗子的美感作用:一琴几上闲,数竹窗外碧。帘户寂无人,春风自吹入。

这个小房间和外部是隔离的,但经过窗子和外边联系起来了。没有人出现,突出了这个小房间的空间美。这首诗好比是一幅静物画,可以当成塞尚画的几个苹果的静物画来欣赏。

不但走廊、窗子,而且一切楼、台、亭、阁,都是为了"望",为了得到和丰富对于空间美的感受。

颐和园有个匾额叫"山色湖光共一楼"。这就是说,这个楼把一个大空间的景致都吸收进来了。苏轼诗"赖有高楼能聚远,一时收拾与闲人"就是这个意思。颐和园还有个亭子叫"画中游"。"画中游",并不是说这亭子本身就是画,而是说,这亭子外面的大空间好像一幅大画,你进了这亭子,也就进入到这幅大画之中。所以明人计成在《园冶》中说:"轩楹高爽,窗户邻虚。纳千顷之汪洋,收四射之烂漫。"

概括说来,中国园林建筑的空间美,当如沈复所说的:"大中见小,小中见大,虚中有实,实中有虚,或藏或露,或浅或深……"这也是中国一般艺术的特征。

(2) <center>**哭的用处**</center>

只要有什么细小的东西落入眼里就会引起流泪,甚至葱的气味,也会催人泪下。一般情况下,每分钟人眼眨十三次左右。眨眼,就是让眼皮压迫泪水,把落入眼里的小异体冲洗到眼角。然后,再流到鼻腔内排除。泪水的成分包括油质、黏蛋白、水状液以及盐、糖、蛋白质,人体每天约产生四分之三到一克的泪水,大部分都是眨眼时蒸发了。泪水既可使人的眼皮能够和谐地在眼球上自由活动,又可杀死细菌。

流泪最多的情况是哭。哭,是一种安全,健康的发泄自己的强烈感情的方法。否则,强压于体内,它终究要以其他带有危险性的方式表现出来。某医生见过一起病例,一个内向的女人,遇到感情大波动是常常会全身起疙瘩,而有一次,她大哭了一场则没有事。医生还发现,由于父母不让婴孩啼哭,孩子就经常用哮喘的方式来引起父母的注意。实际上,啼哭是婴孩发育的一个组成成分。哭,不仅可以扩大婴孩的肺活量,而且还可以增强将来用以说、唱的肌肉组织,并且也是学会说话以前,婴孩向大人表达思想的一种方式。

不知为什么,社会上存在着一个不成文的规定:成人不应该大哭。哭,经常被解释成软弱的表现。实际上,在遭遇最大不幸时大哭一场,这是对人体不幸的自然反应。如果你不愿意哭或不会哭,那么精神上或身体上就会出点毛病。专家们大都认为,眼泪是一剂天赐良药。

(3) <center>**幸　福**</center>

在某些个时刻,我会轻轻打开记忆之门,让那些躲在微风中浮动的思绪,陶醉在有大朵大朵白云的蓝天下,然后我驾驶一些想象,穿云雾抵达一个理想的境地。用心去体会平凡生活里的感动,去感受平淡生活中的幸福。原来感动无处不在,仿佛泉水,是滋养生命的。但是,我们却匆匆走过,忍受着干渴。在这个世界上有时心累,有时身累,有时候,人生仿佛就是天涯苦旅。但是,头顶的雄鹰突然掠过,让人顿感一丝惊喜,一种生命的力量,这就是感动不期然的来临。感动,仿佛纯棉呵护我们的身心,让我们常住在体贴入微的幸福家园之中。无论是幸存柳树的自然之美、一个幼儿长大成人的细枝末节,还是人间辛酸唤起的良知援助,都是感动之花开放的枝丫,都为我们结出幸福的果实。

你看,幸福是春天吹来的风,暖暖的、柔柔的;幸福是夏天小溪的水,清清的、凉凉的、爽爽的;幸福是秋天树上的果,酸酸的、甜甜的;幸福是冬天的雪,软软的、绵绵的;幸福是一句关心的问候;幸福是一个亲切的拥抱;幸福是一次轻轻地安慰;幸福是一个鼓励的眼神;幸福是一朵盛开的花;幸福是冬天里的一条围巾;幸福是春天苏醒的小草;幸福是夏天的大海;幸福是秋天农民脸上的微笑……

幸福充满了世界……

幸福是蓝色的,天空的颜色;幸福是白色的,云朵的颜色;幸福是绿色的,小草的颜色;幸福是金色的,麦子成熟的颜色;幸福是紫色的,神秘又隐约,那是理想的种子……

原来幸福是五彩缤纷的……

幸福的味道就如奶茶一样,暖暖的、浓浓的、甜甜的。热气腾腾,那是幸福在升腾……

幸福的味道就如花一样,轻轻地、悄悄地弥漫心间,清香馥郁,让人迷恋……

幸福的味道就如米酒一样,清清的、纯纯的、淡淡的,散发醇香,让人沉醉……

原来幸福的味道就是生活中朴素而简单的味道。它无时无刻都伴随在每个人的身边,默默地守护着每个人。比如一直是我们避风港湾的却一直让我们习以为常的家,无时无刻都有一种叫幸福的空气盘旋。

16.庄重严肃

(1)据新华社4月12日电:外交部发言人洪磊12日说,中方已就日本内阁总务大臣新藤义孝参拜靖国神社向日方提出严正交涉和抗议。

日本内阁成员参拜供奉有第二次世界大战甲级战犯的靖国神社,再次反映出日本现内阁对待历史问题的错误态度。中方已向日方提出严正交涉和抗议。

他说,日本切实正视和深刻反省过去那段侵略历史,同军国主义划清界限,是战后中日关系重建和发展的重要政治基础。我们敦促日方在历史问题上端正态度,认真对待亚洲邻国和国际社会的正义呼声,停止一切与时代潮流背道而驰的挑衅行为。

(2)新华社消息:外交部新闻发言人今天下午发表谈话说,中国政府和人民对南非军队6月14日入侵博茨瓦纳首都哈博罗内表示极大的愤怒和强烈的谴责。

发言人指出,南非当局对博茨瓦纳的袭击不是一个孤立事件。事实一再证明,南非当局顽固地坚持破坏邻国稳定和种族主义政策是南部非洲局势动荡不安的根源。

他说:南非当局种种倒行逆施,只会激起非洲国家和人民更加强烈的反抗和更大的义愤。博茨瓦纳、安哥拉和莫桑比克等非洲前线国家反对种族主义、维护国家主权和领土完整、支持纳米比亚人民争取独立的斗争,得到全世界所有主持正义的国家和人民的同情和支持。中国政府和人民将一如既往,坚定地站在非洲国家和人民一边,坚决支持他们的正义斗争。

(3)新华网北京5月15日电　最高人民检察院检察长曹建明15日在最高检党组会议上强调,检察机关作为反腐败的重要职能部门,必须保持对自身腐败问题的零容忍;对办关系案、人情案、金钱案和索贿受贿、徇私枉法等执法犯法问题,坚决严肃查处,绝不能出现"灯下黑"。

曹建明强调,检察机关要始终坚持把强化自身监督放在与强化法律监督同等重要的位置来抓,敢于用比监督别人更严的要求来监督自己。要紧紧围绕领导干部的用人权、决策权、财经权和管理权,针对容易发生执法不严、司法不公问题的重点领域和关键岗位,继续狠抓《检察人员八小时外行为禁令》《关于规范检察官与律师交往行为的暂行规定》等制度的执行和落实,强化对检察权运行的监督制约,严密制度的笼子。

17.批评教育

(1)中国的学生从小就被强迫着去学习很多东西,其中的很大一部分是不知道为什么而学的。努力地盲目地学,仅仅是为了考出个好成绩,以得到父母和老师的表扬,还有同学的羡慕。就这样,慢慢地在学生的意识中就形成了这样一种错误的学习意识——为了考试而学习,为了虚荣而努力。直接导致了中国的学生动手和实践能力的下降。这到底是谁的错?

父母? 老师? 中国的父母望子成龙望女成凤的观念,使得他们对自己的儿女要求非常的苛刻! 过度的强求而不是理智的引导给自己的儿女造成了巨大的压力! 可怜天下父母心,有时候是赞美有时候却是讽刺啊。

(2)说到传销,大家并不陌生,甚至会有恐惧之感,那到底什么是传销呢? 传销是指组织者或者经营者发展人员,通过对被发展人员以其直接或者间接发展的人员数量或者销售业绩为依据计算和给付报酬,或者要求被发展人员以交纳一定费用为条件取得加入资格等方式牟取非法利益,扰乱经济秩序,影响社会稳定的行为。传销坑害了家人、朋友,然而利益的驱使让传销屡禁不止。

传销组织中,发展下线被称作邀约"新朋友"。什么人最容易成为物色对象呢? 往往"怀才不遇"者、下岗者、负债人、毕业生、推销员和待业者是最佳发展对象。这些人多数对现状不满,对金钱的渴望比一般人高。还有"五同四友"(同学、同宗、同事、同乡、同好;朋友、酒友、战友、室友)也是最易受骗对象。这是因为大家彼此熟悉,防范心理较弱,最容易成为他们欺骗的对象。

(3)齐鲁网济南4月11日讯:山东质检部门日前发布第1季度塑料购物袋产品质量监督抽查结果,全省接受抽查的24家企业生产的30批次塑料购物袋产品中,济南丰稳塑胶有限公司、潍坊中百实业发展有限公司、济南聚能塑料制品厂等5家企业登上黑榜,6批次产品不符合相关标准的要求,不合格率高达两成。

本次抽查,山东省质量技术监督局依据《塑料购物袋的环保、安全和标识通用技术要求》和《塑料购物袋》等标准的要求,对塑料购物袋产品的标识、提吊试验、跌落试验、漏水性、封合强度、落镖冲击、感官、蒸发残渣(4%乙酸、65%乙醇、正己烷)、高锰酸钾消耗量、重金属、脱色试验共计11个项目进行了检验。

18. 悲愤激昂

(1)且忆岳飞,更揾一把英雄泪。忘不了,这一天,公元1142年(绍兴十一年)1月的除夕之夜,临安上空彤云密布,朔风阵阵,凄凉森人,鬼哭神惊,一代名将岳飞被赵构、秦桧冤杀在风波亭。临刑前,岳飞满腔悲愤,仰天长啸,恨报国无门,忠君无路,蒙受这千古奇冤,"天日昭昭,天日昭昭"!

且忆岳飞,更揾一把英雄泪。忘不了,"三十功名尘与土,八千里路云和月",十余年间,在抗金保国、收复中原的征程上,他率领岳家军纵横驰骋,所向披靡,收复襄阳六郡,鏖战洞庭湖,接连取得郾城、颍昌、朱仙镇大捷;忘不了,岳家军威震中原,打破金兵的"铁浮屠"、"拐子马",打败金兀术,令金兵谈之色变,哀叹"撼山易,憾岳家军难!"

且忆岳飞,更揾一把英雄泪。岳飞怀着一颗忠君报国的赤诚之心,却始终被猜忌、诬陷的阴云所围绕。忘不了,在翻手为云,覆手为雨的宫廷政治漩涡中,"一根筋"式的岳元帅只想早日"直捣黄龙府,与诸君痛饮尔",报国之路,却充满艰险。

(2)这几天,大家晓得,在昆明出现了历史上最卑劣最无耻的事情! 李先生究竟犯了什么罪,竟遭此毒手? 他只不过用笔写写文章,用嘴说说话,而他所写的、所说的,都无非是一个没有失掉良心的中国人的话! 大家都有一支笔,有一张嘴,有什么理由拿出来讲啊! 有事实拿出来说啊！为什么要打要杀，而且又不敢光明正大地来打来杀，而偷偷摸摸地来暗杀！这成什么话？

今天，这里有没有特务？你站出来！是好汉的站出来！你出来讲！凭什么要杀死李先生？杀死了人，又不敢承认，还要诬蔑人，说什么"桃色事件"，说什么共产党杀共产党，无耻啊！无耻啊！这是某集团的无耻，恰是李先生的光荣！李先生在昆明被暗杀，是李先生留给昆明的光荣！也是昆明人的光荣！

去年"一二·一"昆明青年学生为了反对内战，遭受屠杀，那算是青年的一代献出了他们最宝贵的生命！现在李先生为了争取民主和平而遭受了反动派的暗杀，我们骄傲一点说，这算是像我这样大年纪的一代，我们的老战友，献出了最宝贵的生命！这两桩事发生在昆明，这算是昆明无限的光荣！

反动派暗杀李先生的消息传出以后，大家听了都悲愤痛恨。我心里想，这些无耻的东西，不知他们是怎么想法，他们的心理是什么状态，他们的心怎样长的！其实简单，他们这样疯狂地来制造恐怖，正是他们自己在慌啊！在害怕啊！所以他们制造恐怖，其实是他们自己在恐怖啊！特务们，你们想想，你们还有几天？你们完了，快完了！你们以为打伤几个，杀死几个就可以了事，就可以把人民吓倒了吗？其实广大的人民是打不尽的，杀不完的！要是这样可以的话，世界上早没有人了。

（3）战斗很惨，鬼子的进攻也越来越猛烈。每一次的枪声过后，我都会看到我的弟兄们一个个掉下马去。他们有的身首异处，有的甚至被砍得血肉模糊。但是他们没有一个放弃更没有一个当逃兵。我们这些弟兄，有的还只有十几岁，但是他们却像他们的父辈一样，拿着马刀去砍杀敌人。

狗日的日本鬼子！！你们抢光我们的粮食，烧光我们的房屋，杀光我们的父老乡亲，你们甚至不放过一个孩子、一个年迈的老人。你们这帮畜生，有种我们在战场上拼刺刀，这才是真正的军人！

一次的冲锋过后，我的身边只剩下了四个弟兄。弟兄们，我们的子弹打光了，现在也只剩我们五个人了。弟兄们，把枪给我扔了，绝不留给小日本儿！我们根本不懂得什么是投降。生是中国人，死是中国鬼，不当亡国奴！！来，让我们再次唱起我们的军歌：如果祖国遭受了侵犯，热血男儿当自强，喝干这碗家乡的酒，壮士一去不复返！

弟兄们拔刀！骑兵连，听我的命令！！向敌人，进攻！！！

19. 热情歌颂

（1）感动中国颁奖词

刘盛兰

【简历】年届90仍然坚持拾荒助学的山东老人

【获奖名片】崇仁厚德

【推选委员评价】

陈雨露这样评价他："走过古稀，走过耄耋，老人没有更多的言语，独以无声的行动有力诠释着一个伟大民族对教育的深刻理解。""感动中国"推选委员吴孟超说,"正是这份爱心,这份执着感动着身边的人。"

【颁奖词】风烛残年,发出微弱的光,苍老的手,在人间写下大爱。病弱的身躯,高贵的心灵,他在九旬的高龄俯视生命。一叠叠汇款,是寄给我们的问卷,所有人都应该思考答案。

陈俊贵

【简历】为报答战友深情,几十年守护天山筑路士兵墓园的老兵

【获奖名片】心比金坚

【推选委员评价】"感动中国"推选委员说,义薄云天是对陈俊贵最好的评价。黄宏:一句嘱托守护了一生。

【颁奖词】只为风雪之夜一次生死相托,你守住誓言,为我们守住心灵的最后阵地。洒一碗酒,那碗里是岁月峥嵘;敬一个礼,那是士兵最真的情义。雪下了又融,草黄了又青,你种在山顶的松,岿然不动。

(2)每一个患者在病魔的折磨中,都会感到护士的亲切温暖,她为你的痛苦而焦虑,为你的痊愈而欢欣。接你进来的时候,和你一样愁眉不展,送你出去的时候,和你一样笑容满面。她,为了生命的安全,为了别人的欢乐,走遍了各个房间,踏破了一道道门槛,日夜不眠,汗水成串;她,不为名不图利,用自己的生命和热情,协助大夫使无数垂危的生命,起死回生,转危为安;她,默默无闻地为患者贡献出自己的青春、智慧和心血。护士的这种高尚品德,我们各行各业的人无不起敬肃然。

(3)师恩浓浓,师恩难忘。人生从幼到老,从无知到有识,会经历很多事,结识许多的人,扮演许多不同的角色,相信你不会忘记在你的一生中曾经有一些人,一度成为你生活中非常重要的,而最终成为你永生难忘的。他们曾经教我们描绘第一笔人生的蓝图;他们曾经把我们从无知的荒漠引领到知识的绿洲;他们批评过,表扬过,也鼓励过我们;他们伴我们走过一段容易跌倒,彷徨,迷途的道路;他们是我们成长岁月里最可信赖的朋友;他们做过我们迷茫时的灯,通向理想彼岸的舵手;他们给过我们慈母般的爱,和严父般的教导……

20. 热烈欢呼

(1)"孙杨!孙杨!""孙杨,加油!"全场热情的欢呼声,宣告着大牌来了!9月4日上午,第十二届全运会游泳项目正式拉开战幕,比赛首日便迎来了最耀眼明星、伦敦奥运会双冠王孙杨。在男子400米自由泳预赛上,他毫无悬念地以第一的名次晋级,为了及时回应大家的支持,上岸后向看台上观众示意的他,还一时大意"跌入"水中。

(2)   新纪录

随着暴风雨般的掌声,陈镜开踏上了举重台。

他在杠铃面前又作了一次深深的呼吸,全场安静得只听见电影摄影机卷动胶片的"吱、吱"声,三千多人都能清楚听见自己的心在猛烈地跳动。一瞬间,他把杠铃提起来了,翻在胸

前锁骨的前面,他猛然一举,只听见一声吼叫,一百五十一点五公斤,几乎比陈镜开的体重重三倍的杠铃高高地举在头顶。

新的世界纪录又诞生了……

(3)甲:观众朋友们,还有两分钟我们将迎来新的春天。我相信在即将过去的龙年里我们每个人心里都有许许多多、点点滴滴堆积起来的幸福、快乐、美好,当然也许也会有些许的遗憾和不如意,不要紧,让我们抓紧时间抓住这美好的除夕之际整理心情,放飞梦想,让我们一同祈福,国泰民安!风调雨顺!事业顺达!家庭和睦!身体健康!让我们一起带着一颗阳光而又灿烂的心去拥抱一个崭新而明媚的春天!

乙:亲爱的观众朋友们,新年的钟声马上就要敲响了,此时此刻在我们眼前仿佛出现了一个大大的梦字,这梦里有强国有富民,有期盼更有实干,在新的一年里让我们共同在通往建成小康社会的圆梦之路上,昂首阔步,勇往直前,去构筑一个更加结实,更加美丽的中国梦,朋友们,举起手上的灯笼吧,点亮灯笼也点亮希望,祝福新春中国幸福启航。亲爱的朋友们,准备好迎接新年的到来吧! 倒计时:5……4……3……2……1。

三、文体篇章练习

1.现代诗歌

(1)首先要把握思想内容,确定情感基调。先分析作品,了解其背景、时代、作者生平,然后再根据主题确定感情基调。

(2)根据情感需要,确定朗诵节奏。现代诗歌朗诵的节奏,也有一定的规律,若内容上是欢快的,激动或紧张的,语速快一些,语调以上扬为主。若是悲伤的则反之。

(3)根据诗歌特点,体现诗歌的音乐美。现代诗歌朗诵,一定要打破诗行与标点符号的限制,正确处理好停顿,节奏自然,诗歌才富有音韵美。

(4)根据诗歌意境,确定重音和长音。诗歌朗诵,语音有轻有重,有音长,音短,不仅能将诗歌情感加强,而且能将诗歌的韵味体现出来。

诗歌一:这是一篇写荆轲刺秦王的诗,其中写出了荆轲不得不去的无奈和他必须去的使命。诗歌的上半段写荆轲的心理活动,下半段写去之后荆轲的死。诗的感情基调前半段应是沉重、紧张的,而后半段应有感动、钦佩、赞扬的感情。

两千年前的闪击

从易水河到咸阳宫,每一寸都写满了孤独和忧郁

那横空出世的孤独,那种我不去谁去的剑客的自豪

是的,没有谁比你的剑更快

你是一条比蛇还急的闪电

闪电正一步步逼近黑夜逼向黑暗中硕大的首级

风萧萧兮易水寒,壮士一去兮不复还

一声轰响,石破天惊的一声轰响

接着,便是身体重重摔地的沉闷

死士,他的荣誉就是死

没有不死的死士,除了死亡还有世人对他的感动和钦佩

一个凭失败而成功的人,你是第一个

一个以承诺换生命的人,你是第一个

你让荆轲这两个普通的汉字成为一个万世流芳的美学碑名

我将穿越,但永远不能抵达。

诗歌二:下面这首诗歌赞颂母爱,感情深沉饱满。要求吐字清晰饱满,颗粒性强;运用音长,气息要深匀,朗读时缓缓吐气,弱控制力较强。

歌颂母亲

母亲啊,你能否用枯树皮的手

拂去自己早已两鬓斑白的沉霜?

我知道

红丝带的蝴蝶结漂白那记忆中的黑发

已经久远了

母亲啊,你若无其事

还是轻轻蠕动一嘴松动的齿牙

不紧不慢,和着泪帘里的笑

吟唱童年犹新的曲曲歌谣

回忆是思念的蛇,划出一个字

蜿蜒行进在,我今生余痛的残墨

母亲啊,你仍不惜用这干裂的舌芯

舔尽我高傲的毒,我在你的面前

永远是长不大的孩子

所以,隐约一种叫作母爱的话题

无疑是游子们,最愚蠢的伤

母亲啊,曾经芳名如菊的人儿,你老了

白色瓷瓶的边缘有你剩余的药香

素绢深旧年华,操持中

拭透慈爱的心扉

至今却依然,掩映不住你关怀的疯长

秋风已起,即使孤影里,母亲啊

你也别着凉

无论何时何地

夕阳要紧依一种叫作儿女的拐杖

而你,所孕育的沃土上

植被覆盖的种子都在发芽,茁壮成长

而我,此刻.只想听你呼唤一声

我的乳名

恍惚中,母亲啊

我好像回到院落,那幼时汲水的井旁

诗歌三:下面这首诗歌表达了作者对梦想的坚定不移,对光明地执着追求和信念,要求用声吐字,刚中有柔,柔中带刚,坚定有力,充满信心。前半部分用声时偏弱,吐字力度可由偏弱逐渐加强,气息可由偏小气量逐渐扎实有力,沉稳托底;后半部分可使声音结实,吐字有力,富有热烈的感情。

在大风暴来临的时候

在大风暴来临的时候

请把我们的梦,一个个

安排在靠近海洋的洞窟里

那里有熄灭的灯和石像

由玉带海雕留下的

白绒毛,在风中舞动

是呵,我们的梦

也需要一个窝了

一个被太阳光烘干的

小小的,安全的角落

该准备了,现在

就让我们像企鹅一样

出发,去风中寻找卵石

让我们带着收获归来吧

用血液使她们温暖

用灵魂的烛光把他照耀

这样,我们才能睡去

——永远安睡,再不用

害怕危险的雨

和大海变黑的时刻

这样,才能醒来,他们

才能用喙啄破湿润的地壳

我们的梦想,才能升起

才能变成一大片洁白

年轻的生命,继续飞舞,他们

将飞过黑夜的壁板

飞过玻璃纸一样薄薄的早晨

飞过珍珠贝和吞食珍珠的海星

在一片湛蓝中

为信念燃烧!

2.小说

小说是通过完整的故事情节和具体的环境描写,塑造典型、鲜明而又丰富多样的人物形象,多方面地反映社会生活的一种文学样式。因为小说有人物、有环境、有情节,而且大多篇幅较长,故事发展过程复杂多变,在朗读时就需要综合运用多种技巧。①选取小说中的精彩片段作为朗诵材料;②通读全篇,把握整体;③根据结构特点,采用多种表现方式;④通过动作语言,表现人物形象;⑤根据人物性格特点,使用个性化语言;⑥根据小说文体特点,把握朗诵分寸。

选段一:选段把握故事情节中人的心理活动,故事通过写人的心理和马的活动来凸显狼的特点,激烈的人、马和狼的对抗环节充满紧张与恐惧,节奏很快。

在惨白模糊的电筒光柱下,两个马倌又一次目击了几乎年年都有的草原屠杀。但这一次令人更加不能接受,因为这是一群马上就要参军入伍,代表额仑草原骄傲和荣誉的名马,是从一次一次草原屠杀中狼口脱险的运气好马,也是马倌这么多年拼死拼活,提心提命养大的心肝宝贝。就这样眼睁睁地看着狼群连杀带糟蹋,巴图和沙茨楞连哭都哭不出来,他俩全身憋满的都是愤怒和紧张,但他们必须忍住、压住、镇住,竭力保住剩下的马群。巴图越来越揪心,以他多年的经验,他感到这群狼绝不是一般的狼群,它们是由一条老谋深算,特别熟悉额仑草场的狼王率领的狼群,那些怀恨肉食被盗的公狼疯了,丧子的母狼们更是疯得不要命了,可是,狼王却没有疯。从狼群一次又一次压着马群往南跑,就可以猜出狼王到底想干什么,它就是铆着劲,不惜一切代价想把马群撵到南边的大泡子里去,这是草原狼王的惯招。巴图越想越恐惧,他过去见过狼群把黄羊圈进泥泡子,也见过狼群把牛和马赶进泡子,但数量都不算大。狼把一整群马圈进泡子的事,他只听老人们说过,难道他今晚真是撞见了这么一群狼? 难道它们真要把整个马群都一口吞下? 巴图不敢往下想。

巴图用电筒招呼了沙茨楞,两个马倌豁出命从马群的西侧面绕冲到马群的东侧面,直接挡住狼群,用套马杆、电筒光向狼群猛挥、猛打、猛晃。狼怕光,怕贼亮刺眼的光。两个人和两匹马,在微弱无力的手电筒光下前前后后奔上跑下,总算挡住了马群东侧一大半的防线。马群从巨大的惊恐中稍稍喘了口气,迅速调整慌乱的步伐,抓紧最后的机会,向大泡子的东边冲去。马群明白,只要绕过泡子,就可以顺风疾奔,跑到主人们的接羔营盘,那里有很多蒙古包,有很多它们认识的人,有很多人的叫喊声,有很多刺眼的光,还有马群的好朋友——凶猛的大狗们,它们一见到狼就会死掐,主人和朋友们都会来救它们的。

然而狼是草原上最有耐心寻找和等待机会的战神,每抓住一次机会,就非得狠狠把它榨干、榨成渣不可。既然它们都发了狼,又抓住了这次机会,它们就会把机会圈圈个地吞下,不惜代价地力求全歼,绝不让一匹马漏网。马群已经跑到了接近泡子边缘的碱草滩,疾奔的马蹄刨起地上的雪,也刨起雪下的干土、呛鼻呛眼的碱灰硝尘。人马都被呛出了眼泪,此刻人马都知道自己已经处于生死存亡的危险边缘。周围草原漆黑一片,看不到泡子,但可以感觉到泡子。人马都不顾碱尘呛鼻,泪眼模糊,仍然强睁眼睛迎着前方。一旦马蹄扬起的尘土不呛眼了,就说明马群已冲上大泡子东边的缓坡,那时整个马群就会自动急转弯,擦着泡子的东沿,向南顺风狂跑了。

人、马、狼并行疾奔,狼群暂停进攻,巴图却紧张得把枪把攥出了汗,十几年的放马经验,使他感到狼群就要发起最后的总攻了,如果再不攻,它们就没有机会了,而这群狼是绝不会放弃这个复仇机会的。但愿碱土硝灰也呛迷了狼眼,使它们再跟马群瞎跑一段。只要马群一上缓坡,他就可以开枪了,既可以惊吓马群拐弯快逃,又可杀狼吓狼,还可以报警求援。巴图费力地控制自己微微发抖的手,准备向狼群密集区开枪,沙茨楞也会跟着他开火的。

未等巴图控住自己的手,马群发出一片惊恐的嘶鸣,自己的马也像绊住了腿。巴图揉了揉发涩的泪眼,把电筒光柱对准前方,光影里,几头大狼挤在一起慢跑,堵在他的马前,狼不惜忍受马蹄的踩踏,也要挡住巴图的马速。巴图回身一看,沙茨楞也被狼堵在后面,他在拼命地控制受惊的马,狼已经急得开始攻击人的坐骑。巴图慌忙用电筒向沙茨楞猛摇了几个圈,让他向前边靠拢,但沙茨楞的马惊得又踢又刨根本靠不过来。几头大狼轮番追咬撕抓沙茨楞的马,马身抓痕累累,沙茨楞的皮袍下襟也被狼撕咬掉。沙茨楞已经惊得什么都不顾了,他扔掉了使不上劲的套马杆,把粗长的电筒棒当作短兵器使用,左右开弓,向扑上来的狼乱砸一气。灯碎了,电筒瘪了,狼头开花了,但还是挡不住狼的车轮战。一条大狼终于撕咬下马的一条侧臀肉,马疼得嘘嘘乱嘶,它再也不敢随主人冒险,一口咬紧马嚼铁,一梗脖子一低头,放开四蹄向西南方向狂奔逃命,沙茨楞已无论如何也拽不动这匹临阵脱逃的马的马头。几头大狼看到已把一个碍手碍脚的人赶跑,追了几步就又急忙掉头杀回马群……

——节选自《狼图腾》

选段二:选段内容总篇是绝望无奈的色彩,前两段带着仇恨的色彩,对无法养活弃婴所产生的无奈,以及对自身付出的质疑。后几段则要带着纠结,对弃婴的不舍以及对人性的挣扎。

女婴胃口极好,哭声洪大有力,简直不像个初生的婴儿。我蹲在筛子旁为她喂奶时,看着她吞没了整个乳头的小嘴,看着她因疯狂进食脸上出现的凶残表情,心里泛起灰白的寒冷。这个女婴令我害怕,她无疑已经成为我的灾星。有时我想,我为什么要捡她呢? 正像妻子训导的一样:她的亲生父母都不管她了,你充什么善人? 你"扫帚括鳌算哪一枝子?"我蹲在盛女婴的竹筛子旁边时,经常想到那片黄光灿烂的葵花地,那些碗口大的头颅沉重地低垂着,机械地、笨拙地围着自己的茎秆转动,黄色的花粉泪珠般落在地上,连蚂蚁的巢穴都淹没了……

我嗅到腿上被狗咬出的伤口已经开始散发腐败的气息,苍蝇围绕着它盘旋。苍蝇装着满肚子的蛆虫,像挂满了炸弹的轰炸机。我想这条腿可能要烂掉,烂得像个冻僵了的冬瓜。当我施行了截肢手术,架着木拐,像挂钟般悠来荡去的时候,这个女婴会怎么想呢? 我还能指望她对我感恩戴德吗? 不可能,绝对不可能。我每次为别人付出重大牺牲后,得到的总是别人对我刻骨的仇恨和恶毒的詈骂,最恶毒的詈骂。我的心已经被伤透了,被戳穿了。当我把被酱油腌透的心献给别人时,人家却往我的心上撒尿。我恨透了丑恶的人类,当然包括这个食量颇大的女婴。我为什么要救她?我听到她在愤怒地质问我:你为什么要救我?你以为我会感谢你吗?没有你我早就离开了这个肮脏的人世,你这个执迷不悟的糊涂虫!应该让那条狗再咬你一口。

我胡思乱想着,突然发现饱食后的婴儿脸上绽开一个成熟的微笑。她笑得那么甜,像暗红色的甜菜糖浆。她的腮上有一个豆粒那么大的酒窝,她的印堂正中正在蜕皮,她的扁长的头颅正在收缩,变圆。一切都说明,这是个漂亮的、健康的女孩。面对着这样热诚的、像葵花一样辉煌的生命——我又一次想到金黄的葵花地——我否定自己的不经之想。恨人也许是不对的,那么,让我好好地爱人吧!哲学教师提醒我:纯粹的恨和纯粹的爱都是短命的,应该既恨又爱。好吧,我命令自己痛恨人类又挚爱人类。

女婴褓褓里的二十一元钱只够买一袋奶粉了,为女婴寻找新家园的工作毫无进展。妻子的闲言碎语一天到晚在我耳畔响。父亲和母亲更像木偶人了,他们常常一整天不说半句话。他们与我的语言功能发达的妻子形成了鲜明对照。我的女儿对我捡来的女婴有着强烈的兴趣,她常常陪着我坐在竹筛旁边,全神贯注地观赏着筛中的婴儿。我们好像在观赏奇异的热带鱼。

如果不能在最短的时间里把这个女婴处理掉,如果女婴吃完她亲生父母陪送给她的二十一元钱,我知道等待着我的是什么。我拖着伤腿出发了。我走遍了全乡十几个村庄,拜访了所有的缺少儿女的家庭,得到的回答几乎都是一样的:我们不要女孩,我们要男孩。我以前总认为我的故乡是个人杰地灵的地方,几天的奔波完全改变了我的印象。我见到了那么多丑陋的男孩,他们都大睁着死鱼样的眼睛盯着我看,他们额头上都布满深刻的皱纹,满脸的苦大仇深的贫雇农表情。他们全都行动迟缓,腰背佝偻,像老头一样咳嗽着。我更加深刻地体会到了人种的退化。这些严酷地说明全该淘汰的人种都像无价珍宝一样储存在村子里。我为故乡的未来深深担忧,我不敢设想这批未老先衰的人种会繁殖出一些什么样的后代。

有一天,我在推销女婴的归途上,碰到了一个小学时的同学。他好像是三十二三岁年龄吧,但看上去却有五十岁的样子。谈到家庭,他凄然地说:"还光棍着呢,这辈子就这么着了!"我说:"现在不是富了吗?"他说:"富是富了一些,可女人太少啦。要是有个姐姐妹妹的,我还可以换个媳妇,我也没有姐姐妹妹。"我说:"'乡规乡约'上不是严禁换亲吗?"他狐疑地看着我,说:"什么是'乡规乡约'?"我点点头,与他说起我捡到的女婴和碰到的麻烦,他麻木地听着,没有丝毫同情我的表示,只是把我送给他的烟卷儿狠狠地抽着。烟卷滋滋地燃烧着,他的鼻孔和嘴巴里全不见一丝青烟冒出;他好像把苦辣的烟雾全咽到胃里去了。

五天后他找到我,忸怩了半天后才说:"要不……要不就把那女孩送给我吧……我把她养到十八岁……"

——节选自《弃婴》

选段三:选段内容平实,故事性很强,朗读时应注意角色对话的变换,把握人物性格特色,注重实声的把握,在内容转变时注意情感转换。

一场台风过后,晴空万里。

在离城市不远的近郊,有一个村庄遭到了台风的破坏。不过,损失还不太严重,仅仅是村外山脚下那座小小的庙被台风连根端跑了,并没有伤什么人。

第二天早晨,村里人知道了这件事以后便纷纷议论起来。

"那座庙是哪个朝代留下来的呀?"

"谁知道呀,正是年代很久了。"

"必须赶快重新建造一座新的庙。"

正当大家你一言我一语他说着的时候,有几个人神色慌张地跑了过来。

"不得了,闯大祸啦!"

"什么事?就在附近吗?"

"不,还要过去一点,就在那边。"

这时候,有一个人忽然失色惊叫起来:

"喂,快来看呀。这个洞究竟是怎么回事呀?"

大家跑过去一看,地面上果真有一个洞,直径在一米左右。人们探着头向里面瞧了瞧,可是洞里黑咕隆咚的什么也看不见。然而,人们却有一种深不可测的感觉,这个洞似乎是一直通向地球中心的。

有一个人怀疑他说:"该不是狐狸洞吧?"

一个年轻人对着洞里使劲地大叫了一声。

"喂——出来!"

可是,并没有任何回声从洞底下传上来。于是,他就在附近捡了一块小石头准备要扔进洞里去。

一位胆小怕事的老年人颤巍巍地摆着双手,要想劝阻年轻人别这么干。

"这可千万不能扔下去呀,说不定会受到什么可怕的惩罚的。"

但是,年轻人早就抢先一步,把石头扔进了洞里。然而,洞底下仍然没有任何回声传上来。

村里人砍来了许多树枝,用绳子一道一道地缠绕着做成了栅栏,把这个洞围了起来。然后,他们就暂时先回到村庄里去了。

"接下来该怎么办呢?"

"还是在这个洞上面按照原来的样子建造一座庙吧。"

大家七嘴八舌地商量着,众说纷纭,莫衷一是。一天就这样过去了。消息灵通的报社记者们很快就打听到了这件事,争先恐后地开着小汽车赶来了。不一会儿,科学家和学者也都闻风而来。并且,每个人都显示出一副极其渊博、无所不知的神色,镇定自若地朝洞里张望着。随后,陆陆续续地又来了一大群看热闹的人。有的人反反复复地打量着这个洞,眼睛里露出贪婪的目光,心里不住地盘算着:是否可以从中牟取什么利润,要不要趁早出高价买下这个洞的专利权?派出所的警察们寸步不离地守卫在洞口周围,以防有人不慎跌落下去。

一位新闻记者拿来一根很长的细绳子,把只秤砣缚在一端,小心翼翼地往下放,渐渐地,绳子一尺一尺地放了下去。可是,等到绳子全部放完之后却拉不上来了。他叫了两三个人过来帮忙。大家齐心协力地使劲一拉,绳子居然在洞里的什么地方断掉了。一位手里拿着照相机的记者见到了这番情形,一声不响地解掉了扎在自己腰里的那条结实的粗绳子。

有一位学者叫人从研究所里搬来了一台大功率的扩音机,准备对洞底传上来的回声作频率分析。可是,他把扩音机摆弄了好久,各种各样的声音都试过了,却连半点回声也没听到。这位学者感到挺纳闷。他苦苦地思索着,这究竟是什么道理。然而,在众目睽睽之下绝不能就此作罢,遭人耻笑。他把扩音机紧靠住洞口,把音量开到最大限度,震耳欲聋的声音源源不断地从扩音机里传了出来,经久不息。如果是在地面上的话,数十公里以外的人都可以听到这种声音。可是,这个洞却来者不拒,把所有的声音都一股脑儿地吞了下去。

学者不禁心里有些发虚了,他装着镇定自若、胸有成竹的样子关掉了扩音机,用不容置疑的口气吩咐道:"赶快把它填掉!"

虽说事情还没弄清楚,但还是赶快处理掉为妙,免得堂堂学者当众出丑。

难道就这么草草收场了?周围那些看热闹的人都觉得有点儿可惜。但也没有办法,看来只好扫兴而归了。正在这时候,有一个人满头大汗地从人堆里挤了出来,大声地提议道:"请把这个洞让给我吧。我来给你们填。"

他就是起先打算出高价买下这个洞的专利权的那个投机商人。

可是,这个村庄里的村长却不同意。

"你愿意给我们填掉这个洞固然是件好事情,可是这个洞却不能给给你。因为我们必须在这上面建造一座庙。"

"请放心,我马上就给你们建造一座更加出色的庙,并且还附带一个广场,怎么样?"

村长还没来得及回答,村民们就异口同声地叫了起来。"这是真的吗?要是造在离我们村庄更近一点的地方就好了。"

"一个洞有什么稀奇的,现在就送给你吧。"

于是,这笔买卖就拍板成交了。当然,村长也只好对此表示同意了。

这位收买专利权的商人按照合同实行了自己的诺言。在离村庄更近的地方,一座小小的庙建造起来了,并且还附带建造了一个广场。

在这一年的秋收季节,这位专利权所有者创办了一家新奇的"填洞公司"。在这个洞的附近造起了一所小房子,门上挂着一块小小的招牌。

接着,这位专利权所有者就叫他的伙伴们在城里到处奔走,用各种方法进行宣传。

"本公司有一个绝妙的深不可测的洞。据学者们估计,其深度至少在五千米以上。这是容纳原子能反应堆的核废料等危险物品的最好的场所。机不可失,时不再来!"

不久,政府有关部门发给了营业许可证。许多原子能发电公司都争先恐后地前来签订合同。刚开始时,村里人都有点担心,生怕会出什么事情。可是,"填洞公司"派人对他们进行说明,这是一个非常保险的洞,即使过上几千年也绝不会对地面上产生什么危害。此外,村民们还可以从中得到好处呢。大家明白了这一点以后也就放心了。并且,从城里通到这个村庄的现代化高速公路也很快地建成通车了。

卡车在公路上奔驰着,源源不断地运来了许多铅做的大箱子。箱盖在这个洞的上方自动地打开,原子能反应堆的废料就倾泻到这个洞里。

外交部和国防部把那些用不着的机密文件连同保险柜一块儿扔了进去。随车前来执行监督任务的政府官员们,很轻松地谈论着打高尔夫球的事情,而那些职位较低的工作人员,则一边扔着各种文件,一边谈论着弹球房的事情。

看上去,这个洞似乎永远也填不满似的。大家都一致认为,这是一个深不可测的无底洞,并且,也许越往深处洞的直径越大吧。"填洞公司"的经营规模一点一点地扩大了起来。

在大学里做传染病实验的那些动物的尸体被运来,并且其中还夹杂着不少无人认领的流浪者的尸体。有关方面制订了一个计划,准备铺设大量的管道,以便把城市里的废物和污水全都排放到这个洞里去。这个办法要比向海洋排污高明多了。

这个洞使得生活在城市里的居民们感到了极大的欣慰。最近一个时期以来,由于人们只顾拼命地扩大生产规模,从而给城市造成了极其严重的公害。可是,要想治理这些公害却相当困难,无论是谁都感到很棘手。并且,人们都只愿意在生产性企业或商业公司工作,谁也不愿意天天和各种各样的垃圾打交道。然而,现在人们都认为,这个社会问题将由这个洞来逐步地加以妥善解决。

订了婚的姑娘们都把从前的那些日记本丢进了这个洞里。还有的人把从前同恋人一起拍的照片扔进了洞里,然后又心安理得地开始了新的恋爱。

警察把那些伪造得极其巧妙的假钞票没收来以后,也统统交给这个洞处理,从此便可万无一失了。而犯罪分子们则把各种犯罪证据都悄悄地扔进了洞里,以为这样就能逍遥法外了。

不管是扔进去什么东西,这个慷慨大方的洞全部一视同仁,照收不误。这个洞任劳任怨地给整个城市洗刷着各种肮脏的东西。渐渐地,海洋和天空又变成了美丽的蔚蓝色,远远地看上去就像是透明的玻璃一样。

在这瓦蓝瓦蓝的天空下面,新建造的高楼大厦就像雨后春笋一般接连不断地竖了起来。

有一天,一位工人爬在一幢正在施工的大楼顶上工作,他铆完了一颗铆钉之后,便放下工具稍微休息一会儿。忽然,他听到头顶上传来了奇怪的叫声。

"喂——出来!"

然而,他抬起头来朝天上看了看,却什么也没有,晴空万里,清澈如洗。他以为是刚才干得有点头晕了,产生了什么错觉。接着,正在他恢复到刚才的姿势,要好好地休息一会儿的时候,从刚才发出声音的那个方向飞过来一块石头,在他面前一掠而过,往地面上掉了下去。

可是,他只顾眯着眼睛得意洋洋地眺望着远处的地平线。啊,我们的城市变得越来越美好啦!

当然,那块微不足道的小石头根本就没引起他的丝毫注意。

——选自《喂——出来》

3. 散文

散文有广义和狭义之分,广义指的是广义的散文,在古代指的是一切不押韵的文章,但是古代没有"散文"这一个名称。散文这个名称是"五四"时期才有的。狭义的的散文,指不讲究韵律的散体文章,包括杂文、随笔、游记等,是自由的文体,不讲究音韵,不讲究排比,没有任何的束缚及限制,也是中国出现较早的行文体例。通常一篇散文具有一个或多个中心思想,以抒情、记叙、议论等方式表达。

选段一:这篇文章是献给那些曾经要好而如今却没联系的朋友,献给那些曾经年少轻狂却一去不复返的流光岁月。愿那些失去联系的朋友在遥远的地方一切都好,本文偏感伤,所以读的时候声音应该偏沉一些。

一别一辈子(张爱玲)

有些人分别后就没有机会再见面,等有机会了,却又犹豫了,相见不如不见。有些事搁下了就一直没有时间去做,等有时间了,却又不想做了,已没有了当初的那份激情。

有些人本来是有很多机会见面的,却总是找借口推脱,想见的时候已经没有机会了。有些事本来是有很多时间去做的,却总是一天天的推迟,等想做的时候却发现时间真的不在了。

人总是这样,至少大多数人总是这样,很讽刺却很现实的存在。事情也总是这样,一转身很可能就是下一世。

有些人,说好永远的,可不知怎么的,走着走着就散了。当你回头看你们走过的路时,竟自己都找不到回去的路了,想着想着也就哭了……

有些人,说好不见不散的,可从分别的那天起就再也没有见过了。最近我时常的想起我们的过去,也时常地问我自己,我们这是怎么了?当初的欢声笑语还停留在耳际,可如今却为何再也听不到了?当初的理想还铮铮的写在纸上,可如今为何却再也找不当初的那份激情了?曾经无话不谈的朋友,如今似乎已变得陌生了!到底是什么改变了我们?是时间?是现实?还是我们自己!?偶尔我也会想起,想起当初的我们。

有时候或许一个很小的物品,一句不经意的话,一首老歌,一个熟悉的场景也会让我们想起很多,很多的过去。关于你,关于他,关于我们……但终究还是回不去了。我知道,不是不想,是我们已经没有了当初的共同话题!电话少了,联系少了,见面的次数更加少了。渐渐地,渐渐地……便不再联系。就这样,一辈子!

选段二:这是一篇比较闲适、柔情的散文。那是对生命及生活的一种理想状态,所以朗读时前奏应该是清新舒展、积极向上地,中间讲述了人生的苦难需要自然、坚定。

岁月静好,人生安暖

这个世界上从来都不缺少美丽,缺乏的是发现美丽的眼睛,缺乏的是那将美丽转化为思索和感悟的心灵。你做到了这些,你的生活就会比常人美好很多。

拨开尘世的污浊,用虔诚的词章,洗尽生命的铅华,让心灵的美玉始终散发出温润恬淡的光芒。总期望从世俗的心里,开出一朵别样的洁美的花朵。每每用脱尘的笔尖摇落心底所有的尘烟,只为自己的心灵能够更纯粹。

人,只有做自己最喜欢做的事情,才会体会到生命里最纯粹的一份快乐。那份快乐,是任何东西无法比拟的,无法代替的。人需要一些纯粹的东西来丰富和充实自己,只有这样,我们的心灵才不会空虚和匮乏,才会感觉到一种真正的高雅和精彩。

人生的脚步是无法停止的。人生如白驹过隙,一切流逝的飞快,由不得我们犹豫阻拦。生命的来与去,朴素的无需修饰。生命是上苍洒落在大自然里的一粒种子,让苦短的生命,抽出丝丝缕缕的绿意清香,让心灵的温度伴着这一路的行走。

每个人的人生,不过是世界沧海中的一朵小小的浪花,沸腾和激越过后,注定将会隐没在深海的平静里。走过的是时间,走不过的是记忆。时间里没有永远,心灵里却有永远。时间里没有珍惜,爱的心扉却有珍惜。无论花开花落,其实都是人生的风景。

人生与季节一样,一半明媚,一半忧伤。成长的道路上,谁的身体上没有留下过几道疤痕?谁的心底没有潜藏过几道创伤?人生中最艰难的时刻,行走的不是步履,而是心灵。脆弱往往使人举步不前,彷徨不定,而坚强却可以行走更远的路途。有时候不是我们执意坚强,而是除了坚强,我们别无选择。不曾付出过成长的痛的代价,就无法收获一份人生的懂得与成熟。尽管有些痛当时是那么的不堪。多年后蓦然回首时,一切已是云淡风轻……

泰戈尔说"人生路上坎坷多。只有经历地狱般的磨炼,才能炼出创造天堂的力量;只有流过血的手指,才能弹出世间的绝唱。"学会对经历的苦难说一声感恩,感谢命运在你的成长里留下的那一道道醒目的疮疤。

一个人的一生有多少快乐的时间,取决于她的心选取怎样的方式度过。在生命的白纸上,你写下悲伤,就会留下悲伤的味道,你写下快乐,就会飞扬起快乐的音符。人生的味道全凭自己做主。总是纠结于曾经的痛,便会丢失现在的快乐。把握珍惜好现在的每一天,就是在享受一份生命的美好。

你爱一样东西,它就是美的,无价的。哪怕它在现实里并没有太多的价值。如果你不爱,哪怕它再美,就算是价值连城,你都会不屑一顾。这就是我们的心灵取向和情感取向。这世界上,有许多东西是无法用金钱来衡量和买断的,衡量它们的,是内心的真善的情感。任何打动了我们心灵和灵魂的东西,都是最美的温暖。

生活永远需要一颗懂得珍惜的心。美丽的东西不必刻意去搜寻,只要你时刻保持着自己内心的优雅与善良,想必那美好的事物便已经距你不再遥远。能够将一种发自心灵的美带给别人,感悟他人,惊醒他人,也是一种善举。

在浩瀚的人生之海里,我们激越的时候像是一朵浪花,翻滚着自己生命的洁白,我们淡然的时候,又宛如一泓秋水,默默流淌着自己的悠悠的情愫。只有如水的人生才是生命的本质,那些忽然明艳忽然黯然的时刻,都是生命的路程上必须承受的一种历练。

从来不会因为一种功利的心情去做某一件事情,美的心灵经过了自然的洗礼变得更加的纯澈透明。生命来这世间一遭,总该留下一抹自己别样的美丽的印记,这样才对得住那滔滔奔逝的流年。一个人只有在追求的状态里,他的人生才更感动,更生动精彩。

谁说那一枚枚叶不是一朵朵生命的花呢?总是谦让着花儿先盛开,自己再萌发出崭新的绿意来。那便是叶的可贵之处了吧。活着,是一枚歌唱的绿叶,死了,化作一抔静静的泥土……如此真挚的情怀,如何不叫人感动呢?总感觉世间的男子,宛如一枚绿叶般陪衬、美丽了女子的一生,那份脉脉的温情,该用尽女子的一生去思量吧……

生命里有个给了你快乐的人,又给了你莫名的忧伤。你却无法回绝他的美丽。因为你的生命曾经与他共呼吸。有个人值得你用一生时间去思念,是遗憾? 是幸运? 是伤感? 还是美丽? 谁能说不是遗憾造就了这份美丽,谁能说有个人能带给你一生小小感伤,不是一种幸运?

人生就是一场永不停歇的行走,走过风雨兼程的路途,那一路上的跋涉有壮美、有沧桑、有着常人无法体味的酸楚心情……但是我们必须咬牙坚持下去,怀着一颗感恩的心,为了那些伴着我们的人,带给我们温暖的人,为了那些给予了我们爱,却不求回报的人……

生命里所有经历的人和事,都是沿途美不胜收的风景,静心领略它们,就是领略了人生醇厚的韵味。岁月静好,人生安暖,一段柔语,一寸心香,一路上有一颗懂得的心灵相伴就是至美温暖的风景。用前生的温婉修一段今世如花的尘缘,听夜的心事在浪花的碎念里轻弹,于一段禅心如水的光阴里沉醉,忘记了自己身在何处……

总有一天,我们会将自己的一切交还给岁月。今生能够拥有那一次跨越千山万水的灵魂的偎依,人生就不再是一场单调的空白。那些夜色里给过我温暖的灵魂,斯世不会忘怀。穿越尘世迷离的诗行,世上总有一颗心灵与我相同,我不诉求于他任何,只求陪他静静的老去,老去……

选段三:背景:作者当时的心境指的是你没有读懂我现在行为的含义以及你没有了解真实的我,"我不怪你"说明言者用心良苦,具有包容,期待你有一日能够了解他。

你不懂我,我不怪你

每个人都有一个死角,自己走不出来,别人也闯不进去。我把最深沉的秘密放在那里。你不懂我,我不怪你。

每个人都有一道伤口,或深或浅,盖上布,以为不存在。我把最殷红的鲜血涂在那里。你不懂我,我不怪你。

每个人都有一场爱恋,用心、用情、用力,感动也感伤。我把最炙热的心情藏在那里。你不懂我,我不怪你。

每个人都有一行眼泪,喝下的冰冷的水,酝酿成的热泪。我把最心酸的委屈汇在那里。你不懂我,我不怪你。

每个人都有一段告白,忐忑、不安,却饱含真心和勇气。我把最抒情的语言用在那里。你不懂我,我不怪你。

你永远也看不见我最爱你的时候,因为我只有在看不见你的时候,才最爱你。同样,你永远也看不见我最寂寞的时候,因为我只有在你看不见我的时候,我才最寂寞。

也许,我太会隐藏自己的悲伤。也许,我太会安慰自己的伤痕。也许,你眼中的我,太会照顾自己,所以,你从不考虑我的感受。

你以为,我可以很迅速的恢复过来,有些自私的以为。从阴雨走到艳阳,我路过泥泞、路过风。一路走来,你不曾懂我,我亦不曾怪你。我不是为了显示自己的大度,也不是为了体现自己的大方。只想让你知道,感情不在,责备也不存在。

4.演讲

演讲稿也叫演讲词,它是在较为隆重的仪式上和某些公众场所发表的讲话文稿。演讲稿是进行演讲的依据,是对演讲内容和形式的规范和提示,它体现着演讲的目的和手段,演讲的内容和形式。演讲稿是人们在工作和社会生活中经常使用的一种文体。它可以用来交流思想、感情,表达主张、见解;也可以用来介绍自己的学习、工作情况和经验等;演讲稿具有宣传、鼓动、教育和欣赏等作用,它可以把演讲者的观点、主张与思想感情传达给听众以及读者,使他们信服并在思想感情上产生共鸣。

选段一:

人们一思索,上帝就发笑

——1986年米兰·昆德拉在耶路撒冷的演讲

以色列将其最重要的奖项保留给世界文学,绝非偶然,而是传统使然。那些伟大的犹太先人,长期流亡在外,他们所着眼的欧洲也因而是超越国界的。对他们而言,欧洲的意义不在于疆域,而在于文化。尽管欧洲的凶蛮暴行曾叫犹太人伤心绝望,但是他们对欧洲文化的信念始终如一。所以我说,以色列这块小小的土地,这个失而复得的家园,才是欧洲真正的心脏。这是个奇异的心脏,长在母体之外。

今天我来领这个以耶路撒冷命名、以伟大犹太精神为依归的奖项,心中充满了异样的激动。我是以小说家的身份来领奖的,不是作家。法国文豪福楼拜曾经说过,小说家的任务就是力求从作品后面消失:他不能当公众人物。然而,在我们这个大众传播极为发达的时代,往往相反——作品消失在小说家的形象背后了。固然,今天无人能够彻底避免曝光,福楼拜的警告仍不啻是适时的警告:如果一个小说家想成为公众人物,受害的终归是他的作品。这些小说,人们充其量只能当是他的行动、宣言、政见的附庸。

小说家不是代言人。严格说来,他甚至不应为自己的信念说话。

当托尔斯泰构思《安娜·卡列尼娜》的初稿时,他心中的安娜是个极不可爱的女人,她的凄惨下场似乎是罪有应得。这当然跟我们看到的定稿大相径庭。这当中并非托氏的道德观念有所改变,而是他听到了道德以外的一种声音——我姑且称之为小说的智慧。所有真正的小说家都聆听这超自然的声音。因此,伟大的小说里蕴藏的智慧总比它的创作者多。认为自己比其作品更有洞察力的作家不如索性改行。可是,这小说的智慧究竟从而来?所谓小说又是怎么回事?

我很喜欢一句犹太谚语:人们一思索,上帝就发笑。这句谚语带给我灵感。我常想象拉伯雷有一天突然听到上帝的笑声,欧洲第一部伟大的小说就呱呱坠地了。小说艺术就是上帝笑声的回响。为什么人们一思索,上帝就发笑呢?因为人们愈思索,真理离他愈远。人们愈思索,人与人之间的思想距离就愈远。因为人从来就跟他想象中的自己不一样。当人们从中世纪迈入现代社会的门槛,他终于看到自己的真面目:堂·吉诃德左思右想,他的仆役桑丘也左思右想——他们不但未曾看透世界,连自身都无法看清。欧洲最早期的小说家却看到了人类的新处境,从而建立起一种新的艺术,那就是小说艺术。十六世纪法国修士、医师兼小说家拉伯雷替法语创造了不少新词汇,一直沿用至今。可惜有一字被人们遗忘了:这就是源出希腊文的Agelaste,意指那些不懂得笑、毫无幽默感人。拉伯雷对这些人既厌恶又惧怕;他们的迫害,几乎使他放弃写作。小说家跟这群不懂得笑的家伙毫无妥协余地。因为他们从未听过上帝的笑声,自认掌握绝对真理、根正苗壮;又认为人人都得统一思想。然而,个人之所以有别于人人,正因为他窥破了绝对真理和千年一面的神话。小说是个人发挥想象的乐园,那里没有人拥有真理,但人人有被了解的权利。

在过去四百年间,西欧个性主义的诞生和发展,就是以小说艺术为先导。巴汝奇是欧洲第一位伟大小说的主人翁;他是拉伯雷《巨人传》的主角。在这部小说的第三卷里,巴汝奇最大的困扰是:到底要不要结婚?他四出云游,遍寻良医、预言家、教授、诗人、哲人,这些专家们又引用希波克拉底、亚里士多德、荷马、赫拉克利特和柏拉图。可惜尽管穷经皓首,到头来巴汝奇还是决定不了应否结婚。我们这些读者也下不了结论。当然到最后,我们已经从所有不同的角度,衡量过主人翁这个既滑稽又严肃的处境了。拉伯雷这一番旁征博引,与笛卡儿式的论证虽然同样伟大,性质却不尽相同。小说的母体即使穷理尽性,也还是幽默。欧洲历史最大的失败之一就是它对于小说艺术的精神、其所提示的新知识,及其独立发展的传统,一无所知。小说艺术其实正代表了欧洲的艺术精神。这门受上帝笑声启发而诞生的艺术,并不负有宣传、推理的使命,恰恰相反——它像佩内洛碧那样,每晚都把神学家、哲学家精心纺织的花毯拆骨扬线。

近年来,指责十八世纪已经成为一种时尚。我们常常听到这类老生常谈:俄国极权主义的恶果是西欧种植的,尤其是启蒙运动的无神论理性主义,及理性万能的信念。我不够资格跟指责伏尔泰的为苏联集中营负责的人争辩。但是我完全有资格说:十八世纪不仅仅是属于卢梭、伏尔泰、费尔巴哈的,它也属于(甚至可能是全部)费尔丁、斯特恩、歌德和勒卢的。十八世纪的小说之中,我最喜欢劳伦斯·斯特恩的作品《项迪传》。这是一部奇特的小说。斯特恩在小说的开端,描述主人翁开始在母体里骚动那一夜。走笔之际,斯特恩突来灵感,使他想起另外一个故事。随后上百篇幅里,小说的主角居然被遗忘了。这种写作技巧看起来好像是在耍花枪;作为一种艺术,技巧绝不仅仅在于耍花枪。无论有意还是无意,每一部小说都要回答这个问题:人的存在究竟是什么?其真意何在?斯特恩同时代的费尔丁认为答案在于行动和大结局。斯特恩的小说答案却完全不同:答案不在行动和大结局,而是行动的阻滞中断。因此,也许可以说,小说跟哲学有着间接但重要的对话。十八世纪的理性主义不就奠定于莱布尼兹的名言:凡存在即合理。当时的科学界基于这样的理念,积极去寻求每样事物存在的理由。他们认为:凡物都可计算和解释;人要生存得有价值,就得弃绝一切没有理性的行为。所有的传记都是这么写的:生活总是充满了起因和后果,成功与失败。人类焦虑地看着这连锁反应急剧地奔向死亡的终点。斯特恩的小说矫正了这种连锁反应的方程式。他并不从行为因果着眼,而是从行为的终点着手。在因果之间的桥梁断裂时,他优哉游哉地云游寻找。看斯特恩的小说,人的存在及其真意何在要到离题万丈的枝节上去寻找,这些东西都是无法计算的,毫无道理可言;跟莱布尼兹大异其趣。评价一个时代精神不能光从思想和理论概念着手,必须考虑到那个时代的艺术,特别是小说艺术。

十九世纪蒸汽机问世时,黑格尔坚信他已经掌握了世界历史的精神,但是福楼拜却在大谈人类的愚昧——我认为那是十九世纪思想界最伟大的创见。当然,早在福楼拜之前,人们就知道愚昧。但是由于知识贫乏和教育不足,这里是有差别的。在福楼拜的小说里,愚昧是人类与生俱来的。可怜的爱玛,无论是热恋还是死亡,都跟愚昧结了不解之缘。爱玛死后,郝麦跟布尔尼贤的对话真是愚不可及,好像那场丧礼上的演说。最使人惊讶的是福楼拜他自己对愚昧的看法。他认为科技昌明、社会进步并没有消灭愚昧,愚昧反而跟随社会进步一起成长!福楼拜着意收集一些流行用语——一般人常用来炫耀自己的醒目和跟得上潮流。他把这些流行用语编成一本辞典。我们可以从这本辞典里领悟到:现代化的愚蠢并不是无知,而是对各种思潮生吞活剥。福楼拜的独到之见对未来世界的影响,比弗洛伊德的学说还要深远。我们可以想象,这个世界可以没有弗洛伊德的心理分析学说,但是不能没有抗拒各种泛滥思潮的能力。

这些洪水般的思潮输入电脑,借助于大众传播媒介,恐怕会凝聚成一股粉碎独立思想和个人创见的势力——这股势力足以窒息欧洲文明。在福楼拜塑造了包法利夫人八十年之后,也就是我们这个世纪的三十年代,另一位伟大的小说家,维也纳人布洛克写下了这句至理名言:现代小说英勇地与媚俗的潮流抗争,最终被淹没了。Kitsch 这个字源于上世纪中之德国,它描述不择手段去讨好大多数的心态和做法。既然想要讨好,当然得确认大家喜欢听什么,然后再把自己放到这个即定的模式思潮之中。Kitsch 就是把这种有既定模式的愚昧,用美丽的语言和感情把它乔装打扮,甚至连自己都会为这种平庸的思想和感情洒泪。今天,时光又流逝了五十年,布洛克的名言日见其辉。

为了讨好大众,引人注目,大众传播的美学必然要跟 Kitsch 同流。在大众传媒无所不在的影响下,我们的美感和道德观慢慢也 Kitsch 起来了。现代主义在近代的含义是不墨守成规、反对既定思维模式、决不媚俗取宠。今日之现代主义(通俗的用法称为新潮)已经融会于大众传媒的洪流之中。所谓新潮就得有意图地赶时髦,比任何人更卖力地迎合既定的思维模式。现代主义套上了媚俗的外衣,这件外衣就叫 Kitsch。那些不懂得笑,毫无幽默感的人,不但墨守成规,而且媚俗取宠。他们是艺术的大敌。

正如我强调过的,小说的艺术是上帝笑声的回响。在这个艺术领域里没有人掌握绝对真理,人人都有被了解的权利。这个自由想象的王国是跟现代欧洲文明一起诞生的。当然,这是非常理想化的欧洲,或者说是我们梦想中的欧洲。我们常常背叛这个梦想,可也正是靠它把我们凝聚在一起。这股凝聚力已经超越欧洲地域的界限。我们都知道,这个宽宏的领域(无论是小说的想象,还是欧洲的实体)是极其脆弱的、极易夭折的。那些既不会笑又毫无幽默感的家伙老是虎视眈眈盯着我们。在这个饱受战火蹂躏的城市里,我一再重申小说艺术。我想,诸位大概已经明白我的苦心。我并不是回避谈论大家都认为重要的问题。我觉得今天欧洲文明内外交困。欧洲文明的珍贵遗产——独立思想、个人创见和神圣的隐私生活都受到威胁。对我来说,个人主义这个欧洲文明的精髓,只能珍藏在小说历史的宝盒里。

我想把这篇答谢辞归功于小说的智慧。

我不应再饶舌了——我似乎忘记了,上帝看见我在这儿煞有介事地思索演讲,他正在一边发笑。

选段二：此篇演讲词是说理性的文章，其感情的基调是对生活的激励、放飞希望、坚持信仰，结合情、气、声运用表达，声音的高低起伏要控制好，有理有力。

信念的力量

有这样一种力量，它可以使人在黑暗中不停止摸索，在失败中不放弃奋斗，在挫折中不忘却追求。在它面前，天大的困难微不足道，无边的艰险不足为奇。这种力量，就叫信念。

俄国的列宁曾经说过：没有原则的人是无用的人，没有信念的人是空虚的废物。就从我们古代说起吧：两千多年前的汉朝著名史学家司马迁，因"李陵事件"下狱，受了宫刑。应该说，人世间没有比这更大的耻辱了。可是他没有消沉，忍辱含垢，披肝沥胆，专心著述整整十一年，终于写成了《史记》那部五十二万字的鸿篇巨著。这需要多么大的毅力啊！假如他不是为了"究天下之际，通古今之变，成一家之言"，恐怕早就自尽身亡了。这就是信念的力量。

再来说说近代，我们敬爱的周恩来总理。他是真正称得上，为他所信仰的共产主义事业奋斗一生的人。在他生命的最后时刻，他还要求身边的工作人员为他播放《国际歌》。当那磅礴的旋律盈满一室时，总理的嘴唇分明还在翕动，在吟唱！在连放三遍后，总理对守在身边的邓颖超同志说："我坚信全世界共产主义一定能实现。"虽然，讲这个话的声音很细微，却给身边的人震动很大。已近弥留阶段的他，最后唱这支歌，显示了真正不移的信念。人生尽可信念不同，能够为信念奋斗终生，奉献一切，那么，就连他的敌人也会为他的人格肃然起敬。

从古说到今，让我们再来说说自己身边的人物吧！她，是我处道桥公司的一名女工程师，作为市政行业中的一员，她像一颗耀眼的星星，在众多璀璨闪耀的群星中熠熠发光。她，就是马飞。马飞毕业于武汉城建学院，1990年到市政管理处工作。这10多年来，她曾经做过工程资料员、质量员、施工员、项目经理。每份工作她都做都兢兢业业，一丝不苟。力求把工作做得尽善尽美是她的信念。就拿马飞担任柳西河工程的项目经理这件事来说吧。这个工程是当年度市政府实事工程之一，施工难度大，压力重。作为项目经理的马飞，精心组织人员，合理安排工序。在施工中，她始终把工程质量放在首位，严格按照施工组织设计的有关技术措施，反复向项目部全体人员进行布置和交底，使每个成员做到胸有成竹。工程一开工，马飞就日夜守在了工地上，每天晚上十点、十一点，有时甚至一二点钟才回家，成了一个名副其实的"都市夜归人"。女项目经理如此敬业，令工地上的职工肃然起敬，于是用百倍的工作热情来表达对她的敬佩之情。最后，柳西河整治工程被评为优良工程，并获得了市"甬江建设杯"。正是因为马飞心中有着坚定的信念，她才能够先后出色地完成三市路、体育中心等项目工作，得到各级领导的好评。现在，她是市"三八"红旗手、省级优秀共产党员，也是我处女职工的榜样。

在座的各位团员青年，听着这一个个鲜活的事例，您感到信念的力量了吗？当然，我们二十一世纪的青年，应该比前人有更高的奋斗目标，更美好的理想，更坚定的信念。我们应该像他们那样，完成时代赋予的使命，肩负起我们市政事业的未来。历史是漫长的，人生是短暂的。那么，朋友们，请用牢固的信念的桅杆，高高地扬起你理想的风帆吧，为了单位的振兴发展,为了祖国的繁荣昌盛,乘风破浪,一往无前!

选段三:《无辜的罪人》所展现的是 19 世纪俄罗斯一个边远省城的社会风貌,然剧本所揭示的生活内容不难理解、不难引起我们内心真切的感受。

情感基调:嘲笑社会的无情,此演讲稿如不是紧紧地把握住对象,不是真实的随着对方的叙述活跃自己的想象,很容易丢掉对象。

无辜的罪人

先生们,我已经得到允许了,因此,请不要打断我的话。先生们,我提议,为抛弃亲生孩子的母亲干杯吧! 让她们在欢欣愉快里活下去吧,让她们的道路上洒满蔷薇和百合花吧。希望她们的快乐生活,不受任何人、任何东西的搅扰,希望任何人、任何东西也不使她们想起那些不幸的苦命的孤儿。为什么要去破坏她们的平静呢? 她们为了自己的娇儿,已经做了她们所能做会做的一切了。她们有的为了她们的孩子痛苦,或多或少柔情地吻过她们的孩子,而且临别曾言:"我的宝贝,分别了,自己去找你的生路吧! 最好还是死去。"所谓真理,这就是真理:死是头等没事。它能叫这位新入人间的旅客满意的。然而这样的幸运还不是每个孤儿都能享受得到的。(低头沉思片刻)还有一些多情的母亲,她们不只长流眼泪、常吻她们的孩子,而且还给孩子戴一个黄金做的小玩艺儿,还说:"戴着吧,记住我吧!"可是,可怜的孩子能记得什么呢? 而且何必要记着呢? 何必给他们留下这个不幸的耻辱的永久的纪念品呢? 就是没有这个,也是每个不嫌麻烦的人,都要指着他,说他是被抛弃的私生子,是道旁的野种! 可是他们的母亲是否知道这个不幸的、无缘无故被人辱骂的孩子,有时候把眼泪洒在她妈妈留下的纪念品上呢? 妈妈,你现在在哪里快乐逍遥呢? 回答我一声吧! 哪怕你的一滴眼泪落在我的头上,我再去忍受我的痛苦和失望,我将会觉得轻松一些,要知道这纪念品挂在身上,真像火一样烧着我的心呀。

5. 台词

台词是构成一个剧本的基石,是剧本不可或缺的因素。没有台词,就没有剧本,没有人物的冲突,更没有剧情的发生、发展、高潮和结局。剧中的人物,或称之为角色,必须通过台词才能表达各自的身份、地位、性格、特点等。由此可见台词在剧本中的重要性。由于戏剧不像小说等文学样式那样由作者出面向读者叙述,只能依靠人物自身的语言与动作来表达一切,因此台词是戏剧舞台上唯一可以运用的语言手段,台词的写作与安排成为剧作技巧的重要组成部分。

选段一:以下台词内容有感染力,以抒情为主,注意体会台词人物的内心细微感受,表现声音变化。

恋爱的犀牛(选段)

马路:黄昏是我一天中视力最差的时候,一眼望去满街都是美女,高楼和街道也变幻了通常的形状,像在电影里……你就站在楼梯的拐角,带着某种清香的味道,有点湿乎乎的,奇怪的气息,擦身而过的时候,才知道你在哭。事情就在那时候发生了。我有个朋友牙刷,他要我相信我只是处在发情期，像图拉在非洲草原时那样，但我知道不是。你是不同的，唯一的，柔软的，干净的，天空一样的，我的明明，我怎么样才能让你明白？你是我温暖的手套，冰冷的啤酒，带着阳光味道的衬衫，日复一日的梦想。你是甜蜜的，忧伤的，嘴唇上涂抹着新鲜的欲望，你的新鲜和你的欲望把你变得像动物一样的不可捉摸，像阳光一样无法逃避，像戏子一般的毫无廉耻，像饥饿一样冷酷无情。我想给你一个家，做你孩子的父亲，给你所有你想要的东西，我想让你醒来时看见阳光，我想抚摸你的后背，让你在天空里的翅膀重新长出。你感觉不到我的渴望是怎样的向你涌来，爬上你的脚背，淹没你的双腿，要把你彻底的吞没吗？我在想你呢，我在张着大嘴，厚颜无耻地渴望你，渴望你的头发，渴望你的眼睛，渴望你的下巴，你的双乳，你美妙的腰和肚子，你毛孔散发的气息，你伤心时绞动的双手。你有一张天使的脸和婊子的心肠。我爱你，我真心爱你，我疯狂地爱你，我向你献媚，我向你许诺，我海誓山盟，我能怎么办。我怎样才能让你明白我是如何的爱你？我默默忍受，饮泣而眠？我高声喊叫，声嘶力竭？我对着镜子痛骂自己？我冲进你的办公室把你推倒在地？我上大学，我读博士，当一个作家？我为你自暴自弃，从此被人怜悯？我走入精神病院，我爱你爱崩溃了？爱疯了？还是我在你窗下自杀？明明，告诉我该怎么办？你是聪明的，灵巧的，伶牙俐齿的，愚不可及的，我心爱的，我的明明…………

马路家大仙手里玩着一副牌，黑子、马路坐在一边。

黑子：他还来不来？马路：我怎么知道？黑子：呼他！重色轻友！大仙：（一手拿一张牌）看着看着，这边是红的吧，这边是黑的，我吹一口气，红的能变成黑的。看着呀！（大仙变戏法，马路和黑子看着，兴趣不大。）大仙：怎么样？黑子：小石到底怎么说的？大仙：他说一会儿就过来。黑子：以后不带他玩了。大仙：行。（又变戏法）看着看着！黑子：（对马路）你们旁边新搬来的那姑娘是干吗的？大仙：瞎打听什么？黑子：我也想变成有事干的人！问你呢，马路。马路：我想是办公室的秘书。黑子：她告诉你的？（马路摇摇头。）黑子：那你怎么知道？马路：因为她身上有股复印机的味道。黑子：开玩笑。马路：我能从一个人散发的气味判断出他的身份、职业，和他刚刚干了些什么。不相信？闻闻大仙，闻到那股医院的味了吗？那是多少柠檬香洗衣粉和力士香皂也洗不掉的，它已经浸到了你的骨缝里，无时不刻不在往外散发。那些带着空调和复印机气味的职员，满身烟味的小商人，刚刚从厨房出来，打扮一新逛商场的主妇，尽管喷了香水，还是遮不住头发里的油烟。我甚至能从呼吸里分辨出每个人中午的菜谱——鱼香肉丝、麻辣肚片、香菇菜心……黑子：就你那蒜头鼻子。大仙：鼻子的好坏不在于它的外观，在于它的功能。马路：对呀！人们对于眼睛和耳朵都有统一的检验标准，没有过到这个标准，就会被视为某种残疾，影响你的工作、升学，甚至人生态度。关于这个有许多带有歧视的色彩的形容词——眼瞎、耳聋、色盲，而对鼻子却完全没有要求。鼻塞，这仅仅被作为一种感冒的症状，几粒康泰克就可以解决问题。一个称职的优秀的鼻子，从来无人理睬。大仙：马路养的犀牛们，眼睛不好，不过鼻子特灵。黑子：快赶上狗了。大仙：真的？让我闻闻。

选段二：此段台词为电视剧《甄嬛传》选段。其背景是华妃被贬入冷宫，甄嬛与华妃的唇枪舌战，此时华妃大势已去。华妃的语气应当是不甘心且绝望的。甄嬛的语气更多是扬眉吐气，甚至带着一丝咄咄逼人的味道。

甄嬛传（选段）

华妃：胆子还挺大的，冷宫也敢这样进来。

甄嬛：这个地方我来得比你多，当初我就是在这里看着丽嫔在我面前疯癫无状。

华妃：你不要做梦了，你把我害到如此地步，我做鬼都不会放过你。

甄嬛：没有人要害你，是你自作自受，淳贵人溺水是你做的吧；在温仪公主食物里下木薯粉也是你做的，指使余氏在我药中下毒，推眉庄入水，冤枉眉庄假孕争宠，可样样都是你做的吧。

华妃：我就知道，曹琴默那个贱妇敢反咬我一口，必定是你在背后指使，凭她哪有那个狗胆！

甄嬛：你还真是知人不明，你几次三番利用温仪来争宠，甚至不惜拿她的性命来开玩笑，襄嫔（曹贵人）是她的生母，哪有不恨的道理，你以为她恨你的心思是从今日才有的吗？冰冻三尺非一日之寒，你早该知道她对你有异心了。

华妃：以我当年的盛势，连皇后那个老妇都要让我三分，曹琴默不过是我身边的一条狗，我怎么会把她放在眼里。

甄嬛：可惜她是人，人要比狗复杂多了。

华妃：贱人，你跟你父亲一样狡诈，若不是你父亲设下诡计，我们年氏一族不至于一败涂地，你们宫里宫外联手，不就是为了置我于死地吗！

甄嬛：若不是年氏一族居功自傲，任意妄为，又何至于此呢，你别忘了，你的夫君是皇帝，君王枕畔怎容他人酣睡。

华妃：我哥哥是有功之臣，为大清平定西北，战功赫赫。

甄嬛：再怎么战功赫赫也是皇上的臣子，怎可凌驾于皇上之上，岂非谋逆。

（貌似华妃有所领悟，这时苏培盛过来要送年氏上路，推门进去，说奉皇后懿旨让华妃在毒酒、白绫、匕首里面任选一样）

华妃：皇后懿旨，皇上的圣旨呢，拿来。

苏培盛：皇上的意思是，交由皇后娘娘全权做主。

华妃：没有皇上的圣旨，我绝不就死，皇上能亲口下令杀了我兄长，还怕再下一道旨意给我吗？

苏培盛：皇上说了，任何有关小主的事都不想听到。

华妃：（快哭了）皇上就厌恶我到如此地步吗？去请皇上的圣旨来，我等着。

甄嬛：苏公公，且缓一缓吧，容我和年答应告别几句。

苏培盛：是，娘娘自便吧，奴才在外头候着就是了（放下东西，出去了）。

甄嬛：真是对不住了，称呼惯了你娘娘，骤然要叫你答应，还真是不习惯呢（对小允子说手炉凉了，让他出去了）皇上为什么厌恶你，你知道吗？

华妃：皇上从来都没有厌恶过我，皇上从前很宠爱我，就算我犯了再大的过错，他再生气，也不舍得不理我太久。

甄嬛：皇上为什么喜欢你，你知道吗？就因为你的美貌？宫中可从来不缺美貌的女人。

华妃：你是说，皇上因我是年羹尧的妹妹才加以宠爱，端妃也是将门之女。

甄嬛：其实你自己心里面都清楚，又何必要自欺欺人呢？

华妃：你胡说，皇上怎么会对我没有真心。

甄嬛：或许有吧，可即使有，你和年羹尧跋扈多年，这点真心，恐怕也耗得一点都不剩了。

华妃：你个贱人知道什么，记得我那一年刚刚入王府，就封了侧福晋，成了皇上身边最得宠的女人，王府里那么多女人，个个都怕他，就我不怕他，他常常带着我去策马，去打猎，他说他只喜欢我一个人，可是王府里的女人真多啊，多得让我生气，他今天宿在这个侍妾那里，明晚又宿在那个福晋那里，我就这样等啊等啊，等到天都亮了，他还是没来我这，你试过从天黑等到天亮的滋味吗？

甄嬛：我一早知道他是皇上，他的夜晚从来不属于我一个人。

华妃：当然，你从来都没有像我这样喜欢过皇上，后来我有了身孕，皇上很高兴，可是渐渐他就不那么高兴了，虽然皇上不说，可是我能感觉到，王府里长大的就只有三阿哥一个，我知道他担心，我就跟他说，别怕，我会给你生下一个皇子，可是没过多久，我喝了端妃送来的安胎药，我的孩子就没有了，太医告诉我，那是一个已经成了形的男胎。

甄嬛：你的孩子没了，就要拿我的孩子来陪葬吗？他在我肚子里才四个月大，你居然要置他于死地。

华妃：我没有要杀你的孩子，是你自己不中用，才跪了半个时辰就会小产，你自己保不住自己的孩子，何苦要来怪我，我是恨皇上专宠于你，我从来没有见过皇上如此宠爱一个女人，有你在，皇上就不在意我了，我不想再从天黑等到天亮了，只要是敢跟我争宠的女人，就都得死，我是让余氏下毒杀你，可是我没有想过要杀你的孩子。

甄嬛：你没有？就算你不是有心的，可若不是你宫里的欢宜香，我又怎么会身子虚弱，才跪了半个时辰我就小产。

华妃：欢宜香，欢宜香？

甄嬛：你知道为什么你小产之后就没有再怀上孩子了吗？你知不知道那欢宜香里面有大量的麝香，你用了这么多年，当然不会再有孩子了。

华妃：你信口雌黄，那香是皇上赐给我的，皇上，不可能，这不可能……

甄嬛：若不是皇上的旨意，怎么会没有太医告诉你，你体内有麝香，且不说你多年不孕，就连你当年小产，也都是皇上的旨意，端妃那碗安胎药，只不过是替皇上担了虚名而已，你灌了端妃再多的红花，也换不回你的孩子（这之间华妃一直在说不可能）。

华妃：为什么，为什么？

甄嬛：因为你是年家的女儿，皇上对年羹尧早有戒心，他是不会让你生下有年氏血脉的孩子的。

华妃：（又哭又笑）皇上，皇上，你害得世兰好苦啊（一头撞死了）。

选段三：此段台词选自于电视剧《裸婚时代》是刘易阳对童佳倩表白的内容。感情真挚，所以在朗读时语气也是温暖，情绪饱满的，带着幸福感。朗读时可适当加入虚声，但不宜过多。

裸婚时代(选段)

我们俩上学那会儿,我就觉得佳倩长得好看,别的男生多看她一眼,我这心里就特不高兴,有点什么吃的喝的用的,我第一时间就想到是童佳倩,我每天骑车子多骑五六公里,就是为了能绕到你们家楼下,看一眼童佳倩。

后来上了大学,我就把每个星期的生活费,全部攒下来。就等到周末带佳倩去吃顿必胜客,看场电影,我上学那会儿,找各种办法让自己不饿。后来人家说,抽烟能让我不饿,我就开始学抽烟,抽不起好的我就抽次的,次的抽不了,我就捡烟屁股,烟屁股抽没了我没辙,我就只能睡觉,躺在床上一觉睡下去,也就忘了饿了。后来大学毕业找工作,我是削尖了脑袋想找那些挣得多的,能让我买得起房,买得起车,能让我堂堂正正地把童佳倩娶进门,可是就算我拼了命,我也赶不上这房价涨的速度。阿姨,我爸妈都是工人,我们家没什么钱,条件也不如你们家,但是我爸妈都是好人,我妈说了,只要佳倩嫁到我们家,她就把佳倩当成亲闺女一样对待。但是阿姨您要是觉得,我们小家小户的,您怕佳倩嫁到我们家受委屈,那我就给您表个态:我是非常非常爱佳倩的,我就是要跟佳倩结婚,您要是同意,我就住到您这儿来。有童佳倩的地方,才是我刘易阳的家。

6. 寓言

寓言的篇幅一般比较短小,语言精辟简练,结构简单却极富表现力。①鲜明的讽刺性和教育性。多用借喻手法,使富有教训意义的主题或深刻的道理在简单的故事中体现。主题思想大多借此喻彼,借远喻近,借古喻今,借小喻大。②故事情节的虚构性。主人公可以是人也可以是物。常用手法为比喻、夸张、象征、拟人等。手法"寓"是"寄托"的意思,即把作者的思想寄寓在一个故事里,让人从中领悟到一定的道理。

作品一:寓言作品的朗诵要注意语境语态的自如转换,不同的角色所表现出的不同声音。需要足够的张力和表现力。朗读的时候注意音高音调的转换以及虚实声的自然结合。

少年雄鸡

一只少年雄鸡,守候在他那垂危的父亲身旁。"孩子,我的时间已经不多了。"老雄鸡说,"从今以后每天早晨呼唤太阳的重任,要由你来承担了。"

少年雄鸡很伤心,第二天一早,少年雄鸡飞上谷仓的屋顶。它高高地站在那儿,脸朝着东方。"我必须设法发出最大的声音。"他说着,就抬头啼叫。但是,从他喉咙里发出来的,是一种缺乏力量的、时断时续的嘎嘎声。

太阳没有升起,阴云铺满了天空。湿漉漉的毛毛细雨整天下着,畜牧场上的所有动物,都一齐来责怪小雄鸡。

"这真是倒霉透了!"猪叫道。

"我们需要阳光!"羊叫道。

"雄鸡,你必须大声啼叫!"公牛说,"太阳离我们有九千三百万英里远,你的叫声那么细小,他能听见吗?"

第二天清晨，少年雄鸡又一早就飞上了谷仓的屋顶。他深深地吸了一口气，伸长脖子，放开喉咙大声啼叫。他这次发出的声音，非常洪亮、非常有力，是他开始学习啼叫以来从来没有过的。畜牧场上，那些正在睡梦中的动物，一个个都被唤醒了。

"这是一种什么声音？"猪说。

"我的耳朵怕被震聋了！"羊叫道。

"我的脑袋都听得快要炸开了！"公牛说。

"我很抱歉，"少年雄鸡说，"但是，这是我应尽的职责。"

他的自尊心受到了很大的打击，感到十分委屈。但他终于看见在遥远的东方，一轮红日正从丛林后面冉冉地升起来。开头的失败，为后来的成功准备了条件。

作品二： 此篇寓言要注意几种鸟之间的语气差别，云雀、公鸡、麻雀、鹌鹑还有雄鹰。云雀的语气应该是好奇的，活泼的，充满朝气的。把握好不同语境之间语气的差别。

云雀明白了

云雀见麻雀整天在树枝上跳来跳去，就问："麻雀太太，你为什么不飞得高一点呢？"

麻雀斜着眼睛瞟了它一眼，说："难道我还飞得不高吗？你瞧瞧公鸡！"

"公鸡伯伯，你为什么不飞得高一点呢？"

公鸡骄傲地在房顶上迈着八字步，反问："难道我还飞得不高吗？你瞧瞧鹌鹑！"

"你为什么不能飞得高一点呢？鹌鹑姐姐。"

鹌鹑奋力从草尖上飞过去，得意地对云雀说："难道我还飞得不高吗？你瞧瞧癞蛤蟆！"

后来，云雀遇见雄鹰，便向雄鹰请教："雄鹰叔叔，你为什么飞得那么高呢？"

"不不。"雄鹰谦虚地说，"离蓝天，我还差得远呢！"

"啊，我明白了！"云雀眨巴眨巴眼睛想，"谁如果想展翅高飞，就不能把目标定得太低；如果眼睛只盯在树冠以下，那就永远不可能在蓝天白云间翱翔。"

作品三： 此篇寓言注意体现不同动物的特点变化，体现出创作者自己对于寓言故事角色的理解，比如狐狸的狡猾、老虎大王的霸气等，注意故事叙述语言与寓言动物角色语音的区分，把寓言故事中的矛盾冲突表现出来。

老虎的王冠哪儿去了

一天，老虎大王丢了一个价值连城的王冠，他怒火冲天，急急忙忙地找到了小兔子、狡猾的狐狸，还有沉稳的大象，一个一个质问有没有见到王冠。

小兔子蹦蹦跳跳地进了老虎大王的办公室，问道："大大大……王，有有有什么事呀？"老虎大王生气地说："你见到我的王冠了吗？"小兔子害怕地说："大大大……王……我可没有看见。"老虎说："那你走吧！"小兔子飞一般的跑了出去。狐狸在路上的草丛里见到了一个王冠，心想："肯定是老虎跑的时候让树枝刮掉了，却没发现，这么漂亮的王冠，我才不给你！"轮到狐狸了，他大摇大摆地走进来问："大王，您叫我有什么事吗？""你把我的王冠交出来，有人说你捡到了。"老虎大吼，狐狸打了一个激灵，眼睛滴溜溜一转："难道他发现了？不可能！他在诈我！""我才没看见！不过听说大象捡着了。"狐狸答道。老虎把大象叫进来，火冒三丈地对大象说："是你偷走我的王冠了吧?"大象扬起鼻子,拱拱嘴,露出雪白的大象牙说："我才没有呢!"大象走了,狐狸对老虎说："如果我帮你找到王冠,你送给我一栋别墅吧?"老虎心很急,说："行吧!"。

狐狸过了两天把王冠交给了老虎,如愿以偿地得到了一栋别墅。可是谎言总是会被识破的,动物们揭穿了狐狸的诡计。最终它什么也没得到,反而丢了性命。

附　录

附录二 常用多音字组词对比

一、读音不同,意义不同

阿　ā　　阿姨　阿訇　阿门　阿昌族
　　　ē　　阿胶　阿谀　阿弥陀佛

挨　āi　　挨个儿　挨近　挨次
　　　ái　　挨打　挨饿

艾　ài　　艾滋病　艾绒　方兴未艾
　　　yì　　自怨自艾

拗　ào　　拗口　拗口令
　　　niù　执拗　脾气很拗

柏　bǎi　柏树　柏油　松柏
　　　bó　　柏林(地名)
　　　bò　　黄柏

膀　bǎng　翅膀　肩膀
　　　pāng　膀肿
　　　páng　膀胱
　　　bàng　掉膀子

磅　bàng　磅秤　过磅
　　　páng　磅礴

堡　bǎo　堡垒　碉堡
　　　bǔ　　堡子
　　　pù　　十里堡

辟　bì　　复辟
　　　pì　　辟谣　开辟
　　　pī　　辟头

屏　bǐng　屏除　屏弃　屏气
　　　píng　屏风　屏幕　银屏
　　　bīng　屏营

伯　bó　　伯父　伯母　老伯
　　　bǎi　大伯子(夫兄)　叔伯(轻声)

簸　bó　　颠簸
　　　bò　　簸箕

卜　bǔ　　占卜　卜卦　未卜先知　姓卜

	bo	萝卜
差	chā	差错　差异　一念之差
	chà	差劲　差不多　很差
	chāi	出差　差事　差使
	cī	参差
颤	chàn	颤动　发颤　颤抖　颤悠
	zhàn	颤栗　打颤
场	chǎng	场合　市场　场所　一场球
	cháng	场院　打场
车	chē	汽车　车床
	jū	车马炮(象棋)
匙	chí	汤匙　茶匙
	shi	钥匙
冲	chōng	冲破　冲锋
	chòng	冲床　有冲劲儿　气味很冲
创	chuàng	创造　创举
	chuāng	创伤　重创敌人
绰	chuò	绰号　阔绰　绰绰有余
	chāo	绰起棍子
伺	cì	伺候
	sì	伺机　窥伺
攒	cuán	攒聚　万头攒动
	zǎn	积攒　攒钱
撮	cuō	一撮盐　一撮儿匪徒
	zuǒ	一撮儿毛
答	dá	回答　答谢　报答
	dā	答应　羞答答　答腔
打	dǎ	打鼓　打官司
	dá	苏打　一打(12个)
大	dà	大小　大夫(古官名)　大王(汽车大王)
	dài	大黄　大夫(医生)　大王(国王;强盗首领)
当	dāng	当地　相当　应当　当官　当年(指过去)
	dàng	上当　适当　典当　当年(同一年)
倒	dǎo	颠倒　倒戈　卧倒
	dào	倒立　反倒　倒数
的	de	我的　大的
	dí	的确

	dì	目的　无的放矢
都	dōu	都是　全都
	dū	都市　首都　都督
度	dù	温度　大度
	duó	揣度　忖度
发	fā	发生　发财　出发
	fà	理发　怒发冲冠
坊	fāng	牌坊　坊巷
	fáng	油坊　染坊　磨坊
佛	fó	佛教
	fú	仿佛
服	fú	礼服　服毒　服药
	fù	一服药(用于中药)
干	gān	干支　干戈　晒干　干着急　干系
	gàn	干部　干事　精明强干
给	gěi	发给　献给　给以
	jǐ	给予　给养　供给　自给自足
更	gēng	更正　三更　自力更生
	gèng	更加　更好
供	gōng	供给　提供　供销
	gòng	口供　上供　供词　供职
骨	gǔ	骨头　骨干　骨肉
	gū	骨碌　骨朵
莞	guǎn	东莞
	wǎn	莞而一笑
龟	guī	龟甲　乌龟　龟缩
	jūn	龟裂
	qiū	龟兹(国名)
哈	hā	哈哈大笑　哈欠　哈腰
	hǎ	哈达　哈巴狗　姓哈
喝	hē	喝茶　吃喝
	hè	呼喝　喝令　大喝一声
和	hé	温和　和平　和尚　我和你
	hè	唱和　应和　附和
	huó	和面　和泥
	huò	和药　和稀泥
	huo	搀和　搅和　暖和　软和

	hú	和了	和牌						
横	héng	纵横	横肉						
	hèng	蛮横	横祸	专横					
会	huì	开会	会师	不会					
	kuài	会计	财会						
混	hùn	混淆	混合	混饭吃					
	hún	混蛋	犯混						
豁	huō	豁口	豁出去						
	huò	豁亮	豁免	豁然开朗					
几	jī	茶几	几乎	窗明几净					
	jǐ	几个	几何	几多					
济	jì	救济	同舟共济						
	jǐ	济南	人才济济						
间	jiān	中间	房间	车间					
	jiàn	间隔	间谍	间或	间歇				
监	jiān	监牢	监视	监督					
	jiàn	太监	总监	国子监					
将	jiāng	将军	将来	即将					
	jiàng	将领	武将	麻将					
角	jiǎo	三角	角落	独角戏					
	jué	角色	主角	口角					
脚	jiǎo	手脚	脚注	根脚					
	jué	脚色	脚儿						
结	jié	结交	结婚	结果	结冰	结合	结局		
	jiē	结巴	结实	开花结果					
解	jiě	解放	解救						
	jiè	押解	解送						
	xiè	解数							
尽	jǐn	尽管	尽快	尽量	尽先	尽早			
	jìn	尽力	尽情	尽量	尽然	尽数	尽头	尽兴	尽责	尽忠
菌	jūn	细菌	药菌						
	jùn	香菌							
卡	kǎ	卡片	卡车	卡通					
	qiǎ	关卡	卡子	发卡					
看	kàn	看望	查看	看病					
	kān	看管	看护	看守					
擂	léi	擂鼓	自吹自擂						

	lèi	擂台　打擂
累	léi	积累　累计　连累
	lèi	受累　劳累
	léi	累赘
量	liáng	测量　丈量
	liàng	胆量　能量　量力而为
淋	lín	淋浴　淋漓　淋巴
	lìn	过淋　淋病
绿	lǜ	绿色　绿茶　绿豆
	lù	绿林　鸭绿江
脉	mài	命脉　脉搏　山脉
	mò	脉脉含情
眯	mī	眯缝　眯了一会儿
	mí	眯了眼
靡	mí	奢靡
	mǐ	委靡　风靡　披靡　靡靡之音
模	mó	模范　规模　模仿　模型
	mú	模子　模样
难	nán	难看　难免　艰难　难兄难弟(古:难得的朋友;今:讥讽两人同样坏)
	nàn	发难　灾难　难民　难兄难弟(共患难的人)
弄	nòng	玩弄　愚弄　梅花三弄
	lòng	弄堂　里弄
娜	nuó	婀娜　袅娜
	nà	娜(人名)
胖	pàng	肥胖　胖子
	pán	心广体胖
喷	pēn	喷气　香喷喷
	pèn	喷香
片	piàn	唱片　影片　肉片　片刻
	piān	唱片儿　相片儿
撇	piě	撇捺　撇嘴
	piē	撇开　撇油
迫	pò	迫近　急迫　压迫　迫降
	pǎi	迫击炮
仆	pú	仆人　公仆　风尘仆仆
	pū	前仆后继
奇	qí	奇怪　奇迹　传奇

	jī	奇数	奇蹄目			
茄	qié	茄子	番茄			
	jiā	雪茄				
悄	qiāo	静悄悄	悄悄的			
	qiǎo	悄然	悄声			
亲	qīn	母亲	亲人	亲手		
	qìn	亲家	亲家母			
散	sǎn	散漫	松散	散文	散打	散曲 零散
	sàn	分散	解散	散会	失散	散步 烟消云散
煞	shā	煞车	煞尾			
	shà	煞白	凶煞	煞有介事		
舍	shě	舍弃	取舍			
	shè	宿舍	舍下	舍亲		
什	shén	什么				
	shí	什物	家什	什锦		
省	shěng	外省	省事	节省		
	xǐng	反省	省亲	不省人事		
属	shǔ	属性	亲属			
	zhǔ	属望	属意	相知相属		
说	shuō	说明	说客	说书	说服	
	shuì	游说				
似	sì	相似	类似	似乎	归心似箭	
	shì	似的				
宿	sù	宿舍	宿愿	宿命		
	xiǔ	住一宿	谈了半宿			
	xiù	星宿				
遂	suì	遂意	未遂	诸事顺遂		
	suí	半身不遂				
沓	tà	重沓	纷至沓来			
	dá	一沓纸				
提	tí	提高	提倡	前提		
	dī	提防	提溜			
帖	tiē	妥帖	服帖			
	tiě	请帖	字帖儿			
	tiè	碑帖	字帖			
圩	wéi	圩子	圩院			
	xū	圩场	赶圩			

吓	xià	吓人　惊吓
	hè	恐吓　恫吓　威吓
纤	xiān	纤细　纤维　化纤
	qiàn	拉纤　纤夫
相	xiāng	相亲　互相　相扑
	xiàng	相声　相貌　相机行事
巷	xiàng	巷战　巷口
	hàng	巷道（矿业专用语）
校	xiào	学校　上校
	jiào	校对　校正　校稿
吁	xū	长吁短叹
	yù	呼吁
	yū	吁（拟声词）
轧	yà	轧棉花　倾轧　轧道机
	zhá	轧钢　冷轧
	gá	轧朋友
要	yāo	要求　要挟
	yào	要好　要害　机要
殷	yīn	殷切　殷勤　殷高
	yān	殷红
	yǐn	拟声词（形容雷声）
应	yīng	应该　应届　应许
	yìng	应用　应征　应验
佣	yōng	雇佣　佣工　女佣
	yòng	佣金　佣钱
晕	yūn	晕倒　头晕（昏沉感觉）　晕头转向
	yùn	晕车　月晕　血晕　头晕（旋转感觉）
载	zǎi	记载　千载难逢
	zài	装载　载歌载舞
涨	zhǎng	涨潮　高涨
	zhàng	头昏脑涨　涨红了脸
着	zháo	着急　着忙　着火　着迷　打不着　睡不着
	zhuó	附着　着陆　着落　着手　着力　着重　着想
	zhāo	着数　着点　着儿盐
	zhe	听着　这么着
中	zhōng	当中　中央　中等　人中　中看　中听　中断
	zhòng	中肯　中毒　中暑　中奖　中选　中意　看中

355

轴　zhóu　　车轴　轴承

　　　zhòu　　压轴

转　zhuǎn　（移动方位的活动）转变　向左转　转达　旋转

　　　zhuàn　（圆周回旋的运动）转盘　转椅　转炉　转圈子

作　zuò　　工作　作业　创作　作料

　　　zuō　　作坊

二、词性不同，读音不同

把　bǎ　　（动词、介词、量词）把持　把关　把东西送来　一把米

　　　bà　　（名词）话把儿　刀把儿

藏　cáng　（动作义）收藏　埋藏　矿藏　捉迷藏

　　　zàng　　宝藏　大藏经　西藏

长　cháng　（性状义）冗长　长度　长短

　　　zhǎng　（动作义、名物义）长进　成长　厂长　首长

臭　chòu　（性状义）臭气

　　　xiù　　（名物义）乳臭　铜臭

处　chǔ　　（动作义）处理　相处　处罚

　　　chù　　（名物义）处所　处长　办事处

畜　chù　　（名物义）牲畜　家畜

　　　xù　　（动作义）畜养　畜产

传　chuán　（动作义）相传　传诵　传说　传奇　传令

　　　zhuàn　（名物义）传记　自传　传略

担　dān　　（动作义）担当　担水　担任

　　　dàn　　（名物义）担子　重担　一担子

弹　tán　　（动作义）弹射　弹性　弹力

　　　dàn　　（名物义）弹弓　弹药　枪弹

恶　è　　（性状、名物义）丑恶　凶恶　罪恶

　　　wù　　（动作义）厌恶　憎恶　可恶　好恶

　　　ě　　（动作义）恶心

分　fēn　　（动作义及部分名物义）分析　分类　分秘　一分儿

　　　fèn　　（用于部分名物义）本分　成分　水分　分外　分量

缝　féng　（动作义）缝纫　缝补

　　　fèng　（名物义）门缝

冠　guān　（名物义）皇冠　桂冠　冠心病

　　　guàn　（动作义）冠军　夺冠

号　hào　　（名物义）号角　号召　号码　符号

	háo	（动作义）呼号　哀号　号叫
好	hǎo	（性状义）好坏　好看　好懂
	hào	（动物义）爱好　好动　好逸恶劳
夹	jiā	（动作义）夹攻　夹着书包　夹杂　夹竹桃　夹克
	gā	（性状义）夹袄　夹被　夹壁墙
劲	jìng	（性状义）劲旅　强劲　刚劲　疾风知劲草
	jìn	（名物义）干劲　劲头　有劲　鼓劲
卷	juǎn	（动物义、性状义）卷帘　卷饼　卷尺　龙卷风
	juàn	（名物义）书卷　文卷　试卷　上卷
笼	lóng	（名物义）鸟笼　牢笼　笼头
	lǒng	（动作义）笼罩　笼络
溜	liū	（动作义、性状义）溜冰　溜须拍马　溜圆　溜光
	liù	（名物义）檐溜　随大溜　一溜儿
磨	mó	（动作义）磨刀　磨擦　磨灭　磨炼
	mò	（名物义）推磨　磨盘　石磨
泥	ní	（名物义）泥土　黄泥　泥淖　水泥
	nì	（动作义）拘泥　泥古不化
宁	níng	（性状义）宁静　安宁　心神不宁
	nìng	（动作义、虚词）宁可　宁肯　宁愿　宁死不屈　无宁
泊	pō	（名物义）湖泊　血泊　梁山水泊
	bó	（动作义、性状义）停泊　泊岸　飘泊　淡泊
铺	pū	（动作义）铺路　铺轨　铺陈　铺张
	pù	（名物义）饭铺　卧铺　铺板　铺子
强	qiáng	（性状义）强大　强攻　逞强　强硬
	qiǎng	（动作义）强迫　强逼　勉强　强人所难　强词夺理
	jiàng	（性状义）倔强　强嘴
切	qiē	（动作义）切菜　切片　切面　切磋
	qiè	（性状义等）心切　亲切　切实　切题　一切
曲	qū	（性状义、部分名物义）曲线　曲径　酒曲　大曲
	qǔ	（名物义）歌曲　曲调　异曲同工
丧	sāng	（名物义、性状义）丧服　丧葬　奔丧　治丧　吊丧
	sàng	（动作义）丧失　丧胆　丧气　丧心病狂
扇	shān	（动作义）扇风　扇炉子
	shàn	（名物义）扇子　电扇　薄扇　一扇门
数	shù	（名物义）数目　岁数　多数　单数
	shǔ	（动作义）数九　数落　数一数二　数说
	shuò	（性状义）数见不鲜

瓦　wǎ　　　（名物义）瓦片　瓦匠　瓦盆

　　　wà　　　（动作义）瓦刀　瓦屋顶

为　wéi　　　（动作义）人为　为非作为　为难　成为　为人所不知

　　　wèi　　　（虚词）为了　因为　为什么　为会作嫁

兴　xīng　　　（动作义、性状义）复兴　兴旺　兴奋　兴师动众

　　　xìng　　　（名物义）兴趣　兴致　兴味　高兴　雅兴　兴高采烈

咽　yān　　　（名物义）咽喉　咽炎　咽头

　　　yàn　　　（动作义）吞咽　咽下

　　　yè　　　（动作义、词不达意素）哽咽　呜咽　悲咽　呜呜咽咽

与　yǔ　　　（动物义、虚词）赠与　相与　与人为善　父与子

　　　yù　　　（动作义）参与　与会　与闻

乐　yuè　　　（名物义）音乐　乐器　姓乐

　　　lè　　　（动作义、性状义）快乐　乐观　乐于助人

　　　lào　　　（地名）乐亭

种　zhǒng　　　（名物义）种类　种族　播种（播下种子）

　　　zhòng　　　（动作义）种田　广种　播种（种的方式）

　　　chóng　　　（姓氏）

钻　zuān　　　（动作义）钻研　钻操　钻空子

　　　zuàn　　　（名物义）钻石　金刚钻　钻床　钻头

三、语体不同，读音不同

剥　bō　　　（文）剥削　剥夺

　　　bāo　　　（白）剥皮　剥花生

薄　bó　　　（文）薄弱　单薄　日薄西山　薄烟　薄情　薄命

　　　báo　　　（白）薄板　薄饼　待他不薄　薄脆

　　　bò　　　（文）薄荷

澄　chéng　　　（文）澄清　澄彻　澄湛

逮　dài　　　（文）逮捕

　　　dǎi　　　（白）逮特务　逮蚊子

核　hé　　　（文）核心　核桃　核实　核算　原子核

　　　hú　　　（白）枣核儿　煤核儿

颈　jǐng　　　（文）颈项　颈椎

　　　gěng　　　（白）脖颈子

嚼　jué　　　（文）咀嚼

　　　jiáo　　　（白）嚼碎　嚼舌头

勒　lè　　　（文）勒令　勒索　悬崖勒马

	lēi	（白）勒紧行李
露	lù	（文）霜骨　暴露
	lòu	（白）露富　露脸　露马脚
落	luò	（文）降落　落魄　落花生
	lào	（白）落色　落枕　落架
	là	（白）丢三落四　落在后面
	luō	（白）大大落落
蔓	màn	（文）蔓延　蔓草　蔓生植物
	wàn	（白）爬蔓　垂蔓　瓜蔓儿
翘	qiáo	（文）翘首　连翘
	qiào	（白）翘尾巴　翘辫子
壳	qiào	（文）甲壳　地壳　躯壳　金蝉脱壳
	ké	（白）蛋壳儿　脑壳儿　子弹壳儿
雀	què	（文）麻雀　孔雀　雀斑
	qiǎo	（白）家雀儿
	qiāo	（白）雀子
色	sè	（文）色彩　景色　面色
	shǎi	（白）掉色儿　套色　色子
塞	sè	（文）堵塞　闭塞　塞责　搪塞
	sài	（文）要塞　边塞　塞外　塞翁失马
	sāi	（白）活塞　瓶塞　把洞塞住
杉	shān	（文）杉树　水杉
	shā	（白）杉木　杉篱
葚	shèn	（文）桑葚
	rèn	（白）桑葚儿
熟	shú	（文）成熟　熟练　熟悉　熟视无睹
	shóu	（白）饭熟了情况　我跟他很熟
削	xuē	（文）剥削　削弱
	xiāo	（白）削皮　刀削面
血	xuè	（文）心血　血压　血汗　血战　血泊　流血牺牲
	xiě	（白）流了点儿血　吐了一口血　鸡血　血淋淋

附录三　普通话水平测试模拟试卷5套

普通话水平测试模拟试卷(1)

一、读单音节字词(100个音节,共10分,限时3.5分钟)

茎　秦　捽　穴　刷　沤　惹　剜　啮　留

分　煤　黑　兆　蛙　赐　洒　秤　足　匹

胖　碑　即　闩　捆　塞　神　尊　否　抢

从　妾　梗　窗　端　镖　嗑　孙　瘌　惨

徐　通　夏　菌　索　皆　扛　蹲　虐　穷

癣　供　券　骨　防　鹤　室　贰　丝　铀

脏　嵌　随　翁　卷　左　寻　绿　拨　判

寒　绕　邹　涌　凹　铡　贵　刁　磨　幢

苔　增　痣　拆　窄　因　翎　催　酿　趴

摈　扶　妊　夏　缅　坑　嫡　命　暖　猜

二、读多音节词语(100个音节,共20分,限时2.5分钟)

八成　蜜蜂　投降　摆摊儿　瓜子

苍老　墨水儿　挂号　三角　公文

女性　强盗　规律　穷苦　决定性

会计　松懈　出圈儿　准确　综合

代表　窜犯　梅雨　品名　皮肤

耳朵　球场　次数　偏差　得病

困难　巡逻　杂碎　纠正　太阳能

翠绿　瑞雪　家园　改进　针对

下课　厚实　电车　日光　聊天儿

藕粉　坏处　走神儿　因地制宜

三、朗读短文(400个音节,共30分,限时4分钟)

四、说话(共40分,限时3分钟)

普通话水平测试模拟试卷(2)

一、读单音节字词(100个音节,共10分,限时3.5分钟)

歪　右　城　丢　夏　内　吨　孔　挂　趁
装　杂　春　私　草　催　软　日　胸　运
盆　胖　而　车　学　左　页　猜　穷　朵
鱼　慌　按　再　亏　拟　均　目　捐　坑
颜　品　谋　封　归　粉　桨　腹　联　滴
嗡　卵　本　狂　遮　夸　虹　窜　置　居
石　胞　秧　笙　铐　雁　宁　梨　哑　鹤
蛹　响　蟹　脑　武　舌　轴　宵　判　膛
应　团　刺　略　膜　胃　泉　丁　耐　辣
卑　药　鲴　邢　妾　踹　秦　她　润　砣

二、读多音节词语(100个音节,共20分,限时2.5分钟)

首都	方针	电台	家庭	明年
玻璃	女儿	费用	咳嗽	法律
干活儿	喜欢	登记	群众	资格
墨水儿	帮助	能源	漂亮	积极性
尽管	聊天儿	替代	恩爱	妄想
殴打	散文	宣告	执照	迟疑
冰棍儿	场所	培训	敏锐	挖掘
迥然	沙瓤	寸阴	怀旧	憋气
掐算	撇嘴	疮口	词序	滑动
赠阅	牛虻	族人	快慰	半导体

三、朗读短文(400个音节,共30分,限时4分钟)

四、说话(共40分,限时3分钟)

普通话水平测试模拟试卷(3)

一、读单音节字词(100 个音节,共 10 分,限时 3.5 分钟)

旅 聘 颇 括 尊 凭 瞪 瓮 瞒 兜
屑 窜 耕 聚 拟 捐 猛 桩 敬 格
锁 锅 艇 搓 法 嫩 蠢 锌 验 氢
屈 胞 鹤 妾 冼 粽 赘 褂 藕 潘
裆 宠 刑 铐 虐 秦 邹 童 润 浙
痣 笙 鳃 凋 淌 悦 黯 韵 涩 薛
摸 拨 次 秒 摔 矿 插 伤 早 吹
类 唱 娘 乱 军 环 扶 扔 全 而
紫 加 牛 催 穷 百 从 左 逛 脸
日 跌 坏 女 花 肺 输 辆 雄 夏

二、读多音节词语(100 个音节,共 20 分,限时 2.5 分钟)

草率	增产	在于	苍蝇	指甲
混淆	劝阻	说谎	齿轮	出人意料
死活	直溜	娘胎	悲叹	剖析
谋划	团粉	允诺	藕节儿	瞥见
旦角儿	鸟枪	穷酸	碎步儿	落后
人民	安静	去年	广场	纠正
快乐	下课	然而	词典	城市
费用	挂号	公路	群众	全面
拼命	雄伟	旅馆	宣传	根据地
剥削	魔术	得罪	开水	倒腾

三、朗读短文(400 个音节,共 30 分,限时 4 分钟)

四、说话(共 40 分,限时 3 分钟)

普通话水平测试模拟试卷(4)

一、读单音节字词(100 个音节,共 10 分,限时 3.5 分钟)

寺　映　寻　乙　弦　捏　祸　吞　眨　搀

多　捅　泼　掷　揪　挎　堤　免　蒜　屡

病　闹　滑　约　较　共　接　矿　准　扶

梦　仅　拐　夺　折　闪　早　枪　浪　瘦

梵　盆　床　白　愿　胸　捕　趁　肉　鱼

岁　吹　针　湿　歪　暗　刺　梨　抓　响

顶　猜　二　猥　俩　日　登　瞧　走　黑

擦　宽　扔　抑　些　劝　甩　托　肥　隔

瞥　阔　怒　内　穴　硅　崖　莫　翁　聘

掐　总　偿　湾　岔　优　蹭　涌　溜　匀

二、读多音节词语(100 个音节,共 20 分,限时 2.5 分钟)

否则	广场	寻求	聊天儿	窗户
旅行	举重	角色	儿童	小孩儿
演讲	藕粉	棉被	英语	绿豆
烟嘴儿	甘苦	南宁	青蛙	磁铁
北京	女兵	体力	讨论	发动机
改良	了解	粉笔	玻璃	处理
一直	黑暗	司机	烹调	月夜
飘扬	声音	聪明	小组	紫花
汹涌	三轮儿	善良	尺寸	当事人
内脏	容易	血液	脉搏	迥然

三、朗读短文(400 个音节,共 30 分,限时 4 分钟)

四、说话(共 40 分,限时 3 分钟)

普通话水平测试模拟试卷(5)

一、读单音节字词(100个音节,共10分,限时3.5分钟)

咄　推　肿　狂　缺　选　灭　评　托　绿
兄　民　扑　而　伞　内　桃　家　色　词
翁　高　记　学　侵　开　寺　烟　资　合
爸　坡　飞　投　缸　列　讲　请　瓜　甩
从　云　拨　盘　粉　地　用　娘　乖　困
弘　倦　取　寻　雍　杯　盆　凤　丢　棉
漆　虾　戳　体　恰　团　瓦　绕　志　插
手　粗　且　屯　球　山　周　完　视　肉
赞　伤　寒　章　扔　走　岁　如　胜　先
若　钱　戏　喘　拆　潦　银　组　让　鸟

二、读多音节词语(100个音节,共20分,限时2.5分钟)

能源	风俗	私自	爱人	只有
面前	海军	针对	伺候	来龙去脉
决战	铁路	奖品	好玩儿	尺寸
巴结	破旧	怎么	口袋	美术
老头儿	倒霉	儿童	被子	厕所
放大	难得	包干儿	批发	模型
暖和	在于	询问	旷工	水果
轻快	春季	抓紧	聊天儿	胸怀
捐款	常用	安心	空虚	大自然
纲要	融洽	抢救	刷洗	光明

三、朗读短文(400个音节,共30分,限时4分钟)

四、说话(共40分,限时3分钟)

附录四　普通话水平测试用朗读作品

说　明

1.60 篇朗读作品供普通话水平测试第三项——朗读短文测试使用。也可供学生语音发声训练时进行篇目练习。

2.60 篇作品全部从国家《普通话水平测试实施纲要》中的"普通话水平测试用朗读作品"照录,作品顺序也保持一致。

3.每篇作品采用汉字文稿和例词注音对照的方式编排。

4.加注的汉语拼音原则依据《汉语拼音正词法基本规则》拼写。

5.每篇作品在第 400 个音节后用"//"标注。测试时读到有"//"处即可。

6."一""不""上声"的注音按照本调标注,不标变调,如"一天 yītiān""不去 bùqù""美好 měihǎo"。

7.作品中的必读轻声音节,注音不标调号,比如"怎么 zěnme"。一般轻读,偶尔(间或)重读的音节,标注调号,并在拼音前面加一个圆点提示,比如"父亲 fù·qīn""已经 yǐ·jīng"。此类音节如重读则语感生硬、不自然,影响普通话的语音面貌,所以一般也要读轻声。

8.作品中儿化音节分两种情况。一是书面上有"儿",注音时在基本形式后加 r,如"小孩儿",拼音为"xiǎoháir";二是书面上没有"儿",但口语中一般儿化的音节,注音时也在基本形式后加 r,如"胡同",拼音为"hútòngr"。

作品 1 号

那是力争上游的一种树,笔直的干,笔直的枝。它的干呢,通常是丈把高,像是加以人工似的[1],一丈以内,绝无旁枝;它所有的丫枝[2]呢,一律向上,而且紧紧靠拢,也像是加以人工似的,成为一束,绝无横斜逸出[3];它的宽大的叶子也是片片向上,几乎没有斜生的,更不用说倒垂了;它的皮,光滑而有银色的晕圈[4],微微泛出淡青色。这是虽在北方的风雪的压迫下却保持着倔强[5]挺立的一种树!哪怕只有碗来粗细罢,它却努力向上发展,高到丈许,两丈,参天耸立,不折不挠,对抗着西北风。

这就是白杨树,西北极普通的一种树,然而绝不是平凡的树!

它没有婆娑[6]的姿态,没有屈曲盘旋的虬枝[7],也许你要说它不美丽——如果美是专指"婆娑"或"横斜逸出"之类而言,那么,白杨树算不得[8]树中的好女子;但是它却是伟岸,正直,朴质,严肃,也不缺乏温和,更不用提它的坚强不屈与挺拔,它是树中的伟丈夫[9]!当你在积雪初融的高原上走过,看见平坦的大地上傲然挺立这么一株或一排白杨树,难道你就只觉得树只是树,难道你就不想到它的朴质,严肃,坚强不屈,至少也象征了北方的农民;难道你竟一点儿也不联想到,在敌后的广大//土地上,到处有坚强不屈,就像这白杨树一样傲然挺立的守卫他们家乡的哨兵！难道你又不更远一点想到这样枝枝叶叶靠紧团结，力求上进的白杨树，宛然象征了今天在华北平原纵横决荡[10]用血写出新中国历史的那种精神和意志。

节选自茅盾《白杨礼赞》

注音

1. 似的　shìde
2. 丫枝　yāzhī
3. 横斜逸出　héng xié yì chū
4. 晕圈　yùnquān
5. 倔强　juéjiàng
6. 婆娑　pósuō
7. 虬枝　qiúzhī
8. 算不得　suàn·bù·dé
9. 伟丈夫　wěizhàngfū
10. 纵横决荡　zònghéng juédàng

作品2号

两个同龄的年轻人同时受雇于一家店铺，并且拿同样的薪水[1]。

可是一段时间后，叫阿诺德的那个小伙子青云直上，而那个叫布鲁诺的小伙子却仍在原地踏步。布鲁诺很不满意老板的不公正待遇。终于有一天他到老板那儿发牢骚[2]了。老板一边耐心地听着他的抱怨[3]，一边在心里盘算着怎样向他解释清楚他和阿诺德之间的差别。

"布鲁诺先生，"老板开口说话了，"您现在到集市上去一下，看看今天早上有什么卖的。"

布鲁诺从集市上回来向老板汇报说，今早集市上只有一个农民拉了一车土豆在卖。

"有多少？"老板问。

布鲁诺赶快戴上帽子又跑到集上，然后回来告诉老板一共四十袋土豆。

"价格是多少？"

布鲁诺又第三次跑到集上问来了价格。

"好吧，"老板对他说，"现在请您坐到这把椅子上一句话也不要说，看看阿诺德怎么说。"

阿诺德很快就从集市上回来了。向老板汇报说到现在为止只有一个农民在卖土豆，一共四十口袋，价格是多少多少；土豆质量很不错，他带回来一个让老板看看。这个农民一个钟头以后还会弄来几箱西红柿，据他看价格非常公道。昨天他们铺子的西红柿卖得很快，库存已经[4]不//多了。他想这么便宜[5]的西红柿，老板肯定会要进一些的，所以他不仅带回了一个西红柿做样品，而且把那个农民也带来了，他现在正在外面等回话呢。

此时老板转向了布鲁诺，说："现在您肯定知道为什么阿诺德的薪水比您高了吧！"

节选自张健鹏、胡足青主编《故事时代》中《差别》

注音

1. 薪水　xīn·shuǐ
2. 牢骚　láo·sāo
3. 抱怨　bào·yuàn
4. 已经　yǐ·jīng
5. 便宜　piányi

作品3号

我常常遗憾我家门前那块丑石：它黑黝黝[1]地卧在那里，牛似的[2]模样[3]；谁也不知道是什么时候[4]留在这里的，谁也不去理会它。只是麦收时节，门前摊了麦子，奶奶总是说：这块丑石，多占地面呀，抽空[5]把它搬走吧。

它不像汉白玉那样的细腻，可以刻字雕花，也不像大青石那样的光滑，可以供[6]来浣纱[7]捶布。它静静地卧在那里，院边的槐阴没有庇覆[8]它，花儿[9]也不再在它身边生长。荒草便繁衍出来，枝蔓[10]上下，慢慢地，它竟锈上了绿苔、黑斑。我们这些做孩子的，也讨厌起它来，曾合伙要搬走它，但力气[11]又不足；虽时时咒骂它，嫌弃它，也无可奈何，只好任它留在那里了。

终有一日，村子里来了一个天文学家。他在我家门前路过，突然发现了这块石头，眼光立即就拉直了。他再没有离开，就住了下来；以后又来了好些人，都说这是一块陨石[12]，从天上落下来已经有二三百年了，是一件了不起[13]的东西。不久便来了车，小心翼翼地将它运走了。

这使我们都很惊奇，这又怪又丑的石头，原来是天上[14]的啊！它补过[15]天，在天上发过热、闪过光，我们的先祖或许仰望过它，它给了他们光明、向往、憧憬[16]；而它落下来了，在污土里，荒草里，一躺就//是几百年了！

我感到自己的无知，也感到了丑石的伟大，我甚至怨恨它这么多年竟会默默地忍受着这一切！而我又立即深深地感到它那种不屈于误解、寂寞的生存的伟大。

节选自贾平凹《丑石》

注音

1. 黑黝黝　hēiyǒuyǒu
   （口语一般读 hēiyōuyōu）
2. 似的　shìde
3. 模样　múyàng
4. 时候　shíhou
5. 抽空　chōukòng
6. 供　gōng
7. 浣纱　huànshā
8. 庇覆　bìfù
9. 花儿　huā'·ér
10. 枝蔓　zhīmàn
11. 力气　lìqi
12. 陨石　yǔnshí
13. 了不起　liǎo·bùqǐ
14. 天上　tiān·shàng
15. 补过　bǔguo
16. 憧憬　chōngjǐng

作品4号

在达瑞八岁的时候[1]，有一天他想去看电影。因为[2]没有钱，他想是向爸妈要钱，还是自己挣钱。最后他选择了后者。他自己调制了一种汽水[3]，向过路的行人出售。可那时正是寒冷的冬天，没有人买，只有两个人例外——他的爸爸和妈妈。

他偶然有一个和非常成功的商人谈话的机会[4]。当他对商人讲述了自己的"破产史"后，商人给了他两个重要的建议：一是尝试为别人解决一个难题；二是把精力集中在你知道的、你会的和你拥有的东西上[5]。

这两个建议很关键。因为对于一个八岁的孩子而言,他不会做的事情[6]很多。于是他穿过[7]大街小巷,不停地思考:人们会有什么难题,他又如何利用这个机会?

一天,吃早饭时父亲让达瑞去取报纸。美国的送报员总是把报纸从花园篱笆[8]的一个特制的管子里塞进来。假如你想穿着睡衣舒舒服服[9]地吃早饭和看报纸,就必须离开温暖的房间,冒着寒风,到花园去取。虽然路短,但十分麻烦[10]。

当达瑞为父亲取报纸的时候,一个主意[11]诞生了。当天[12]他就按响邻居的门铃,对他们说,每个月只需付给他一美元,他就每天早上[13]把报纸塞到他们的房门底下。大多数人都同意了,很快他有//了七十多个顾客。一个月后,当他拿到自己赚的钱时,觉得[14]自己简直是飞上了天。

很快他又有了新的机会,他让他的顾客每天把垃圾袋放在门前,然后由他早上运到垃圾桶里,每个月加一美元。之后他还想出了许多孩子赚钱的办法,并把它集结成书,书名为《儿童挣钱的二百五十个主意》。为此,达瑞十二岁时就成了畅销书作家,十五岁有了自己的谈话节目,十七岁就拥有了几百万美元。

节选自[德]博多·舍费尔《达瑞的故事》,刘志明译

注音

1. 时候　shíhou
2. 因为　yīn·wèi
3. 汽水　qìshuǐr
4. 机会　jī·huì
5. 东西上　dōngxi·shàng
6. 事情　shìqing
7. 穿过　chuānguo
8. 篱笆　líba

9. 舒舒服服　shūshū-fúfú
　（口语一般读 shūshu-fūfū）
10. 麻烦　máfan
11. 主意　zhǔ·yi(zhú·yi)
12. 当天　dàngtiān
13. 早上　zǎoshang
14. 觉得　jué·dé

作品5号

这是入冬以来,胶东半岛上第一场[1]雪。

雪纷纷扬扬,下得很大。开始还伴着一阵儿小雨,不久就只见大片大片的雪花,从彤云密布[2]的天空中飘落下来。地面上一会儿[3]就白了。冬天的山村,到了夜里就万籁俱寂[4],只听得雪花簌簌[5]地不断往下落,树木的枯枝被雪压断了,偶尔咯吱[6]一声响。

大雪整整下了一夜。今天早晨,天放晴了,太阳[7]出来了。推开门一看,嗬!好大的雪啊!山川、河流、树木、房屋,全都罩上了一层厚厚的雪,万里江山,变成了粉妆玉砌[8]的世界。落光了叶子的柳树上挂满了毛茸茸[9]亮晶晶的银条儿[10];而那些冬夏常青的松树和柏树上,则挂满了蓬松松沉甸甸[11]的雪球儿。一阵风吹来,树枝轻轻地摇晃,美丽的银条儿和雪球儿簌簌地落下来,玉屑似的雪末儿随风飘扬,映着清晨的阳光,显出一道道五光十色的彩虹。

大街上的积雪足有一尺多深,人踩上去,脚底下发出咯吱咯吱的响声。一群群孩子在雪

地里堆雪人,掷¹²雪球儿。那欢乐的叫喊声,把树枝上的雪都震落下来了。

俗话说,"瑞雪兆丰年"。这个话有充分的科学根据,并不是一句迷信的成语。寒冬大雪,可以冻死一部分越冬的害虫;融化了的水渗¹³进土层深处,又能供应¹⁴// 庄稼¹⁵生长的需要。我相信这一场十分及时的大雪,一定会促进明年春季作物,尤其是小麦的丰收。有经验的老农把雪比做是"麦子的棉被"。冬天"棉被"盖得越厚,明春麦子就长得越好,所以又有这样一句谚语:"冬天麦盖三层被,来年枕着馒头¹⁶睡"。

我想,这就是人们为什么¹⁷把及时的大雪称为"瑞雪"的道理吧。

节选自峻青《第一场雪》

注音

1. 场　cháng
2. 彤云密布　tóngyún-mìbù
3. 一会儿　yīhuìr
4. 万籁俱寂　wànlài-jùjì
5. 簌簌　sùsù
6. 咯吱　gēzhī
7. 太阳　tài·yáng
8. 粉妆玉砌　fěnzhuāng-yùqì
9. 毛茸茸　máoróngróng
　（口语一般读 máorōngrōng）
10. 银条　yíntiáor
11. 沉甸甸　chéndiàndiàn
　（口语一般读 chéndiāndiān）
12. 掷　zhì
13. 渗　shèn
14. 供应　gōngyìng
15. 庄稼　zhuāngjia
16. 馒头　mántou
17. 为什么　wèishénme

作品6号

我常想读书人是世间幸福人,因为¹他除了拥有现实的世界之外,还拥有另一个更为浩瀚²也更为丰富的世界。现实的世界是人人都有的,而后一个世界却为读书人所独有。由此我想,那些失去或不能阅读的人是多么³的不幸,他们的丧失是不可补偿⁴的。世间有诸多的不平等,财富的不平等,权力的不平等,而阅读能力的拥有或丧失却体现为精神的不平等。

一个人的一生,只能经历自己拥有的那一份欣悦,那一份苦难,也许再加上他亲自闻知的那一些关于自身以外的经历和经验。然而,人们通过阅读,却能进入不同时空的诸多他人的世界。这样,具有阅读能力的人,无形间获得了超越有限生命的无限可能性。阅读不仅使他多识了草木虫鱼之名,而且可以上溯⁵远古下及未来,饱览存在的与非存在的奇风异俗⁶。

更为重要的是,读书加惠于人们的不仅是知识的增广,而且还在于精神的感化与陶冶。人们从读书学做人,从那些往哲先贤⁷以及当代才俊⁸的著述中学得他们的人格。人们从《论语》中学得智慧的思考,从《史记》中学得严肃的历史精神,从《正气歌》中学得人格的刚烈,从马克思学得人世// 的激情,从鲁迅学得批判精神,从托尔斯泰学得道德的执著。歌德的诗句刻写着睿智⁹的人生,拜伦的诗句呼唤着奋斗的热情。一个读书人,一个有机会拥有超乎个人生命体验的幸运人。

节选自谢冕《读书人是幸福人》

注音

1. 因为　yīn·wèi
2. 浩瀚　hàohàn
3. 多么　duōme
4. 补偿　bǔcháng
5. 上溯　shàngsù
6. 奇风异俗　qífēng-yìsú
7. 往哲先贤　wǎngzhé xiānxián
8. 才俊　cáijùn
9. 睿智　ruìzhì

作品7号

一天,爸爸[1]下班回到家已经很晚了,他很累也有点儿烦,他发现五岁的儿子靠在门旁正等着他。

"爸,我可以问您一个问题吗?"

"什么[2]问题?""爸,您一小时可以赚多少钱?""这与你无关,你为什么问这个[3]问题?"父亲生气地说。

"我只是想知道[4],请告诉[5]我,您一小时赚多少钱?"小孩儿哀求道。"假如你一定要知道的话,我一小时赚二十美金。"

"哦,"小孩儿低下了头,接着又说,"爸,可以借我十美金吗?"父亲发怒了:"如果你只是要借钱去买毫无意义的玩具的话,给我回到你的房间睡觉去。好好想想[6]为什么你会那么[7]自私。我每天辛苦工作,没时间和你玩儿小孩子的游戏。"

小孩儿默默地回到自己的房间关上门。

父亲坐下来还在生气。后来,他平静下来了。心想他可能对孩子太凶了——或许孩子真的很想买什么东西[8],再说他平时很少要过[9]钱。

父亲走进孩子的房间:"你睡了吗?""爸,还没有,我还醒着。"孩子回答。

"我刚才可能对你太凶了,"父亲说,"我不应该发那么大的火儿——这是你要的十美金。""爸,谢谢[10]您。"孩子高兴地从枕头[11]下拿出一些被弄皱[12]的钞票,慢慢地数着。

"为什么你已经有钱了还要?"父亲不解地问。

"因为[13]原来不够,但现在凑够了。"孩子回答:"爸,我现在有// 二十美金了,我可以向您买一个小时的时间吗? 明天请早一点儿回家——我想和您一起吃晚餐。"

节选自唐继柳编译《二十美金的价值》

注音

1. 爸爸　bàba
2. 什么　shénme
3. 这个　zhège
4. 知道　zhī·dào
5. 告诉　gàosu
6. 想想　xiǎngxiang
7. 那么　nàme
8. 东西　dōngxi
9. 要过　yàoguo
10. 谢谢　xièxie
11. 枕头下　zhěntou·xià
12. 皱　zhòu
13. 因为　yīn·wèi

作品 8 号

　　我爱月夜,但我也爱星天。从前在家乡七八月的夜晚在庭院里纳凉的时候,我最爱看天上密密麻麻[1]的繁星。望着星天,我就会忘记一切,仿佛回到了母亲的怀里似的。

　　三年前在南京我住的地方有一道后门,每晚我打开后门,便看见一个静寂的夜。下面是一片菜园,上面是星群密布[2]的蓝天。星光在我们的肉眼里虽然微小,然而它使我们觉得光明无处不在。那时候我正在读一些天文学的书,也认得一些星星,好像它们就是我的朋友[3],它们常常在和我谈话一样。

　　如今在海上,每晚和繁星相对,我把它们认得很熟了。我躺在舱面上,仰望天空。深蓝色的天空里悬着无数半明半昧[4]的星。船在动,星也在动,它们是这样低,真是摇摇欲坠[5]呢!渐渐地我的眼睛[6]模糊[7]了,我好像看见无数萤火虫[8]在我的周围飞舞。海上的夜是柔和的,是静寂的,是梦幻的。我望着许多认识的星,我仿佛[9]看见它们在对我眨眼,我仿佛听见它们在小声说话。这时我忘记了一切。在星的怀抱中我微笑着,我沉睡着。我觉得自己是一个小孩子,现在睡在母亲的怀里了。

　　有一夜,那个在哥伦波上船的英国人指给我看天上的巨人。他用手指着:// 那四颗明亮的星是头,下面的几颗是身子,这几颗是手,那几颗是腿和脚,还有三颗星算是腰带。经他这一番指点,我果然看清楚了那个天上的巨人。看,那个巨人还在跑呢!

节选自巴金《繁星》

注音

1. 密密麻麻　mìmì-mámá
（口语一般读 mìmi-māmā）
2. 星群密布　xīngqún mìbù
3. 朋友　péngyou
4. 半明半昧　bànmíng-bànmèi
5. 摇摇欲坠　yáoyáo-yùzhuì
6. 眼睛　yǎnjing
7. 模糊　móhu
8. 萤火虫　yínghuǒchóng
9. 仿佛　fǎngfú

作品 9 号

　　假日到河滩上转转[1],看见[2]许多孩子在放风筝[3]。一根根长长的引线,一头系[4]在天上,一头系在地上,孩子同风筝都在天与地之间悠荡[5],连心也被悠荡得恍恍惚惚[6]了,好像又回到了童年。

　　儿时放的风筝,大多是自己的长辈或家人编扎[7]的,几根削[8]得很薄[9]的篾[10],用细纱线扎成各种鸟兽的造型,糊上雪白的纸片,再用彩笔勾勒出面孔与翅膀的图案。通常扎得最多的是"老雕""美人儿""花蝴蝶"等。

　　我们家前院就有位叔叔,擅扎风筝,远近闻名。他扎得风筝不只体型好看,色彩艳丽,放飞得高远,还在风筝上绷[11]一叶用蒲苇削成的膜片,经风一吹,发出"嗡嗡"的声响,仿佛是风筝的歌唱,在蓝天下播扬,给开阔的天地增添了无尽的韵味,给驰荡的童心带来几分疯狂。

　　我们那条胡同[12]的左邻右舍的孩子们放的风筝几乎都是叔叔编扎的。他的风筝不卖钱,谁上门去要,就给谁,他乐意自己贴钱买材料。

后来,这位叔叔去了海外,放风筝也渐与孩子们远离了。不过年年叔叔给家乡写信,总不忘提起儿时的放风筝。香港回归之后,他的家信中说到,他这只被故乡放飞到海外的风筝,尽管[13]飘荡游弋[14],经沐风雨,可那线头儿一直在故乡和// 亲人手中牵着,如今飘得太累了,也该要回归到家乡和亲人身边来了。

是的。我想,不光是叔叔,我们每个人都是风筝,在妈妈手中牵着,从小放到大,再从家乡放到祖国最需要的地方去啊!

节选自李恒瑞《风筝畅想曲》

注音

1. 转转　zhuànzhuan
2. 看见　kàn·jiàn
3. 风筝　fēngzheng
4. 系　jì
5. 悠荡　yōudàng
6. 恍恍惚惚　huǎnghuǎng-hūhū
7. 编扎　biānzā
8. 削　xiāo
9. 薄　báo
10. 篾　miè
11. 绷　bēng
12. 胡同　hútòngr
13. 尽管　jǐnguǎn
14. 漂荡游弋　piāodàng yóuyì

作品10号

爸不懂得[1]怎样表达爱,使我们一家人融洽相处的是我妈。他只是每天上班下班,而妈则把我们做过的错事开列清单,然后由他来责骂我们。

有一次我偷了一块糖果,他要我把它送回去,告诉卖糖的说是我偷来的,说我愿意替他拆箱卸货作为赔偿。但妈妈却明白我只是个孩子。

我在运动场打秋千跌断了腿,在前往医院的途中一直抱着我的,是我妈。爸把汽车停在急诊室门口,他们叫他驶开,说那空位是留给紧急车辆停放的。爸听了便叫嚷道:"你以为这是什么车?旅游车?"

在我生日会上,爸总是显得有些不大相称[2]。他只是忙于吹气球,布置餐桌,做杂务。把插着蜡烛的蛋糕推过来让我吹的,是我妈。

我翻阅照相册时,人们总是问:"你爸爸是什么样子的?"天晓得[3]!他老是忙着替别人拍照。妈和我笑容可掬[4]地一起拍的照片[5],多得不可胜数[6]。

我记得[7]妈有一次叫他教我骑自行车。我叫他别放手,但他却说是应该放手的时候了。我摔倒之后,妈跑过来扶我,爸却挥手要她走开。我当时生气极了,决心要给他点儿颜色看。于是我马上爬上自行车,而且自己骑给他看。他只是微笑。

我念大学时,所有的家信都是妈写的。他// 除了寄支票外,还寄过一封短柬[8]给我,说因为我不在草坪上踢足球了,所以他的草坪长得很美。

每次我打电话回家,他似乎都想跟我说话,但结果总是说:"我叫你妈来接。"

我结婚时,掉眼泪的是我妈。他只是大声擤[9]了一下鼻子,便走出房间。

我从小到大都听他说:"你到哪里去?什么时候回家?汽车有没有汽油?不,不准去。"爸完全不知道怎样表达爱。除非……

会不会是他已经表达了,而我却未能察觉?

节选自[美]艾尔玛·邦贝克《父亲的爱》

注音

1. 懂得　dǒng·dé
2. 相称　xiāngchèn
3. 晓得　xiǎo·dé
4. 笑容可掬　xiàoróng-kējū
5. 照片　zhàopiàn
6. 不可胜数　bùkě-shèngshǔ
7. 记得　jì·dé
8. 柬　jiǎn
9. 擤　xǐng

作品 11 号

一个大问题一直盘踞[1]在我脑袋里[2]:

世界杯怎么会有如此巨大的吸引力?除去足球本身的魅力之外,还有什么[3]超乎其上而更伟大的东西[4]?

近来观看世界杯,忽然从中得到了答案:是由于一种无上崇高的精神情感——国家荣誉感!

地球上的人都会有国家的概念[5],但未必时时都有国家的感情。往往人到异国,思念家乡,心怀故国,这国家概念就变得有血有肉[6],爱国之情来得非常具体。而现代社会,科技昌达[7],信息快捷,事事上网,世界真是太小太小,国家的界限似乎也不那么清晰了。再说足球正在快速世界化[8],平日里各国球员频繁转会[9],往来随意,致使越来越多的国家联赛都具有国际的因素。球员们不论国籍,只效力于自己的俱乐部[10],他们比赛时的激情中完全没有爱国主义的因子[11]。

然而,到了世界杯大赛,天下大变。各国球员都回国效力,穿上与光荣的国旗同样色彩的服装。在每一场比赛前,还高唱国歌以宣誓对自己祖国的挚爱与忠诚。一种血缘[12]情感开始在全身的血管[13]里燃烧起来,而且立刻热血沸腾[14]。

在历史时代,国家间经常发生对抗,好男儿[15]戎装[16]卫国。国家的荣誉往往需要以自己的生命去换//取。但在和平时代,唯有这种国家之间大规模对抗性的大赛,才可以唤起那种遥远而神圣的情感,那就是:为祖国而战!

节选自冯骥才《国家荣誉感》

注音

1. 盘踞　pánjù
2. 脑袋里　nǎodai·lǐ
3. 什么　shénme
4. 东西　dōngxi
5. 概念　gàiniàn
6. 有血有肉　yǒu xuè yǒu ròu
7. 昌达　chāngdá
8. 世界化　shìjièhuà
9. 转会　zhuǎnhuì
10. 俱乐部　jùlèbù

11. 因子　yīnzǐ

12. 血缘　xuèyuán

13. 血管　xuèguǎn

14. 热血沸腾　rèxuè fèiténg

15. 好男儿 hǎo nán'er

16. 戎装　róngzhuāng

作品 12 号

夕阳落山不久,西方的天空,还燃烧着一片橘红色的晚霞。大海,也被这霞光染成了红色,而且比天空的景色更要壮观。因为[1]它是活动的,每当一排排波浪涌起的时候,那映照在浪峰上的霞光,又红又亮,简直就像一片片霍霍[2]燃烧着的火焰,闪烁着,消失了。而后面的一排,又闪烁着,滚动着,涌了过来。

天空的霞光渐渐地淡下去了,深红的颜色变成了绯红[3],绯红又变为浅红。最后,当这一切红光都消失了的时候,那突然显得高而远了的天空,则呈现出一片肃穆的神色。最早出现的启明星,在这蓝色的天幕上闪烁起来了。它是那么大,那么亮,整个广漠[4]的天幕上只有它在那里放射着令人注目[5]的光辉,活像一盏悬挂在高空的明灯。

夜色加浓,苍空中的"明灯"越来越多了。而城市各处的真的灯火也次第亮了起来,尤其是围绕在海港周围山坡上的那一片灯光,从半空倒映在乌蓝的海面上,随着波浪,晃动着,闪烁着,像一串流动着的珍珠,和那一片片密布在苍穹里的星斗互相辉映,煞是[6]好看。

在这幽美的夜色中,我踏着软绵绵的沙滩,沿着海边,慢慢地向前走去。海水,轻轻地抚摸着细软的沙滩,发出温柔的//刷刷声。晚来的海风,清新而又凉爽。我的心里,有着说不出的兴奋和愉快。

夜风轻飘飘地吹拂着,空气中飘荡着一种大海和田禾相混合的香味儿,柔软的沙滩上还残留着白天太阳炙晒[7]的余温。那些在各个工作岗位上劳动了一天的人们,三三两两地来到这软绵绵的沙滩上,他们浴着凉爽的海风,望着那缀满了星星的夜空,尽情地说笑,尽情地休憩[8]。

节选自峻青《海滨仲夏夜》

注音

1. 因为　yīn·wèi

2. 霍霍　huòhuò

3. 绯红　fēihóng

4. 广漠　guǎngmò

5. 注目　zhùmù

6. 煞是　shàshì

7. 炙晒　zhìshài

8. 休憩　xiūqì

作品 13 号

生命在海洋里诞生绝不是偶然的,海洋的物理和化学性质,使它成为孕育原始生命的摇篮。

我们知道[1],水是生物的重要组成部分,许多动物组织的含水量在百分之八十以上,而一些海洋生物的含水量高达百分之九十五。水是新陈代谢[2]的重要媒介[3],没有它,体内的一系列生理和生物化学反应就无法进行,生命也就停止。因此,在短时期内动物缺水要比缺少食物更加危险。水对今天的生命是如此重要,它对脆弱的原始生命,更是举足轻重⁴了。生命在海洋里诞生,就不会有缺水之忧。

水是一种良好的溶剂。海洋中含有许多生命所必需的无机盐⁵,如氯化钠、氯化钾、碳酸盐、磷酸盐,还有溶解氧⁶,原始生命可以毫不费力地从中吸取它所需要的元素。

水具有很高的热容量⁷,加之海洋浩大,任凭夏季烈日曝晒⁸,冬季寒风扫荡,它的温度变化却比较小。因此,巨大的海洋就像是天然的"温箱",是孕育原始生命的温床。

阳光虽然为⁹生命所必需,但是阳光中的紫外线却有扼杀¹⁰原始生命的危险。水能有效地吸收紫外线,因而又为原始生命提供了天然的"屏障"。

这一切都是原始生命得以产生和发展的必要条件。//

节选自童裳亮《海洋与生命》

注音

1. 知道　zhī·dào
2. 新陈代谢　xīnchén-dàixiè
3. 媒介　méijiè
4. 举足轻重　jǔzú-qīngzhòng
5. 无机盐　wújīyán
6. 溶解氧　róngjiěyǎng
7. 热容量　rè róngliàng
8. 曝晒　pùshài
9. 为　wéi
10. 扼杀　èshā

作品14号

读小学的时候¹,我的外祖母去世了。外祖母生前最疼爱我,我无法排除自己的忧伤,每天在学校的操场上一圈儿又一圈儿地跑着,跑得累倒在地上,扑在草坪上痛哭。

那哀痛的日子,断断续续地持续了很久,爸爸妈妈也不知道如何安慰我。他们知道与其骗我说外祖母睡着了,还不如对我说实话:外祖母永远不会回来了。

"什么是永远不会回来呢?"我问着。

"所有时间里的事物,都永远不会回来。你的昨天过去,它就永远变成昨天,你不能再回到昨天。爸爸以前也和你一样小,现在也不能回到你这么小的童年了;有一天你会长大,你会像外祖母一样老;有一天你度过了你的时间,就永远不会回来了。"爸爸说。

爸爸等于给我一个谜语,这谜语比课本上的"日历挂在墙壁,一天撕去一页,使我心里着急²"和"一寸光阴一寸金,寸金难买寸光阴"还让我感到可怕;也比作文本上的"光阴似箭,日月如梭³"更让我觉得有一种说不出的滋味。

时间过得那么飞快,使我的小心眼儿里不只是着急,还有悲伤。有一天我放学回家,看到太阳⁴快落山了,就下决心说:"我要比太阳更快地回家。"我狂奔回去站在庭院前喘气的时候,看到太阳//还露着半边脸,我高兴地跳跃起来,那一天我跑赢了太阳。以后我就时常做那样的游戏,有时和太阳赛跑,有时和西北风比快,有时一个暑假才能做完的作业,我十天就做完了;那时我三年级,常常把哥哥五年级的作业拿来做。每一次比赛胜过时间,我就快乐⁵得不知道怎么形容。

如果将来我有什么要教给我的孩子,我会告诉他:假若你一直和时间比赛,你就可以成功！

节选自（台湾）林清玄《和时间赛跑》

注音

1. 时候　shíhou
2. 着急　zháojí
3. 梭　suō

4. 太阳　tài·yáng
5. 快乐　kuàilè

作品 15 号

三十年代初，胡适在北京大学任教授。讲课时他常常对白话文大加称赞，引起一些只喜欢[1]文言文而不喜欢白话文的学生的不满。

一次，胡适正讲得得意的时候，一位姓魏的学生突然站了起来，生气地问："胡先生[2]，难道说白话文就毫无缺点吗？"胡适微笑着回答说："没有。"那位学生更加激动了："肯定有！白话文废话太多，打电报用字多，花钱多。"胡适的目光顿时变亮了。轻声地解释说："不一定吧！前几天有位朋友给我打来电报，请我去政府部门工作，我决定不去，就回电拒绝了。复电是用白话写的，看来也很省字。请同学们根据我这个意思[3]，用文言文写一个回电，看看究竟是白话文省字，还是文言文省字？"胡教授刚说完，同学们立刻认真地写了起来。

十五分钟过去，胡适让同学举手，报告用字的数目，然后挑了一份用字最少的文言电报稿，电文是这样写的：

"才疏学浅[4]，恐难胜任，不堪[5]从命。"白话文的意思是：学问不深，恐怕很难担任这个工作，不能服从安排[6]。

胡适说，这份写得确实不错，仅用了十二个字。但我的白话电报却只用了五个字：

"干不了，谢谢！"

胡适又解释说："干不了"就有才疏学浅、恐难胜任的意思；"谢谢"既//对朋友的介绍表示感谢，又有拒绝的意思。所以，废话多不多，并不看它是文言文还是白话文，只要注意选用字词，白话文是可以比文言文更省字的。

节选自陈灼主编《实用汉语中级教程》（上）中《胡适的白话电报》

注音

1. 喜欢　xǐhuan
2. 先生　xiānsheng
3. 意思　yìsi

4. 才疏学浅　cáishū-xuéqiǎn
5. 不堪　bùkān
6. 安排　ānpái

作品 16 号

很久以前，在一个漆黑的秋天的夜晚，我泛舟[1]在西伯利亚一条阴森森的河上。船到一个转弯处，只见前面黑魆魆[2]的山峰下面一星火光蓦地[3]一闪。

火光又明又亮，好像就在眼前……

"好啦，谢天谢地！"我高兴地说，"马上就到过夜的地方啦！"

船夫扭头朝身后的火光望了一眼,又不以为然[4]地划起桨来。

"远着呢!"

我不相信他的话,因为火光冲破朦胧[5]的夜色,明明在那儿闪烁。不过船夫是对的,事实上,火光的确还远着呢。

这些黑夜的火光的特点是:驱散黑暗,闪闪发亮,近在眼前,令人神往[6]。乍一看[7],再划几下就到了……其实却还远着呢!……

我们在漆黑如墨的河上又划了很久。一个个峡谷和悬崖,迎面驶来,又向后移去,仿佛消失在茫茫的远方,而火光却依然停在前头,闪闪发亮,令人神往——依然是这么近,又依然是那么远……

现在,无论是这条被悬崖峭壁的阴影笼罩的漆黑的河流,还是那一星明亮的火光,都经常浮现在我的脑际,在这以前和在这以后,曾有许多火光,似乎近在咫尺[8],不止使我一人心驰神往[9]。可是生活之河却仍然在那阴森森的两岸之间流着,而火光也依旧非常遥远。因此,必须加劲划桨……

然而,火光啊……毕竟……毕竟就// 在前头!……

节选自(俄)柯罗连科《火光》,张铁夫译

注音

1. 泛舟 fàn zhōu
2. 黑黢黢 hēiqūqū
3. 蓦地 mò·dì
4. 不以为然 bùyǐwéirán
5. 朦胧 ménglóng
6. 神往 shénwǎng
7. 乍一看 zhà yīkàn
8. 咫尺 zhǐchǐ
9. 心驰神往 xīnchí-shénwǎng

作品 17 号

对于一个在北平住惯的人,像我,冬天要是不刮风,便觉得是奇迹;济南的冬天是没有风声的。对于一个刚由伦敦回来[1]的人,像我,冬天要能看得见日光,便觉得[2]是怪事;济南的冬天是响晴[3]的。自然,在热带的地方,日光是永远那么毒,响亮的天气,反有点儿叫人害怕。可是,在北方的冬天,而能有温晴的天气,济南真得算个宝地。

设若[4]单单是有阳光,那也算不了出奇。请闭上眼睛想:一个老城,有山有水,全在天底下[5]晒着阳光,暖和[6]安适地睡着,只等春风来把它们唤醒,这是不是理想的境界?小山整把济南围了个圈儿,只有北边缺着点口儿。这一圈小山在冬天特别可爱,好像是把济南放在一个小摇篮里,它们安静不动地低声地说:"你们放心吧,这儿准保暖和。"真的,济南的人们在冬天是面上含笑的。他们一看那些小山,心中便觉得有了着落,有了依靠。他们由天上[7]看到山上,便不知不觉地想起:明天也许就是春天了吧?这样的温暖,今天夜里山草也许就绿起来了吧?就是这点儿幻想不能一时实现,他们也并不着急,因为这样慈善的冬天,干什么还希望别的呢!

最妙的是下点小雪呀。看吧,山上的矮松越发的青黑,树尖儿上// 顶着一髻儿[8]白花,好像日本看护妇[9]。山尖儿全白了,给蓝天镶上一道银边[10]。山坡上,有的地方雪厚点儿,有的地方草色还露着;这样,一道儿白,一道儿暗黄,给山们穿上一件带水纹儿的花衣;看着看着,这件花衣好像被风儿吹动,叫你希望看见[11]一点儿更美的山的肌肤。等到快日落的时候,微黄的阳光斜射在山腰上,那点儿薄雪[12]好像忽然害羞,微微露出点儿粉色。就是下小雪吧,济南是受不住大雪的,那些小山太秀气。

节选自老舍《济南的冬天》

注音

1. 回来 huí·lái	7. 天上 tiān·shàng
2. 觉得 jué·dé	8. 髻儿 jìr
3. 响晴 xiǎngqíng	9. 看护妇 kānhùfù
4. 设若 shèruò	10. 银边 yínbiānr
5. 底下 dǐ·xià	11. 看见 kàn·jiàn
6. 暖和 nuǎnhuo	12. 薄雪 báoxuě

作品 18 号

纯朴的家乡村边有一条河,曲曲弯弯,河中架一弯石桥,弓样的小桥横跨两岸。

每天,不管是鸡鸣晓月,日丽中天[1],还是月华泻地[2],小桥都印下串串足迹,洒落串串汗珠。那是乡亲为了追求多棱[3]的希望,兑现美好的遐想。弯弯小桥,不时荡过轻吟低唱,不时露出[4]舒心的笑容。

因而,我稚小的心灵,曾将心声献给小桥:你是一弯银色的新月,给人间普照光辉;你是一把闪亮的镰刀,割刈[5]着欢笑的花果;你是一根晃悠悠的扁担,挑起了彩色的明天!哦,小桥走进我的梦中。

我在漂泊他乡的岁月,心中总涌动着故乡的河水,梦中总看到弓样的小桥。当我访南疆探北国,眼帘闯进座座雄伟的长桥时,我的梦变得丰满了,增添了赤橙黄绿青蓝紫。

三十多年过去,我带着满头霜花回到故乡,第一紧要的便是去看望小桥。

啊!小桥呢?它躲起来了?河中一道长虹,浴着朝霞熠熠[6]闪光。哦,雄浑的大桥敞开胸怀,汽车的呼啸、摩托的笛音、自行车的丁零,合奏着进行交响乐;南来的钢筋、花布、北往的柑橙、家禽,绘出交流欢悦图……

啊!蜕变的桥,传递了家乡进步的消息,透露了[7]家乡富裕的声音。时代的春风,美好的追求,我蓦地[8]记起儿时唱// 给小桥的歌,哦,明艳艳的太阳照耀了,芳香甜蜜的花果捧来了,五彩斑斓的岁月拉开了!

我心中涌动的河水,激荡起甜美的浪花。我仰望一碧蓝天,心底轻声呼喊:家乡的桥啊,我梦中的桥!

节选自郑莹《家乡的桥》

注音

1. 日丽中天 rì lì zhōng tiān   2. 月华泻地 yuè huá xiè dì

3. 多棱　duōléng

6. 熠熠　yìyì

4. 露出　lùchū

7. 透露了　tòulùle

5. 割刈　gēyì

8. 蓦地　mòdì

作品 19 号

三百多年前,建筑设计师莱伊恩受命设计了英国温泽市政府大厅。他运用工程力学的知识[1],依据自己多年的实践,巧妙地设计了只用一根柱子支撑[2]的大厅天花板。一年以后,市政府权威人士进行工程验收时,却说只用一根柱子支撑天花板太危险,要求莱伊恩再多加几根柱子。

莱伊恩自信只要一根坚固的柱子足以保证大厅安全,他的"固执[3]"惹恼了市政官员,险些被送上法庭。他非常苦恼,坚持自己原先的主张吧,市政官员肯定会另找人修改设计;不坚持吧,又有悖[4]自己为人[5]的准则。矛盾了很长一段时间,莱伊恩终于想出了一条妙计,他在大厅里增加了四根柱子,不过这些柱子并未与天花板接触,只不过是装装样子。

三百多年过去了,这个秘密始终没有被人发现。直到前两年,市政府准备修缮[6]大厅的天花板,才发现莱伊恩当年的"弄虚作假"。消息传出后,世界各国的建筑专家和游客云集,当地政府对此也不加掩饰,在新世纪到来之际,特意将大厅作为一个旅游景点对外开放,旨在引导人们崇尚和相信科学。

作为一名建筑师,莱伊恩并不是最出色的。但作为一个人,他无疑非常伟大,这种//伟大表现在他始终恪守[7]着自己的原则,给高贵的心灵一个美丽的住所,哪怕是遭遇到最大的阻力,也要想办法抵达胜利。

节选自游宇明《坚守你的高贵》

注音

1. 知识　zhīshi

5. 为人　wéirén

2. 支撑　zhīchēng

6. 修缮　xiūshàn

3. 固执　gù·zhí

7. 恪守　kèshǒu

4. 悖　bèi

作品 20 号

自从传言有人在萨文河畔散步时无意发现了金子后,这里[1]便常有来自四面八方的淘金者。他们都想成为富翁,于是寻遍了整个河床,还在河床上挖出很多大坑,希望借助它们找到更多的金子。的确,有一些人找到了,但另外一些人因为一无所得而只好扫兴归去。

也有不甘心落空的,便驻扎[2]在这里,继续寻找。彼得·弗雷特就是其中一员。他在河床附近买了一块没人要的土地,一个人默默地工作。他为了找金子,已把所有的钱都押在这块土地上。他埋头苦干了几个月,直到土地全变成了坑坑注注,他失望了——他翻遍了整块土地,但连一丁点儿金子都没看见。

六个月后,他连买面包的钱都没有了。于是他准备离开这儿到别处去谋生。

就在他即将离去的前一个晚上，天下起了倾盆大雨，并且一下就是三天三夜。雨终于停了，彼得走出小木屋，发现眼前的土地看上去好像和以前不一样：坑坑洼洼已被大水冲刷平整，松软的土地上长出一层绿茸茸[3]的小草。

"这里没找到金子，"彼得忽有所悟地说，"但这土地很肥沃，我可以用来种花，并且拿到镇上[4]去卖给那些富人，他们一定会买些花装扮他们华丽的客厅。如果真是这样的话，那么我一定会赚许多钱，有朝一日我也会成为富人……"

于是他留了下来。彼得花了不少精力培育花苗，不久田地里长满了美丽娇艳的各色鲜花。

五年以后，彼得终于实现了他的梦想——成了一个富翁。"我是唯一的一个找到真金的人！"他时常不无骄傲地告诉别人[5]，"别人在这儿找不到金子后便远远地离开，而我的'金子'是在这块土地里，只有诚实的人用勤劳才能采集到。"

节选自陶猛译《金子》

注音

1. 这里　zhè·lǐ
2. 驻扎　zhùzhā
3. 绿茸茸　lǜróngróng
4. 镇上　zhèn·shàng
5. 别人　bié·rén

作品 21 号

我在加拿大学习期间遇到过[1]两次募捐，那情景至今使我难以忘怀。

一天，我在渥太华[2]的街上被两个男孩子拦住去路。他们十来岁，穿得整整齐齐，每人头上戴着个做工精巧、色彩鲜艳的纸帽，上面写着"为帮助患小儿麻痹[3]的伙伴募捐。"其中的一个，不由分说就坐在小凳上给我擦起皮鞋来，另一个则彬彬有礼地发问："小姐，您是哪国人？喜欢[4]渥太华吗？""小姐，在你们国家有没有小孩儿患小儿麻痹？谁给他们医疗费？"一连串的问题，使我这个有生以来头一次在众目睽睽[5]之下让别人擦鞋的异乡人，从近乎狼狈的窘态[6]中解脱出来。我们像朋友[7]一样聊起天儿来……

几个月之后，也是在街上。一些十字路口处或车站坐着几位老人。他们满头银发，身穿各种老式军装，上面布满了大大小小形形色色的徽章、奖章，每人手捧一大束鲜花，有水仙、石竹、玫瑰[8]及叫不出名字[9]的，一色雪白。匆匆过往的行人纷纷止步，把钱投进这些老人身旁的白色木箱内，然后向他们微微鞠躬，从他们手中接过[10]一朵花。我看了一会儿，有人投一两元，有人投几百元，还有人掏出支票填好后投进木箱。那些老军人毫不注意人们捐多少钱，一直不// 停地向人们低声道谢。同行的朋友告诉[11]我，这是为纪念二次大战中参战的勇士，募捐救济残废军人和烈士遗孀[12]，每年一次；认捐的人可谓踊跃，而且秩序井然，气氛庄严。有些地方，人们还耐心地排着队。我想，这是因为他们都知道：正是这些老人们的流血牺牲换来了包括他们信仰自由在内的许许多多。

我两次把那微不足道的一点儿钱捧给他们，只想对他们说声"谢谢[13]"。

节选自青白《捐诚》

注音

1. 遇到过　yùdàoguo
2. 渥太华　wòtàihuá
3. 小儿麻痹　xiǎo'ér mábì
4. 喜欢　xǐhuan
5. 众目睽睽　zhòngmù-kuíkuí
6. 窘态　jiǒngtài
7. 朋友　péngyou

8. 玫瑰　méi·guī
9. 名字　míngzi
10. 接过　jiēguo
11. 告诉　gàosu
12. 遗孀　yíshuāng
13. 谢谢　xièxie

作品22号

没有一片绿叶,没有一缕炊烟[1],没有一粒泥土,没有一丝花香,只有水的世界,云的海洋。

一阵台风袭过,一只孤单的小鸟无家可归,落到被卷到洋里的木板上,乘流而下,姗姗而来,近了,近了!……

忽然,小鸟张开翅膀,在人们头顶盘旋了几圈儿,"噗啦[2]"一声落到了船上。许是累了?还是发现了"新大陆"?水手撵它它不走,抓它,它乖乖地落在掌心。可爱的小鸟和善良的水手结成了朋友。

瞧,它多美丽,娇巧的小嘴,啄理着绿色的羽毛,鸭子样的扁脚,呈现出春草的鹅黄。水手们把它带到舱里,给它"搭铺",让它在船上安家落户,每天,把分到的一塑料筒淡水匀给它喝,把从祖国带来的鲜美的鱼肉分给它吃,天长日久,小鸟和水手的感情日趋笃厚[3]。清晨,当第一束阳光射进舷窗[4]时,它便敞开美丽的歌喉,唱啊唱,嘤嘤有韵[5],宛如春水淙淙[6]。人类给它以生命,它毫不悭吝[7]地把自己的艺术青春奉献给了哺育[8]它的人。可能都是这样?艺术家们的青春只会献给尊敬他们的人。

小鸟给远航生活蒙上了一层浪漫色调。返航时,人们爱不释手,恋恋不舍地想把它带到异乡。可小鸟憔悴了,给水,不喝!喂肉,不吃!油亮的羽毛失去了光泽。是啊,我//们有自己的祖国,小鸟也有它的归宿,人和动物都是一样啊,哪儿也不如故乡好!

慈爱的水手们决定放开它,让它回到大海的摇篮去,回到蓝色的故乡去。离别前,这个大自然的朋友与水手们留影纪念。它站在许多人的头上,肩上,掌上,胳膊上,与喂养过它的人们,一起融进那蓝色的画面……

节选自王文杰《可爱的小鸟》

注音

1. 炊烟　chuīyān
2. 噗啦　pūlā
3. 笃厚　dǔhòu
4. 舷窗　xiánchuāng

5. 嘤嘤有韵　yīngyīng-yǒuyùn
6. 春水淙淙　chūnshuǐ cóngcóng
7. 毫不悭吝　háobù qiānlìn
8. 哺育　bǔyù

作品 23 号

纽约的冬天常有大风雪,扑面的雪花不但令人难以睁开眼睛,甚至呼吸都会吸入冰冷的雪花。有时前一天晚上还是一片晴朗,第二天拉开窗帘,却已经积雪盈尺[1],连门都推不开了。

遇到这样的情况,公司、商店常会停止上班,学校也通过广播,宣布停课。但令人不解的是,唯有公立小学,仍然开放。只见黄色的校车,艰难地在路边接孩子,老师则一大早就口中喷着热气,铲去车子前后的积雪,小心翼翼[2]地开车去学校。

据统计,十年来纽约的公立小学只因为超级暴风雪停过七次课。这是多么令人惊讶的事。犯得着在大人都无须上班的时候让孩子去学校吗? 小学的老师也太倒霉了吧?

于是,每逢大雪而小学不停课时,都有家长打电话去骂。妙的是,每个打电话的人,反应全一样——先是怒气冲冲[3]地责问,然后满口道歉,最后笑容满面地挂上电话。原因是,学校告诉家长:

在纽约有许多百万富翁,但也有不少贫困的家庭。后者白天开不起暖气,供不起[4]午餐,孩子的营养全靠学校里免费的中饭,甚至可以多拿些回家当[5]晚餐。学校停课一天,穷孩子就受一天冻,挨一天饿,所以老师们宁愿自己苦一点儿,也不能停//课。

或许有家长会说:何不让富裕的孩子在家里,让贫穷的孩子去学校享受暖气和营养午餐呢?

学校的答复是:我们不愿让那些穷苦的孩子感到他们是在接受救济,因为施舍的最高原则是保持受施者的尊严。

节选自(台湾)刘墉《课不能停》

注音

1. 积雪盈尺 jīxuě yíngchǐ
2. 小心翼翼 xiǎoxīn-yìyì
3. 怒气冲冲 nùqì-chōngchōng
4. 供不起 gōng·bùqǐ
5. 当 dàng

作品 24 号

十年,在历史上不过是一瞬间。只要稍加注意,人们就会发现:在这一瞬间里,各种事物都悄悄经历了自己的千变万化。

这次重新访日,我处处感到亲切和熟悉,也在许多方面发觉了日本的变化。就拿奈良的一个角落来说吧,我重游了为之感受很深的唐招提寺,在寺内各处匆匆走了一遍,庭院依旧,但意想不到还看到了一些新的东西。其中之一,就是近几年从中国移植来的"友谊[1]之莲"。

在存放鉴真遗像的那个院子里,几株中国莲昂然挺立[2],翠绿的宽大荷叶正迎风而舞,显得十分愉快。开花的季节已过,荷花朵朵已变为莲蓬累累[3]。莲子的颜色正在由青转紫,看来已经成熟了。

我禁不住想:"因"已转化为"果"。

中国的莲花开在日本,日本的樱花开在中国,这不是偶然。我希望这样一种盛况延续不衰。可能有人不欣赏花,但决不会有人欣赏落在自己面前的炮弹。

在这些日子里,我看到了不少多年不见的老朋友,又结识了一些新朋友。大家喜欢涉及的话题之一,就是古长安和古奈良。那还用得着问吗,朋友们缅怀⁴过去,正是瞩望⁵未来。瞩目于未来的人们必将获得未来。

我不例外,也希望一个美好的未来。

为//了中日人民之间的友谊,我将不浪费今后生命的每一瞬间。

节选自严文井《莲花和樱花》

注音

1. 友谊　yǒuyì
2. 昂然挺立　ángrán tǐnglì
3. 莲蓬累累　liánpeng léiléi
4. 缅怀　miǎnhuái
5. 瞩望　zhǔwàng

作品 25 号

梅雨潭闪闪的绿色招引着我们,我们开始追捉她那离合的神光了。揪¹着草,攀着乱石,小心探身下去,又鞠躬过了一个石穹门,便到了汪汪一碧的潭边了。

瀑布在襟袖²之间,但是我的心中已没有瀑布了。我的心随潭水的绿而摇荡。那醉人的绿呀!仿佛一张极大极大的荷叶铺着,满是奇异的绿呀!我想张开两臂抱住她,但这是怎样一个妄想啊。

站在水边,望到那面,居然觉着有些远呢!这平铺着、厚积着的绿,着实可爱。她松松地皱缬³着,像少妇拖着的裙幅;她滑滑的明亮着,像涂了"明油"一般,有鸡蛋清那样软,那样嫩;她又不杂些尘滓⁴,宛然一块温润的碧玉,只清清的一色——但你却看不透她!

我曾见过北京什刹海⁵拂地⁶的绿杨,脱不了鹅黄的底子,似乎太淡了。我又曾见过杭州虎跑寺近旁高峻而深密的"绿壁",丛叠着无穷的碧草与绿叶的,那又似乎⁷太浓了。其余呢,西湖的波太明了,秦淮河的也太暗了。可爱的,我将什么来比拟⁸你呢?我怎么比拟得出呢?大约潭是很深的,故能蕴蓄着这样奇异的绿;仿佛蔚蓝的天融了一块在里面似的,这才这般的鲜润啊。

那醉人的绿呀!我若能栽你以为带,我将赠给那轻盈的//舞女,她必能临风飘举⁹了。我若能挹¹⁰你以为眼,我将赠给那善歌的盲妹,她必明眸善睐¹¹了。我舍不得你,我怎舍得你呢?我用手拍着你,抚摩着你,如同一个十二三岁的小姑娘。我又掬你入口,便是吻着她了。我送你一个名字,我从此叫你"女儿绿",好吗?

第二次到仙岩的时候,我不禁惊诧于梅雨潭的绿了。

节选自朱自清《绿》

注音

1. 揪　jiū
2. 襟袖　jīnxiù
3. 皱缬　zhòuxié
4. 尘滓　chénzǐ

5. 什刹海　Shíchàhǎi

6. 拂地　fúdì

7. 似乎　sìhū

8. 比拟　bǐnǐ

9. 临风飘举　línfēng piāojǔ

10. 挹　yì

11. 明眸善睐　míngmóu-shànlài

作品 26 号

我们家的后园有半亩空地,母亲说:"让它荒着怪可惜的,你们那么爱吃花生,就开辟出来种花生吧。"我们姐弟几个都很高兴,买种[1],翻地,播种[2],浇水,没过几个月,居然收获了。

母亲说:"今晚我们过一个收获节,请你们父亲也来尝尝我们的新花生,好不好?"我们都说好。母亲把花生做成了好几样食品,还吩咐就在后园的茅亭里过这个节。

晚上天色不太好,可是父亲也来了,实在很难得。

父亲说:"你们爱吃花生吗?"

我们争着答应:"爱!"

"谁能把花生的好处说出来?"

姐姐说:"花生的味[3]美。"

哥哥说:"花生可以榨油。"

我说:"花生的价钱便宜[4],谁都可以买来吃,都喜欢吃。这就是它的好处。"

父亲说:"花生的好处很多,有一样最可贵:它的果实埋在地里,不像桃子、石榴、苹果那样,把鲜红嫩绿的果实高高地挂在枝头上,使人一见就生爱慕之心[5]。你们看它矮矮地长在地上,等到成熟了,也不能立刻分辨出来它有没有果实,必须挖出来才知道。"

我们都说是,母亲也点点头。

父亲接下去说:"所以你们要像花生,它虽然不好看,可是很有用,不是外表好看而没有实用的东西。"

我说:"那么,人要做有用的人,不要做只讲体面,而对别人没有好处的人了。"//

父亲说:"对。这是我对你们的希望。"

我们谈到夜深才散。花生做的食品都吃完了,父亲的话却深深地印在我的心上。

节选自许地山《落花生》

注音

1. 买种　mǎizhǒng

2. 播种　bōzhǒng

3. 味　wèir

4. 便宜　piányi

5. 爱慕之心　àimù zhī xīn

作品 27 号

我打猎归来,沿着花园的林荫路走着。狗跑在我前边。

突然,狗放慢脚步,蹑足潜行[1],好像嗅到了前边有什么野物。

我顺着林荫路望去,看见了一只嘴边还带黄色、头上生着柔毛的小麻雀。风猛烈地吹打着林荫路上的白桦树,麻雀从巢里跌落下来,呆呆地伏在地上,孤立无援地张开两只羽毛还未丰满的小翅膀。

我的狗慢慢向它靠近。忽然,从附近一棵树上飞下一只黑胸脯[2]的老麻雀,像一颗石子似的[3]落到狗的跟前。老麻雀全身倒竖着羽毛,惊恐万状,发出绝望、凄惨的叫声,接着向露出牙齿、大张着的狗嘴扑去。

老麻雀是猛扑下来救护幼雀的。它用身体掩护着自己的幼儿……但它整个小小的身体因恐怖而战栗[4]着,它小小的声音也变得粗暴嘶哑,它在牺牲自己!

在它看来,狗该是多么庞大的怪物[5]啊!然而,它还是不能站在自己高高的、安全的树枝上……一种比它的理智更强烈的力量,使它从那儿扑下身来。

我的狗站住了,向后退了退……看来,它也感到了这种力量。

我赶紧唤住惊慌失措的狗,然后我怀着崇敬的心情,走开了。

是啊,请不要见笑。我崇敬那只小小的、英勇的鸟儿,我崇敬它那种爱的冲动和力量。

爱,我//想,比死和死的恐惧更强大。只有依靠它,依靠这种爱,生命才能维持下去,发展下去。

节选自[俄]屠格涅夫《麻雀》,巴金译

注音

1. 蹑足潜行　nièzú-qiánxíng
2. 胸脯　xiōngpú
3. 似的　shìde
4. 战栗　zhànlì
5. 怪物　guàiwu

作品28号

那年我六岁。离我家仅一箭之遥的小山坡旁,有一个早已被废弃的采石场,双亲从来不准我去那儿,其实那儿风景十分迷人。

一个夏季的下午,我随着一群小伙伴[1]偷偷上那儿去了。就在我们穿越了一条孤寂的小路后,他们却把我一个人留在原地,然后奔向"更危险的地带"了。

等他们走后,我惊慌失措地发现,再也找不到要回家的那条孤寂的小道了。像只无头的苍蝇[2],我到处乱钻,衣裤上挂满了芒刺。太阳已经落山,而此时此刻,家里一定开始吃晚餐了,双亲正盼着我回家……想着想着,我不由得背靠着一棵树,伤心地呜呜大哭起来……

突然,不远处传来了声声柳笛。我像找到了救星,急忙循声走去。一条小道边的树桩上坐着一位吹笛人,手里还正削着什么。走近细看,他不就是被大家称为"乡巴佬儿[3]"的卡廷吗?

"你好,小家伙儿,"卡廷说,"看天气多美,你是出来散步的吧?"

我怯生生地点点头,答道:"我要回家了。"

"请耐心等上几分钟,"卡廷说,"瞧,我正在削一支柳笛,差不多就要做好了,完工后就送给你吧!"

卡廷边削边不时把尚未成形的柳笛放在嘴里试吹一下。没过多久,一支柳笛便递到我手中。我俩在一阵阵清脆悦耳的笛音//中,踏上了归途……

当时,我心中只充满感激,而今天,当我自己也成了祖父时,却突然领悟到他用心之良苦!那天当他听到我的哭声时,便判定我一定迷了路,但他并不想在孩子面前扮演"救星"的角色,于是吹响柳笛以便让我能发现他,并跟着他走出困境!就这样,卡廷先生以乡下人的纯朴,保护了一个小男孩儿强烈的自尊。

节选自唐若水译《迷途笛音》

注音

1. 小伙伴 xiǎohuǒbànr   3. 乡巴佬儿 xiāngbalǎor

2. 苍蝇 cāngying

作品 29 号

在浩瀚无垠的沙漠里,有一片美丽的绿洲,绿洲里藏着一颗闪光的珍珠。这颗珍珠就是敦煌莫高窟。它坐落在我国甘肃省敦煌市三危山和鸣沙山的怀抱中。

鸣沙山东麓[1]是平均高度为十七米的崖壁[2]。在一千六百多米长的崖壁上,凿有大小洞窟七百余个,形成了规模宏伟的石窟群。其中四百九十二个洞窟中,共有彩色塑像两千一百余尊,各种壁画共四万五千多平方米。莫高窟是我国古代无数艺术匠师留给人类的珍贵文化遗产。

莫高窟的彩塑,每一尊都是一件精美的艺术品。最大的有九层楼那么高,最小的还不如一个手掌大。这些彩塑个性鲜明,神态各异。有慈眉善目的菩萨,有威风凛凛[3]的天王,还有强壮勇猛的力士……

莫高窟壁画的内容丰富多彩,有的是描绘古代劳动人民打猎、捕鱼、耕田、收割的情景,有的是描绘人们奏乐、舞蹈、演杂技的场面,还有的是描绘大自然的美丽风光。其中最引人注目的是飞天。壁画上的飞天,有的臂挎花篮,采摘鲜花;有的反弹琵琶[4],轻拨银弦[5];有的倒悬身子,自天而降;有的彩带飘拂,漫天遨游[6];有的舒展着双臂,翩翩起舞[7]。看着这些精美动人的壁画,就像走进了//灿烂辉煌的艺术殿堂。

莫高窟里还有一个面积不大的洞窟——藏经洞。洞里曾藏有我国古代的各种经卷、文书、帛画[8]、刺绣、铜像等共六万多件。由于清朝政府腐败无能,大量珍贵的文物被外国强盗掠走[9]。仅存的部分经卷,现在陈列于北京故宫等处。

莫高窟是举世闻名的艺术宝库。这里的每一尊彩塑、每一幅壁画、每一件文物,都是中国古代人民智慧的结晶。

节选自小学《语文》第六册中《莫高窟》

注音

1. 麓 lù   4. 琵琶 pípá

2. 崖壁 yábì   5. 轻拨银弦 qīng bō yínxián

3. 威风凛凛 wēifēng-lǐnlǐn   6. 漫天遨游 màntiān áoyóu

7. 翩翩起舞　piānpiān-qǐwǔ　　9. 掠走　lüèzǒu

8. 帛画　bóhuà

作品 30 号

其实你在很久以前并不喜欢牡丹[1]，因为它总被人作为富贵膜拜[2]。后来你目睹了一次牡丹的落花，你相信所有的人都会为之[3]感动：一阵清风徐来，娇艳鲜嫩的盛期牡丹忽然整朵整朵地坠落，铺撒一地绚丽的花瓣。那花瓣落地时依然鲜艳夺目，如同一只奉上祭坛[4]的大鸟脱落的羽毛，低吟着壮烈的悲歌离去。

牡丹没有花谢花败之时，要么烁于[5]枝头，要么归于泥土，它跨越萎顿[6]和衰老，由青春而死亡，由美丽而消遁[7]。它虽美却不吝惜生命，即使告别也要展示给人最后一次的惊心动魄。

所以在这阴冷的四月里，奇迹不会发生。任凭游人扫兴和诅咒，牡丹依然安之若素[8]。它不苟且、不俯就、不妥协、不媚俗，甘愿自己冷落自己。它遵循自己的花期自己的规律，它有权利为自己选择每年一度的盛大节日。它为什么[9]不拒绝寒冷？

天南海北的看花人，依然络绎不绝[10]地涌入洛阳城。人们不会因牡丹的拒绝而拒绝它的美。如果它再被贬谪[11]十次，也许它就会繁衍[12]出十个洛阳牡丹城。

于是你在无言的遗憾中感悟到，富贵与高贵只是一字之差。同人一样，花儿也是有灵性的，更有品位之高低。品位这东西为气为魂为//筋骨为神韵，只可意会。你叹服牡丹卓尔不群之姿，方知品位是多么容易被世人忽略或是漠视的美。

节选自张抗抗《牡丹的拒绝》

注音

1. 牡丹　mǔ·dān　　　　7. 消遁　xiāodùn

2. 膜拜　móbài　　　　8. 安之若素　ānzhī-ruòsù

3. 为之　wéizhī　　　　9. 为什么　wèishénme

4. 祭坛　jìtán　　　　10. 络绎不绝　luòyì-bùjué

5. 烁于　shuòyú　　　　11. 贬谪　biǎnzhé

6. 萎顿　wěidùn　　　　12. 繁衍　fányǎn

作品 31 号

森林涵养水源，保持水土，防止水旱灾害的作用非常大。据专家测算，一片十万亩[1]面积的森林，相当于一个两百万立方米的水库，这正如农谚所说的："山上多栽树，等于修水库。雨多它能吞，雨少它能吐[2]。"

说起森林的功劳[3]，那还多得很。它除了为人类提供木材及许多种生产、生活的原料之外，在维护生态环境方面也是功劳卓著[4]，它用另一种"能吞能吐"的特殊功能孕育了人类。因为[5]地球在形成之初，大气中的二氧化碳含量很高，氧气很少，气温也高，生物是难以生存的。大约在四亿年之前，陆地才产生了森林。森林慢慢[6]将大气中的二氧化碳吸收，同时吐出新鲜氧气，调节气温：这才具备了人类生存的条件，地球上才最终有了人类。

森林,是地球生态系统的主体,是大自然的总调度[7]室,是地球的绿色之肺。森林维护地球生态环境的这种"能吞能吐"的特殊功能是其他任何物体都不能取代的。然而,由于地球上的燃烧物增多,二氧化碳的排放量急剧增加,使得地球生态环境急剧恶化,主要表现为全球气候变暖,水分蒸发加快,改变了气流的循环,使气候变化加剧,从而引发热浪、飓风[8]、暴雨、洪涝[9]及干旱。

为了//使地球的这个"能吞能吐"的绿色之肺恢复健壮,以改善生态环境,抑制全球变暖,减少水旱等自然灾害,我们应该大力造林、护林,使每一座荒山都绿起来。

节选自《中考语文课外阅读试题精选》中《"能吞能吐"的森林》

注音

1. 亩　mǔ
2. 吐　tǔ
3. 功劳　gōng·láo
4. 卓著　zhuózhù
5. 因为　yīn·wèi
6. 慢慢　mànmàn
7. 调度　diàodù
8. 飓风　jùfēng
9. 洪涝　hónglào

作品32号

朋友[1]即将远行。

暮春[2]时节,又邀了几位朋友在家小聚。虽然都是极熟[3]的朋友,却是终年难得一见,偶尔电话里相遇,也无非是几句寻常话。一锅小米稀饭,一碟大头菜,一盘自家酿制的泡菜,一只巷口买回的烤鸭,简简单单,不像请客,倒像家人团聚。

其实,友情也好,爱情也好,久而久之都会转化为亲情。

说也奇怪,和新朋友会谈文学、谈哲学、谈人生道理等等,和老朋友却只话家常,柴米油盐,细细碎碎,种种琐事。很多时候,心灵的契合[4]已经不需要太多的言语来表达。

朋友新烫了个头,不敢回家见母亲,恐怕惊骇了老人家[5],却欢天喜地来见我们[6],老朋友颇能以一种趣味性的眼光欣赏这个改变。

年少的时候[7],我们差不多[8]都在为别人而活,为苦口婆心的父母活,为循循善诱[9]的师长活,为许多观念、许多传统的约束力而活。年岁逐增,渐渐挣脱[10]外在的限制与束缚[11],开始懂得为自己活,照自己的方式做一些自己喜欢的事,不在乎[12]别人的批评意见,不在乎别人的诋毁流言,只在乎那一份随心所欲的舒坦[13]自然。偶尔,也能够纵容自己放浪一下,并且有一种恶作剧的窃喜。

就让生命顺其自然,水到渠成吧,犹如窗前的//乌桕[14],自生自落之间,自有一份圆融丰满的喜悦。春雨轻轻落着,没有诗,没有酒,有的只是一份相知相属[15]的自在自得。

夜色在笑语中渐渐沉落,朋友起身告辞,没有挽留,没有送别,甚至也没有问归期。

已经过了大喜大悲的岁月,已经过了伤感流泪的年华,知道了聚散原来是这样的自然和顺理成章,懂得这点,便懂得珍惜每一次相聚的温馨,离别便也欢喜。

节选自(台湾)杏林子《朋友和其他》

注音

1. 朋友　péngyou
2. 暮春　mùchūn
3. 极熟　jíshú
4. 契合　qìhé
5. 老人家　lǎo·rén·jiā
6. 我们　wǒmen
7. 时候　shíhou
8. 差不多　chà·bùduō
9. 循循善诱　xúnxún-shànyòu
10. 挣脱　zhèngtuō
11. 束缚　shùfù
12. 在乎　zàihu
13. 舒坦　shūtan
14. 乌桕　wūjiù
15. 属　zhǔ

作品 33 号

我们[1]在田野散步：我，我的母亲，我的妻子和儿子[2]。

母亲本不愿出来的。她老了，身体不好，走远一点儿就觉得很累。我说，正因为[3]如此，才应该多走走。母亲信服地点点头，便去拿外套。她现在很听我的话，就像我小时候[4]很听她的话一样。

这南方初春的田野，大块小块的新绿随意地铺着，有的浓，有的淡，树上的嫩芽也密了，田里的冬水也咕咕地起着水泡。这一切都使人想着一样东西——生命。

我和母亲走在前面，我的妻子和儿子走在后面。小家伙[5]突然叫起来："前面是妈妈[6]和儿子，后面也是妈妈和儿子。"我们都笑了。

后来发生了分歧：母亲要走大路，大路平顺；我的儿子要走小路，小路有意思。不过，一切都取决于我。我的母亲老了，她早已习惯听从她强壮的儿子；我的儿子还小，他还习惯听从他高大的父亲；妻子呢，在外面，她总是听我的。一霎时我感到了责任的重大。我想找一个两全的办法，找不出；我想拆散一家人，分成两路，各得其所，终不愿意。我决定委屈儿子，因为我伴同他的时日还长。我说："走大路。"

但是母亲摸摸孙儿的小脑瓜儿[7]，变了主意："还是走小路吧。"她的眼随小路望去：那里有金色的菜花，两行整齐的桑树，//尽头一口水波粼粼的鱼塘。"我走不过去的地方，你就背着我。"母亲对我说。

这样，我们在阳光下，向着那菜花、桑树和鱼塘走去。到了一处，我蹲下来，背起了母亲；妻子也蹲下来，背起了儿子。我和妻子都是慢慢地，稳稳地，走得很仔细，好像我背上的同她背上的加起来，就是整个世界。

节选自莫怀戚《散步》

注音

1. 我们　wǒmen
2. 儿子　érzi
3. 因为　yīn·wèi
4. 时候　shíhou
5. 小家伙　xiǎojiāhuo
6. 妈妈　māma
7. 脑瓜儿　nǎoguār

作品 34 号

地球上是否真的存在"无底洞"？按说地球是圆的,由地壳[1]、地幔[2]和地核三层组成,真正的"无底洞"是不应存在的,我们所看到的各种山洞、裂口、裂缝,甚至火山口也都只是地壳浅部的一种现象。然而中国一些古籍却多次提到海外有个深奥莫测[3]的无底洞。事实上地球上确实有这样一个"无底洞"。

它位于希腊亚各斯古城的海滨。由于濒临大海,大涨潮时,汹涌的海水便会排山倒海[4]般地涌入洞中,形成一股湍湍[5]的急流。据测,每天流入洞内的海水量达三万多吨。奇怪的是,如此大量的海水灌入洞中,却从来没有把洞灌满。曾有人怀疑,这个"无底洞",会不会就像石灰岩地区的漏斗、竖井、落水洞一类的地形。然而从二十世纪三十年代以来,人们[6]就做了多种努力企图寻找它的出口,却都是枉费心机[7]。

为了揭开这个秘密,一九五八年美国地理学会派出一支考察队,他们把一种经久不变[8]的带色染料溶解在海水中,观察染料是如何随着海水一起沉下去。接着又察看了附近海面以及岛上的各条河、湖,满怀希望地寻找这种带颜色的水,结果令人失望。难道是海水量太大把有色水稀释得太淡,以致无法发现？//

至今谁也不知道为什么这里的海水会没完没了[9]地"漏"下去,这个"无底洞"的出口又在哪里,每天大量的海水究竟都流到哪里去了？

节选自罗伯特·罗威尔《神秘的"无底洞"》

注音

1. 地壳　dìqiào
2. 地幔　dìmàn
3. 深奥莫测　shēn'ào-mòcè
4. 排山倒海　páishān-dǎohǎi
5. 湍　tuān

6. 人们　rén·men
7. 枉费心机　wǎngfèi-xīnjī
8. 经久不变　jīngjiǔ-búbiàn
9. 没完没了　méiwán-méiliǎo

作品 35 号

我在俄国见到的景物再没有比托尔斯泰墓更宏伟、更感人的。

完全按照托尔斯泰的愿望,他的坟墓成了世间最美的,给人印象最深刻的坟墓。它只是树林中的一个小小的长方形土丘,上面开满鲜花——没有十字架,没有墓碑,没有墓志铭[1],连托尔斯泰这个名字也没有。

这位比谁都感到受自己的声名所累的伟人,却像偶尔被发现的流浪汉,不为人知的士兵,不留名姓地被人埋葬了。谁都可以踏进他最后的安息地,围在四周稀疏的木栅栏[2]是不关闭的——保护列夫·托尔斯泰得以安息的没有任何别的东西,唯有人们[3]的敬意;而通常,人们却总是怀着好奇,去破坏伟人墓地的宁静。

这里,逼人的朴素禁锢[4]住任何一种观赏的闲情,并且不容许你大声说话。风儿[5]俯临,在这座无名者之墓的树木之间飒飒[6]响着,和暖的阳光在坟头嬉戏;冬天,白雪温柔地覆盖这片幽暗的土地。无论你在夏天或冬天经过这儿,你都想象不到,这个小小的、隆起的长方体里安放着一位当代最伟大的人物。

然而,恰恰是这座不留姓名的坟墓,比所有挖空心思用大理石和奢华装饰建造的坟墓更扣人心弦[7]。在今天这个特殊的日子里,//到他的安息地来的成百上千人中间,没有一个有勇气,哪怕仅仅从这幽暗的土丘上摘下一朵花留作纪念。人们重新感到,世界上再没有比托尔斯泰最后留下的、这座纪念碑式的朴素坟墓,更打动人心的了。

节选自[奥]茨威格《世间最美的坟墓》,张厚仁译

注音

1. 墓志铭　mùzhìmíng
2. 栅栏　zhàlan
3. 人们　rénmen
4. 禁锢　jìngù
5. 风儿　fēng'·ér
6. 飒飒　sàsà
7. 扣人心弦　kòurénxīnxián

作品 36 号

我国的建筑,从古代的宫殿到近代的一般住房,绝大部分是对称的,左边怎么样,右边怎么样。苏州园林可绝不讲究对称,好像故意避免似的。东边有了一个亭子或者一道回廊,西边决不会来一个同样的亭子或者一道同样的回廊。这是为什么?我想,用图画来比方,对称的建筑是图案画,不是美术画,而园林是美术画,美术画要求自然之趣,是不讲究对称的。

苏州园林里都有假山和池沼[1]。

假山的堆叠,可以说是一项艺术而不仅是技术。或者是重峦叠嶂[2],或者是几座小山配合着竹子花木,全在乎设计者和匠师们生平多阅历,胸中有丘壑[3],才能使游览者攀登的时候忘却苏州城市,只觉得身在山间。

至于池沼,大多引用活水。有些园林池沼宽敞,就把池沼作为全园的中心,其他景物配合着布置。水面假如成河道模样,往往安排桥梁。假如安排两座以上的桥梁,那就一座一个样,决不雷同。

池沼或河道的边沿很少砌[4]齐整的石岸,总是高低屈曲任其自然。还在那儿布置几块玲珑的石头,或者种些花草。这也是为了取得从各个角度看都成一幅画的效果。池沼里养着金鱼或各色鲤鱼,夏秋季节荷花或睡莲开//放,游览者看"鱼戏莲叶间",又是入画的一景。

节选自叶圣陶《苏州园林》

注音

1. 池沼　chízhǎo
2. 重峦叠嶂　chóngluán-diézhàng
3. 丘壑　qiūhè
4. 砌　qì

作品 37 号

一位访美中国女作家,在纽约遇到一位卖花的老太太[1]。老太太穿着[2]破旧,身体虚弱,但脸上的神情却是那样祥和兴奋。女作家挑了一朵花说:"看起来,你很高兴。"老太太面带

微笑地说："是的，一切都这么[3]美好，我为什么不高兴呢？""对烦恼，你倒真能看得开。"女作家又说了一句。没料到，老太太的回答更令女作家大吃一惊："耶稣在星期五被钉上[4]十字架时，是全世界最糟糕的一天，可三天后就是复活节。所以，当我遇到不幸时，就会等待三天，这样一切就恢复正常了。"

"等待三天"，多么[5]富于哲理的话语，多么乐观的生活方式。它把烦恼和痛苦抛下，全力去收获快乐。

沈从文在"文革"期间，陷入了非人的境地。可他毫不在意，他在咸宁[6]时给他的表侄、画家黄永玉写信说："这里的荷花真好，你若来……"身陷苦难却仍为荷花的盛开欣喜赞叹不已，这是一种趋于澄明[7]的境界，一种旷达洒脱[8]的胸襟，一种面临磨难坦荡从容[9]的气度，一种对生活童子般的热爱和对美好事物无限向往的生命情感。

由此可见，影响一个人快乐的，有时并不是困境及磨难，而是一个人的心态。如果把自己浸泡[10]在积极、乐观、向上的心态中，快乐必然会//占据你的每一天。

节选自《态度创造快乐》

注音

1. 老太太　lǎotàitai
2. 穿着　chuānzhuó
3. 这么　zhème
4. 钉上　dìng·shàng
5. 多么　duōme
6. 咸宁　xiánníng
7. 澄明　chéngmíng
8. 旷达洒脱　kuàngdá sǎ·tuō
9. 坦荡从容　tǎndàng cóngróng
10. 浸泡　jìnpào

作品 38 号

泰山极顶看日出，历来被描绘成十分壮观的奇景。有人说：登泰山而看不到日出，就像一出大戏没有戏眼，味儿[1]终究有点[2]寡淡[3]。

我去爬山那天，正赶上[4]个难得的好天，万里长空，云彩丝儿[5]都不见。素常，烟雾腾腾[6]的山头，显得眉目分明。同伴们都欣喜地说："明天早晨准可以看见日出了。"我也是抱着这种想头，爬上山去。

一路从山脚往上爬，细看山景，我觉得挂在眼前的不是五岳独尊的泰山，却像一幅规模惊人的青绿山水画，从下面倒展开来。在画卷中最先露出的是山根底那座明朝建筑岱宗坊[7]，慢慢地便现出王母池、斗母宫[8]、经石峪[9]。山是一层比一层深，一叠比一叠奇，层层叠叠，不知还会有多深多奇。万山丛中，时而点染着极其工细的人物。王母池旁的吕祖殿里有不少尊明塑，塑着吕洞宾等一些人，姿态神情是那样有生气，你看了，不禁会脱口赞叹说："活啦。"

画卷继续展开，绿阴[10]森森的柏洞露面[11]不太久，便来到对松山。两面奇峰对峙[12]着，满山峰都是奇形怪状的老松，年纪怕都有上千岁了，颜色竟那么浓，浓得好像要流下来似的。来到这儿，你不妨权当一次画里的写意人物，坐在路旁的对松亭里，看看山色，听听流//水和松涛。

一时间,我又觉得自己不仅是在看画卷,却又像是在零零乱乱翻着一卷历史稿本。

节选自杨朔《泰山极顶》

注音

1. 味儿 wèir
2. 有点 yǒu diǎnr
3. 寡淡 guǎdàn
4. 赶上 gǎn·shàng
5. 云彩丝儿 yúncǎisīr
6. 烟雾腾腾 yānwù téngténg

7. 岱宗坊 dàizōngfāng
8. 斗母宫 dǒumǔgōng
9. 经石峪 jīngshíyù
10. 绿阴 lǜyīn
11. 露面 lòumiàn
12. 对峙 duìzhì

作品39号

育才小学校长陶行知[1]在校园看到学生[2]王友用泥块砸自己班上的同学,陶行知当即[3]喝止[4]了他,并令他放学后到校长室去。无疑,陶行知是要好好教育这个"顽皮"的学生。那么他是如何教育的呢?

放学后,陶行知来到校长室,王友已经等在门口准备挨训[5]了。可一见面,陶行知却掏出一块糖果送给王友,并说:"这是奖给你的,因为你按时来到这里,而我却迟到了。"王友惊疑地接过糖果。

随后,陶行知又掏出一块糖果放到他手里,说:"这第二块糖果也是奖给你的,因为当我不让你再打人时,你立即就住手了,这说明你很尊重我,我应该奖你。"王友更惊疑了,他眼睛睁得大大的。

陶行知又掏出第三块糖果塞[6]到王友手里,说:"我调查过了,你用泥块砸那些男生,是因为他们不守游戏规则,欺负女生;你砸他们,说明你很正直善良[7],且有批评不良行为的勇气,应该奖励你啊!"王友感动极了,他流着眼泪后悔地喊道:"陶……陶校长你打我两下吧!我砸的不是坏人,而是自己的同学啊……"

陶行知满意地笑了,他随即掏出第四块糖果递给王友,说:"为你正确地认识错误,我再奖给你一块糖果,只可惜我只有这一块糖果了。我的糖果//没有了,我看我们的谈话也该结束了吧!"说完,就走出了校长室。

节选自《教师博览 百期精华》中《陶行知的"四块糖果"》

注音

1. 陶行知 táo xíngzhī
2. 学生 xuésheng
3. 当即 dāngjí
4. 喝止 hèzhǐ

5. 挨训 ái xùn
6. 塞 sāi
7. 正直善良 zhèngzhí shànliáng

作品40号

享受幸福是需要学习的,当它即将来临的时刻需要提醒。人可以自然而然地学会感官的享乐,却无法天生地掌握幸福的韵律[1]。灵魂的快意同器官的舒适像一对孪生[2]兄弟,时而相傍相依[3],时而南辕北辙[4]。

幸福是一种心灵的震颤。它像会倾听音乐的耳朵[5]一样,需要不断地训练。

简而言之,幸福就是没有痛苦的时刻。它出现的频率并不像我们想象的那样少。人们常常只是在幸福的金马车已经驶过去很远时,才拣起地上的金鬃毛说,原来我见过它。

人们喜爱回味幸福的标本,却忽略它披着露水散发清香的时刻。那时候我们往往步履匆匆[6],瞻前顾后[7]不知在忙着什么。

世上有预报台风的,有预报蝗灾的,有预报瘟疫[8]的,有预报地震的。没有人预报幸福。

其实幸福和世界万物一样,有它的征兆[9]。

幸福常常是朦胧[10]的,很有节制地向我们喷洒甘霖[11]。你不要总希望轰轰烈烈的幸福,它多半只是悄悄地扑面而来。你也不要企图把水龙头拧得[12]更大,那样它会很快地流失。你需要静静地以平和之心,体验它的真谛。

幸福绝大多数是朴素的。它不会像信号弹似的,在很高的天际闪烁红色的光芒。它披着本色的外//衣,亲切温暖地包裹起我们。

幸福不喜欢喧嚣浮华[13],它常常在暗淡中降临。贫困中相濡以沫的一块糕饼,患难中心心相印的一个眼神,父亲一次粗糙的抚摸,女友一张温馨的字条……这都是千金难买的幸福啊。像一粒粒缀在旧绸子上的红宝石,在凄凉中愈发熠熠夺目[14]。

节选自毕淑敏《提醒幸福》

注音

1. 韵律　yùnlǜ
2. 孪生　luánshēng
3. 相傍相依　xiāngbàng-xiāngyī
4. 南辕北辙　nányuán-běizhé
5. 耳朵　ěrduo
6. 步履匆匆　bùlǚ cōngcōng
7. 瞻前顾后　zhānqián-gùhòu
8. 瘟疫　wēnyì
9. 征兆　zhēngzhào
10. 朦胧　ménglóng
11. 喷洒甘霖　pēnsǎgānlín
12. 拧得　nǐng de
13. 喧嚣浮华　xuānxiāo fúhuá
14. 熠熠夺目　yìyì duómù

作品41号

在里约热内卢的一个贫民窟里,有一个男孩子,他非常喜欢[1]足球,可是又买不起[2],于是就踢塑料盒[3],踢汽水瓶,踢从垃圾箱里拣来的椰子壳[4]。他在胡同[5]里踢,在能找到的任何一片空地上踢。

有一天,当他在一处干涸[6]的水塘里猛踢一个猪膀胱时,被一位足球教练看见了。他发现这个男孩儿[7]踢得很像是那么[8]回事,就主动提出要送给他一个足球。小男孩儿得到足球后踢得更卖劲[9]了。不久,他就能准确地把球踢进远处随意摆放的一个水桶里。

圣诞节到了,孩子的妈妈[10]说:"我们没有钱买圣诞礼物送给我们的恩人,就让我们为他祈祷吧。"

小男孩儿跟随妈妈祈祷完毕,向妈妈要了一把铲子便跑了出去。他来到一座别墅前的花园里,开始挖坑。

就在他快要挖好坑的时候[11],从别墅里走出一个人来,问小孩儿在干什么[12],孩子抬起满是汗珠的脸蛋儿,说:"教练,圣诞节到了,我没有礼物送给您,我愿给您的圣诞树挖一个树坑。"

教练把小男孩儿从树坑里拉上来,说,我今天得到了世界上最好的礼物。明天你就到我的训练场去吧。

三年后,这位十七岁的男孩儿在第六届足球锦标赛上独进二十一球,为巴西第一次捧回了金杯。一个原//来不为世人所知的名字[13]——贝利,随之传遍世界。

节选自刘燕敏《天才的造就》

注音

1. 喜欢　xǐhuan
2. 买不起　mǎi·bùqǐ
3. 塑料盒　sùliàohér
4. 椰子壳　yēzikér
5. 胡同　hútòngr
6. 干涸　gānhé
7. 男孩儿　nánháir

8. 那么　nàme
9. 卖劲　màijìnr
10. 妈妈　māma
11. 时候　shíhou
12. 什么　shénme
13. 名字　míngzi

作品 42 号

记得我十三岁时,和母亲住在法国东南部的耐斯城。母亲没有丈夫[1],也没有亲戚[2],够清苦的,但她经常能拿出令人吃惊的东西[3],摆在我面前。她从来不吃肉,一再说自己是素食者。然而有一天,我发现母亲正仔细地用一小块[4]碎面包擦那给我煎牛排用的油锅。我明白[5]了她称自己为素食者的真正原因。

我十六岁时,母亲成了耐斯市美蒙旅馆的女经理。这时,她更忙碌了。一天,她瘫在椅子上,脸色苍白,嘴唇发灰。马上找来医生,做出诊断:她摄取了过多的胰岛素。直到这时我才知道母亲多年一直对我隐瞒的疾痛——糖尿病。

她的头歪向枕头[6]一边,痛苦地用手抓挠[7]胸口。床架上方,则挂着一枚我一九三二年赢得耐斯市少年乒乓球冠军的银质奖章。

啊,是对我的美好前途的憧憬[8]支撑着她活下去,为了给她那荒唐的梦至少加一点真实的色彩,我只能继续努力,与时间竞争,直至一九三八年我被征入空军。巴黎很快失陷,我辗转调到英国皇家空军。刚到英国就接到了母亲的来信。这些信是由在瑞士的一个朋友[9]秘密地转到伦敦,送到我手中的。

现在我要回家了,胸前佩戴着醒目的绿黑两色的解放十字绶//带[10],上面挂着五六枚我终生难忘的勋章,肩上还佩戴着军官肩章。到达旅馆时,没有一个人跟我打招呼[11]。原来,我母亲在三年半以前就已经离开人间了。

在她死前的几天中,她写了近二百五十封信,把这些信交给她在瑞士的朋友,请这个朋友定时寄给我。就这样,在母亲死后的三年半的时间里,我一直从她身上吸取着力量和勇气——这使我能够继续战斗到胜利那一天。

节选自[法]罗曼·加里《我的母亲独一无二》

注音

1. 丈夫　zhàngfu
2. 亲戚　qīnqi
3. 东西　dōngxi
4. 一小块　yīxiǎo kuàir
5. 明白　míngbai
6. 枕头　zhěntou
7. 抓挠　zhuānao
8. 憧憬　chōngjǐng
9. 朋友　péngyou
10. 绶带　shòudài
11. 招呼　zhāohu

作品 43 号

生活对于任何人都非易事,我们必须有坚韧不拔[1]的精神。最要紧的,还是我们自己要有信心。我们必须相信,我们对每一件事情[2]都具有天赋的才能,并且,无论付出任何代价,都要把这件事完成。当事情结束[3]的时候[4],你要能问心无愧[5]地说:"我已经尽我所能了。"

有一年的春天,我因病被迫在家里休息[6]数周。我注视着我的女儿们所养的蚕正在结茧,这使我很感兴趣。望着这些蚕执着地、勤奋地工作,我感到我和它们非常相似。像它们一样,我总是耐心地把自己的努力集中在一个目标上。我之所以如此,或许是因为[7]有某种力量在鞭策[8]着我——正如蚕被鞭策着去结茧一般。

近五十年来,我致力于科学研究,而研究,就是对真理的探讨。我有许多美好快乐的记忆。少女时期我在巴黎大学,孤独地过着求学的岁月;在后来献身科学的整个时期,我丈夫[9]和我专心致志,像在梦幻中一般,坐在简陋的书房里艰辛地研究,后来我们就在那里发现了镭[10]。

我永远追求安静的工作和简单的家庭生活。为了实现这个理想,我竭力保持宁静的环境,以免受人事的干扰和盛名的拖累。

我深信,在科学方面我们有对事业而不//是对财富的兴趣。我的唯一奢望是在一个自由国家中,以一个自由学者的身份从事研究工作。

我一直沉醉于世界的优美之中,我所热爱的科学也不断增加它崭新的远景。我认定科学本身就具有伟大的美。

节选自[波兰]玛丽·居里《我的信念》,剑捷译

注音

1. 坚韧不拔　jiānrèn-bùbá
2. 事情　shìqing
3. 结束　jiéshù
4. 时候　shíhou
5. 问心无愧　wènxīn-wúkuì
6. 休息　xiūxi
7. 因为　yīn·wèi
8. 鞭策　biāncè

9. 丈夫　zhàngfu　　　　　　　　10. 镭　léi

作品 44 号

我为什么¹非要教书不可？是因为²我喜欢³当教师的时间安排表和生活节奏。七、八、九三个月给我提供⁴了进行回顾、研究、写作的良机，并将三者有机融合，而善于回顾、研究和总结正是优秀教师素质⁵中不可缺少的成分。

干这行给了我多种多样的"甘泉"去品尝，找优秀的书籍去研读，到"象牙塔⁶"和实际世界里去发现。教学工作给我提供了继续学习的时间保证，以及多种途径、机遇和挑战。

然而，我爱这一行的真正原因，是爱我的学生⁷。学生们在我的眼前成长、变化。当教师意味着亲历"创造"过程的发生——恰似亲手赋予一团泥土以生命，没有什么比目睹它开始呼吸更激动人心的了。

权利我也有了：我有权利去启发诱导，去激发智慧的火花，去问费心思考的问题，去赞扬回答的尝试，去推荐书籍，去指点迷津⁸。还有什么别的权利能与之相比呢？

而且，教书还给我金钱和权利之外的东西，那就是爱心。不仅有对学生的爱，对书籍的爱，对知识⁹的爱，还有教师才能感受到的对"特别"学生的爱。这些学生，有如冥顽不灵¹⁰的泥块，由于接受了老师的炽爱才勃发了生机。

所以，我爱教书，还因为，在那些勃发生机的"特别"学//生身上，我有时发现自己和他们呼吸相通，忧乐与共。

节选自［美］彼得·基·贝得勒《我为什么当教师》

注音

1. 什么　shénme
2. 因为　yīn·wèi
3. 喜欢　xǐhuan
4. 提供　tígōng
5. 素质　sùzhì
6. 象牙塔　xiàngyátǎ
7. 学生　xuésheng
8. 指点迷津　zhǐdiǎn míjīn
9. 知识　zhīshi
10. 冥顽不灵　míngwán-bùlíng

作品 45 号

中国西部我们通常是指黄河与秦岭相连一线以西，包括西北和西南的十二个省、市、自治区。这块广袤¹的土地面积为五百四十六万平方公里，占国土总面积²的百分之五十七；人口二点八亿，占全国总人口的百分之二十三。

西部是华夏文明的源头。华夏祖先的脚步是顺着水边走的：长江上游出土过元谋³人牙齿化石，距今约一百七十万年；黄河中游出土过⁴蓝田人头盖骨，距今约七十万年。这两处古人类都比距今约五十万年的北京猿人资格更老。

西部地区是华夏文明的重要发源地。秦皇汉武以后，东西方文化在这里交汇融合，从而有了丝绸之路的驼铃声声，佛院深寺的暮鼓晨钟⁵。敦煌莫高窟是世界文化史上的一个奇迹，它在继承汉晋艺术传统的基础上，形成了自己兼收并蓄⁶的恢宏气度⁷，展现出精美绝伦的艺术形式和博大精深[8]的文化内涵。秦始皇兵马俑、西夏王陵、楼兰古国、布达拉宫、三星堆、大足石刻等历史文化遗产，同样为[9]世界所瞩目[10]，成为中华文化重要的象征。

西部地区又是少数民族及其文化的集萃地[11]，几乎包括了我国所有的少数民族。在一些偏远的少数民族地区，仍[12]保留//了一些久远时代的艺术品种，成为珍贵的"活化石"，如纳西古乐、戏曲、剪纸、刺绣、岩画等民间艺术和宗教艺术。特色鲜明、丰富多彩，犹如一个巨大的民族民间文化艺术宝库。

我们要充分[13]重视和利用这些得天独厚的资源优势，建立良好的民族民间文化生态环境，为西部大开发做出贡献。

节选自《中考语文课外阅读试题精选》中《西部文化和西部开发》

注音

1. 广袤　guǎngmào
2. 面积　miànjī
3. 元谋　yuánmóu
4. 出土过　chūtǔguo
5. 暮鼓晨钟　mùgǔ-chénzhōng
6. 兼收并蓄　jiānshōu-bìngxù
7. 恢宏气度　huīhóng qìdù
8. 博大精深　bódà-jīngshēn
9. 为　wéi
10. 瞩目　zhǔmù
11. 集萃地　jícuìdì
12. 仍　réng
13. 充分　chōngfèn

作品46号

高兴，这是一种具体的被看得到摸得着[1]的事物所唤起的情绪。它是心理的，更是生理的。它容易来也容易去，谁也不应该对它视而不见失之交臂[2]，谁也不应该总是做那些使自己不高兴也使旁人不高兴的事。让我们说一件最容易做也最令人高兴的事吧，尊重你自己，也尊重别人，这是每一个人的权利，我还要说这是每一个人的义务。

快乐，它是一种富有概括性的生存状态、工作状态。它几乎是先验的，它来自生命本身的活力，来自宇宙、地球和人间的吸引，它是世界的丰富、绚丽[3]、阔大、悠久的体现。快乐还是一种力量，是埋在地下的根脉[4]。消灭一个人的快乐比挖掘掉一棵大树的根要难得多。

欢欣，这是一种青春的、诗意的情感。它来自面向着未来伸开双臂奔跑的冲力，它来自一种轻松而又神秘、朦胧而又隐秘的激动，它是激情即将[5]到来的预兆，它又是大雨过后的比下雨还要美妙得多也久远得多的回味……

喜悦，它是一种带有形而上色彩的修养和境界。与其说它是一种情绪，不如说它是一种智慧、一种超拔、一种悲天悯人[6]的宽容和理解，一种饱经沧桑[7]的充实和自信，一种光明的理性，一种坚定//的成熟，一种战胜了烦恼和庸俗的清明澄澈[8]。它是一潭清水，它是一抹朝霞，它是无边的平原，它是沉默的地平线。多一点儿、再多一点儿喜悦吧，它是翅膀，也是归巢。它是一杯美酒，也是一朵永远开不败的莲花。

节选自王蒙《喜悦》

注音

1. 摸得着　mōdezháo
2. 失之交臂　shīzhījiāobì
3. 绚丽　xuànlì
4. 根脉　gēnmài
5. 即将　jíjiāng
6. 悲天悯人　bēitiān-mǐnrén
7. 饱经沧桑　bǎojīng-cāngsāng
8. 清明澄澈　qīngmíng chéngchè

作品47号

在湾仔,香港最热闹[1]的地方[2],有一棵榕树,它是最贵的一棵树,不光在香港,在全世界,都是最贵的。

树,活的树,又不卖何言其贵? 只因它老,它粗,是香港百年沧桑的活见证,香港人不忍看着它被砍伐,或者被移走,便跟要占用这片山坡的建筑者谈条件:可以在这儿[3]建大楼盖商厦,但一不准砍树,二不准挪树,必须把它原地精心养起来,成为香港闹市中的一景。太古大厦的建设者最后签了合同[4],占用这个大山坡建豪华商厦的先决条件是同意保护这棵老树。

树长在半山坡上,计划将树下面的成千上万吨山石全部掏空取走,腾出地方来盖楼,把树架在大楼上面,仿佛它原本是长在楼顶上似的[5]。建设者就地造了一个直径十八米、深十米的大花盆,先固定好这棵老树,再在大花盆底下盖楼。光这一项就花了两千三百八十九万港币,堪称是最昂贵的保护措施了。

太古大厦落成之后,人们可以乘滚动扶梯一次到位,来到太古大厦的顶层,出后门,那儿[6]是一片自然景色。一棵大树出现在人们面前,树干有一米半粗,树冠[7]直径足有二十多米,独木成林,非常壮观,形成一座以它为中心的小公园,取名叫"榕圃[8]"。树前面//插着铜牌,说明缘由。此情此景,如不看铜牌的说明,绝对想不到巨树根底下还有一座宏伟的现代大楼。

节选自舒乙《香港:最贵的一棵树》

注音

1. 热闹　rènao
2. 地方　dìfang
3. 这儿　zhèr
4. 合同　hétong
5. 似的　shìde
6. 那儿　nàr
7. 树冠　shùguān
8. 圃　pǔ

作品48号

我们的船渐渐地逼近榕树了。我有机会看清它的真面目:是一棵大树,有数不清的丫枝[1],枝上又生根,有许多根一直垂到地上,伸进泥土里。一部分树枝垂到水面,从远处看,就像一棵大树斜躺在水面上一样。

现在正是枝繁叶茂的时节。这棵榕树好像在把它的全部生命力展示给我们看。那么[2]多的绿叶,一簇[3]堆在另一簇的上面,不留一点儿[4]缝隙[5]。翠绿的颜色明亮地在我们的眼前闪耀,似乎[6]每一片树叶上都有一个新的生命在颤动,这美丽的南国的树!

船在树下泊[7]了片刻,岸上很湿,我们没有上去。朋友[8]说这里是"鸟的天堂",有许多鸟在这棵树上做窝,农民不许人去捉它们。我仿佛听见几只鸟扑翅的声音,但是等到我的眼睛[9]注意地看那里时,我却看不见一只鸟的影子。只有无数的树根立在地上,像许多根木桩。地是湿的,大概涨潮时河水常常冲上岸去。"鸟的天堂"里没有一只鸟,我这样想到。船开了,一个朋友拨着船,缓缓地流到河中间去。

第二天,我们划着船到一个朋友的家乡去,就是那个有山有塔的地方[10]。从学校出发,我们又经过那"鸟的天堂"。

这一次是在早晨,阳光照在水面上,也照在树梢上。一切都//显得非常光明。我们的船也在树下泊了片刻。

起初四周围非常清静。后来忽然起了一声鸟叫。我们把手一拍,便看见一只大鸟飞了起来,接着又看见第二只,第三只。我们继续拍掌,很快地这个树林就变得很热闹了。到处都是鸟声,到处都是鸟影。大的,小的,花的,黑的,有的站在枝上叫,有的飞起来,在扑翅膀。

节选自巴金《小鸟的天堂》

注音

1. 丫枝　yāzhī
2. 那么　nàme
3. 簇　cù
4. 一点儿　yìdiǎnr
5. 缝隙　fèngxì
6. 似乎　sìhū
7. 泊　bó
8. 朋友　péngyou
9. 眼睛　yǎnjing
10. 地方　difang

作品 49 号

有这样一个故事[1]。

有人问:世界上什么[2]东西[3]的气力最大?回答纷纭得很,有的说"象",有的说"狮",有人开玩笑似的[4]说:是"金刚",金刚有多少气力,当然大家全不知道。

结果,这一切答案完全不对,世界上气力最大的,是植物的种子。一粒种子所可以显现出来的力,简直是超越一切。

人的头盖骨,结合得非常致密与坚固,生理学家和解剖[5]学者用尽了一切的方法,要把它完整地分出来,都没有这种力气[6]。后来忽然有人发明了一个方法,就是把一些植物的种子放在要剖析的头盖骨里,给它以温度与湿度,使它发芽。一发芽,这些种子便以可怕的力量,将一切机械力所不能分开的骨骼,完整地分开了。植物种子的力量之大,如此如此。

这,也许特殊了一点儿[7],常人不容易理解。那么[8],你看见过[9]笋的成长吗?你看见过被压在瓦砾[10]和石块下面的一棵小草的生长吗?它为着向往阳光,为着达成它的生之意志,不管上面的石块如何重,石与石之间如何狭,它必定要曲曲折折[11]地,但是顽强不屈地透到地面上来。它的根往土壤钻,它的芽往地面挺,这是一种不可抗拒的力,阻止它的石块,结果也被它掀翻,一粒种子的力量之大,如//此如此。

没有一个人将小草叫做"大力士",但是它的力量之大,的确是世界无比。这种力是一般人看不见的生命力。只要生命存在,这种力就要显现。上面的石块,丝毫不足以阻挡。因为它是一种"长期抗战"的力;有弹性,能屈能伸的力;有韧性,不达目的不止的力。

节选自夏衍《野草》

注音

1. 故事　gùshi
2. 什么　shénme
3. 东西　dōngxi
4. 似的　shìde
5. 解剖　jiěpōu
6. 力气　lìqi
7. 一点儿　yìdiǎnr
8. 那么　nàme
9. 看见过　kàn·jiànguo
10. 瓦砾　wǎlì
11. 曲曲折折　qūqū-zhézhé

作品50号

著名教育家班杰明曾经接到一个青年人的求救电话,并与那个向往成功、渴望指点的青年人约好了见面的时间和地点。

待那个青年如约而至时,班杰明的房门敞开着,眼前的景象却令青年人颇感意外——班杰明的房间里乱七八糟、狼藉[1]一片。

没等青年人开口,班杰明就招呼[2]道:"你看我这房间,太不整洁了,请你在门外等候一分钟,我收拾[3]一下,你再进来吧。"一边说着,班杰明就轻轻地关上了房门。

不到一分钟的时间,班杰明就又打开了房门并热情地把青年人让进客厅。这时,青年人的眼前展现出另一番景象——房间内的一切已变得井然有序,而且有两杯刚刚倒好的红酒,在淡淡的香水气息里还漾着[4]微波。

可是,没等青年人把满腹的有关人生和事业的疑难问题向班杰明讲出来,班杰明就非常客气[5]地说道:"干杯。你可以走了。"

青年人手持酒杯一下子愣住了,既尴尬[6]又非常遗憾地说:"可是,我……我还没向您请教呢……"

"这些……难道还不够吗?"班杰明一边微笑着,一边扫视着自己的房间,轻言细语地说,"你进来又有一分钟了。"

"一分钟……一分钟……"青年人若有所思地说:"我懂了,您让我明白[7]了一分钟的时间可以做许//多事情,可以改变许多事情的深刻道理。"

班杰明舒心地笑了。青年人把杯里的红酒一饮而尽,向班杰明连连道谢后,开心地走了。

其实,只要把握好生命的每一分钟,也就把握了理想的人生。

节选自纪广洋《一分钟》

注音

1. 狼藉　lángjí
2. 招呼　zhāohu
3. 收拾　shōushi
4. 漾着　yàngzhe

401

5. 客气　kèqi

6. 尴尬　gāngà

7. 明白　míngbai

作品51号

有个塌鼻子的小男孩儿[1]，因为[2]两岁时得过[3]脑炎，智力受损，学习起来很吃力。打个比方[4]，别人写作文能写两三百字，他却只能写三五行。但即便[5]这样的作文，他同样能写得很动人。

那是一次作文课，题目是《愿望》。他极其认真地想了半天，然后极认真地写，那作文极短。只有三句话：我有两个愿望，第一个是，妈妈天天笑眯眯地看着我说："你真聪明[6]。"第二个是，老师天天笑眯眯地看着我说："你一点儿[7]也不笨。"

于是，就是这篇作文，深深地打动了他的老师，那位妈妈式的老师不仅给了他最高分，在班上带感情地朗读了这篇作文，还一笔一画地批道：你很聪明，你的作文写得非常感人，请放心，妈妈肯定会格外喜欢[8]你的，老师肯定会格外喜欢你的，大家肯定会格外喜欢你的。

捧着作文本，他笑了，蹦蹦跳跳地回家了，像只喜鹊。但他并没有把作文本拿给妈妈看，他是在等待，等待着一个美好的时刻。

那个时刻终于到了，是妈妈的生日——一个阳光灿烂的星期天：那天，他起得特别早，把作文本装在一个亲手做的美丽的大信封里，等着妈妈醒来。妈妈刚刚睁眼醒来，他就笑眯眯地走到妈妈跟前说："妈妈，今天是您的生日，我要//送给您一件礼物。"

果然，看着这篇作文，妈妈甜甜地涌出了两行热泪，一把搂住小男孩儿，搂得很紧很紧。

是的，智力可以受损，但爱永远不会。

节选自张玉庭《一个美丽的故事》

注音

1. 小男孩儿　xiǎonánháir

2. 因为　yīn·wèi

3. 得过　déguo

4. 比方　bǐfang

5. 即便　jíbiàn

6. 聪明　cōng·míng

7. 一点儿　yìdiǎnr

8. 喜欢　xǐhuan

作品52号

小学的时候[1]，有一次我们去海边远足，妈妈[2]没有做便饭，给了我十块钱买午餐。好像走了很久，很久，终于到海边了，大家坐下来便吃饭，荒凉的海边没有商店，我一个人跑到防风林外面去，级任老师要大家把吃剩的饭菜分给我一点儿[3]。有两三个男生留下一点儿给我，还有一个女生，她的米饭拌了酱油，很香。我吃完的时候，她笑眯眯地看着我，短头发，脸圆圆的。

她的名字[4]叫翁香玉。

每天放学的时候，她走的是经过我们家的一条小路，带着一位比她小的男孩儿[5]，可能是弟弟[6]。小路边是一条清澈见底的小溪，两旁竹阴覆盖，我总是远远地跟在她后面，夏日的午后特别炎热,走到半路她会停下来,拿手帕在溪水里浸湿[7],为小男孩儿擦脸。我也在后面停下来,把脏脏的手帕弄[8]湿了擦脸,再一路远远跟着她回家。

后来我们家搬到镇上去了,过几年我也上了中学。有一天放学回家,在火车上,看见斜对面一位短头发[9]、圆圆脸的女孩儿[10],一身素净[11]的白衣黑裙。我想她一定不认识[12]我了。火车很快到站了,我随着人群挤向门口,她也走近了,叫我的名字。这是她第一次和我说话。

她笑眯眯的,和我一起走过月台。以后就没有再见过[13]//她了。

这篇文章收在我出版的《少年心事》这本书里。

书出版后半年,有一天我忽然收到出版社转来的一封信,信封上是陌生的字迹,但清楚地写着我的本名。

信里面说她看到了这篇文章心里非常激动,没想到在离开家乡,漂泊异地这么久之后,会看见自己仍然在一个人的记忆里,她自己也深深记得这其中的每一幕,只是没想到越过遥远的时空,竟然另一个人也深深记得。

节选自苦伶《永远的记忆》

注音

1. 时候　shíhou
2. 妈妈　māma
3. 一点儿　yìdiǎnr
4. 名字　míngzi
5. 男孩儿　nánháir
6. 弟弟　dìdi
7. 浸湿　jìnshī
8. 弄　nòng
9. 头发　tóufa
10. 女孩儿　nǚháir
11. 素净　sùjing
12. 认识　rènshi
13. 见过　jiànguo

作品53号

在繁华的巴黎大街的路旁,站着一个衣衫褴褛[1]、头发[2]斑白、双目失明的老人。他不像其他乞丐那样伸手向过路行人乞讨,而是在身旁立一块木牌,上面写着:"我什么[3]也看不见!"街上过往的行人很多,看了木牌上的字都无动于衷,有的还淡淡一笑,便姗姗[4]而去了。

这天中午,法国著名诗人让·彼浩勒也经过这里。他看看[5]木牌上的字,问盲老人:"老人家,今天上午有人给你钱吗?"

盲老人叹息着回答:"我,我什么也没有得到。"说着,脸上的神情非常悲伤。

让·彼浩勒听了,拿起笔悄悄地在那行字的前面添上了"春天到了,可是"几个字,就匆匆地离开了。

晚上[6],让·彼浩勒又经过这里,问那个盲老人下午的情况。盲老人笑着回答说:"先生[7],不知为什么,下午给我钱的人多极了!"让·彼浩勒听了,摸着胡子满意地笑了。

"春天到了,可是我什么也看不见!"这富有诗意的语言,产生这么[8]大的作用,就在于它有非常浓厚的感情色彩。是的,春天是美好的,那蓝天白云,那绿树红花,那莺歌燕舞,那流水人家,怎么[9]不叫人陶醉呢?但这良辰美景,对于一个双目失明的人来说,只是一片漆黑。

当人们想到这个盲老人,一生中竟[10]连万紫千红的春天//都不曾看到,怎能不对他产生同情之心呢?

节选自小学《语文》第六册中《语言的魅力》

注音

1. 褴褛　lánlǚ	6. 晚上　wǎnshang
2. 头发　tóufa	7. 先生　xiānsheng
3. 什么　shénme	8. 这么　zhème
4. 姗姗　shānshān	9. 怎么　zěnme
5. 看看　kànkan	10. 竟　jìng

作品54号

有一次,苏东坡的朋友[1]张鹗[2]拿着一张宣纸来求他写一幅字,而且希望他写一点儿[3]关于养生方面的内容。苏东坡思索了一会儿[4],点点头说:"我得到了一个养生长寿古方,药只有四味,今天就赠给你吧。"于是,东坡的狼毫在纸上挥洒起来,上面写着:"一日无事以当[5]贵,二日早寝以当富,三日安步以当车,四日晚食以当肉。"

这哪里有药?张鹗一脸茫然地问。苏东坡笑着解释说,养生长寿的要诀,全在这四句里面。

所谓"无事以当贵",是指人不要把功名利禄、荣辱过失考虑得太多,如能在情志上潇洒大度,随遇而安,无事以求,这比富贵更能使人终其天年。

"早寝以当富",指吃好穿好、财货充足,并非就能使你长寿。对老年人来说,养成良好的起居习惯,尤其是早睡早起,比获得任何财富更加宝贵。

"安步以当车",指人不要过于讲求安逸、肢体不劳,而应多以步行来替代骑马乘车,多运动才可以强健体魄,通畅气血[6]。

"晚食以当肉",意思是人应该用已饥方食、未饱先止代替对美味佳肴[7]的贪吃无厌。他进一步解释,饿了以后才进食,虽然是粗茶淡饭,但其香甜可口会胜过山珍;如果饱了还要勉强[8]吃,即使[9]美味佳肴摆在眼前也难以//下咽。

苏东坡的四味"长寿药",实际上是强调了情志、睡眠、运动、饮食四个方面对养生长寿的重要性,这种养生观点即使在今天仍然[10]值得借鉴。

节选自蒲绍和《赠你四味长寿药》

注音

1. 朋友　péngyou	6. 气血　qìxuè
2. 张鹗　zhāng è	7. 佳肴　jiāyáo
3. 一点儿　yīdiǎnr	8. 勉强　miǎnqiǎng
4. 一会儿　yīhuìr	9. 即使　jíshǐ
5. 当　dàng	10. 仍然　réngrán

作品 55 号

人活着,最要紧的是寻觅到那片代表着生命绿色和人类希望的丛林,然后选一高高的枝头站在那里观览人生,消化痛苦,孕育歌声,愉悦世界!

这可真是一种潇洒的人生态度,这可真是一种心境爽朗的情感风貌。

站在历史的枝头微笑,可以减免许多烦恼。在那里,你可以从众生相所包含的甜酸苦辣、百味人生中寻找你自己;你境遇中的那点儿[1]苦痛,也许相比之下,再也难以占据一席之地;你会较[2]容易地获得从不悦中解脱灵魂的力量,使之不致变得灰色。

人站得高些,不但能有幸早些领略到希望的曙光,还能有幸发现生命的立体的诗篇。每一个人的人生,都是这诗篇中的一个词、一个句子或者一个标点。你可能没有成为一个美丽的词,一个引人注目的句子,一个惊叹号,但你依然是这生命的立体诗篇中的一个音节、一个停顿、一个必不可少的组成部分[3]。这足以使你放弃前嫌,萌生为人类孕育新的歌声的兴致,为世界带来更多的诗意。

最可怕的人生见解,是把多维的生存图景看成平面。因为[4]那平面上刻下的大多是凝固了的历史——过去的遗迹;但活着的人们,活得却是充满着新生智慧的,由//不断逝去的"现在"组成的未来。人生不能像某些鱼类躺着游,人生也不能像某些兽类爬着走,而应该站着向前行,这才是人类应有的生存姿态。

节选自[美]本杰明·拉什《站在历史的枝头微笑》

注音

1. 点儿　diǎnr
2. 较　jiào
3. 部分　bùfen
4. 因为　yīn·wèi

作品 56 号

中国的第一大岛、台湾省的主岛台湾,位于中国大陆架的东南方,地处东海和南海之间,隔着台湾海峡和大陆相望。天气晴朗的时候[1],站在福建沿海较[2]高的地方[3],就可以隐隐约约地望见岛上的高山和云朵。

台湾岛形状狭长,从东到西,最宽处只有一百四十多公里;由南至北,最长的地方约有三百九十多公里。地形像一个纺织用的梭子[4]。

台湾岛上的山脉纵贯南北,中间的中央山脉犹如全岛的脊梁[5]。西部为[6]海拔近四千米的玉山山脉,是中国东部的最高峰。全岛约有三分之一的地方是平地,其余为山地。岛内有缎带般的瀑布,蓝宝石似的[7]湖泊,四季常青的森林和果园,自然景色十分优美。西南部的阿里山和日月潭,台北市郊的大屯山风景区,都是闻名世界的游览胜地。

台湾岛地处热带和温带之间,四面环海,雨水充足,气温受到海洋的调剂[8],冬暖夏凉,四季如春,这给水稻和果木生长提供[9]了优越的条件。水稻、甘蔗[10]、樟脑是台湾的"三宝"。岛上还盛产鲜果和鱼虾。

台湾岛还是一个闻名世界的"蝴蝶王国"。岛上的蝴蝶共有四百多个品种,其中有不少是世界稀有的珍贵品种。岛上还有不少鸟语花香的蝴//蝶谷,岛上居民利用蝴蝶制作的标本和艺术品,远销许多国家。

节选自《中国的宝岛——台湾》

注音

1. 时候　shíhou	6. 为　wéi
2. 较　jiào	7. 似的　shìde
3. 地方　dìfang	8. 调剂　tiáojì
4. 梭子　suōzi	9. 提供　tígōng
5. 脊梁　jǐliang	10. 甘蔗　gānzhe

作品57号

对于中国的牛,我有着一种特别尊敬的感情。

留给我印象最深的,要算在田垄上的一次"相遇"。

一群朋友[1]郊游,我领头在狭窄的阡陌[2]上走,怎料迎面来了几头耕牛,狭道容不下人和牛,终有一方要让路。它们还没有走近,我们已经预计斗不过畜牲[3],恐怕难免踩到田地泥水里,弄[4]得鞋袜又泥又湿了。正踟蹰[5]的时候[6],带头的一头牛,在离我们不远的地方[7]停下来,抬起头看看[8],稍迟疑一下,就自动走下田去。一队耕牛,全跟着它离开阡陌,从我们身边经过。

我们都呆了,回过头来,看着深褐色的牛队,在路的尽头消失,忽然觉得自己受了很大的恩惠。

中国的牛,永远沉默地为人做着沉重的工作。在大地上,在晨光或烈日下,它拖着沉重的犁,低头一步又一步,拖出了身后一列又一列松土,好让人们下种[9]。等到满地金黄或农闲时候,它可能还得担当搬运负重的工作;或终日绕着石磨,朝同一方向,走不计程的路。

在它沉默的劳动中,人便得到应得的收成[10]。

那时候,也许,它可以松一肩重担,站在树下,吃几口嫩草。偶尔摇摇[11]尾巴,摆摆[12]耳朵[13],赶走飞附身上的苍蝇[14],已经算是它最闲适的生活了。

中国的牛,没有成群奔跑的习//惯,永远沉沉实实的,默默地工作,平心静气。这就是中国的牛!

节选自小思《中国的牛》

注音

1. 朋友　péngyou	7. 地方　dìfang
2. 阡陌　qiānmò	8. 看看　kànkan
3. 畜牲　chùsheng	9. 下种　xiàzhǒng
4. 弄　nòng	10. 收成　shōucheng
5. 踟蹰　chíchú	11. 摇摇　yáoyao
6. 时候　shíhou	12. 摆摆　bǎibai

13.耳朵 ěrduo   14.苍蝇 cāngying

作品 58 号

不管我的梦想能否成为事实,说出来总是好玩儿[1]的:

春天,我将要住在杭州。二十年前,旧历的二月初,在西湖我看见了嫩柳与菜花,碧浪与翠竹。由我看到的那点儿[2]春光,已经可以断定,杭州的春天必定会教[3]人整天生活在诗与图画之中。所以,春天我的家应当是在杭州。

夏天,我想青城山应当算作最理想的地方[4]。在那里,我虽然只住过十天,可是它的幽静已拴住了我的心灵。在我所看见过[5]的山水中,只有这里没有使我失望。到处都是绿,目之所及,那片淡而光润的绿色都在轻轻地颤动,仿佛要流入空中与心中似的[6]。这个绿色会像音乐,涤[7]清了心中的万虑。

秋天一定要住北平。天堂是什么样子,我不知道,但是从我的生活经验去判断,北平之秋便是天堂。论天气,不冷不热。论吃的,苹果、梨、柿子、枣儿[8]、葡萄,每样都有若干种。论花草,菊花种类之多,花式之奇,可以甲天下。西山有红叶可见,北海可以划船——虽然荷花已残,荷叶可还有一片清香。衣食住行,在北平的秋天,是没有一项不使人满意的。

冬天,我还没有打好主意[9],成都或者相当得合适,虽然并不怎样和暖,可是为了水仙,素心腊梅,各色的茶花,仿佛就受一点儿寒//冷,也颇值得去了。昆明的花也多,而且天气比成都好,可是旧书铺与精美而便宜[10]的小吃远不及成都那么多。好吧,就暂这么[11]规定:冬天不住成都便住昆明吧。

在抗战中,我没能发国难财。我想,抗战胜利以后,我必能阔起来。那时候[12],假若飞机减价,一二百元就能买一架的话,我就自备一架,择黄道吉日慢慢地飞行。

节选自老舍《住的梦》

注音

1.好玩儿 hǎowánr   7.涤 dí
2.点儿 diǎnr   8.枣儿 zǎor
3.教 jiào   9.主意 zhǔyi
4.地方 dìfang   10.便宜 piányi
5.看见过 kàn·jiànguo   11.这么 zhème
6.似的 shìde   12.时候 shíhou

作品 59 号

我不由得停住了脚步。

从未见过[1]开得这样盛的藤萝,只见一片辉煌的淡紫色,像一条瀑布,从空中垂下,不见其发端,也不见其终极,只是深深浅浅的紫,仿佛[2]在流动,在欢笑,在不停地生长。紫色的大条幅[3]上,泛着点点银光,就像迸溅[4]的水花。仔细看时,才知那是每一朵紫花中的最浅淡的部分[5],在和阳光互相挑逗。

这里除了光彩,还有淡淡的芳香。香气似乎[6]也是浅紫色的,梦幻一般轻轻地笼罩着我。忽然记起十多年前,家门外也曾有过[7]一大株紫藤萝,它依傍[8]一株枯槐爬得很高,但花朵从来都稀落,东一穗西一串伶仃[9]地挂在树梢,好像在察颜观色,试探什么[10]。后来索性连那稀零的花串也没有了。园中别的紫藤花架也都拆掉,改种了果树。那时的说法是,花和生活腐化有什么必然关系[11]。我曾遗憾地想:这里再看不见藤萝花了。

过了这么[12]多年,藤萝又开花了,而且开得这样盛,这样密,紫色的瀑布遮住了粗壮的盘虬[13]卧龙般的枝干,不断地流着,流着,流向人的心底。

花和人都会遇到各种各样的不幸,但是生命的长河是无止境的。我抚摸了一下那小小的紫色的花舱,那里满装了生命的酒酿,它张满了帆,在这//闪光的花的河流上航行。它是万花中的一朵,也正是由每一个一朵,组成了万花灿烂的流动的瀑布。

在这浅紫色的光辉和浅紫色的芳香中,我不觉加快了脚步。

节选自宗璞《紫藤萝瀑布》

注音

1. 见过　jiànguo
2. 仿佛　fǎngfú
3. 条幅　tiáofú
4. 迸溅　bèngjiàn
5. 部分　bùfen
6. 似乎　sìhū
7. 有过　yǒuguo
8. 依傍　yībàng
9. 伶仃　língdīng
10. 什么　shénme
11. 关系　guānxi
12. 这么　zhème
13. 盘虬　pánqiú

作品60号

在一次名人访问中,被问及上个世纪最重要的发明是什么[1]时,有人说是电脑,有人说是汽车,等等。但新加坡的一位知名人士却说是冷气机。他解释,如果没有冷气,热带地区如东南亚国家,就不可能有很高的生产力,就不可能达到今天的生活水准。他的回答实事求是,有理有据。

看了上述报道,我突发奇想:为什么没有记者问:"二十世纪最糟糕的发明是什么?"其实二〇〇二年十月中旬,英国的一家报纸就评出了"人类最糟糕的发明"。获此"殊荣"的,就是人们每天大量使用的塑料袋。

诞生于上个世纪三十年代的塑料袋,其家族包括用塑料制成的快餐饭盒、包装纸、餐用杯盘、饮料瓶、酸奶杯、雪糕杯等等。这些废弃物形成的垃圾[2],数量多、体积[3]大、重量轻、不降解[4],给治理工作带来很多技术难题和社会问题。

比如,散落[5]在田间、路边及草丛中的塑料餐盒,一旦被牲畜[6]吞食,就会危及健康甚至导致死亡。填埋废弃塑料袋、塑料餐盒的土地,不能生长庄稼[7]和树木,造成土地板结,而焚烧[8]处理这些塑料垃圾,则会释放出多种化学有毒气体,其中一种称为二噁英[9]的化合物,毒性极大。

　　此外,在生产塑料袋、塑料餐盒的//过程中使用的氟利昂[10],对人体免疫系统和生态环境造成的破坏也极为严重。

节选自林光如《最糟糕的发明》

注音

1. 什么　shénme
2. 垃圾　lājī
3. 体积　tǐjī
4. 降解　jiàngjiě
5. 散落　sànluò

6. 牲畜　shēngchù
7. 庄稼　zhuāngjia
8. 焚烧　fénshāo
9. 二噁英　èr'èyīng
10. 氟利昂　fúlì'áng

附录五　普通话水平测试用话题

说　明

30 则话题供普通话水平测第五项——命题说话测试使用。

30 则话题仅是对话题范围的规定,并不规定话题的具体内容。

1. 我的愿望(或理想)

2. 我的学习生活

3. 我尊敬的人

4. 我喜爱的动物(或植物)

5. 童年的记忆

6. 我喜爱的职业

7. 难忘的旅行

8. 我的朋友

9. 我喜爱的文学(或其他)艺术形式

10. 谈谈卫生与健康

11. 我的业余生活

12. 我喜欢的季节(或天气)

13. 学习普通话的体会

14. 谈谈服饰

15. 我的假日生活

16. 我的成长之路

17. 谈谈科技发展与社会生活

18. 我知道的风俗

19. 我和体育

20. 我的家乡(或熟悉的地方)

21. 谈谈美食

22. 我喜欢的节日

23. 我所在的集体(学校、机关、公司等)

24. 谈谈社会公德(或职业道德)

25. 谈谈个人修养

26. 我喜欢的明星(或其他知名人士)

27. 我喜爱的书刊

28. 谈谈对环境保护的认识

29. 我向往的地方

30. 购物(消费)的感受

附录六 普通话水平测试（PSC）等级标准

一、PSC 的《等级标准》

PSC 分为三级六等

1. 一级：标准级、高级

一级甲等 97 分及其以上（由国家语委审定），

一级乙等 92 分及其以上（由省语委审定）。

2. 二级：比较标准级、中级

二级甲等 87 分及其以上，

二级乙等 80—87 分。

3. 三级：不太标准级、初级、基础级

三级甲等 70—80 分，

三级乙等 60—70 分。

二、PSC 的《等级标准》描述

一级

甲等：朗读和自由交谈时，语音标准，词汇、语法正确无误，语调自然，表达流畅。测试总失分率在 3% 以内。

乙等：朗读和自由交谈时，语音标准，词汇、语法正确无误，语调自然，表达流畅。偶然有字音、字调失误。测试总失分率在 8% 以内。

二级

甲等：朗读和自由交谈时，声韵调发音基本标准，语调自然，表达流畅。少数难点音（平翘舌音、前后鼻尾音、边鼻音等）有时出现失误。词汇、语法极少有误。测试总失分率在 13% 以内。

乙等：朗读和自由交谈时，个别调值不准，声韵母发音有不到位现象。难点音较多（平翘舌音、前后鼻尾音、边鼻音、fu-hu、z-zh-j、送气不送气、i-ü 不分、保留浊塞音、浊塞擦音、丢介音、复韵母单音化等），失误较多。方言语调不明显。有使用方言词、方言语法的情况。测试总失分率在 20% 以内。

三级

甲等：朗读和自由交谈时，声韵母发音失误较多，难点音超出常见范围，声调调值多不准。方言语调较明显。词汇、语法有失误。测试总失分率在 30% 以内。

乙等:朗读和自由交谈时,声韵调发音失误多,方音特征突出。方言语调明显。词汇、语法失误较多。外地人听其谈话有听不懂情况。测试总失分率在40%以内。

三、PSC 的《等级标准》分解

语音:

一级甲等:语音标准。

一级乙等:语音标准,偶然有字音、字调失误。

二级甲等:声韵调发音基本标准,少数难点音(平翘舌音、前后鼻尾音、边鼻音等)有时出现失误。

二级乙等:个别调值不准,声韵母发音有不到位现象,难点音(平翘舌音、前后鼻尾音、边鼻音、fu-hu、z-zh-j、送气不送气、i-ü 不分、保留浊塞音和浊塞擦音、丢介音、复韵母单音化等)失误较多。

三级甲等:声韵母发音失误较多,难点音超出常见范围,声调调值多不准。

三级乙等:声韵母发音失误多,方音特征突出。

词汇、语法:

一级甲等:词汇、语法正确无误。

一级乙等:词汇、语法正确无误。

二级甲等:词汇、语法极少有误。

二级乙等:有使用方言词、方言语法的情况。

三级甲等:词汇、语法有失误。

三级乙等:词汇、语法失误较多。

语调:

一级甲等:语调自然。

一级乙等:语调自然。

二级甲等:语调自然。

二级乙等:方言语调不明显。

三级甲等:方言语调较明显。

三级乙等:方言语调明显。

流畅程度:

一级甲等:表达流畅。

一级乙等:表达流畅。

二级甲等:表达流畅。

附录七　普通话水平测试评分细则

一、读单音节字词

（一）要求和目的

读单音节字词 100 个，限时 3.5 分钟，共 10 分。一个字词允许应试人改读一次，以改读后的读音为准，隔字改读无效。

测查应试人声母、韵母、声调读音的标准程度。

（二）评分

1. 语音错误，每个音节扣 0.1 分。

语音错误指音节读音中有一个或一个以上的音节成分读错。原则上是指普通话语音系统中把一个音（音位）误读成另一个音（音位），如把"zh"读成"z"，把"eng"读成"en"，把上声的曲折调读成阳平调等；还包括单字的漏读、误读。

2. 声母韵母缺陷，每个音节扣 0.05 分。

3. 声调缺陷，每个音节扣 0.05 分。

语音缺陷指音节读音中有一个或一个以上的音节成分发音没有完全达到标准程度，听感性质明显不符。

4. 超时 1 分钟以内扣 0.5 分；超时 1 分钟以上（含 1 分钟），扣 1 分。

（三）声韵调语音错误和语音缺陷的判断

1. 声母错误的基本类型

（1）把舌尖后音 zh、ch、sh 读成舌尖前音 z、c、s，把 zh、ch、sh、z、c、s 读成舌面音 j、q、x，或舌尖后音与舌尖前音相混。

（2）把舌尖后浊擦音 r 声母读成舌尖前浊擦音 [z]、舌尖浊边音 l 或半元音 [j]。

（3）把舌面音 j、q、x 读成舌尖前音 z、c、s 或舌根音 g、k、h。

（4）把送气音 p、t、k、q、ch、c 读成不送气音 b、d、g、j、zh、z，或送气音与不送气音相混。

（5）把塞擦音 zh、ch、z、c、j、q 读成擦音 sh、s、x，或塞擦音与擦音相混。

（6）鼻音 n 与边音 l 相混。

（7）唇齿擦音 f 与舌根擦音 h 相混。

（8）把零声母读成舌根鼻音声母 ng，如把 wo 读成 ngo；或把有辅音声母的音节读成零声母音节，如把 hu～读成 w～。

（9）遗留方言声母。

2. 声母缺陷的基本类型

（1）舌尖后音 zh、ch、sh、r 发音部位明显偏前或偏后；舌尖前音 z、c、s 发音部位明显偏后或读成齿间音。

（2）舌面音 j、q、x 发音部位明显偏前，但还不到舌尖前 z、c、s，或读成舌叶音。

（3）舌根擦音 h[x]读成喉擦音[h]。

（4）合口呼 u、uo 的零声母读成唇齿通音[ʋ]（wa、wai、wei、wan、wen、wang、weng 等唇齿有轻微摩擦不算错误或缺陷）。

（5）清声母带有浊音成分（轻声音节除外）。

3. 韵母错误的基本类型

（1）混淆 o 与 e，或把 e 读成 uo 或[ɛ]。

（2）把撮口呼韵母读成齐齿呼韵母。

（3）把舌尖韵母-i 读成舌面韵母 i。

（4）卷舌韵母 er 无卷舌色彩。

（5）把有韵头的韵母读成无韵头的韵母，如 ia、iou、iong、uo、uei、uen 等。

（6）韵腹读错，如 ao 读成 ou，iao 读成 iou，uai 读成 uei，ian 读成 in，eng 读成 ang 或 ong，weng 读成 wong。

（7）把二合元音复韵母读成单元音韵母，如 ai 读成[æ]，ei 读成[ɛ]，ao 读成[ɔ]，uo 读成[o]等，或把三合元音韵母读成二合元音韵母。

（8）把鼻韵母读成鼻化韵母，如 an 读成[ã]，ian 读成[iã]，uan 读成[uã]，üan 读成[yã]。

（9）把后鼻音韵母读成前鼻音韵母，如 ang、eng、ing 读成 an、en、in 等，或前后鼻韵母相混。

（10）鼻韵母没有鼻辅音（包括半鼻化音）收尾，变成开尾韵。

（11）遗留入声双唇塞音韵尾以及明显遗留舌尖中塞音韵尾、明显遗留舌面后塞音韵尾。

（12）把与唇音声母相拼的舌面前高不圆唇元音读作舌尖前元音。

4. 韵母缺陷的基本类型

（1）把后元音 e[ɤ]读成央元音[ə]，即读得偏前偏松。

（2）把舌面前高元音 i 读成次高元音[ɪ]，即把前 i 读得偏后偏松。

（3）圆唇元音圆唇程度明显不够。

（4）er 韵母有卷舌色彩，但较生硬或舌位明显有误差。

（5）韵腹舌位偏误，ian、üan 中的 a 开口度过大，ai、an 中 a 的舌位明显偏后，ao、ou、ang、uang 中的韵腹舌位明显偏前。

（6）复韵母鼻韵母的动程明显不够，ie、uo 以及音节 bo、po、mo、fo 韵头含混。an、ian 等韵母归音不太到位。

（7）复元音韵母 ie、üe 有鼻化色彩。

（8）in、ing 的韵腹 i 与韵尾间明显地嵌了一个央元音[ə]。in 有后鼻音色彩,但与 ing 能区别。

（9）元音韵尾-i、-u(o)过于强调或突出。

（10）遗留轻微的入声喉塞音韵尾。

（11）过分强调鼻音韵尾使韵尾延长。

5.声调错误和缺陷的基本类型

（1）错误:调值不对;调型不对。

（2）缺陷:调值明显偏低或偏高,或时值过短而调值不到位,如把阴平 55 读成 33,阳平 35 读成 325,上声 214 读成 21、2143,去声 51 读成 53 或 42 等。

二、读多音节词语

（一）要求和目的

读多音节词语 100 个音节,限时 2.5 分钟,共 20 分。

测查应试人声母、韵母、声调和变调、轻声、儿化读音的标准程度。

（二）评分

1.语音错误,每个音节扣 0.2 分。

语音错误指:

（1）与第一测试项"读单音节字词"相同。

（2）变调、轻声、儿化的读音错误。

对变调的评判是,未按变调规律变调的,该音节判为错误;一个词语内部因一个音节声调错误而导致其他音节声调错误的,有关音节均判为错误。

轻声词以《普通话水平测试用必读轻声词语表》为准。该表中有,而未读作轻声的,判为错误;该表没有,而《现代汉语词典》标注为轻声的,是否读作轻声,均不算错误。

2.声母、韵母缺陷,每个音节扣 0.1 分。

3.声调缺陷,每个音节扣 0.1 分。

4.词语轻重格式明显不对,或一字一顿的,该词语整体算一个语音缺陷,扣 0.1 分。

语音缺陷指:

（1）与第一测试项"读单音节字词"相同。

（2）变调、轻声、儿化的读音缺陷。

（3）轻重格式不当。

5.超时 1 分钟以内扣 0.5 分,超时 1 分钟以上(含 1 分钟),扣 1 分。

三、朗读短文

(一)要求和目的

朗读短文1篇,400个音节,限时4分钟,共30分。

短文从《普通话水平测试实施纲要》中选取,评分以朗读作品的前400个音节为限,不包括标点符号和括注的音节。

测查应试人用普通话朗读书面作品的水平,在测查声母、韵母、声调读音标准程度的同时,重点测查连读音变、语调以及流畅程度。

(二)评分

1. 语音错误:声母、韵母、声调、上声变调、"一、不"变调、"啊"音变、轻声、儿化等错误,以及音节的错、漏、增、改读现象,每个音节扣0.1分。

2. 声韵缺陷:声母或韵母系统性语音缺陷,视程度扣0.5分、1分。

3. 语调偏误:语调与普通话明显不符的具有方言性质的语调特质,遗留了偏离普通话语调的地方方音色彩。偏误有所显露扣0.5分,偏误较为明显扣1分,偏误较为严重扣2分。

(1)声调缺陷。

(2)句调不当:语流音变生硬不自然,有方言语调痕迹,因句调失误而导致的语气表达错误,唱读,怪调,固定腔调,或每句句末都有一个机械的调子。

(3)轻重不当:词的轻重格式不当,语句重音不当。

4. 停连不当:语义停连不当,停顿过多,机械地3~5字一顿,字化、词化,视程度扣0.5分、1分、2分。

5. 流畅程度:含回读和语流不流畅的各种表现,视程度扣0.5分、1分、2分。

6. 超时:1分钟以内扣0.5分,超时1分钟以上(含1分钟),扣1分。

四、命题说话(计算机辅助普通话水平测试命题说话项)

(一)要求和目的

命题说话,限时3分钟,共40分。

1. 目的

测查应试人员在无文字凭借的情况下说讲普通话的水平,重点测查语音标准程度、词汇语法规范程度和表达自然流畅程度。

2. 要求

应试人从试卷给定的两个话题中任意选择一个,围绕话题用日常口语方式,说满3分钟,其间所说的所有音节均为评分依据。

（二）评分

1.语音标准程度,共25分。分六档:

主要根据语音错误数量和方音①遗留程度归档。

一档:语音标准,或极少有失误②(无方音,语音错误在3次以下)。扣0~2分。

二档:语音错误在10次以下③,有方音但不明显(有1~2类涵盖量少的语音缺陷,略有语调偏误)。扣3~4分。

三档:语音错误在10次以下,方音比较明显(有1~3类语音缺陷,语调偏误比较明显);或语音错误在11~15次,有方音但不明显。扣5~6分。

四档:语音错误在11~20次,方音比较明显。扣7~8分。

五档:语音错误超过20次,方音明显。扣9~11分。

六档:语音错误很多,方音重。扣12~14分。

2.词汇语法规范程度,共10分。分三档:

一档:词汇、语法规范。扣0分。

二档:词汇、语法出现1~3次不规范④情况。扣0.5~2分。

三档:词汇、语法出现4次以上不规范情况。扣3~4分。

3.自然流畅程度,共5分。分三档:

一档:语言自然流畅。扣0分。

二档:语言基本流畅,口语比较差,类似背稿子或备稿痕迹明显。有所表现,扣0.5分,明显,扣1分。

三档:语言不连贯,语调生硬,或全程文本背诵式说话。扣2~3分。

4.其他情况扣分。

(1)缺时。

说话时间不足3分钟,视程度扣1~6分。说话时间不足30秒(含30秒),本测试项成绩记为0分。

缺时	16″—30″	31″—45″	46″—1′	1′01″—1′30″	1′31″—2′	2′01″—2′30″	不足30″
扣分	1	2	3	4	5	6	40

(2)离题,内容雷同,视程度扣4~6分。

离题:应试人员所说内容完全不符合或基本不符合规定的话题。完全离题,扣6分,基

---

① 方音,这里指声母、韵母缺陷和语调偏误等。

② 失误,这里指错别字、异读词、多音字使用错误等。

③ 如遇同一个音节重复出现多次错误,累计记数,但定级时可酌情放宽。

④ 词汇、语法不规范,指出现了典型的方言词方言语法用法以及明显的病句,不包括偶尔出现的口误。

本离题,视程度扣 4～5 分。

直接或变相使用《普通话水平测试纲要》中的 60 篇朗读短文,扣 6 分。

其他内容雷同情况,包括:与前面考生内容一样;与《指导用书》范例一样;与著名文学作品或艺考篇目一样;与网络下载内容一样;时间未到,又说一遍或几遍等情况,视程度扣 4～5 分。

本测试项可以重复扣分,但最多扣 6 分。

(3)无效话语,酌情扣 1～6 分。

无效话语指测试员无法据此作出评分的内容。包括:经常重复相同或大体相同的内容;支支吾吾;咳嗽拖延时间;口头禅密集频繁;数数;胡说等。

无效话语在三分之一以内,视程度扣 1～3 分;无效话语在三分之一以上,视程度扣 4～6 分。

有效话语不足 30 秒(含 30 秒),本测试项记为 0 分。

附录八　计算机辅助普通话水平测试流程

机辅测试(简称:机测)总体流程:提前到达 → 候测室(准备)→ 备测室(看题)→ 测试室(考试)→ 离开考点。

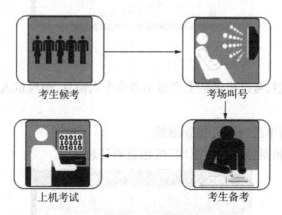

考生候考　　　　　考场叫号

上机考试　　　　　考生备考

进入测试室后,按照考场老师的统一指令开始考试,具体流程如下:

一、佩戴耳机

1. 应试人就座后戴上耳机(麦克风应在脸颊左侧),并将麦克风置于距离嘴唇 2~3 厘米的位置。

2. 戴好耳机后点击"下一步"按钮。

二、应试人登录

1. 屏幕出现登录界面后,考生填入自己的准考证号。准考证号的前几位系统会自动显示,考生只需填写最后 4 位数字。输入后,点击"进入"按钮登录。

2. 如果输入有误,单击"修改"按钮重新输入。

三、核对信息

1. 考生登录成功后，考试机屏幕上会显示考生个人信息，请应试人仔细核对所显示信息是否与自己相符。

2. 核对无误后，请单击"确认"按钮继续。

3. 核对时若发现错误，请点击"返回"按钮重新登录。

四、应试人试音

1. 进入试音页面后，考生会听到系统的提示语，提示语结束后，请以适中的音量和语速朗读页面呈现的句子，进行试音。

2. 如试音顺利，系统会出现"试音结束"的对话框。请点击"确认"按钮，进入下一程序。

3. 若试音失败，请提高朗读音量并根据系统提示重新进行试音。

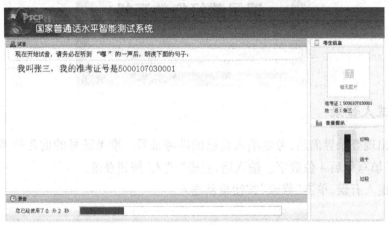

五、开始测试

特别提示：

1.普通话水平测试共有4个测试项,每个测试项开始时都有一段语言提示,语言提示结束会发出"嘟"的结束提示音,这时,应试人才可以开始测试。

2.测试过程中,应试人应做到吐字清晰,语速适中,音量与试音时保持一致。

3.测试过程中,应试人应根据屏幕下方时间提示条的提示,注意掌握时间。

4.如某项测试结束,应试人可单击屏幕右下方"下一题"按钮,进入下一项测试。如某项测试规定的时间用完,系统会自动进入下一项试题。

5.测试过程中,应试人不能说该测试项之外的其他内容,以免影响评分。

6.测试过程中,如有问题,应试人应举手示意,请工作人员予以解决。

第一项 读单音节字词

1.请应试人横向依次朗读单字。

2.100个单字以黑色字体和蓝色字体隔行显示,以便于应试人识别,应试人应逐行朗读,避免漏字、漏行。

3.该项测试结束,应试人可单击屏幕右下方"下一题"按钮,进入下一项测试。

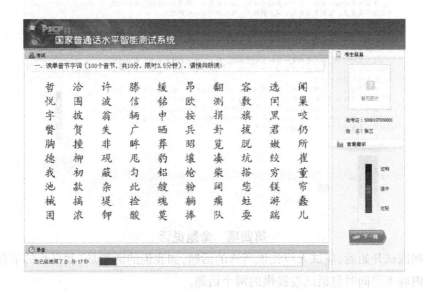

第二项 读多音节词语

1.请应试人横向依次朗读词语,避免漏读。

2.该项测试结束,应试人可单击屏幕右下方"下一题"按钮,进入下一项测试。

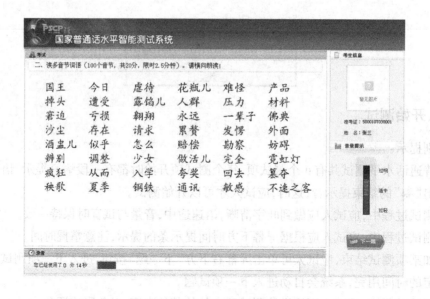

第三项　朗读短文

1.请应试人注意语音清晰、语义连贯,防止添字、漏字、改字。

2.该项测试结束,应试人可单击屏幕右下方"下一题"按钮,进入下一项测试。

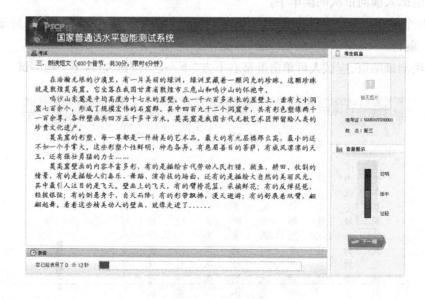

第四项　命题说话

1.该项测试开始后,应试人应先说所选的话题,如我说的话题是"我喜欢的节日"。应试人的说话内容不得同时包括试卷提供的两个话题。

2.命题说话必须说满3分钟,应试人应根据屏幕下方的时间提示条把握时间。

3.命题说话部分满3分钟后,该项测试自动结束,不需要点击"提交试卷"按钮,系统会自动提交试卷。

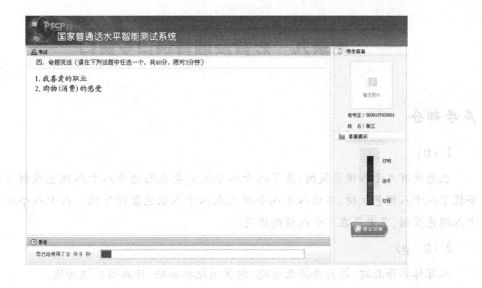

六、结束考试

1.试卷提交后,请应试人点击屏幕中央的"确定"按钮,结束测试。

2.应试人摘下耳机放在桌上,经工作人员确认后请及时离开测试室。

附录九　必背及选背绕口令贯口

声母部分

1.（b）

巴老爷有八十八棵芭蕉树，来了八十八个把式要在巴老爷八十八棵芭蕉树下住。巴老爷拔了八十八棵芭蕉树，不让八十八个把式在八十八棵芭蕉树下住。八十八个把式烧了八十八棵芭蕉树，巴老爷在八十八棵树边哭。

2.（b p）

八百标兵奔北坡，炮兵并排北边跑，炮兵怕把标兵碰，标兵怕碰炮兵炮。

3.（b m）

白庙外蹲着一只白猫，白庙里有一顶白帽。白庙外的白猫看见了白帽，叼着白庙里的白帽跑出了白庙。

4.（f h）

粉红墙上画凤凰，凤凰画在粉红墙。红凤凰、粉凤凰，红粉凤凰花凤凰。

5.（f h）

发废话会花费话费，回发废话话费花费，发废话花费话费会后悔，回发废话会费了话费，花费话费回发废话会耗费话费。

6.（b p f）

一座棚傍峭壁旁，峰边喷泻瀑布长。不怕暴雨瓢泼冰雹落，不怕寒风扑面雪飘扬。并排分班翻山攀坡把宝找，聚宝盆里松柏飘香百宝藏。背宝奔跑报矿炮劈山，篇篇捷报飞伴金凤凰。

7.（z c s）

四十四个字和词，组成一首子、词、丝的绕口词。桃子、李子、梨子、栗子、橘子、柿子、槟子、榛子，栽满院子、村子和寨子。名词、动词、数词、量词、代词、副词、助词、连词，组成语词、诗词和唱词。蚕丝、生丝、熟丝、缫丝、染丝、晒丝、纺丝、织丝，自制粗丝、细丝、人造丝。

8.（z c s）

操场前面有三十三棵桑树，操场后面有四十四棵枣树，张三把三十三棵桑树认作枣树，赵四把四十四棵枣树认作桑树。

9.（t d）

谭家谭老汉，挑担到蛋摊，买了半担蛋，挑蛋到炭摊，买了半担炭，满担是蛋炭，老汉忙回赶，回家炒蛋饭。进门跨门槛，脚下绊一绊。跌了谭老汉，破了半担蛋，翻了半担炭，脏了木门槛。老汉看了看,急得满头汗,连说怎么办,蛋炭完了蛋,老汉怎吃蛋炒饭。

10.(d t)

调到敌岛打特盗,特盗太刁投短刀。挡推顶打短刀掉,踏盗得刀盗打倒。

11.(b t d)

白石塔,白石搭,白石搭白塔,白塔白石搭,搭好白石塔,白塔白又大。

12.(d f)

会炖我的炖冻豆腐,来炖我的炖冻豆腐,不会炖我的炖冻豆腐,就别炖我的炖冻豆腐。要是混充会炖我的炖冻豆腐,炖坏了我的炖冻豆腐,那就吃不成我的炖冻豆腐。

13.(n l)

老龙恼怒闹老农,老农恼怒闹老龙,农怒龙恼农更怒,龙恼农怒龙怕农。

14.(n l)

学习就怕满、懒、难,心里有了满、懒、难,不看不钻,就不前。心里丢掉满、懒、难,永不自满边学边干,蚂蚁也能搬泰山。

15.(n l)

新郎和新娘,柳林底下来乘凉。新娘问新郎,你是下湖去挖泥,还是下田去扶犁?新郎问新娘:你坐柳下把书念,还是下湖去采莲?新娘抿嘴乐:我采莲,你挖泥,我拉牛,你扶犁,挖完了泥,采完了莲,扶完了犁,咱俩再来把书念。

16.(n l)

牛奶奶带孙子流流去买榴奶冰,碰到刘奶奶带孙子牛牛也在买榴奶冰。流流要榴奶冰里面多留牛奶,牛牛要榴奶冰里面多留榴莲。牛奶榴莲没拿对,流流牛牛打起来。牛奶奶打了流流,把多榴莲的榴奶冰扭散了。刘奶奶打了牛牛,也把多牛奶的榴奶冰流撒了。

17.(zh)

知之为知之,不知为不知,不以不知为知之,不以知之为不知,唯此才能求真知。

18.(ch)

紫瓷盘,盛鱼翅,一盘熟鱼翅,一盘生鱼翅。迟小池拿了一把瓷汤匙,要吃清蒸美鱼翅。一口鱼翅刚到嘴,鱼刺刺进齿缝里,疼得小池拍腿挠牙齿。

19.(sh)

施氏食狮史:石室诗士施氏,嗜狮,誓食十狮。施氏时时适市视狮。十时,适十狮适市。是时,适施氏适市。氏视是十狮,恃矢势,使是十狮逝世。氏拾是十狮尸,适石室。石室湿,氏使侍拭石室。石室拭,氏始试食是十狮尸。食时,始识是十狮尸,实十石狮尸。试释是事。

20.(r)

夏日无日日亦热,冬日有日日亦寒,春日日出天渐暖,晒衣晒被晒褥单,秋日天高复云淡,遥看红日迫西山。

21.（z c s zh ch sh）

找到不念早到，遭到不念早稻，乱草不念乱吵，制造不是自造。收不是搜，昌不念仓，张不念脏。栽花不念摘花，自力不念智力，暂时不念战时。一层不念一成，草木不念炒木，参加不念掺加。散光不念闪光，撒网不念纱网，三山不念山山。

22.（z zh）

隔着窗户撕字纸，一次撕下横字纸，一次撕下竖字纸，是字纸撕字纸，不是字纸，不要胡乱撕一地纸。

23.（c sh）

山前有个崔粗腿，山后有个崔腿粗，二人山前来比腿，不知是崔粗腿比崔腿粗的腿粗，还是崔腿粗比崔粗腿的腿粗。

24.（s sh）

四是四、十是十、十四是十四、四十是四十，不要把十四说成是"实事"，也不要把四十说成是"细席"，要想说对四，舌头碰牙齿；要想说对十，舌头别伸直，要想说对四和十，多多练习十和四。

25.（j q x）

七巷一个漆匠，西巷一个锡匠，七巷漆匠用了西巷锡匠的锡，西巷锡匠拿了七巷漆匠的漆，七巷漆匠气西巷锡匠用了漆，西巷锡匠讥七巷漆匠拿了锡。请问漆匠和锡匠谁拿的锡？谁用谁的漆？

26.（j q x）

贾家有女初出嫁，嫁到夏家学养虾，喂养的对虾个头儿大，卖到市场直加价。贾家爹爹会养鸭，鸭子虽肥伤庄稼。邻里吵架不融洽，贾家也学养对虾。

27.（x）

熙戏犀：西溪犀，喜嬉戏。席熙夕夕携犀徙，席熙细细习洗犀。犀吸溪，戏袭熙。席熙嘻嘻希息戏。惜犀嘶嘶喜袭熙。

28.（g k）

哥挎瓜筐过宽沟，赶快过沟看怪狗。光看怪狗瓜筐扣，瓜滚筐空哥怪狗。

29.（g k h）

哥哥过河捉个鸽，回家割鸽来请客。客人吃鸽夸鸽肉，哥哥请客乐呵呵。

韵母部分

30.（a、ia、ua）

娜娜插花穿花褂，手拿仨瓜仨虾仨蛤蟆。八月爬山看爸爸，巴山高拔难跋爬。雨大路滑树枝扎，瓜砸虾撒蛤蟆跳。跑了蛤蟆砸破瓜，见到爸爸泪哗哗。爸爸手捧仨大虾，连夸娜娜笑哈哈。

31.(an ian üan)

　　男演员、女演员,同台演戏说方言。男演员说吴方言,女演员说闽南言。男演员演远东旅行飞行员,女演员演鲁迅文学研究员。研究员,飞行员,吴方言,闽南言,你说男女演员演得全不全。

32.(iao)

　　水上漂着一只表,表上落着一只鸟。鸟看表,表瞪鸟,鸟不认识表来,表也不认识鸟。

33.(ang iang)

　　千里家书只为墙,让他三尺又何妨。长城万里今犹在,不见当年秦始皇。康熙年间张宰相,撑船肚量树榜样。遇到争执想一想,安徽桐城六尺巷。

34.(ang uang)

　　希望是心灵的金鸟,拍打着梦幻般的翅膀,它总是追着阳光飞翔,在通往未来的路上歌唱。它不会在风雨前敛翅,但可能在风雨中跌伤,即使跌伤了也会腾空而起,它的生命永远不会死亡。

35.(er)

　　要说"尔"专说"尔",马尔代夫/喀布尔,阿尔巴尼亚/扎伊尔,卡塔尔,尼伯尔,贝尔格莱德/安道尔,萨尔瓦多/伯尔尼,利伯维尔/班珠尔,厄瓜多尔/塞舌尔,哈密尔顿/尼日尔,圣彼埃尔,巴斯特尔,塞内加尔/达喀尔,阿尔及利亚/阿尔及尔。

36.(e o)

　　浙东有条清水河,河岸是个小山坡,哥哥坡上挖红薯,乐乐呵呵爬上坡。忽听河里一声响,河水溅起一丈多,吓得哥哥大声喊:"谁不小心掉下河?"大家一听笑呵呵。有个姑娘这么说:"不是有人掉下河,是个红薯滚下坡。"

37.(o)

　　老伯伯卖墨老婆婆卖馍,老婆婆卖馍买墨,老伯伯卖墨买馍。墨换馍老伯伯有馍,馍换墨老婆婆有墨。

38.(o uo)

　　坡上长菠萝,坡下玩陀螺。坡上掉菠萝,菠萝砸陀螺。砸破陀螺补陀螺,顶破菠萝剥菠萝。

39.(iou)

　　九月十九是中秋,九个酒友喝醉酒。九个酒壶九碗酒,九个酒友喝九口。喝罢九口酒,又倒九碗酒。九个酒友端起酒,"咕咚、咕咚"又九口。九碗酒,酒九口,喝罢九碗九口酒,九个酒友醉了酒。

40.(en uen)

　　闷娃闷,笨娃笨,闷娃有棍无绳捆,笨娃有绳头发昏。闷娃想借笨娃绳,话到嘴边成闷

427

棍,笨娃无心拖捆绳,搅成一团抻不顺。闷娃说笨娃,我是闷来你蠢笨,笨娃说闷娃,我是笨来你闷棍。

41.(ou iou)

天下云游四大部洲,人心存留江水自流。君子相交淡淡如水,小人交友蜜里调油。淡淡如水常年有,蜜里调油不到头。交朋友学那桃园三结义,莫学那孙膑庞涓结冤仇。

42.(en eng)

陈庄城通郑庄城,郑庄城通陈庄城。陈庄城和郑庄城,两庄城墙都有门。陈庄城进郑庄人,郑庄门进陈庄人,请问陈郑两庄门,各进哪庄人?

43.(en eng)

真冷、真冷、真正冷,冷冰冰,冰冰冷,人人都说冷,猛的一阵风,更冷。说冷也不冷,人能战胜风,更能战胜冷。

44.(ie üe)

谢老爹在街上扫雪,薛大爷在屋里打铁。薛大爷见谢老爹在街上扫雪,就急忙放下手里正在打着的铁,跑到街上帮谢老爹来扫雪。谢老爹扫完了街上的雪,就急忙进屋里帮薛大爷打铁。二人一同扫雪,二人一同打铁。

45.(i ü)

王七上街去买席,清早起来雨稀稀。骑着毛驴跑得急,捎带卖蛋又贩梨。一跑跑到小桥西,毛驴一下跌了蹄。打了蛋,撒了梨,淋了雨,跑了驴,急得王七眼泪滴,又哭鸡蛋又骂驴。

46.(in ing)

生身亲母亲,谨请您就寝,请您心宁静,身心很要紧,新星伴明月,银光澄清清。尽是清静镜,警铃不要惊,您请我进来,进来敬母亲。

47.(in ing ün)

小金学拼音没尽心,小芹练播音没信心。小金小芹是近邻,坐在一起来谈心,小金下定决心辛勤学拼音,小芹走出阴影全心练播音。心心相印齐努力,考上大学去军训。身着军装进军营,训练场上比输赢。

48.(u)

一位叔叔他姓顾,上街打醋又买布。买了布,打了醋,回头看见鹰抓兔。放下布,搁下醋,上前去追鹰和兔。飞了鹰,跑了兔,打翻醋壶弄湿布。

49.(ai ei uai uei)

哎呀呀,黑哇哇,槐树底下搭戏台。演员抹着一脸白,歪着脑袋上戏台。南边来了个秃老美,北边来了个小魔鬼;秃老美打断了小魔鬼的腿,小魔鬼咬破了秃老美的嘴。

50.(ong ing eng)

东洞庭,西洞庭,洞庭山上一条藤,藤条顶上挂铜铃,风吹藤动铜铃响,风停藤定铜铃静。

51.（eng、ing、ong、iong、ueng）

春风送暖水滃滃(wěng)，冰层开化冰凌溶。水中冰凌碰冰凌，集成冰坝出险情。空军岂是等闲翁，飞来银鹰炸冰凌。银鹰轰鸣冰凌涌，浩浩东去黄河颂。

声调部分

52.

当家度日七件事，柴米油盐酱醋茶。走一走，坐一坐，茶馆里面瞧一瞧。春夏秋冬早午晚，喝茶也有大讲究。春天里，花茶茉莉金盏菊，神清气爽心怡怡。夏天里，绿茶桑菊薄荷叶，生津止渴还消食。秋天里，青茶乌龙铁观音，润喉生津清积热。冬天里，红茶普洱金骏眉，抗寒除寒又暖胃。常喝茶，身体好，一年四季没病扰。

53.

一个胖娃娃，捉了三个大花活蛤蟆，三个胖娃娃，捉了一个大花活蛤蟆。捉了一个大花活蛤蟆的三个胖娃娃，真不如捉了三个大花活蛤蟆的一个胖娃娃。

54.

兜里装豆，豆装满兜，兜破漏豆，豆撒破兜。倒出豆，补破兜。补好兜，又装豆，装满兜，不漏豆。

55.

鲍保的宝宝爱吃汉堡包，葆豹的宝宝爱吃油爆包，鲍保的宝宝说汉堡包好吃，葆豹的宝宝说油爆包好吃；不知是鲍保的宝宝爱吃的汉堡包比葆豹的宝宝爱吃的油爆包好，还是葆豹的宝宝爱吃的油爆包比鲍保的宝宝爱吃的汉堡包好。

56.

司小四和史小世，四月十四日十四时四十上集市，司小四买了四十四斤四两西红柿，史小世买了十四斤四两细蚕丝。司小四要拿四十四斤四两西红柿换史小世十四斤四两细蚕丝。史小世十四斤四两细蚕丝不换司小四四十四斤四两西红柿。司小四说我四十四斤四两西红柿可以增加营养防近视，史小世说我十四斤四两细蚕丝可以织绸织缎又抽丝。

57.

姥姥喝酪，酪落，姥姥捞酪；舅舅架鸠，鸠飞，舅舅揪鸠；妈妈骑马，马慢，妈妈骂马；妞妞轰牛，牛拧，妞妞拧牛。

58.

李丽买了一斤梨，黎里买了一斤栗，李丽要用梨换栗，黎里要用栗换梨，不知是李丽的梨换了黎里的栗，还是黎里的栗换了李丽的梨。

音变部分

59.(儿化)

进了门儿,歇歇脚儿,开水瓶儿里打满水儿。洗个脸儿,换校服儿,贡院教室去点名儿。辅导员儿,要发火儿,怎么老是不懂事儿。听广播,出晨练,吊完了嗓子练嘴皮儿。绕口令儿,古诗词儿,又背又写正字音儿。小快板儿,牌子曲儿,越说越唱越带劲儿。学习忙,活动多,抓紧时间别贪玩儿。艺步楼里选模特儿,标放厅里放电影儿,金厅蓝厅开讲座儿,剧院广场排对形儿。困了累了有水吧,放松心情聊聊天儿,出门就去安仁镇,三五成群各几拨儿,古街庄园博物馆,没法儿一天逛几家儿。

60.(儿化)

圆桌儿方桌儿没有腿儿,墨水儿瓶儿里没墨水儿;花瓶儿里有叶儿没有花儿,走道儿里有框儿没有画儿;甘蔗好吃净是节儿,西瓜挺大没有味儿;坛儿里的小米儿长了虫儿,棍儿上的鸡毛儿剩几根儿;水缸儿沿儿上系围嘴儿,小狗儿打转儿猫打盹儿;新买的小褂儿没钉扣儿,机洗的鞋带儿打了结儿。

61.(儿化　轻声)

大姑娘大,二姑娘二,三姑娘出门子给我个信儿。搭大棚,贴喜字儿,擦红粉,戴耳坠儿,送亲太太联把儿头,娶亲太太耷拉翅儿。八团褂子大开气儿,四轮马车双马队儿,箱子匣子都是我的事儿。

62.(轻声)

天上有个日头,地下有块石头,嘴里有个舌头,手上有五个手指头。不管是天上的热日头,地下的硬石头,嘴里的软舌头,手上的手指头,还是热日头,硬石头,软舌头,手指头,反正都是练舌头。

63.(轻声)

屋子里有箱子,箱子里有匣子,匣子里有盒子,盒子里有镯子,镯子外面有盒子,盒子外面有匣子,匣子外面有箱子,箱子外面有屋子。

64.(轻声)

梁木匠,梁瓦匠,两梁有事常商量,梁木匠天亮晾衣裳,梁瓦匠天亮量高粱。梁木匠晾衣裳受了凉,梁瓦匠量高粱少了粮。梁瓦匠思量梁木匠受了凉,梁木匠谅梁瓦匠少了粮。

65.(啊的音变)

鸡啊,鸭啊,鹅啊,鱼啊,一块儿水里游啊!牛啊,羊啊,马啊,驴啊,一块儿进草窝啊!狮啊,熊啊,虎啊,豹啊,一块去水潭啊!兔啊,鹿啊,鼠啊,孩子啊,一块奔前门儿啊!

综合练习部分

学好声韵辨四声

学好声韵辨四声,阴阳上去要分明,部位方法须找准,开齐合撮属口形。双唇班抱必百波,舌尖当地斗点丁;舌根高狗工耕故,舌面积结教坚精;翘舌主争真志照,平舌资责早土增;擦音发翻飞分复,送气查柴产彻称;合口呼舞枯胡古,开口河坡哥安争;嘴撮虚学寻徐剧,齐齿依优摇业英;前鼻嗯音烟弯稳,后鼻昂迎中拥生;咬紧字头归字尾,不难达到纯和清。

节气歌

地球绕着太阳转,绕完一圈是一年。一年分成十二月,二十四节紧相连。按照公历来推算,每月两气不改变。上半年是六、廿(niàn)一,下半年逢八、廿三。这些就是交节日,有差不过一两天。二十四节有先后,下列口诀记心间:一月小寒接大寒,二月立春雨水连;惊蛰春分在三月,清明谷雨四月天;五月立夏和小满,六月芒种夏至连;七月大暑和小暑,立秋处暑八月间;九月白露接秋分,寒露霜降十月全;立冬小雪十一月,大雪冬至迎新年。抓紧季节忙生产,种收及时保丰年。

王昭君(节选)(曹禺)

臣说到,真正的好马,马头就是"王",要正要方;眼睛是"丞相",要神要亮;脊背骨是"将军",要硬要强;肚子是"城池",要宽要张;四条腿是"王的命令",要快要长;两耳象劈开的竹管,尖而刚;皮毛象太阳下的缎子,闪亮光。这样的马,不乱吃,不乱动,骑上去,它不狂奔、不乱跑。但是在宽阔的草原上,它驰骋起来,千里万里,象风也似地飞过。在它眼里,没有不能到的地方。这才真是生死可以相托的好马。

笠翁对韵(节选)(李渔)

天对地,雨对风。大陆对长空。山花对海树,赤日对苍穹。雷隐隐,雾蒙蒙。日下对天中。风高秋月白,雨霁(jì)晚霞红。牛女二星河左右,参(shēn)商两曜斗西东。十月塞边,飒飒寒霜惊戍(shù)旅;三冬江上,漫漫朔(shuò)雪冷鱼翁。

河对汉,绿对红。雨伯对雷公。烟楼对雪洞,月殿对天宫。云叆(ài)叇(dài),日曈朦。腊屐(jī)对渔蓬。过天星似箭,吐魂月如弓。驿旅客逢梅子雨,池亭人把(yì)荷花风。茅店村前,皓月坠林鸡唱韵;板桥路上,青霜锁道马行踪。

报花名(节选)

有君子兰,广玉兰,米兰,剑兰,凤尾兰,白兰花,百合花,茶花,桂花,喇叭花,长寿,芍药,芙蓉花,丁香,扶郎,蔷薇花,桃花,樱花,金钟花,栀子花,海棠花。花中之王牡丹花,花中皇后月季花。凌波仙子水仙花,月下公主昙花。清新淡雅吊兰花,烂漫多彩杜鹃花。芳香四溢茉莉花,金钟倒挂灯笼花。一花先开金盏花,二度梅,三莲花。四季海棠,四季花,五色梅,五彩。六月雪开的是白花,七星花是个大瓣花。八宝花是吉祥花,九月菊是仲秋花,十冬腊月腊梅花。月月红、百兰花,千日红本是变色的花。万年青是看青不看花。

双唱快板(节选)

什么上山吱扭扭?什么下山乱点头?什么有头无有尾?什么有尾无有头?什么有腿家中坐?什么没腿游九州?赵州桥什么人修?玉石栏杆什么人留?什么人骑驴桥上走?什么人推车轧(yà)道沟儿?什么人扛刀桥上站?什么人勒(lē)马看春秋?什么人白?什么人黑?什么人胡子一大堆?什么开花节节高?什么开花猫着腰?什么开花无人见?什么开花一嘴毛?什么鸟穿青又穿白?什么鸟穿出皂靴来?什么鸟身披十样锦?什么鸟身披麻布袋儿?双扇门,单扇开,我破的闷儿我自己猜。小车上山吱扭扭,金鸡下山乱点头,哈蟆有头无有尾,蝎子有尾无有头。板凳有腿儿家中坐,小船没腿儿游九州,赵州桥,鲁班修,玉石栏杆儿圣人留。张果老骑驴桥上走,柴王推车轧了道沟。周仓扛刀桥上站,关公勒马看春秋。罗成白,敬德黑,张飞胡子一大堆。芝麻开花节节高,棉花开花猫着腰,藤子开花无人见,玉米开花一嘴毛。喜鹊穿青又穿白,乌鸦穿出皂靴来,野鸡身披十样锦,鹁丽儿身披麻布袋儿。

酒 鬼

想当初,杜康老祖造传世美酒,刘伶酒醉待三年方醒;屈原饮酒,叹世人皆醉而唯我独醒,济公长老,笑酒肉穿肠而佛祖心留;八仙蓬莱醉酒,大闹东海龙宫,曹操青梅煮酒,论遍天下豪杰;关云长温酒斩华雄,苏东坡把酒问青天;鲁智深醉打山门,倒拔垂杨柳,武二郎拳打猛虎,大闹快活林;唐朝大诗人李白最爱饮酒,玄宗皇帝召进宫中封为太白学士。有渤海国进来蛮书蛮表,要与大唐兵戎相见,满朝文武无人能识,玄宗皇帝大惊失色。多亏李白酒醉上殿,叫高力士脱靴,杨贵妃研墨,这才醉草吓蛮书,保定大唐锦绣江山。杜甫有《饮中八仙歌》赞之曰:"李白斗酒诗百篇,长安市上酒家眠。天子呼来不上船,自称臣是酒中仙。"几位酒鬼,卿堪敢比哪位啊?

满天星

天上看,满天星,地下看,有个坑,坑里看,有盘冰。坑外长着一老松,松上落(lào)着一只鹰,鹰下坐着一老僧,僧前点着一盏灯,灯前搁着一部经,墙上钉着一根钉,钉上挂着一张弓。说刮风,就刮风,刮得那男女老少难把眼睛睁。刮散了天上的星,刮平了地上的坑,刮化了坑里的冰,刮断了坑外的松,刮飞了松上的鹰,刮走了鹰下的僧,刮灭了僧前的灯,刮乱了灯前的经,刮掉了墙上的钉,刮翻了钉上的弓。只刮得:星散、坑平、冰化、松倒、鹰飞、僧走、灯灭、经乱、钉掉、弓翻的一个绕口令。

蛐蛐儿说大话

墙头儿高,墙头儿低,墙旮旯儿有对儿蛐蛐儿在那儿吹大牛。大蛐蛐儿说:"昨儿个我吃了两只花不愣登的大老虎。"小蛐蛐儿说:"今儿个我吃了两只灰不溜秋的大毛驴。"大蛐蛐儿说："我在南山爪子一抬,踢倒了十棵大柳树。"小蛐蛐儿说："我在北海大嘴一张,吞了十条大鲸鱼。"这两个蛐蛐儿正在吹大牛,扑棱棱儿打东边飞来一只芦花大公鸡。你看这只公鸡有多愣,它"哆"的一声吃了那只小蛐蛐儿。大蛐蛐儿一看生了气,它龇牙捋须一伸腿,唉!它也喂了鸡! 哈哈,看它还吹大牛不吹大牛!

报菜名(节选)

蒸羊羔,蒸熊掌,蒸鹿尾儿,烧花鸭、烧雏鸡、烧子鹅、炉猪、炉鸭、酱鸡、腊肉、松花、小肚儿、晾肉、香肠儿。什锦苏盘儿、熏鸡白肚儿、清蒸八宝猪、江米酿鸭子、烩腰丝、烩鸭腰、烩鸭条、清拌鸭丝儿,黄心管儿、焖白鳝、焖黄鳝、豆豉鲶鱼、锅烧鲤鱼、锅烧鲶鱼、清蒸甲鱼。红丸子、白丸子、熘丸子、炸丸子、南煎丸子、首席丸子、三鲜丸子、四喜丸子、鲜虾丸子、鱼脯丸子、烙炸丸子、豆腐丸子、余丸子。一品肉、樱桃肉、马牙肉、红焖肉、黄焖肉、坛子肉、烀肉、扣肉、松肉、罐儿肉、烧肉、烤肉、大肉、白肉、酱豆腐肉。

六十六岁刘老六

在苏州,有一个六十六条胡同口,那里住着一个六十六岁刘老六。他家有六十六座好高楼,那楼上有六十六篓桂花儿油,篓上蒙着六十六匹绿绉绸,绸上绣着六十六个大绒球,楼底下钉着那六十六根儿檀木轴儿,在那轴上栓着六十六条大青牛,牛旁边蹲着那六十六个大马猴。这个刘老六他坐在门口儿,正把那牛头啃,打南边来了这么两条狗。两条狗抢骨头,抢成仇,碰倒了六十六座好高楼,碰撒了六十六篓桂花油,油了那六十六匹绿绉绸,脏了那六十六个大绒球,拉躺下六十六根檀木轴儿,吓惊了六十六条大青牛,吓跑了六十六个大马猴。这正是,狗啃油篓篓油漏,狗不啃油篓篓不漏油。

望夜空

望夜空,满天星,光闪闪,亮晶晶。好像那,小银灯,大大小小、密密麻麻、闪闪烁烁、数来数去数也数不清。仔细看,看分明,原来那群星星分了星座还起了名。按亮度分了等:一等、二等、三等、四等、五等、六等一共分六等。谁最亮,是一等,谁最暗,是六等,一等到六等,总共不过六千九百多颗是恒星。星空中,还能看见那大行星和卫星,小行星和慧星,更有那无数无名点点繁星看不清。

莽撞人

青罗伞盖撤下,只见张飞豹头环眼,面如润铁,扎里扎煞一部黑钢髯,犹如钢针,恰似铁线,头戴镔铁盔,二龙斗宝朱缨飘洒,上嵌八宝,轮、罗、伞、盖、花、罐、鱼、长,腰系丝鸾带,身披锁子甲,手使连环蛇矛。桥头之上,咬牙切齿,大骂:"曹操听真,现有你家三爷在此,尔等或攻或战,或进或退,或争或斗。不攻不战,不进不退,不争不斗,尔匹夫之辈。"大喊一声曹兵退后;大喊二声,顺水横流;大喊三声,当阳桥折断。后人有诗赞之曰:"当阳桥前救赵云,吓退曹操老奸臣,姓张名飞字翼德,万古留芳莽撞人。"这个莽撞人,你比得了吗?

粉红女

正月里，正月正，姐妹二人去逛灯，大姐名叫粉红女，二姐名叫女粉红。粉红女身穿一件粉红袄，女粉红身穿一件袄粉红。粉红女怀抱一瓶粉红酒，女粉红怀抱一瓶酒粉红。姐妹找了个无人处，推杯换盏饮刘伶。女粉红喝了粉红女的粉红酒，粉红女喝了女粉红的酒粉红，粉红女喝了一个酩酊醉，女粉红喝了一个醉酩酊。女粉红揪着粉红女就打，粉红女揪着女粉红就拧。女粉红撕了粉红女的粉红袄，粉红女就撕了女粉红的袄粉红。姐妹打罢落下手，自己买线自己缝。粉红女买了一条粉红线，女粉红买了一条线粉红。粉红女是反缝缝缝粉红袄，女粉红是缝反缝缝袄粉红。

十八愁

数九寒天冷风飕，年年春打六九头。正月十五龙灯会，一对狮子滚绣球。三月三王母娘娘蟠桃会，孙悟空大闹天宫把仙桃偷。五月当午端阳节，白蛇许仙不到头。七月初七天河配，牛郎织女泪双流。八月十五云遮月，月里嫦娥犯忧愁。要说愁净说愁，一气儿说上十八愁。虎也愁，狼也愁，象也愁，鹿也愁，羊也愁，牛也愁，骡子也愁马也愁，猪愁，狗愁，鸭愁，鹅愁，蛤蟆愁，螃蟹愁，蛤蜊愁，乌龟愁，鱼愁虾愁各自有分由。虎愁不敢下高山；狼愁野心不改耍滑头；象愁鼻长皮又厚；鹿愁脑袋七杈八杈长犄角；羊愁从小长胡子；牛愁愁的犯牛轴；马愁背鞍行千里，骡愁愁的一世休，狗愁改不了净吃屎；猪愁离不开臭水沟；鸭子愁的扁了嘴；鹅愁脑袋长了一个大铲儿头；蛤蟆愁地一身脓疱疥；螃蟹愁的净横搂；蛤蜊愁闭关自守；乌龟愁不敢出头；鱼愁出水不能走；虾米愁空腔乱扎没准头。

卖水

行行走，走行行，信步儿来在凤凰亭。这一年四季十二月，听我表表十月花名。正月里无有花儿采，唯有这迎春花儿开。我有心采上一朵头上戴，猛想起水仙花开似雪白。二月里龙抬头，三姐梳妆上彩楼。王孙公子千千万，打中了平贵是红绣球。三月里是清明，人面桃花相映红。人面不知何处去，桃花依旧笑春风。四月里麦梢儿黄，刺玫开花长在路旁，木香开花凉亭上，蔷薇开花朵朵香。五月五正端阳，石榴花开红满堂，小姐若把郎君盼，相公你快快到兰房。六月里是伏天，主仆池边赏白莲，身处泥中质洁净，亭亭玉立在水间。七月里七月七，牛郎织女会佳期，喜鹊搭桥银河上，朝阳展翅比高低。八月里是中秋，桂花飘香阵悠悠，嫦娥不愿寒宫守，下凡人间幸福求。九月里九重阳，小姐登高假山上，枝黄叶落西风紧，五色傲菊抗严霜。十月里是寒天，孟姜女送衣到长城边，千里寻夫泪满面，冬青花开野儿鲜。十一腊月没有花开，唯有这松柏实可摘，陈杏元和番边关外，雪里冻出腊梅花儿开。

附录十　必背及选背十三辙诗词

一、发花辙(a　ia　ua)

永王东巡歌(其一)(李白)

三川北虏乱如麻,四海南奔似永嘉。

但用东山谢安石,为君谈笑净胡沙。

乌衣巷(刘禹(yǔ)锡)

朱雀桥边野草花,乌衣巷里夕阳斜(xiá)。

旧时王谢堂前燕,飞入寻常百姓家。

登科后(孟郊)

昔日龌龊(wòchuò)不足夸,今朝放荡思无涯。

春风得意马蹄疾,一日看尽长安花。

约客(赵师秀)

黄梅时节家家雨,青草池塘处处蛙。

有约不来过夜半,闲敲棋子落灯花。

天净沙·秋思(马致远)

枯藤老树昏鸦。小桥流水人家。古道西风瘦马。

夕阳西下,断肠人在天涯。

二、梭波辙(e　o　uo)

宫词(顾况)

玉楼天半起笙歌,风送宫嫔笑语和。

月殿影开闻夜漏,水晶帘卷近秋河。

乱后过流沟寺(白居易)

九月徐州新战后,悲风杀气满山河。

唯有流沟山下寺,门前依旧白云多。

望洞庭 (刘禹锡)

湖光秋月两相和,潭面无风镜未磨。

遥望洞庭山水翠,白银盘里一青螺。

山居杂咏 (黄宗羲)

锋镝(dí)牢囚取次过,依然不废我弦(xián)歌。

死犹未肯输心去,贫亦其能奈我何?

廿(niàn)两棉花装破被,三根松木煮空锅。

一冬也是堂堂地,岂信人间胜著(zhuó)多。

钗头凤·红酥手 (陆游)

红酥手,黄滕酒,满城春色宫墙柳。

东风恶,欢情薄。一怀愁绪,几年离索。错,错,错!

春如旧,人空瘦,泪痕红浥(yì)鲛绡(jiāoxiāo)透。

桃花落,闲池阁。山盟虽在,锦书难托。莫,莫,莫!

三、一七辙 (i ü -i er)

劝学 (颜真卿)

三更灯火五更鸡,正是男儿发愤时。

黑发不知勤学早,白首方悔读书迟。

寒食 (李馀)

玉轮江上雨丝丝,公子游春醉不知。

剪渡归来风正急,水溅鞍帕嫩鹅儿。

放言 (白居易)

赠君一法决狐疑,不用钻龟与祝蓍(shī)。

试玉要烧三日满,辨才需待七年期。

周公恐惧流言日,王莽谦恭未篡时。

向使当初身便死,一生真伪复谁知?

赠项斯 (杨敬之)

几度见诗诗总好,及观标格过于诗。

平生不解藏人善,到处逢人说项斯。

鹊桥仙(陆游)

华灯纵博,雕鞍驰射,谁记当年豪举?
酒徒一一取封侯,独去作江边渔父。
轻舟八尺,低篷三扇,占断苹洲烟雨。
镜湖元自属闲人,又何必官家赐与!

四、姑苏辙(u)

除日(王安石)

爆竹声中一岁除,春风送暖入屠苏。
千门万户曈曈日,总把新桃换旧符。

芙蓉楼送辛渐(王昌龄)

寒雨连江夜入吴,平明送客楚山孤。
洛阳亲友如相问,一片冰心在玉壶。

初春小雨(韩愈)

天街小雨润如酥,草色遥看近却无。
最是一年春好处,绝胜烟柳满皇都。

老圃堂(曹邺)

邵平瓜地接吾庐,谷雨干时手自锄。
昨日春风欺不在,就床吹落读残书。

青玉案·元夕(辛弃疾)

东风夜放花千树,更吹落,星如雨。宝马雕车香满路。
凤箫声动,玉壶光转,一夜鱼龙舞。
蛾儿雪柳黄金缕,笑语盈盈暗香去。
众里寻他千百度,蓦(mò)然回首,那人却在,灯火阑珊处。

五、乜斜辙(ie üe)

村夜(白居易)

霜草苍苍虫切切,村南村北行人绝。

独出前门望野田,月明荞麦花如雪。

聚星堂雪(节选)(苏轼)

窗前暗响鸣枯叶,龙公试手初行雪。

映空先集疑有无,作态斜飞正愁绝。

众宾起舞风竹乱,老守先醉霜松折。

恨无翠袖点横斜,只有微灯照明灭。

题褚遂良孙庭竹(卢仝(tóng))

负霜停雪旧根枝,龙笙凤管君莫截。

春风一番琴上来,摇碎金尊碧天月。

山中闻杜鹃(节选)(洪炎)

山中二月闻杜鹃,百草争芳已消歇。

绿阴初不待熏风,啼鸟区区自流血。

醉落魄(范成大)

栖乌飞绝,绛河绿雾星明灭。

烧香曳簟(diàn)眠清樾(yuè)。花影吹笙,满地淡黄月。

好风碎竹声如雪,昭华三弄临风咽。

鬢丝撩乱纶(guān)巾折。凉满北窗,休共软红说。

六、怀来辙(ai uai)

题菊花(黄巢)

飒(sà)飒西风满院栽,蕊(ruǐ)寒香冷蝶难来。

他年我若为青帝,报与桃花一处开。

过华清宫绝句(杜牧)

长安回望绣成堆,山顶千门次第开。

一骑(jì)红尘妃子笑,无人知是荔枝来。

游园不值(叶绍翁)

应怜屐(jī)齿印苍苔,小扣柴扉(fēi)久不开。
春色满园关不住,一枝红杏出墙来。

书湖阴先生壁(王安石)

茅檐长扫净无苔,花木成畦(qí)手自栽。
一水护田将绿绕,两山排闼(tà)送青来。

浣溪沙(晏殊)

一曲新词酒一杯,去年天气旧亭台。夕阳西下几时回?
无可奈何花落去,似曾相识燕归来。小园香径独徘徊。

七、灰堆辙(ei   uei)

凉州词(王翰)

葡萄美酒夜光杯,欲饮琵琶(pá)马上催。
醉卧沙场君莫笑,古来征战几人回。

晚春(韩愈)

草树知春不久归,百般红紫斗芳菲。
杨花榆荚无才思,惟解漫天作雪飞。

曲江(杜甫)

朝(cháo)回日日典春衣,每日江头尽醉归。
酒债寻常行处有,人生七十古来稀。
穿花蛱(jiá)蝶深深见,点水蜻蜓款款飞。
传语风光共流转,暂时相赏莫相违。

山中留客(张旭)

山光物态弄春晖,莫为轻阴便拟归。
纵使晴明无雨色,入云深处亦沾衣。

渔歌子(张志和)

西塞山前白鹭飞,桃花流水鳜(guì)鱼肥。
青箬笠,绿蓑衣,斜风细雨不须归。

八、遥条辙（ao iao）

偶书（刘叉）

日出扶桑一丈高，人间万事细如毛。

野夫怒见不平处，磨损胸中万古刀。

秋词（刘禹锡）

自古逢秋悲寂寥，我言秋日胜春朝（zhāo）。

晴空一鹤排云上，便引诗情到碧霄。

送隐者一绝（杜牧）

无媒径路草萧萧，自古云林远市朝（cháo）。

公道世间唯白发，贵人头上不曾饶。

咏绣障（胡令能）

日暮堂前花蕊娇，争拈小笔上床描。

绣成安向春园里，引得黄莺下柳条。

一剪梅·舟过吴江（蒋捷）

一片春愁待酒浇。江上舟摇，楼上帘招。

秋娘渡与泰娘桥，风又飘飘，雨又萧萧。

何日归家洗客袍？银字笙调，心字香烧。

流光容易把人抛，红了樱桃，绿了芭蕉。

九、油求辙（ou iou）

代赠（李商隐）

楼上黄昏欲望休，玉梯横绝月中钩。

芭蕉不展丁香结，同向春风各自愁。

小池（杨万里）

泉眼无声惜细流，树阴照水爱晴柔。

小荷才露尖尖角，早有蜻蜓立上头。

咸阳城西楼晚眺(许浑)

一上高城万里愁,蒹葭杨柳似汀洲。
溪云初起日沉阁,山雨欲来风满楼。
鸟下绿芜秦苑夕,蝉鸣黄叶汉宫秋。
行人莫问当年事,故国东来渭水流。

秦中杂感(其一)(袁枚)

百战风云一望收,龙蛇白骨几堆愁。
旌旗影没南山在,歌舞楼空渭水流。
天近易回三辅雁,地高先得九州秋。
扶风豪士能怜我,应是当年马少游。

鹊踏枝(其一)(冯延巳)

谁道闲情抛弃久,每到春来,惆怅还依旧。
日日花前常病酒,不辞镜里朱颜瘦。
河畔青芜堤上柳,为问新愁,何事年年有?
独立小桥风满袖,平林新月人归后。

十、言前辙(an ian uan üan)

泊船瓜洲(王安石)

京口瓜洲一水间,钟山只隔数重山。
春风又绿江南岸,明月何时照我还。

枫桥夜泊(张继)

月落乌啼霜满天,江枫渔火对愁眠。
姑苏城外寒山寺,夜半钟声到客船。

凉州词(王之涣)

黄河远上白云间,一片孤城万仞山。
羌笛何须怨杨柳,春风不度玉门关。

锦瑟(李商隐)

锦瑟无端五十弦,一弦一柱思华年。
庄生晓梦迷蝴蝶,望帝春心托杜鹃。

沧海月明珠有泪，蓝田日暖玉生烟。

此情可待成追忆，只是当时已惘然。

浪淘沙(李煜)

帘外雨潺(chán)潺，春意阑珊，罗衾(qīn)不耐五更寒。

梦里不知身是客，一晌贪欢。

独自莫凭栏，无限江山，别时容易见时难。

流水落花春去也，天上人间。

十一、人辰辙(en in uen ün)

蜀相(杜甫)

丞相祠堂何处寻？锦官城外柏森森。

映阶碧草自春色，隔叶黄鹂空好音。

三顾频烦天下计，两朝开济老臣心。

出师未捷身先死，长使英雄泪满襟。

清明(杜牧)

清明时节雨纷纷，路上行人欲断魂。

借问酒家何处有，牧童遥指杏花村。

送元二使安西(王维)

渭城朝雨浥轻尘，客舍(shè)青青柳色新。

劝君更尽一杯酒，西出阳关无故人。

山行(项斯)

青枥林深亦有人，一渠流水数家分。

山当日午回峰影，草带泥痕过鹿群。

蒸茗气从茅舍出，缲(sāo)丝声隔竹篱闻。

柳梢青(戴复古)

袖剑飞吟。洞庭青草，秋水深深。

万顷波光，岳阳楼上，一块披襟。

不须携酒登临，问有酒、何人共斟？

变尽人间，君山一点，自古如今。

十二、江扬辙（ɑng iɑng uɑng）

金陵酒肆留别（李白）

风吹柳花满店香，吴姬压酒劝客尝。
金陵子弟来相送，欲行不行各尽觞(shāng)。
请君试问东流水，别意与之谁短长？

闻乐天授江州司马（元稹(zhěn)）

残灯无焰影幢(chuáng)幢，此夕闻君谪(zhé)九江。
垂死病中惊坐起，暗风吹雨入寒窗。

上堂开示颂（黄檗(bò)(希运禅师)）

尘劳迥脱事非常，紧把绳头做一场。
不经一番寒彻骨，怎得梅花扑鼻香。

论诗五绝（其一）（赵翼）

只(zhī)眼须凭自主张，纷纷艺苑漫雌黄。
矮人看戏何曾见，都是随人说短长。

一剪梅（刘克庄）

束缊(yùn)宵行十里强，挑得诗囊，抛了衣囊。
天寒路滑马蹄僵，元是王郎，送来刘郎。
酒酣耳热说文章，惊倒邻墙，推倒胡床。
旁观拍手笑疏狂，疏又何妨，狂又何妨！

十三、中东辙（eng ing ong iong ueng）

画菊（郑思肖）

花开不并百花丛，独立疏篱趣无穷。
宁可枝头抱香死，何曾吹落北风中。

劝学（朱熹）

少年易老学难成，一寸光阴不可轻。
未觉池塘春草梦，阶前梧叶已秋声。

题宣州开元寺水阁(杜牧)

六朝文物草连空,天淡云闲今古同。

鸟去鸟来山色里,人歌人哭水声中。

深秋帘幕千家雨,落日楼台一笛风。

惆怅无因见范蠡(lǐ),参差烟树五湖东。

问古(秦韬玉)

大底荣枯各自行,兼疑阴骘(zhì)也难明。

无门雪向头中出,得路云从脚下生。

深作四溟何浩渺,高为五岳太峥嵘。

都来只向人间看,直到皇天可是平!

定风波(苏轼)

莫听穿林打叶声,何妨吟啸且徐行。

竹杖芒鞋轻胜马,谁怕,一蓑烟雨任平生。

料峭春风吹酒醒,微冷,山头斜照却相迎。

回首向来萧瑟处,归去,也无风雨也无晴。

十四、综合训练

迢迢牵牛星(古诗十九首其一)

迢迢牵牛星,皎皎河汉女。

纤(xiān)纤擢(zhuó)素手,札札(zhá)弄机杼(zhù)。

终日不成章,泣涕零如雨。

河汉清且浅,相去复几许?

盈盈一水间,脉(mò)脉不得语。

长歌行(乐府诗集)

青青园中葵,朝露待日晞。

阳春布德泽,万物生光辉。

常恐秋节至,焜黄华(huā)叶衰。

百川东到海,何时复西归?

少壮不努力,老大徒伤悲!

步出夏门行（其一）（曹操）

神龟虽寿，犹有竟时。
腾蛇乘雾，终为土灰。
老骥伏枥，志在千里；
烈士暮年，壮心不已。
盈缩之期，不但在天；
养怡之福，可得永年。
幸甚至哉，歌以咏志。

咏怀诗（其一）（阮籍）

夜中不能寐，起坐弹鸣琴。
薄帷鉴明月，清风吹我襟。
孤鸿号外野，翔鸟鸣北林。
徘徊将何见？忧思独伤心。

咏史（其一）（左思）

皓天舒白日，灵景耀神州。
列宅紫宫里，飞宇若云浮。
峨峨高门内，蔼蔼皆王侯。
自非攀龙客，何为歘（xū）来游。
被褐出阊阖（chānghé），高步追许由。
振衣千仞冈，濯（zhuó）足万里流。

饮酒（陶渊明）

结庐在人境，而无车马喧。
问君何能尔？心远地自偏。
采菊东篱下，悠然见（xiàn）南山。
山气日夕佳，飞鸟相与还。
此中有真意，欲辨已忘言。

杂诗（其一）（陶渊明）

人生无根蒂，飘如陌上尘。
分散逐风转，此已非常身。
落地为兄弟，何必骨肉亲！
得欢当作乐，斗酒聚比邻。
盛年不重来，一日难再晨。

及时当勉励,岁月不待人。

拟行路难(其一)(鲍(bào)照)

对案不能食,拔剑击柱长叹息。

丈夫生世会几时,安能蹀躞(diéxiè)垂羽翼。

弃置罢官去,还家自休息。

朝出与亲辞,暮还在亲侧。

弄儿床前戏,看妇机中织。

自古圣贤尽贫贱,何况我辈孤且直。

野望(王绩)

东皋薄暮望,徙倚欲何依!

树树皆秋色,山山唯落晖。

牧人驱犊返,猎马带禽归。

相顾无相识,长歌怀采薇。

送杜少府之任蜀川(王勃)

城阙辅三秦,风烟望五津。

与君离别意,同是宦游人。

海内存知己,天涯若比邻。

无为在歧路,儿女共沾巾。

望月怀远(张九龄)

海上生明月,天涯共此时。

情人怨遥夜,竟夕起相思。

灭烛怜光满,披衣觉露滋。

不堪盈手赠,还寝梦佳期。

过故人庄(孟浩然)

故人具鸡黍,邀我至田家。

绿树村边合,青山郭外斜。

开轩面场圃,把酒话桑麻。

待到重阳日,还来就菊花。

山居秋暝(王维)

空山新雨后,天气晚来秋。

明月松间照,清泉石上流。

竹喧归浣女,莲动下渔舟。

随意春芳歇,王孙自可留。

宣州谢□楼饯别校书叔云(李白)

弃我去者,昨日之日不可留;

乱我心者,今日之日多烦忧。

长风万里送秋雁,对此可以酣高楼。

蓬莱文章建安骨,中间小谢又清发。

俱怀逸兴壮思飞,欲上青天览明月。

抽刀断水水更流,举杯销愁愁更愁。

人生在世不称意,明朝散发弄扁舟。

天末怀李白(杜甫)

凉风起天末,君子意如何?

鸿雁几时到? 江湖秋水多。

文章憎(zēng)命达,魑魅(chīmèi)喜人过。

应共冤魂语,投诗赠汨(mì)罗。

滕王阁(王勃)

滕王高阁临江渚(zhǔ),佩玉鸣鸾罢歌舞。

画栋朝飞南浦云,珠帘暮卷西山雨。

闲云潭影日悠悠,物换星移几度秋。

阁中帝子今何在? 槛(jiàn)外长江空自流。

醉中赠符载(窦庠(xiáng))

白社会中尝共醉,青云路上未相逢。

时人莫小池中水,浅处无妨有卧龙。

上李邕(yōng)(李白)

大鹏一日同风起,扶摇直上九万里。

假令风歇时下来,犹能簸(bǒ)却沧溟水。

时人见我恒殊调,闻余大言皆冷笑。

宣父犹能畏后生,丈夫未可轻年少。

客至(杜甫)

舍南舍北皆春水,但见群鸥日日来。

花径不曾缘客扫,蓬门今始为君开。

盘飧(sūn)市远无滋味,樽酒家贫只旧醅(pēi)。

肯与邻翁相对饮,隔篱呼取尽馀杯。

绝句(僧·志南)

古木阴中系短篷,杖藜扶我过桥东。

沾衣欲湿杏花雨,吹面不寒杨柳风。

金陵晚望(高蟾)

曾伴浮云归晚翠,犹陪落日泛秋声。

世间无限丹青手,一片伤心画不成。

论诗(王若虚)

文章自得方为贵,衣钵(bō)相传岂是真。

已觉祖师低一著(zhù),纷纷法嗣(sì)复何人。

金缕衣(杜秋娘)

劝君莫惜金缕衣,劝君惜取少年时。

花开堪折直须折,莫待无花空折枝。

秋日偶成(程颢(hào))

闲来无事不从容,睡觉东窗日已红;

万物静观皆自得,四时佳兴与人同。

道通天地有形外,思入风云变态中;

富贵不淫贫贱乐,男儿到此是豪雄。

答章孝标(李绅)

假金只用真金镀,若是真金不镀金。

十载长安得一第,何须空腹用高心。

李白墓(白居易)

采石江边李白坟,绕田无限草连云。

可怜荒垄穷泉骨,曾有惊天动地文。

但是诗人多薄命,就中沦落不过君。

渚(zhǔ)苹溪藻犹堪荐,大雅遗风已不闻。

又酬傅处士次韵(顾炎武)

愁听关塞遍吹笳(jiā),不见中原有战车。

三户已亡熊绎国,一成犹启少康家。

苍龙日暮还行雨,老树春深更著(zhuó)花。

待得汉廷明诏近,五湖同觅钓鱼槎(chá)。

出都留别诸公(康有为)

天龙作骑万灵从,独立飞来缥缈峰。

怀抱芳馨兰一握,纵横宙合雾千重。

眼中战国成争鹿,海内人才孰卧龙?

抚剑长号归去也,千山万雨啸青锋。

渔家傲·秋思(范仲(zhòng)淹)

塞下秋来风景异,衡阳雁去无留意。

四面边声连角起,千嶂里,长烟落日孤城闭。

浊酒一杯家万里,燕然未勒归无计。

羌管悠悠霜满地,人不寐,将军白发征夫泪。

蝶恋花(欧阳修)

庭院深深深几许,杨柳堆烟,帘幕无重数。

玉勒(lè)雕鞍(ān)游冶处,楼高不见章台路。

雨横风狂三月暮,门掩黄昏,无计留春住。

泪眼问花花不语,乱红飞过秋千去。

鹧鸪(zhègū)天·西都作(朱敦儒)

我是清都山水郎,天教(jiāo)懒慢带疏狂。

曾批给(jǐ)露支风敕(chì),累奏流云借月章。

诗万首,酒千觞,几曾着(zhuó)眼看侯王。

玉楼金阙(què)慵归去,且插梅花醉洛阳。

满江红(岳飞)

怒发冲冠,凭阑处、潇潇雨歇。

抬望眼,仰天长啸,壮怀激烈。

三十功名尘与土,八千里路云和月。

莫等闲,白了少年头,空悲切。

靖康耻,犹未雪;臣子恨,何时灭。

驾长车,踏破贺兰山缺。

壮志饥餐胡虏肉,笑谈渴饮匈奴血(xuè)。

待从头、收拾旧山河,朝天阙(què)。

念奴娇·赤壁怀古 (苏轼)

大江东去，浪淘尽，千古风流人物。

故垒西边，人道是、三国周郎赤壁。

乱石穿空，惊涛拍岸，卷起千堆雪。

江山如画，一时多少豪杰。

遥想公谨当年，小乔初嫁了(liǎo)，雄姿英发。

羽扇纶(guān)巾，谈笑间、樯橹灰飞烟灭。

故国神游，多情应笑我，早生华(huā)发，

人生如梦，一樽还酹(lèi)江月。

卜算子·咏梅 (陆游)

驿外断桥边，寂寞开无主。已是黄昏独自愁，更著风和雨。

无意苦争春，一任群芳妒。零落成泥碾作尘，只有香如故。

唐多令 (邓剡(yǎn))

雨过水明霞，潮回岸带沙。叶声寒、飞透窗纱。

堪恨西风催世换，更吹我，落天涯。

寂寞古豪华，乌衣日又斜。说兴亡、燕入谁家？

惟有南来无数雁，和明月，宿芦花。

好了(liǎo)歌解注 (曹雪芹)

陋室空堂，当年笏(hù)满床；衰草枯杨，曾为歌舞场。

蛛丝儿结满雕梁，绿纱今又糊在蓬窗上。

说什么脂(zhī)正浓，粉正香，如何两鬓又成霜？

昨日黄土陇头送白骨，今宵红灯帐底卧鸳鸯。

金满箱，银满箱，展眼乞丐人皆谤。

正叹他人命不长，那(哪)知自己归来丧(sāng)！

训有方，保不定日后作强梁；择膏粱，谁承望流落在烟花巷！

因嫌纱帽小，致使锁枷扛；昨怜破袄寒，今嫌紫蟒(mǎng)长。

乱哄哄，你方唱罢我登场，反认他乡是故乡；

甚荒唐，到头来都是为他人作嫁衣裳！

参考文献

[1] 王铮.语音发声科学训练[M].北京:中国传媒大学出版社,2009.

[2] 白龙.播音发声技巧[M].北京:中国广播电视出版社,2002.

[3] 刘静敏.播音发声教程[M].北京:中国海洋大学出版社,2010.

[4] 马静.播音发声教程[M].济南:山东人民出版社,2011.

[5] 徐恒.播音发声学[M].北京:中国传媒大学出版社,2006.

[6] 路英.播音发声与普通话语音[M].长沙:湖南师范大学出版社,2005.

[7] 王克瑞,杜丽华.播音员主持人训练手册[M].北京:中国传媒大学出版社,2001.

[8] 闻闸.播音主持话语技巧训练[M].北京:中国广播电视出版社,2009.

[9] 闻闸.播音主持训练280法[M].北京:北京广播学院出版社,1999.

[10] 胡黎娜.播音主持艺术发声[M].北京:中国广播电视出版社,2006.

[11] 吴弘毅.播音主持艺术语音发声[M].北京:中国广播电视出版社,2001.

[12] 张涵.播音主持语音发声训练教程[M].北京:中国传媒大学出版社,2011.

[13] 马欣.播音主持艺术语音及发声[M].重庆:重庆大学出版社,2010.

[14] 赵秀环.播音主持艺术语言基本功训练教程[M].北京:中国传媒大学出版社,2008.

[15] 教育部语言文字应用管理司.国家中长期语言文字事业改革和发展规划纲要(2012—2020年)[M].北京:语文出版社,2013.

[16] 袁家骅,等.汉语方言概要[M].2版.北京:语文出版社,2001.

[17] 金晓达,刘广徽.汉语普通话语音图解课本[M].北京:北京语言大学出版社,2006.

[18] 唐作藩.汉语语音史教程[M].北京:北京大学出版社,2011.

[19] 王若江.汉语正音教程[M].北京:北京大学出版社,2005.

[20] 伍振国,关瀛.朗诵训练指导[M].北京:中国广播电视出版社,2012.

[21] 曾致.朗诵艺术指要[M].北京:中国传媒大学出版社,2007.

[22] 孔江平.论语言发声[M].北京:中央民族大学出版社,2001.

[23] 崔梅,周芸.普通话等级考试训练教程[M].北京:北京师范大学出版社,2011.

[24] 宋怀强.普通话简明轻重格式词典[M].上海:上海音乐出版社,2009.

［25］邢捍国.普通话培训测试教程［M］.北京：北京大学出版社，2005.

［26］刘照雄.普通话水平测试大纲（新修订本）［M］.长春：吉林人民出版社，2006.

［27］杨绍林，等.普通话水平测试训练教程（修订本）［M］.成都：电子科技大学出版社，2006.

［28］国家语言文字工作委员会普通话培训测试中心.普通话水平测试实施纲要［M］.北京：商务印书馆，2004.

［29］杨小锋，等.普通话水平测试实用教程［M］.成都：四川大学出版社，2012.

［30］宋欣桥.普通话水平测试员实用手册（增订本）［M］.北京：商务印书馆，2004.

［31］唐余俊.普通话水平测试（PSC）应试指导［M］.广州：暨南大学出版社，2010.

［32］马显彬.普通话训练教程［M］.广州：暨南大学出版社，2007.

［33］金有景.普通话语音［M］.北京：商务印书馆，2007.

［34］徐世荣.普通话语音常识［M］.北京：语文出版社，1999.

［35］张大鹏，等.普通话语音发声训练教程［M］.上海：上海书店出版社，2011.

［36］段汘霞.普通话语音与发声［M］.郑州：郑州大学出版社，2008.

［37］罗常培，王均.普通语音学纲要（修订本）［M］.北京：商务印书馆，2002.

［38］林鸿.普通话语音与发声［M］.杭州：浙江大学出版社，2005.

［39］季森岭.普通话语音训练教程［M］.北京：北京大学出版社，2002.

［40］宋欣桥.普通话语音训练教程［M］.北京：商务印书馆，2004.

［41］卢志鹏，康青.普通话学习·训练与测试教程［M］.北京：北京理工大学出版社，2010.

［42］吴弘毅.实用播音教程：普通话语音和播音发声［M］.北京：中国传媒大学出版社，2002.

［43］中国社会科学院语言研究所词典编辑室.现代汉语词典［M］.5版.北京：商务印书馆，2005.

［44］《现代汉语常用词表》课题组.现代汉语常用词表［M］.北京：商务印书馆2008.

［45］北京大学中文系现代汉语教研室.现代汉语（增订本）［M］.北京：商务印书馆，2012.

［46］邵敬敏.现代汉语通论［M］.2版.上海：上海教育出版社，2007.

［47］吴洁敏.新编普通话教程［M］.3版.杭州：浙江大学出版社，2003.

［48］张斌.新编现代汉语［M］.2版.上海：复旦大学出版社，2008.

［49］王璐，吴洁茹.语音发声［M］.2版.北京：中国传媒大学出版社，2009.

［50］朱晓农.语音学［M］.北京：商务印书馆，2010.

［51］林焘，王理嘉.语音学教程（增订版）［M］.北京：北京大学出版社，2013.

［52］彼得·赖福吉.语音学教程［M］.5版.张维佳，译.北京：北京大学出版社，2011.

［53］杨立岗.正音学（修订版）［M］.北京：中国广播电视出版社，2007.

［54］张颂.中国播音学［M］.北京：中国传媒大学出版社，2003.

［55］林焘.中国语音学史［M］.北京：语文出版社，2010.